1권

제1회
KB국민은행 필기전형

www.sdedu.co.kr

제1영역 직업기초능력
제2영역 직무심화지식
제3영역 상식

〈문항 수 및 시험시간〉

NCS 기반 객관식 필기시험 : 총 100문항(100분)

구분(문항 수)	출제범위	배점	모바일 OMR 답안채점 / 성적분석
직업기초능력(40)	의사소통능력, 문제해결능력, 수리능력	40	
직무심화지식(40)	금융영업(30), 디지털 부문 활용능력(10)	40	
상식(20)	경제 / 금융 / 일반 상식	20	

※ 문항 수 및 시험시간은 2024년 하반기 채용공고문을 참고하여 구성하였습니다.

※ 직무심화지식의 금융영업 영역은 직업기초능력과 유사하게 출제되므로, 직업기초능력의 금융상품 문제로 구성하였습니다.

KB국민은행 필기전형

제1회 모의고사

문항 수 : 100문항
시험시간 : 100분

제1영역 직업기초능력

01 다음은 K공단의 계약사무처리규정 시행규칙이다. 이에 대한 설명으로 가장 적절한 것은?

〈계약사무처리규정 시행규칙〉

제4조(구매요구서의 접수 및 검토)

① 계약담당은 구매요구서(별지 제1호 서식) 또는 구매계약 요청문서(통칭 이하 "구매요구서"라 한다)를 접수하면 다음 각호의 사항을 10일 이내에 검토하여야 한다.

1. 품명, 규격(공통사양), 단위, 수량, 시방서, 설계서, 과업지시서, 제안요청서 등
2. 소요예산 및 예산과목, 예산배정액 유무
3. 납품장소 및 납품기한
4. 구매대상 물품이 정부권장정책상 우선구매대상 품목으로 대체구매 가능한지 여부
5. 기타 필요한 사항

② 제1항의 검토결과 미비하거나 부적합하다고 인정될 때에는 즉시 구매요구자에게 통보하여 보완 또는 시정하도록 한다.

③ 계약담당은 제1항 제4호에 의거하여 물품, 용역 등을 구매할 경우에는 구매대상 물품 등이 다음 각호의 공공구매 촉진 제품에 해당되는지 여부를 우선적으로 검토하여야 한다. 다만, 계약의 특성, 중요성 등 부득이한 사유가 있을 경우에는 해당 제품 이외의 물품을 구매할 수 있다.

1. 중소기업 제품
2. 기술개발 제품
3. 여성기업 제품
4. 사회적기업 생산품 및 서비스
5. 중증장애인 생산품
6. 국가유공자 자활용사촌 생산품
7. 녹색 제품
8. 장애인표준사업장 제품
9. 사회적 협동조합 제품
10. 장애인기업 제품

④ 구매요구부서장은 제2조 제1항 제3호에 해당하는 계약을 요청하는 경우에는 수의계약사유서가 포함된 별지 제30호 "계약심의위원회 심의요청서"를 계약심의위원회에 제출하여야 한다.
⑤ 계약심의위원회에서 심의를 필하지 못한 경우에는 계약부서의 장은 해당사유를 명시하여 계약심의 종료일로부터 5일 이내에 해당 요청 건을 구매요구부서로 반송하여야 한다.

제4조의2(계약사무의 위임 및 준용)

① 규정 제4조에 따라 각 소관 이사 및 국제인력본부장 및 부설・소속기관의 장(그 보조자를 포함한다)에게 다음 각호의 계약사무를 위임한다.

1. 소관사업부서에서 수행하는 것이 효율적이고 당해 사업 목적달성에 유리하다고 판단되는 전문적인 지식이나 특정 기술을 요하는 연구용역 또는 특수목적 기술용역(공단 홍보・방송사업을 위한 언론 등에 관련되는 계약, 비예산이 수반되는 용역계약 포함)
2. 소관사업부서에서 사업추진과 관련한 각종 협약서, 약정서 체결, 한국어능력시험 문제지 발간계약에 관한 사항, 출제연금 시 보안・경비에 관한 사항, 위탁 또는 재위탁 사업의 사업자 선정 관련 사항
3. 소관사업부서에서 행사 또는 회의 개최와 관련하여 일정상 계약담당부서에 물품 구매요구 등의 절차를 거쳐 처리 시에는 사업에 원활을 기할 수 없는 경우
4. 계약담당부서에서 처리하기 곤란한 사업행사와 관련하여 지급되는 연찬행사비 및 직원 복리증진과 관련된 건강검진・식당운영・임직원단체보험・선택적복지제도위탁운영 등과 관련된 계약
5. 소관사업부서에서 수행하는 추정가격 100만 원 미만인 물품의 제조・구입・임차 및 용역계약
6. 사업행사나 홍보 등을 위하여 부상품으로 지급하는 상품권(문화, 도서상품권 등 포함), 기성 출판도서(전자책 포함) 구입

① 모든 대기업 제품은 구입할 수 없다.
② 납품장소 및 납품기한은 2주 이내에 검토하여야 한다.
③ 계약심의위원회는 구매요구부서장에게 계약심의위원회 심의요청서를 제출하여야 한다.
④ 계약심의위원회에서 심의를 통과하지 못한 경우 사유를 명시하여 구매요구부서로 반송하여야 한다.

02 다음은 국채에 대한 구성 및 국고채 발행에 대한 내용이다. 이에 대한 내용으로 적절하지 않은 것은?

• 국채의 구성

(연간 국채 발행 규모)=(적자국채용 발행)+(만기상환용 국채발행)+(조기상환용 국채 발행)

※ 연간 국채 발행규모와 적자국채용 발행 규모는 한도가 정해져 있음

※ 조기상환(바이백, 조기차환) : 국채를 발행한 자금으로 만기 이전에 국채를 상환하는 것

• 국채의 발행 절차

1. 국채법에 따라 재경부장관이 중앙정부의 각 부처로부터 발행요청을 받아 계획안을 작성하고 국회로부터 발행 한도를 심의 받음
2. 연간 발행 규모 및 만기별 발행 일정계획을 수립
3. 만기별로 통합발행 발행
   - 3년 만기 국고채는 매년 6월 10일과 12월 10일에 신규종목을 발행
   - 5년 만기 국고채는 매년 3월 10일과 9월 10일에 신규종목을 발행
   - 10년 만기 국고채는 매년 3월 10일과 9월 10일에 신규종목을 발행
   - 20년 만기 및 30년 만기 국고채는 격년으로 12월 10일에 신규종목을 발행
   - 변동금리부국고채는 국채시장 상황을 고려하여 만기와 발행일을 결정
   - 통합발행제도 : 국고채의 유통시장 원활화를 위해 발행 기준일 이후부터 다음 발행일까지 발행되는 국고채는 통합발행제도에 근거하여 전차 기준일자 국채로 간주
4. 이후 국고채 입찰 및 발행

※ 추가설명 : 채권가격과 채권금리는 역의 상관관계를 가지고 있음

① 2024년 6월 10일에 발행된 3년 만기 국고채는 2027년 6월이 만기일이다.

② 국채는 매년 계획을 수립하는데 발행 한도의 경우 국회 심의를 거쳐 정해진다.

③ 조기상환용 국채 발행액이 높아지면 만기상환용 국채 발행액은 적어질 수밖에 없다.

④ 1994년부터 2000년까지 국채발행 비율을 살펴보면 3·5·10년 만기 국고채 신규종목이 가장 많이 발행되었을 것이다.

03 다음은 K공사의 임직원 행동강령의 일부이다. 이에 대한 내용으로 적절하지 않은 것은?

〈임직원 행동강령〉

목적(제1조)
이 행동강령(이하 "강령"이라 한다)은 부정청탁 및 금품 등 수수의 금지에 관한 법률(이하 "청탁금지법"이라 한다)에서 정한 부정청탁 및 금품 등의 수수를 금지하고 부패방지 및 깨끗한 공직풍토 조성을 위하여 부패방지 및 국민권익위원회의 설치와 운영에 관한 법률 제8조에 따라 공사의 임직원이 지켜야 할 윤리적 가치 판단과 행동의 기준을 정함을 목적으로 한다.

준수의무와 책임(제4조)
① 모든 임직원은 강령을 숙지하고 지켜야 하며, 위반사항은 그에 따른 책임을 진다.
② 소속기관의 장은 부패방지 및 깨끗한 공직풍토 조성과 강령의 준수를 담보하기 위하여 임직원에 대하여 청렴서약서 또는 행동강령준수서약서를 행동강령책임자에게 제출하게 할 수 있다.

윤리관 확립 및 청렴 행동수칙(제5조)
① 모든 임직원은 어떠한 경우라도 부정부패를 배척하겠다는 직업윤리와 결연한 의지를 가지고 청렴하고 깨끗한 공직자상을 확립하기 위하여 노력하여야 한다.
② 부패방지 및 공직윤리의 실효성을 제고하고 임직원의 청렴성을 높이고자 임원 및 보직자가 지켜야 할 청렴 행동수칙은 별표1과 같다.
③ 공사 주요 직무별 일반 직원이 준수해야 할 청렴 행동수칙은 별표2와 같다.

자기계발(제10조)
임직원은 국제화・개방화 시대에 바람직한 인재상을 스스로 정립하고 끊임없는 자기계발을 통하여 이에 부합되도록 꾸준히 노력한다.

고객존중(제11조)
임직원은 고객이 우리의 존립 이유이자 목표라는 인식하에 항상 고객을 존중하고 고객의 입장에서 생각하며 고객을 모든 행동의 최우선 기준으로 삼는다.

고객만족(제12조)
① 임직원은 고객의 요구와 기대를 정확하게 파악하여 이에 부응하는 정확한 성과를 제공하기 위하여 항상 노력한다.
② 임직원은 고객의 의견과 제안사항을 항상 경청하고 겸허하게 수용하며 고객 불만사항은 최대한 신속하고 공정하게 처리한다.

고객의 이익 보호(제13조)
① 모든 임직원은 고객의 자산, 지적재산권, 영업비밀, 고객 정보 등을 공사의 재산보다 더 소중하게 보호하며 비도덕적 행위로 고객의 이익을 침해하지 아니한다.
② 모든 임직원은 고객이 알아야 하거나 고객에게 마땅히 알려야 하는 사실은 정확하고 신속하게 제공한다.

① 모든 임직원은 행동강령을 숙지하고 준수해야 할 의무가 있으며 위반사항은 그에 따른 책임을 져야 한다.
② 임직원은 바람직한 인재상을 스스로 정립하고 끊임없는 자기계발을 통하여 꾸준히 노력하여야 한다.
③ 임직원은 고객의 의견과 제안사항을 경청하고, 고객의 불만 사항은 신속하고 공정하게 처리해야 한다.
④ 모든 임직원은 고객에게 고객의 자산, 지적재산권, 영업비밀, 고객 정보와 고객이 알아야 할 사실을 정확하고 신속하게 제공한다.

※ 다음 글의 내용으로 적절하지 않은 것을 고르시오. [4~5]

04

핀테크(FinTech)란 Finance(금융)과 Technology(기술)의 합성어로, 금융과 IT의 융합을 통한 금융서비스 제공을 비롯한 산업의 변화를 통칭하는 신조어이다. 금융서비스의 변화로는 모바일(Mobile), SNS(Social Network Service), 빅데이터(Big Data) 등 새로운 IT기술을 활용하여 기존의 금융기법과 차별화된 서비스를 제공하는 기술 기반의 혁신이 대표적이다. 최근에 대중이 널리 사용하는 모바일 뱅킹(Mobile Banking)과 앱카드(App Card)도 이러한 시대적 흐름 가운데 나타난 핀테크의 한 예라 볼 수 있다.

금융위원회는 핀테크 산업 발전을 위한 디지털금융의 종합혁신방안을 발표하였다. 규제완화와 이용자보호 장치마련이 주목적이었다. 종합지급결제업과 지급지시 전달업의 신설로 핀테크 기업들은 고도화된 디지털 금융서비스 창출과 수익 다각화의 기반을 마련했다. 간편결제에 소액 후불결제 기능을 추가한 것이라든지 선불결제 충전한도상향 등도 중요한 규제완화의 예라 볼 수 있다. 전자금융업종의 통합과 간소화를 통해 이제는 자금이체업, 대금결제업, 결제대행업으로 산업이 재편된 셈이다.

핀테크 산업의 미래는 데이터 기반의 마이데이터 서비스체계를 구축하는 것이다. 개인이 정보이동권에 근거하여 본인 데이터에 대한 개방을 요청하면 기업이 해당 데이터를 제3자에게 개방하도록 하는 것이 마이데이터 개념이다. 그동안 폐쇄적으로 운영·관리되어 왔던 마이데이터란 개인정보의 활용으로 맞춤형 재무서비스나 금융상품 추천 등 다양한 데이터 기반의 금융서비스 활성화가 기대되는 바이다. 또한 마이데이터의 도입으로 고객데이터 독점이 사라지는 상황에서 금융업 간 경쟁심화는 필연적일 것으로 보인다. 마이데이터 사업자와의 협력과 직접진출 등이 활발하게 나타날 것으로 전망되기 때문이다.

사이버 관련 사고가 지능화되고 고도화되면서 보안기술과 시스템에 대한 수요도 높은 수준을 요구하고 있다. 정부가 D.N.A(Data, Network, AI) 생태계 강화 등을 기반으로 디지털 뉴딜을 추진 중이며 전 산업의 디지털화가 진행 중이라 대부분의 산업에 있어서도 보안기술의 향상이 요구된다. 특히 최근에는 금융권 클라우드나 바이오 정보에 대한 공격 증가에 따른 금융기관 등의 피해가 커질 위험에 노출되어 있어 주의를 요한다.

개인정보보호법, 신용정보법, 정보통신망법 등 개인정보보호 관련 3개 법률(데이터 3법) 개정안이 발표되었다. 여기서 가명정보의 도입, 개인정보의 활용 확대, 마이데이터 산업 도입 등이 주요 내용이었다. 데이터 3법 개정으로 마이데이터 사업이 본격화되고 핀테크 기업 중심의 정보공유 활성화, 데이터 기반 신산업 발전 등이 효과를 볼 것으로 전망된다. 반면 개인정보 및 금융정보의 노출 가능성이 높아지게 되고 보안사고의 위험과 개인정보 보호의 이슈가 부각될 수 있는 현실을 맞이하게 된 것이다.

① 빅데이터를 활용한 금융서비스 제공 역시 핀테크의 일종이다.
② 핀테크 산업 활성을 위해서는 기존의 규제를 완화하는 것이 필요하다.
③ 마이데이터 사업자 간의 협력이 활발해진다면 금융업 간 경쟁심화는 완화될 것으로 보인다.
④ 데이터 3법 개정과 함께 기업들은 개인정보 보호를 위한 보안기술 구축을 위해 별도로 노력해야 한다.

05

비트코인은 2009년 '사토시 나카모토'라는 예명을 사용하는 개발자가 고안하여 탄생하였다. 기존의 가상화폐와 비트코인을 구분짓는 핵심은 바로 '중앙관리기관'의 유무이다. 현재 온라인상에서 통용되고 있는 일반적인 가상화폐의 경우, 이를 발행하고 운영하는 중앙관리기관이 존재하며, 모든 발행과 거래는 중앙관리기관의 통제 아래 이루어지고 있다. 비트코인은 그러한 중앙관리기관이 존재하지 않는 대신 블록체인 기술을 기반으로 하고, 개인 간의 거래방식인 P2P(Peer to Peer) 방식을 채택하고 있다.
특정 기업이나 기관이 독점적으로 발행하지 않는다는 점에서 비트코인은 일반적인 가상화폐와 출발점부터 달리한다. 비트코인의 발행 주체는 다수의 사용자들이다. 사용자들이 비트코인을 발행하는 행위를 채굴(Mining)이라고 하며, 기술적으로는 이 사용자들이 일정한 목푯값을 찾기 위해 끊임 없이 해싱(Hashing) 작업을 하는 것을 말한다. 비트코인 시스템의 안정성을 유지하기 위한 연산 작업에 참여하면, 이에 대한 보상으로 비트코인이 주어지는 방식이다. 사용자들은 자신의 컴퓨터 성능을 보태어 이 시스템에 참여하고, 엄격한 암호화 연산을 가장 잘 푼 쪽이 보상을 받는다. 다시 말해, 컴퓨팅 파워를 많이 투입하면 투입할수록 더 많은 비트코인을 얻을 수 있는 것이다.
그러나 채굴할 수 있는 비트코인의 양은 무한하지 않다. 개발자인 사토시 나카모토는 비트코인 개발 당시 채굴 가능한 비트코인의 총량은 2,100만 개로, 블록의 생성주기는 네트워크 전파 속도 및 보안성 등을 이유로 10분으로 정해 두었다. 그마저도 매 21만 블록(약 4년)을 기준으로 발행량이 반감하도록 설정하여 채굴이 점점 어려워지고 있다. 따라서 비트코인이 첫 발행된 2009년 1월에는 10분당 50비트코인이 발행되던 것이 약 4년 뒤인 2013년 말부터는 25비트코인으로 줄었으며, 2016년 7월 10일부터는 12.5비트코인이 되었다.
채굴 행위를 통해 매 10분마다 발행되는 블록(Block)은 거래에 필요한 유효 거래 정보의 묶음이다. 이 블록이 이어져 있는 집합체를 블록체인(Block Chain)이라고 한다. 각각의 블록은 이전 거래내역과 이전 해시값을 저장하고 있으며, 새로 생성된 블록은 모든 사용자가 타당한 거래로 승인해야만 기존의 블록체인에 연결될 수 있다. 거래명세를 담은 블록이 사슬로 이어져 하나의 장부를 이루게 되는데, 거래가 발생하면 블록에 담긴 정보는 불과 몇 초도 지나지 않아 네트워크 내 모든 사용자에게 전송되어 저장된다.
중앙관리기관이 없는 비트코인은 바로 이 블록체인 기술을 통해 해킹의 위협에서 벗어날 수 있다. 통상적인 온라인 거래의 경우, 중앙관리기관이 관리하는 암호화된 네트워크에 의해 거래가 이루어진다. 이는 만일 이 중앙관리기관이 해킹당할 경우 거래내역이 조작될 수도 있다는 의미이기도 하다. 이와 달리 비트코인 시스템 상에서 거래정보를 저장하는 것은 블록체인으로 연결되어 있는 각각의 블록 자체이다. 만약 현재 100개의 블록이 있고, 어떤 사용자가 82번째 블록의 거래정보를 조작한다고 가정해 보자. 각 블록은 이전 블록의 해시값을 포함하여 저장하고 있기 때문에, 82번째 블록의 거래정보 조작은 83 ~ 100번째 블록을 모두 조작해야만 가능하다. 이는 83 ~ 100번째 블록을 만들기 위해 들어간 모든 컴퓨팅 비용을 감당해야 한다는 의미이다. 가장 큰 문제는 이 작업이 10분 후 다른 사용자가 101번째 블록을 완성하기 전에 완료되어야 한다는 사실이다. 따라서 적어도 이론상으로 블록체인에 대한 해킹 행위는 불가능하다고 할 수 있다.

① 가상화폐는 일반적으로 발행자와 사용자가 다르지만, 비트코인은 사용자가 곧 발행자가 될 수 있다.
② 채굴을 통해 얻을 수 있는 비트코인의 양은 채굴작업을 위해 투입되는 컴퓨터의 성능과 대수에 비례한다.
③ 온라인 거래정보가 특정 기관의 암호화를 통해 저장되고 보호되는 반면, 특정 비트코인의 거래정보는 모든 네트워크에 공유되어 저장됨으로써 조작을 방어한다.
④ 비트코인 조작이 불가능한 이유는 연결된 모든 블록을 조작할 만큼의 비용을 특정 개인이 감당하는 것이 사실상 어렵기 때문이다.

06 다음 글의 주제로 가장 적절한 것은?

1920년대 세계 대공황의 발생으로 애덤 스미스 중심의 고전학파 경제학자들의 '보이지 않는 손'에 대한 신뢰가 무너지게 되자 경제를 보는 새로운 시각이 요구되었다. 당시 고전학파 경제학자들은 국가의 개입을 철저히 배제하고 '공급이 수요를 창출한다.'는 세이의 법칙을 믿고 있었다. 그러나 이러한 믿음으로는 세계 대공황을 설명할 수 없었다. 이때 새롭게 등장한 것이 케인스의 '유효수요이론'이다.
유효수요이론이란 공급이 수요를 창출하는 것이 아니라, 유효수요, 즉 물건을 살 수 있는 확실한 구매력이 뒷받침되는 수요가 공급 및 고용을 결정한다는 이론이다. 케인스는 세계 대공황의 원인이 이 유효수요의 부족에 있다고 보았다. 유효수요가 부족해지면 기업은 생산량을 줄이고, 이것은 노동자의 감원으로 이어지며 구매력을 감소시켜 경제의 악순환을 발생시킨다는 것이다. 케인스는 불황을 해결하기 위해서는 가계와 기업이 소비 및 투자를 충분히 해야 한다고 주장했다. 그는 소비가 없는 생산은 공급 과다 및 실업을 일으키며 궁극적으로는 경기 침체와 공황을 가져온다고 하였다. 절약은 분명 권장되어야 할 미덕이지만 소비가 위축되어 경기 침체와 공황을 불러올 경우, 절약은 오히려 악덕이 될 수도 있다는 것이다.

① '유효수요이론'의 영향
② '유효수요이론'의 정의
③ 세계 대공황의 원인과 해결책
④ 고전학파 경제학자들이 주장한 '보이지 않는 손'

07 다음 제시된 문장을 논리적 순서대로 바르게 나열한 것은?

(가) 인공생명론에서는 생명체를 '하나의 복잡한 기계'라기보다는 오히려 '비교적 단순한 기계의 복잡한 집단'으로 본다.
(나) 생체 분자들이 생명을 갖기 위해서 생명력이 따로 있을 필요가 없으며 단지 생체 분자들을 정확한 방식으로 결합시키기만 하면 된다는 것이다.
(다) 핵산이나 아미노산 따위의 생체 분자는 살아 있지 않지만 그들의 집합체인 생물체는 살아 있다.
(라) 인공생명론에서는 생명을, 생물체를 조직하는 물질 자체의 특성이라기보다는 그 물질을 정확한 방식으로 조직했을 때 물질의 상호 작용으로부터 출현하는 특성으로 간주한다.
(마) 생명은 이러한 집단을 구성하는 요소들 사이의 상호 작용에 의하여 복잡한 행동을 보여 주는 것이라 할 수 있다.
(바) 요컨대 생명은 수많은 무생물 분자가 집합된 조직에서 나타나는 창발적 행동(Emergent Behavior)인 것이다.

① (가) – (라) – (나) – (마) – (바) – (다)
② (가) – (마) – (다) – (바) – (라) – (나)
③ (나) – (라) – (다) – (가) – (바) – (마)
④ (나) – (바) – (마) – (다) – (라) – (가)

08 다음 글의 주장에 대한 반박으로 가장 적절한 것은?

> 고전적 귀납주의는 경험적 증거가 배제하지 않는 가설들 사이에서 선택을 가능하게 해 준다. 고전적 귀납주의는 특정 가설에 부합하는 경험적 증거가 많을수록 그 가설이 더욱 믿을 만하게 된다고 주장한다. 이에 따르면 우리는 관련된 경험적 증거 전체를 고려하여 가설을 선택할 수 있다. 예를 들어, 비슷한 효능이 기대되는 두 신약 중 어느 것을 건강보험 대상 약품으로 지정할 것인지를 결정하는 경우를 생각해 보자. 고전적 귀납주의는 우리가 두 신약에 대한 다양한 임상 시험 결과를 종합적으로 고려해서 긍정적 결과를 더 많이 얻은 신약을 선택해야 한다고 조언한다.

① 경험적 증거가 여러 가설에 부합하는 경우 아무런 도움이 되지 않는다.
② 가설로부터 도출된 예측과 경험적 관찰이 모순되는 가설은 배제해야 한다.
③ 가설의 신뢰도가 높아지려면 가설에 부합하는 새로운 증거가 계속 등장해야 한다.
④ 가설의 신뢰도가 경험적 증거로 인하여 얼마나 높아지는지를 정량적으로 판단할 수 없다.

09 다음 글의 주장을 비판하기 위한 탐구 활동으로 가장 적절한 것은?

> 기술은 그 내부적인 발전 경로를 이미 가지고 있으며, 따라서 어떤 특정한 기술(혹은 인공물)이 출현하는 것은 '필연적'인 결과라고 생각하는 사람들이 많다. 이러한 통념을 약간 다르게 표현하자면, 기술의 발전 경로는 이전의 인공물보다 '기술적으로 보다 우수한' 인공물들이 차례차례 등장하는, 인공물들의 연쇄로 파악할 수 있다는 것이다. 그리고 기술의 발전 경로가 '단일한' 것으로 보고, 따라서 어떤 특정한 기능을 갖는 인공물을 만들어 내는 데 있어서 '유일하게 가장 좋은' 설계 방식이나 생산 방식이 있을 수 있다고 가정한다. 이와 같은 생각을 종합하면 기술의 발전은 결코 사회적인 힘이 가로막을 수 없는 것일 뿐 아니라 단일한 경로를 따르는 것이므로, 사람들이 할 수 있는 일은 이미 정해져 있는 기술의 발전 경로를 열심히 추적해 가는 것밖에 남지 않게 된다는 결론이 나온다.
>
> 그러나 다양한 사례 연구에 의하면 어떤 특정 기술이나 인공물을 만들어 낼 때, 그것이 특정한 형태가 되도록 하는 데 중요한 역할을 하는 것은 그 과정에 참여하고 있는 엔지니어, 자본가, 소비자, 은행, 정부 등의 이해관계나 가치체계임이 밝혀졌다. 이렇게 보면 기술은 사회적으로 형성된 것이며, 이미 그 속에 사회적 가치를 반영하고 있는 셈이 된다. 뿐만 아니라 복수의 기술이 서로 경쟁하여 그중 하나가 사회에서 주도권을 잡는 과정을 분석해 본 결과, 이 과정에서 중요한 역할을 하는 것은 기술적 우수성이나 사회적 유용성이 아닌, 관련된 사회집단들의 정치적·경제적 영향력인 것으로 드러났다고 한다. 결국 현재에 이르는 기술 발전의 궤적은 결코 필연적이고 단일한 것이 아니었으며, '다르게' 될 수도 있었음을 암시하고 있는 것이다.

① 글쓴이가 문제 삼고 있는 통념에 변화가 생기게 된 계기를 분석한다.
② 논거가 되는 연구 결과를 반박할 수 있는 다른 연구 자료를 조사한다.
③ 사회 변화에 따라 가치 체계의 변동이 일어나게 되는 원인을 분석한다.
④ 기술 개발에 관계자들의 이해관계나 가치가 작용한 실제 사례를 조사한다.

10 다음 글을 읽고 추론한 내용으로 적절하지 않은 것은?

> '정보 파놉티콘(Panopticon)'은 사람에 대한 직접적 통제와 규율에 정보 수집이 합쳐진 것이다. 정보 파놉티콘에서의 '정보'는 벤담의 파놉티콘에서의 시선(視線)을 대신하여 규율과 통제의 메커니즘으로 작동한다. 작업장에서 노동자들을 통제하고 이들에게 규율을 강제한 메커니즘은 시선에서 정보로 진화했다. 19세기에는 사진기술을 이용하여 범죄자 프로파일링을 했는데, 이 기술이 20세기의 폐쇄회로 텔레비전이나 비디오 카메라와 결합한 통계학으로 이어진 것도 그러한 맥락에서 이해할 수 있다. 더 극단적인 예를 들자면, 미국은 발목에 채우는 전자기기를 이용하여 죄수를 자신의 집 안과 같은 제한된 공간에 가두어 감시하면서 교화하는 프로그램을 운용하고 있다. 이 경우 개인의 집이 교도소로 변하고, 국가가 관장하던 감시가 기업이 판매하는 전자기기로 대체됨으로써 전자기술이 파놉티콘에서의 간수의 시선을 대신한다.
>
> 컴퓨터나 전자기기를 통해 얻은 정보가 간수의 시선을 대체했지만, 벤담의 파놉티콘에 갇힌 죄수가 자신이 감시를 당하는지 아닌지를 모르듯이, 정보 파놉티콘에 노출된 사람들 또한 자신의 행동이 국가나 직장의 상관에 의해 열람될지의 여부를 확신할 수 없다. "그들이 감시당하는지 모를 때도 우리가 그들을 감시하고 있다고 생각하도록 만든다."라고 한 관료가 논평했는데, 이는 파놉티콘과 전자 감시의 유사성을 뚜렷하게 보여준다.
>
> 전자 감시는 파놉티콘의 감시 능력을 전 사회로 확장했다. 무엇보다 시선에는 한계가 있지만 컴퓨터를 통한 정보 수집은 국가적이고 전 지구적이기 때문이다. "컴퓨터화된 정보 시스템이 작은 지역 단위에서만 효과적으로 작동했을 파놉티콘을 근대 국가에 의한 일상적인 대규모 검열로 바꾸었는가?"라고 한 정보사회학자 롭 클링은 시선의 국소성과 정보의 보편성 사이의 차이를 염두에 두고 있었다. 철학자 들뢰즈는 이러한 인식을 한 단계 더 높은 차원으로 일반화하여, 지금 우리가 살고 있는 사회는 푸코의 규율 사회를 벗어난 새로운 통제 사회라고 주장했다.
>
> 그에 의하면 규율 사회는 증기 기관과 공장이 지배하고 요란한 구호에 의해 통제되는 사회이지만, 통제 사회는 컴퓨터와 기업이 지배하고 숫자와 코드에 의해 통제되는 사회이다.

① 정보 파놉티콘은 범죄자만 감시 대상에 해당하는 것이 아니다.
② 정보 파놉티콘이 종국에는 감시 체계 자체를 소멸시킬 것이다.
③ 정보 파놉티콘은 교정 시설의 체계를 효율적으로 바꿀 수 있다.
④ 정보 파놉티콘이 발달할수록 개인의 사생활은 보장될 수 없을 것이다.

11 다음 글의 논지 전개 방식에 대한 설명으로 가장 적절한 것은?

휴리스틱(Heuristic)은 문제를 해결하거나 불확실한 사항에 대해 판단을 내릴 필요가 있지만 명확한 실마리가 없을 경우에 사용하는 편의적・발견적인 방법이다. 우리말로는 쉬운 방법, 간편법, 발견법, 어림셈 또는 지름길 등으로 표현할 수 있다. 1905년 알베르트 아인슈타인은 노벨 물리학상 수상 논문에서 휴리스틱을 '불완전하지만 도움이 되는 방법'이라는 의미로 사용했다. 수학자인 폴리아는 휴리스틱을 '발견에 도움이 된다.'는 의미로 사용했고, 수학적인 문제 해결에도 휴리스틱 방법이 매우 유효하다고 했다.

휴리스틱을 이용하는 방법은 거의 모든 경우에 어느 정도 만족스럽고, 경우에 따라서는 완전한 답을 재빨리, 그것도 큰 노력 없이 얻을 수 있다는 점에서 사이먼의 '만족화' 원리와 일치하는 사고방식인데, 가장 전형적인 양상이 '이용가능성 휴리스틱(Availability Heuristic)'이다. 이용가능성이란 어떤 사상(事象)이 출현할 빈도나 확률을 판단할 때, 그 사상과 관련해서 쉽게 알 수 있는 사례를 생각해내고 그것을 기초로 판단하는 것을 뜻한다.

그러나 휴리스틱이 때로는 터무니없는 실수를 자아내는 원인이 되기도 한다. 불확실한 의사결정을 이론화하기 위해서는 확률이 필요하기 때문에 사람들이 확률을 어떻게 다루는지가 중요하다. 확률은 이를테면 어떤 사람이 선거에 당선될지, 경기가 좋아질지, 시합에서 어느 편이 우승할지 따위를 '전망'할 때 이용된다. 대개 그러한 확률은 어떤 근거를 기초로 객관적인 판단을 내리기도 하지만, 대부분은 직감적으로 판단을 내리게 된다. 그런데 직감적인 판단에서 오는 주관적인 확률은 과연 정확한 것일까?

카너먼과 트버스키는 일련의 연구를 통해 인간이 확률이나 빈도를 판단할 때 몇 가지 휴리스틱을 이용하지만, 그에 따라 얻게 되는 판단은 객관적이며 올바른 평가와 상당한 차이가 있다는 의미로 종종 '바이어스(Bias)'가 동반되는 것을 확인했다. 이용가능성 휴리스틱이 일으키는 바이어스 가운데 하나가 '사후 판단 바이어스'이다. 우리는 어떤 일이 벌어진 뒤에 '그렇게 될 줄 알았어.' 또는 '그렇게 될 거라고 처음부터 알고 있었어.'와 같은 말을 자주 한다. 이렇게 결과를 알고 나서 마치 사전에 그것을 예견하고 있었던 것처럼 생각하는 바이어스를 '사후 판단 바이어스'라고 한다.

① 인과 관계를 중심으로 분석 대상에 대한 논리적 접근을 시도하고 있다.
② 핵심 개념을 설명하면서 그와 유사한 개념들과 비교함으로써 이해를 돕고 있다.
③ 전달하고자 하는 정보를 다양한 맥락에서 재구성하여 반복적으로 제시하고 있다.
④ 분석 대상과 관련되는 개념들을 연쇄적으로 제시하며 정보의 확대를 꾀하고 있다.

※ 다음 글을 읽고 이어지는 질문에 답하시오. [12~13]

여러 가지 센서 정보를 이용해 사람의 심리상태를 파악할 수 있는 기술을 '감정인식(Emotion Reading)'이라고 한다. 음성인식 기술에 이 기술을 더할 경우 인간과 기계, 기계와 기계 간의 자연스러운 대화가 가능해진다. 사람의 감정 상태를 기계가 진단해 보고 기초적인 진단 자료를 내놓을 수도 있다. 경찰 등 수사기관에서도 활용이 가능하다.
최근 실제로 상상을 넘어서는 수준의 놀라운 감정인식 기술이 등장하고 있다. 러시아 모스크바에 본사를 두고 있는 벤처기업 '엔테크랩(NTechLab)'은 뛰어난 안면인식 센서를 활용해 사람의 감정 상태를 상세히 읽어낼 수 있는 기술을 개발했다. 그리고 이 기술을 모스크바시 경찰 당국에 공급할 계획이다.
현재 모스크바시 경찰은 엔테크랩과 이 기술을 수사현장에 어떻게 도입할지 효과적인 방법을 모색하고 있다. 도입이 완료될 경우 감정인식 기술을 수사 현장에 활용하는 세계 최초 사례가 된다. 이 기술을 활용하면 수백만 명이 모여 있는 사람들 가운데서 특정 인상착의가 있는 사람을 찾아낼 수 있다. 또한 찾아낸 사람의 성과 나이 등을 모니터한 뒤 그 사람이 화가 났는지, 스트레스를 받았는지 혹은 불안해하는지 등을 판별할 수 있다.
엔터크랩의 공동창업자인 알렉산드르 카바코프(Alexander Kabakov)는 "번화가에서 수초 만에 테러리스트나 범죄자, 살인자 등을 찾아낼 수 있는 기술"이라며 "경찰 등 수사기관에서 이 기술을 도입할 경우 새로운 차원의 수사가 가능하다."고 말했다. ________ 그는 이 기술이 러시아 경찰 어느 부서에 어떻게 활용될 것인지에 대해 밝히지 않았다. 카바코프는 "현재 CCTV 카메라에 접속하는 방안 등을 협의하고 있지만 아직까지 결정된 내용은 없다."고 말했다.
이 기술이 처음 세상에 알려진 것은 2015년 미국 워싱턴 대학에서 열린 얼굴인식 경연대회에서다. 이 대회에서 엔테크랩의 안면인식 기술은 100만 장의 사진 속에 들어있는 특정인의 사진을 73.3%까지 식별해냈다. 이는 대회에 함께 참여한 구글의 안면인식 알고리즘을 훨씬 앞서는 기록이었다. 여기서 용기를 얻은 카바코프는 아르템 쿠크하렌코(Artem Kukharenko)와 함께 SNS상에서 연결된 사람이라면 누구든 추적할 수 있도록 만든 앱 '파인드페이스(FindFace)'를 개발하였다.

12 다음 중 윗글의 내용으로 적절하지 않은 것은?

① 감정인식 기술을 이용하면 군중 속에서 특정인을 쉽게 찾을 수 있다.
② 음성인식 기술과 감정인식 기술이 결합되면 기계가 사람의 감정을 진단할 수도 있다.
③ 엔테크랩의 감정인식 기술은 모스크바시 경찰이 범죄 용의자를 찾는 데 큰 기여를 하고 있다.
④ 카바코프는 쿠크하렌코와 함께 SNS상에서 연결된 사람이라면 누구든 찾아낼 수 있는 앱을 개발하였다.

13 다음 중 빈칸에 들어갈 접속부사로 가장 적절한 것은?

① 또한
② 게다가
③ 그래서
④ 그러나

※ 다음 글을 읽고 이어지는 질문에 답하시오. [14~15]

▶ **지구온난화현상(Global Warming)이란?**

지난 100년간 지구의 평균온도는 점점 증가하는 추세를 보이면서 지구온난화 현상이 나타나고 있다. 이것은 이산화탄소(CO_2) 등과 같은 온실가스의 증가로 인해 대기의 기온이 상승하는 온실효과에 의한 것으로, 지구의 자동온도조절능력이 위기를 맞고 있음을 보여준다. 이러한 기후변화는 기상이변, 해수면 상승 등을 초래하여 사회·경제 분야에 지대한 영향을 끼치고 있다.

▶ **우리가 지구환경 속에서 쾌적하게 살아갈 수 있는 이유는 무엇일까?**

이것은 대기 중 이산화탄소 등의 온실가스가 온실의 유리처럼 작용하여 지구표면의 온도를 일정하게 유지하기 때문이다.

지구가 평균온도 15℃를 유지할 수 있는 것도 대기 중에 존재하는 일정량의 온실가스에 의한 것으로, 이러한 온실효과가 없다면 지구의 평균온도는 −18℃까지 내려가 생명체는 살 수 없게 된다.

지구온난화를 일으키는 물질들이 지난 100년에 걸쳐 증가되어 인류는 기후변화라는 전 세계적인 문제에 직면하게 되었다.

즉, 삼림벌채 등에 의하여 자연의 자정능력이 약화되고, 산업발전에 따른 화석연료의 사용량 증가로 인해 인위적으로 발생되는 이산화탄소의 양이 증가되었다. 이로 인해 두터운 온실이 형성되어 온실효과가 심화되었고 지구의 평균온도가 올라가는 지구온난화현상이 나타나고 있는 것이다.

▶ **온실효과 메커니즘**

① 태양에서 지구로 오는 빛에너지 중에서 약 34%는 구름이나 먼지 등에 의해 반사되고, 지표면에는 44% 정도만 도달함

② 지구는 태양으로부터 받은 이 에너지를 파장이 긴 적외선으로 방출하는데, 이산화탄소 등의 온실가스가 적외선 파장의 일부를 흡수함

③ 적외선을 흡수한 이산화탄소 내의 탄소 분자는 들뜬 상태가 되고 안정상태를 유지하기 위해 에너지를 방출하는데, 이 에너지로 인해 지구가 따뜻하게 됨

14 다음 중 윗글의 내용으로 적절하지 않은 것은?

① 지구의 평균온도가 −18℃까지 내려가면 생명체는 살 수 없다.

② 지구온난화현상의 원인은 온실가스로, 이는 100년 전에는 없던 물질이다.

③ 삼림벌채 등에 의하여 자연의 자정능력이 약화된 것도 이산화탄소 증가의 원인 중 하나이다.

④ 기후변화는 자연에만 영향을 미치는 것이 아니라 사회·경제 분야에도 지대한 영향을 미친다.

15 다음 중 '온실효과 메커니즘'에서 흡수하는 에너지의 종류를 바르게 짝지은 것은?

	지구	온실가스		지구	온실가스
①	적외선	이산화탄소	②	빛에너지	탄소
③	적외선	열에너지	④	빛에너지	적외선

16 다음은 Zgm·고향사랑기부제 특화 카드에 대한 설명이다. 고객의 문의사항에 대한 답변으로 가장 적절한 것은?

〈Zgm·고향으로카드〉

구분	평일(월 ~ 금)	주말(토 ~ 일)
기본서비스	국내 및 해외 0.7% S포인트 적립	국내 1%, 해외 0.7% S포인트 적립
우대서비스	–	1. 기부지역 광역시·도 오프라인 가맹점 1.7% 2. 전국 제휴업체(K마트, K주유소) 1.7%
비고	1. 전월실적 조건 및 적립한도 없음 2. 해외이용 시 국제브랜드 및 해외서비스 수수료는 별도로 청구	1. 카드를 발급받은 회원 중 "고향사랑기부제" 참여 또는 기부한 고객에 한하여 우대서비스 제공 2. 전월실적 40만 원 이상일 경우 우대서비스 제공 (적립 한도 없음) 3. 카드 사용 등록일로부터 그다음 달 말일까지 전월실적 미달이여도 우대서비스 제공

〈고객 문의사항〉

Zgm·고향으로카드는 국내에서 이용할 때, 해외에서 이용할 때보다 더 많은 포인트가 적립되나요? 그리고 사용할 때 우대서비스를 받으려면 전월실적이 있어야 하는지도 궁금합니다.

① 네. 국내에서 이용하시는 경우, 해외에서 이용하시는 것보다 결제금액당 더 많은 포인트가 적립됩니다. 또한 우대서비스는 기본적으로 제공되는 서비스이므로, 전월실적과는 무관하게 혜택을 받으실 수 있습니다.

② 주말에 국내에서 이용하시는 경우 적립 포인트는 해외 이용 시보다 0.3%p 더 많이 적립되지만, 평일에 이용하시는 경우 국내와 해외의 적립률은 동일합니다. 또한 우대서비스를 적용받으시려면, 전월실적 40만 원 이상을 충족하셔야 합니다. 단, 카드 사용 등록일로부터 그다음 달 말일까지는 전월실적과 무관하게 우대서비스를 받으실 수 있습니다.

③ 국내에서 이용하는 경우와 해외에서 이용하는 경우 모두 적립한도는 없습니다. 또한 우대서비스를 적용받으시려면, 전월실적 40만 원 이상을 충족하셔야 합니다. 다만 카드 사용 등록일로부터 그다음 달 말일까지는 전월실적과 무관하게 우대서비스를 받으실 수 있습니다.

④ 주말에 국내에서 이용하시는 경우 적립 포인트는 해외 이용 시보다 0.3%p 더 많이 적립되지만, 평일에 이용하시는 경우 국내와 해외의 적립률은 동일합니다. 또한 우대서비스는 기본적으로 제공되는 서비스이므로, 전월실적과는 무관하게 혜택을 받으실 수 있습니다.

17 다음은 K은행의 e금리우대예금에 대한 내용이다. 귀하가 이 상품을 30대 고객에게 판매하려고 할 때, 해당 고객에게 안내할 내용으로 적절하지 않은 것은?

〈e금리우대예금〉

- 예치방식 : 거치식예금
- 가입기간 : 1년 이내
- 가입현황

(단위 : %)

성별		연령대		신규금액		계약기간	
여성	66	40대	38	1,000만 원 미만	43	1년 이하	100
		30대	34	1,000 ~ 3,000만 원	33		
남성	34	50대	14	3,000 ~ 5,000만 원	12		
		기타	14	기타	12		

- 상품특징 : 영업점 창구에서 가입할 때보다, 높은 금리가 제공되는 인터넷 및 스마트뱅킹 전용 예금상품
- 우대금리(최고 0.4%p)
  - 카드이용실적 : 이 예금의 가입일 해당월로부터 만기일 전월말까지 K은행 KB(신용・체크)카드 이용실적이 100만 원 이상(이용실적은 매출승인 기준이며 현금서비스 제외) 0.1%p
  - 고객추천 : 이 예금의 가입고객이 타인에게 이 상품을 추천하고 그 타인이 이 상품에 신규 가입하여 중도해지를 하지 않은 경우 추천계좌와 피추천계좌에 각각 0.1%p, 최대 0.3%p까지 우대이율을 제공(추천 및 피추천 횟수는 중도해지를 포함하여 통합 5회까지 가능 : 최대 0.3%p)
- 가입금액 : 3백만 원 이상 3억 원 이하
- 이자지급방식 : 만기(1.2%) 또는 월이자(△0.1%p) 지급식
- 가입 / 해지안내 : 스마트폰 또는 인터넷뱅킹(창구거래, 통장발행 불가)
- 예금자보호 : 1인당 최고 5천만 원
- 세금 : 1%

〈고객정보〉

1년 동안 1천만 원을 예금하려 하며, 현재 K은행 KB신용카드를 월 140만 원씩 이용하고 있고 앞으로도 유지하려 한다. 또한 직접 언제쯤 은행에 가야 기다리지 않고 진행할 수 있는지 물었다.

① 고객님이 1천만 원을 예금해도 전액 예금자보호에 해당합니다.
② 이 상품을 신청하시려면 은행에 오실 필요 없이 인터넷뱅킹을 이용하시면 됩니다.
③ 이자지급방식으로 만기를 선택하실 경우, 1천만 원을 1년 만기로 했을 때 받을 수 있는 금액은 최고 10,060,000원(세후)입니다.
④ 이 상품은 30 ~ 40대가 가장 많이 신청하고 있는 상품으로 고객님처럼 1천만 원 이하의 소액 예금을 하려고 하시는 분이 가장 많습니다.

18 김대리는 현재 소비습관에 따른 혜택 금액이 가장 큰 신용카드를 새로 신청하고자 한다. 김대리의 결제부문별 결제정보 및 신용카드별 혜택이 다음과 같을 때, 김대리가 신청할 신용카드로 가장 적절한 것은?

〈김대리 결제정보〉

구분	결제금액	비고
외식	540,000원	T사 페이 결제 350,000원
쇼핑	290,000원	N사 페이 결제 150,000원
공과금	150,000원	자동이체
문화생활	95,000원	–
유류비	135,000원	–
총결제액	1,210,000원	1개 신용카드로 전체 금액을 결제함

〈신용카드별 혜택〉

구분	A카드	B카드	C카드	D카드
할인 부문	외식	쇼핑	공과금	유류비
이용실적별 할인 혜택	– 50만 원 이상 : 할인 부문 결제액의 10% 할인 – 100만 원 이상 : 할인 부문 결제액의 15% 할인			총결제액의 3% 할인
추가 혜택정보	페이 결제분에 대한 할인은 미적용	N사 페이 결제 시 5% 추가 할인	자동이체 설정 시 3% 추가 할인	–
월간 할인한도	28,000원	25,000원	–	30,000원

※ 이용실적은 총결제액을 기준으로 산정함

① A카드
② B카드
③ C카드
④ D카드

19 K은행 경영기획실에서 근무하는 귀하는 매년 부서별 사업계획을 정리하는 업무를 맡고 있다. 부서별로 수립한 사업계획을 간략하게 정리한 보고서가 다음과 같을 때, 귀하가 할 수 있는 생각으로 옳은 것은?

〈사업별 기간 및 소요예산〉

- A사업 : 총사업기간은 2년으로, 첫해에는 1조 원, 둘째 해에는 4조 원의 예산이 필요하다.
- B사업 : 총사업기간은 3년으로, 첫해에는 15조 원, 둘째 해에는 18조 원, 셋째 해에는 21조 원의 예산이 소요된다.
- C사업 : 총사업기간은 1년으로, 총소요예산은 15조 원이다.
- D사업 : 총사업기간은 2년으로, 첫해에는 15조 원, 둘째 해에는 8조 원의 예산이 필요하다.
- E사업 : 총사업기간은 3년으로, 첫해에는 6조 원, 둘째 해에는 12조 원, 셋째 해에는 24조 원의 예산이 소요된다.

올해를 포함한 향후 5년간 위의 5개 사업에 투자할 수 있는 예산은 다음과 같다.

〈연도별 가용예산〉

(단위 : 조 원)

1차년도(올해)	2차년도	3차년도	4차년도	5차년도
20	24	28.8	34.5	41.5

〈규정〉

(1) 모든 사업은 한번 시작하면 완료될 때까지 중단할 수 없다.
(2) 5개 사업에 투자할 수 있는 예산은 당해 사업연도에 남아도 상관없다.
(3) 각 사업연도의 예산은 이월될 수 없다.
(4) 모든 사업은 향후 5년 이내에 반드시 완료한다.

① B사업을 세 번째 해에 시작하고 C사업을 최종연도에 시행한다.
② A사업과 D사업을 첫해에 동시에 시작한다.
③ 첫해에는 E사업만 시작한다.
④ D사업을 첫해에 시작한다.

20 제시된 명제가 모두 참일 때, 다음 중 참이 아닌 것은?

- 적극적인 사람은 활동량이 많다.
- 잘 다치지 않는 사람은 활동량이 많지 않다.
- 활동량이 많으면 면역력이 강화된다.
- 적극적이지 않은 사람은 영양제를 챙겨먹는다.

① 적극적인 사람은 잘 다친다.

② 적극적인 사람은 면역력이 강화된다.

③ 영양제를 챙겨먹으면 면역력이 강화된다.

④ 잘 다치지 않는 사람은 영양제를 챙겨먹는다.

21 A～F 6명이 6층짜리 빌딩에 입주하려고 한다. 다음 〈조건〉을 만족할 때, 6명이 빌딩에 입주하는 방법의 경우의 수는?

〈조건〉

- A와 C는 고소공포증이 있어서 3층 위에서는 살 수 없다.
- B는 높은 경치를 좋아하기 때문에 6층에 살려고 한다.
- F는 D보다, D는 E보다 높은 곳에 살려고 한다.
- A, B, C, D, E, F는 같은 층에 거주하지 않는다.

① 2가지 ② 4가지

③ 6가지 ④ 8가지

22 A～E 5명 중 2명만 진실을 말하고 있다. 다음 중 진실을 말하는 사람을 〈보기〉에서 모두 고르면?

〈보기〉

- A : B는 거짓말을 하지 않아.
- B : C의 말은 거짓이야.
- C : D의 말은 진실이야.
- D : C는 진실을 말하고 있어.
- E : D는 거짓말을 하지 않아.

① A, B ② B, D

③ C, E ④ D, E

23 **사과 12개를 A ~ E 5명의 사람들이 나누어 먹고 다음과 같은 대화를 나눴다. 이 중에서 단 1명만이 진실을 말하고 있다고 할 때, 사과를 가장 많이 먹은 사람과 적게 먹은 사람을 순서대로 나열한 것은?(단, 모든 사람은 적어도 1개 이상의 사과를 먹었다)**

- A : 나보다 사과를 적게 먹은 사람은 없어.
- B : 나는 사과를 2개 이하로 먹었어.
- C : D는 나보다 사과를 많이 먹었고, 나는 B보다 사과를 많이 먹었어.
- D : 우리 중에서 사과를 가장 많이 먹은 사람은 A야.
- E : 나는 사과를 4개 먹었고, 우리 중에 먹은 사과의 개수가 같은 사람이 있어.

① B, A
② B, D
③ E, A
④ E, D

24 **S사는 해외지사에서 사용될 설비를 구축할 업체 2곳을 선정하려고 한다. 구축해야 할 설비는 중동, 미국, 서부, 유럽에 2개씩 총 8개이며, 경쟁업체는 A ~ C업체 3곳이다. 다음 정보가 참 또는 거짓이라고 할 때, 항상 참을 말하는 직원을 〈보기〉에서 모두 고르면?**

〈정보〉

- A업체는 최소한 3개의 설비를 구축할 예정이다.
- B업체는 중동, 미국, 서부, 유럽에 설비를 하나씩 구축할 예정이다.
- C업체는 중동지역 2개, 유럽지역 2개의 설비를 구축할 예정이다.

〈보기〉

- 이사원 : A업체 정보가 참일 경우, B업체 정보는 거짓이 된다.
- 김주임 : B업체 정보가 거짓일 경우, A업체 정보는 참이 된다.
- 장대리 : C업체 정보가 참일 경우, A업체 정보도 참이 된다.

① 이사원
② 김주임
③ 장대리
④ 김주임, 장대리

25 식당을 창업하려는 A가 국민은행에 근무하는 B를 찾아와 창업상담과 대출을 위한 창업컨설팅을 요청하였다. A의 창업계획과 자기자금 보유현황은 다음과 같고, B가 A의 신용등급을 확인한 결과 A의 대출 가능 금액은 6천만 원이다. A가 창업을 해야 하는지 기존 회사를 다녀야 이득인지를 선택하고 그 선택이 얼마나 이익인지 바르게 짝지은 것은?

■ **A의 창업계획**
- 식당 매장 임차비용 : 보증금 1억 2천만 원, 월세 1천 2백만 원
- 메뉴 1개 판매가격 : 3,500원
- 메뉴 1개 판매비용 : 500원
- 1일 평균 판매량 180개(월 25일 운영)
- A의 자기자금 보유현황 : 60,000,000원(시중은행 정기예금 연 이율 3%)

■ **고려사항**
- 시중은행 대출이자 연 이율 5%
- A는 현재 연봉 3천 6백만 원인 회사에 재직 중이며, 회사를 퇴사하고 식당을 본격적으로 운영하려고 함

	선택	이익
①	창업을 한다.	1,500만 원
②	창업을 한다.	1,800만 원
③	기존 회사에 다닌다.	2,100만 원
④	기존 회사에 다닌다.	2,280만 원

26 갑 ~ 기 6명은 올해 A사에 입사한 신입사원이다. 신입사원들에 대한 정보와 이들이 배치될 부서에 대한 정보가 다음과 같을 때, 신입사원과 배치될 부서가 잘못 연결된 것은?

• 신입사원들은 서로 다른 부서에 배치되며, 배치되지 않는 신입사원은 없다.
• 각 신입사원은 각자의 정보가 부서별 요구사항을 충족하는 부서에만 배치된다.
• 각 신입사원에 대한 정보는 다음과 같다.

구분	전공	학위	인턴 경험	업무역량		
				데이터분석	재무분석	제2외국어
갑	경영	학사	1	×	×	○
을	인문	석사	–	○	×	×
병	공학	학사	1	×	○	×
정	사회	학사	2	×	○	○
무	공학	학사	–	○	×	×
기	경영	박사	–	×	○	×

• 부서별 신입사원 요구사항은 다음과 같다.

구분	요구사항
총무부	경영 전공자, 인턴 경험 보유
투자전략부	재무분석 가능자, 석사 이상
인사부	인턴 등 조직 경험 1회 이상 보유
대외협력부	제2외국어 가능자
품질관리부	석사 이상, 데이터분석 가능자
기술개발부	데이터분석 가능자

	신입사원	부서
①	기	투자전략부
②	갑	대외협력부
③	을	품질관리부
④	무	기술개발부

27 **K은행은 세 상품 A ~ C에 대한 선호도 조사를 실시하였고, 조사에 응한 사람은 가장 좋아하는 상품부터 1 ~ 3순위를 부여했다. 조사 결과가 다음 〈조건〉과 같을 때, C에 3순위를 부여한 사람의 수는?(단, 두 상품에 같은 순위를 표시할 수는 없다)**

〈조건〉

- 조사에 응한 사람은 20명이다.
- A를 B보다 선호한 사람은 11명이다.
- B를 C보다 선호한 사람은 14명이다.
- C를 A보다 선호한 사람은 6명이다.
- C에 1순위를 부여한 사람은 없다.

① 5명　② 6명
③ 7명　④ 8명

28 **K사에서는 인건비를 줄이기 위해 다양한 방식을 고민하고 있다. 다음 정보를 바탕으로 할 때, 인건비를 줄이는 방법으로 가장 적절한 것은?(단, 한 달은 4주이다)**

〈정보〉

- 정직원은 오전 8시부터 오후 7시까지 평일・주말 상관없이 주 6일 근무하며, 1인당 월 급여는 220만 원이다.
- 계약직원은 오전 8시부터 오후 7시까지 평일・주말 상관없이 주 5일 근무하며, 1인당 월 급여는 180만 원이다.
- 아르바이트생은 평일 3일, 주말 2일로 하루 9시간씩 근무하며, 평일은 시급 9,000원, 주말은 시급 12,000원이다.
- 현재 정직원 5명, 계약직원 3명, 아르바이트생 3명이 근무 중이며, 전체 인원을 줄일 수는 없다.

① 계약직원을 정직원으로 전환한다.
② 계약직원을 아르바이트생으로 전환한다.
③ 아르바이트생을 정직원으로 전환한다.
④ 아르바이트생을 계약직원으로 전환한다.

29 다음은 K은행에서 새로운 카드상품을 개발하기 위해 고객 1,000명을 대상으로 선호하는 부가서비스를 조사한 결과이다. 이를 토대로 K은행 상품개발팀 직원들이 대화를 나누었을 때, 조사 결과를 바르게 이해한 직원은?

〈카드 이용 시 고객이 선호하는 부가서비스〉

(단위 : %)

구분	남성	여성	전체
포인트 적립	19	21	19.8
무이자 할부	17	18	17.4
주유 할인	15	6	11.4
쇼핑 할인	8	15	10.8
외식 할인	8	9	8.4
영화관 할인	8	11	9.2
통화료 / 인터넷 할인	7	8	7.4
은행수수료 할인	8	6	7.2
무응답	10	6	8.4

※ 총 8가지 부가서비스 중 선호하는 서비스 택 1, 무응답 가능

① P대리 : 이번 조사 자료는 K은행을 이용하고 계신 고객 중 1,000명을 대상으로 선호하는 부가서비스에 대해 조사한 것으로, 성별 비율은 각각 50%입니다.

② K사원 : 조사 과정에서 응답하지 않은 고객은 남성 50명, 여성 34명으로 총 84명입니다.

③ S주임 : 남성과 여성 모두 가장 선호하는 부가서비스는 포인트 적립이며, 두 번째로는 남성의 경우 주유 할인, 여성의 경우 무이자 할부로 차이를 보이고 있습니다.

④ R과장 : 부가서비스별로 선호하는 비중의 표준편차가 남성에 비해 여성이 더 큽니다.

30 최근 농구 동아리에 가입한 A가 농구화를 사려고 가격을 알아보니 250,000원이었다. A는 너무 비싸다고 판단하여 해외에서 직접 구매하려고 한다. 미국, 중국, 일본, 프랑스에서 판매하는 농구화의 가격과 환율이 다음과 같을 때, 가장 저렴하게 농구화를 사기 위해서는 어느 국가에서 농구화를 구입해야 하는가?

〈국가별 농구화 가격 및 환율〉

구분	미국	중국	일본	프랑스
농구화 가격	210달러	1,300위안	21,000엔	200유로
환율	1달러=1,100원	1위안=160원	100엔=960원	1유로=1,200원

① 미국
② 중국
③ 일본
④ 프랑스

31 다음 보도자료를 바탕으로 할 때, 〈보기〉의 철수가 어제와 오늘 할인받는 금액의 합은?

K은행이 ON-LINE 간편결제에 특화된 'ㅇㅇ체크카드'를 출시한다.
ㅇㅇ체크카드는 온라인 간편결제 1천 원 할인, 온라인 영화예매 3천 원 할인, 어학시험 온라인 접수 2천 원 할인 등 최근 소비트렌드에 맞게 온라인(Online)에 집중된 혜택을 제공하고 있다. 온라인 간편결제는 카카오페이, 네이버페이, PAYCO 등 3대 간편결제를 이용해 인터넷/모바일 앱에서 1만 원 이상 결제 시 1천 원 할인 서비스를 제공한다. 온라인 영화예매는 CGV에서 2만 원 이상 결제 시 3천 원 할인 서비스를 제공하며, 온라인 어학시험은 TOEIC 및 TEPS 결제 시 2천 원 할인 서비스를 제공한다. 전월 실적 15만 원만 충족하면 최대 5천 원 할인 혜택을 받을 수 있어 낮은 전월 실적으로도 혜택을 누릴 수 있으며, 전월 실적 30만 원을 충족하면 최대 1만 원까지 할인 혜택을 받을 수 있다. K은행은 앞으로도 소비자들의 요구에 적극 부응하는 다양한 상품을 제공할 계획이다.

〈보기〉

ㅇㅇ체크카드를 사용 중인 철수의 전월 실적은 32만 원이었다. 철수는 어제 카카오페이를 통해 모바일 앱에서 5,000원 금액의 액세서리를 결제했고 온라인으로 TOEIC 시험 응시료를 결제했으며, 오늘은 온라인으로 메가박스에서 영화 예매를 위해 30,000원을 결제했고, 네이버페이를 이용하여 모바일 앱으로 20,000원 금액의 티셔츠를 결제했다. 철수는 이번 달 ㅇㅇ체크카드의 할인 혜택을 받지 않은 상태이다.

① 3,000원
② 5,000원
③ 6,000원
④ 8,000원

32 영민이가 연 이율 2.4%인 3년 만기 월복리 적금상품에 매월 초 100만 원씩 납입하여 만기 시 받는 금액보다 3년 만기 단리 예금상품에 3,600만 원을 예치하고 만기 시 받는 금액이 더 많을 때, 단리 예금상품의 연 이율은 몇 % 이상이어야 하는가?(단, $1.002^{36}=1.075$로 계산하며, 이자 소득에 대한 세금은 고려하지 않는다)

① 약 1.1%
② 약 1.2%
③ 약 1.4%
④ 약 1.5%

33 현재 1,000만 원을 보유한 A씨는 매년 이자가 10%인 K예금상품에 3년 동안 전액을 예치하려 한다. 예금방식이 단리식과 복리식이 있을 때, 두 가지 경우의 원리합계의 합은?(단, 연복리를 적용하고, $1.1^3=1.331$로 계산한다)

- 단리예금 : 목돈을 원하는 만큼 맡기고, 원금과 원금에 대해서만 이자를 산정하여 만기 시까지 추가 입금이 불가한 금융상품
- 복리예금 : 원금과 이자에 대한 이자를 받을 수 있고, 만기 시까지 추가 입금이 불가하며, 이자 지급기간에 따라 연복리, 월복리, 일복리로 구분하는 금융상품

① 2,122만 원
② 2,482만 원
③ 2,631만 원
④ 2,896만 원

34 직장인 A씨는 12월 31일에 현찰 1,000달러를 K은행에 팔고 계좌에 입금한 다음, 2일 후 K은행에서 1,000달러를 지인에게 송금하려고 한다. A씨가 지인에게 송금할 때 추가로 필요한 금액은?(단, '전일 대비'란 매매기준율을 기준으로 한 값이며, 1월 1일은 공휴일이므로 전일 대비 산입일에 포함하지 않고, 환율은 소수점 이하에서 버림한다)

〈K은행 환율 현황〉

(단위 : 원/달러)

날짜	매매기준율	전일 대비	현찰		송금	
			살 때	팔 때	보낼 때	받을 때
12월 31일	(　　)	−1.20	1,236.00	1,106.00	1,226.00	1,116.00
1월 2일	1,222.50	+6.50	1,242.50	1,092.50	1,222.50	1,112.50

※ A씨는 환율우대로 50% 환전수수료 할인을 받음
※ 환율우대는 환전수수료에만 적용됨
※ 살 때의 환율은 매매기준율에 환전수수료를 더하는 반면, 팔 때의 환율은 그만큼 제함

① 61,000원
② 62,000원
③ 71,000원
④ 72,000원

35 다음은 K은행에서 환율우대 50%를 기준으로 제시한 환율이다. A씨가 2주 전 엔화와 달러로 환전한 금액은 800,000엔과 7,000달러였고, 그때보다 환율이 올라 다시 원화로 환전했다. 2주 전 엔화 환율은 998원/100엔이었고, A씨가 오늘 엔화와 달러를 각각 원화로 환전한 후 얻은 수익이 같다고 할 때, 2주 전의 미국 USD 환율은?

〈오늘의 통화별 환율 현황〉

(단위 : 원)

구분	매매기준율	현찰	
		팔 때	살 때
미국 USD	1,120.70	1,110.90	1,130.50
일본 JPY 100	1,012.88	1,004.02	1,021.74
유럽연합 EUR	1,271.66	1,259.01	1,284.31
중국 CNY	167.41	163.22	171.60

① 1,102.12원/달러
② 1,104.02원/달러
③ 1,106.12원/달러
④ 1,108.72원/달러

36 다음은 L시, K시의 연도별 회계 예산액 현황에 대한 자료이다. 이에 대한 설명으로 옳지 않은 것은?

〈L시, K시의 연도별 회계 예산액 현황〉

(단위 : 백만 원)

구분	L시			K시		
	합계	일반회계	특별회계	합계	일반회계	특별회계
2020년	1,951,003	1,523,038	427,965	1,249,666	984,446	265,220
2021년	2,174,723	1,688,922	485,801	1,375,349	1,094,510	280,839
2022년	2,259,412	1,772,835	486,577	1,398,565	1,134,229	264,336
2023년	2,355,574	1,874,484	481,090	1,410,393	1,085,386	325,007
2024년	2,486,125	2,187,790	298,335	1,510,951	1,222,957	287,994

① L시의 전체 회계 예산액이 증가한 시기에는 K시의 전체 회계 예산액도 증가했다.
② L시의 일반회계 예산액은 항상 K시의 일반회계 예산액보다 1.5배 이상 더 많다.
③ 2022년 L시 특별회계 예산액 대비 K시 특별회계 예산액의 비중은 50% 이상이다.
④ 2023년 K시 전체 회계 예산액에서 특별회계 예산액의 비중은 25% 이상이다.

37 다음은 은행별 신용등급별 금리 현황에 대한 자료이다. 이에 대한 설명으로 옳지 않은 것은?

〈은행별 신용등급별 금리 현황〉

(단위 : %)

구분		신용등급별 금리					
		1～2등급	3～4등급	5～6등급	7～8등급	9～10등급	평균금리
O은행	대출금리	3.44	4.18	4.93	6.62	8.13	4.59
	기준금리	1.94	1.98	1.95	1.95	1.97	1.97
	가산금리	1.50	2.20	2.98	4.67	6.16	2.62
P은행	대출금리	3.70	3.78	4.22	6.61	8.34	4.33
	기준금리	1.99	1.98	1.97	1.95	2.05	1.97
	가산금리	1.71	1.80	2.25	4.66	6.29	2.36
Q은행	대출금리	3.91	4.79	6.21	7.69	10.43	4.77
	기준금리	2.02	2.07	2.07	2.11	2.11	2.04
	가산금리	1.89	2.72	4.14	5.58	8.32	2.73
R은행	대출금리	4.09	4.93	6.64	8.65	9.50	4.59
	기준금리	2.01	2.01	2.03	2.02	2.00	2.01
	가산금리	2.08	2.92	4.61	6.63	7.50	2.58
S은행	대출금리	3.58	4.89	6.76	9.87	10.83	4.16
	기준금리	1.92	1.94	1.96	1.97	1.98	1.93
	가산금리	1.66	2.95	4.80	7.90	8.85	2.23
T은행	대출금리	4.38	4.64	6.65	9.99	9.82	6.83
	기준금리	2.10	2.13	2.12	2.10	2.08	2.11
	가산금리	2.28	2.51	4.53	7.89	7.74	4.72
U은행	대출금리	3.69	4.68	7.87	11.17	-	5.04
	기준금리	1.95	1.96	1.97	1.96	-	1.96
	가산금리	1.74	2.72	5.90	9.21	-	3.08

① Q은행의 경우 기준금리는 3～4등급과 5～6등급이 동일하다.
② 등급이 하락할수록 모든 금리는 증가하는 경향성을 띠고 있다.
③ 5～6등급 가운데 가산금리만 비교하자면 가장 낮은 금리는 가장 높은 금리의 절반보다 작다.
④ 제시된 은행 중 1～2등급이 가장 저렴하게 이용할 수 있는 금리조건을 가진 은행은 O은행이다.

38 다음은 K은행의 송금 관련 수수료에 대한 자료이다. 이를 참고할 때, 송금 수수료가 가장 큰 사람은?

〈K은행 송금 관련 수수료〉

<table>
<tr><td rowspan="11">자동화기기</td><td rowspan="5">K은행 간</td><td rowspan="5">현금 인출</td><td rowspan="5">영업시간 외</td><td>22:00 ~ 24:00</td><td rowspan="5">600원
※ 5만 원 이하 인출 시 또는 당일 중 동일계좌에서 2회째 인출 시 250원</td></tr>
<tr><td>24:00 ~ 익일 06:00</td></tr>
<tr><td>평일 : 18:10 ~ 22:00 / 06:00 ~ 08:30</td></tr>
<tr><td>토요일 : 14:00 ~ 22:00 / 06:00 ~ 08:30</td></tr>
<tr><td>공휴일 : 06:00 ~ 22:00</td></tr>
<tr><td rowspan="6">타행 간</td><td rowspan="2">현금 인출</td><td>영업시간 중</td><td rowspan="2">당일(0 ~ 24시) 중, 동일계좌에서 2회째 인출 시부터 마감 전 550원, 마감 후 800원</td><td>800원</td></tr>
<tr><td>영업시간 외</td><td>1,100원</td></tr>
<tr><td rowspan="4">계좌 이체</td><td rowspan="2">영업시간 중
평일 : 8:30 ~ 17:00
토요일 : 8:30 ~ 14:00</td><td>10만 원 이하</td><td>600원</td></tr>
<tr><td>10만 원 초과</td><td>1,100원</td></tr>
<tr><td rowspan="2">영업시간 외
평일 : 17:00 ~ 익일 영업 08:30
토요일 : 14:00 ~ 익일 영업 08:30</td><td>10만 원 이하</td><td>850원</td></tr>
<tr><td>10만 원 초과</td><td>1,100원</td></tr>
<tr><td colspan="2" rowspan="4">창구송금</td><td colspan="2">K은행 간</td><td>-</td><td>면제</td></tr>
<tr><td colspan="2" rowspan="3">타행 간</td><td>10만 원 이하</td><td>600원</td></tr>
<tr><td>100만 원 이하</td><td>3,000원</td></tr>
<tr><td>100만 원 초과</td><td>4,000원</td></tr>
<tr><td colspan="2" rowspan="8">기타</td><td colspan="2" rowspan="4">공인인증서 발급</td><td>개인 은행용</td><td>무료</td></tr>
<tr><td>개인 범용</td><td>5,400원
(부가세 포함)</td></tr>
<tr><td>기업 은행용</td><td>5,400원
(부가세 포함)</td></tr>
<tr><td>기업 범용</td><td>115,000원
(부가세 포함)</td></tr>
<tr><td colspan="2" rowspan="2">SMS통지서비스</td><td>월 정액형
(계좌의 휴대폰 1개당)</td><td>월 800원</td></tr>
<tr><td>건별 부과형</td><td>건당 30원</td></tr>
<tr><td colspan="2" rowspan="2">전화승인서비스</td><td>월 정액형</td><td>월 600원</td></tr>
<tr><td>건별 부과형</td><td>건당 80원</td></tr>
</table>

※ 만 18세 미만 또는 만 65세 이상 고객께는 창구송금수수료 50% 및 CD / ATM 수수료 50% 면제

※ 감면장애인, 소년소녀가장, 기초생활수급권자, 국가유공자(본인), 독립유공자(유족 및 가족 포함) 영업점 내점하여 증명서 확인 등록 시 각종 수수료 전액 면제

① 창구를 통해 K은행에서 A은행으로 20만 원을 보낸 80세 할머니
② 월 정액형으로 SMS통지서비스를 이용하고 K은행 ATM에서 3만 원을 인출한 13살 학생
③ 공인인증서(개인 범용)를 발급받고 건별 부과형으로 전화승인서비스를 5회 이용한 국가유공자의 손자
④ K은행에서 B은행으로 영업시간 내 창구로 10만 원을 송금하였고 10분 후 동일 은행에서 C은행으로 10만 원을 송금한 회사원

39 **A대학생은 현재 보증금 3천만 원, 월세 50만 원을 지불하면서 B원룸에 거주하고 있다. 이듬해부터는 월세를 낮추기 위해 보증금을 증액하려고 한다. 다음 규정을 보고 A대학생이 월세를 최대로 낮췄을 때의 월세와 보증금을 바르게 짝지은 것은?**

〈B원룸 월 임대료 임대보증금 전환 규정〉

- 1년치 임대료의 56%까지 보증금으로 전환 가능
- 연 1회 가능
- 전환이율 6.72%

※ (환산보증금)$=\frac{\text{(전환 대상 금액)}}{\text{(전환이율)}}$

① 월세 22만 원, 보증금 7천만 원
② 월세 22만 원, 보증금 8천만 원
③ 월세 22만 원, 보증금 9천만 원
④ 월세 30만 원, 보증금 8천만 원

40 다음은 직장인신용대출의 신용등급별 금리에 대한 자료이다. 이에 대한 설명으로 옳은 것은?

〈직장인신용대출의 신용등급별 금리〉

(단위 : %)

구분	신용등급별 금리				
	1～3등급	4등급	5등급	6등급	7～10등급
A은행	4.68	5.73	5.99	7.28	8.05
B은행	4.66	5.47	5.90	6.44	8.13
C은행	4.32	4.79	5.28	5.64	7.11
D은행	4.48	4.99	7.14	9.36	9.49
E은행	4.14	4.53	5.02	5.49	6.96
F은행	4.72	5.55	5.75	6.73	9.59
G은행	4.34	5.60	5.20	6.35	6.95
H은행	4.23	4.60	6.66	7.62	8.42
I은행	5.28	5.42	6.07	7.89	9.33
J은행	5.07	5.85	7.23	6.87	9.01
K은행	5.05	5.48	6.08	7.85	9.55
L은행	4.67	5.65	6.30	6.92	8.77
M은행	5.29	6.03	6.04	7.73	12.57
N은행	4.42	4.85	5.62	6.34	9.22
O은행	4.51	4.95	5.05	5.73	8.25
P은행	4.95	5.89	7.16	8.23	9.36
Q은행	5.17	5.92	7.32	9.15	12.25

① E은행의 모든 등급별 금리는 A～Q은행 중 가장 낮다.

② 신용등급이 4등급인 경우 모든 은행이 4.7% 이상의 금리를 보이고 있다.

③ 5등급의 금리가 6.3% 이상인 은행의 수와 6등급의 금리가 7.3% 이상인 은행의 수는 같다.

④ A～Q은행 중 1～3등급의 금리가 가장 높은 은행은 4등급과 7～10등급의 금리도 가장 높다.

01 다음은 K주거래우대적금에 대한 자료이다. K주거래우대적금 신규 가입 고객에 대한 정보가 〈보기〉와 같을 때, 해당 고객이 만기해지 시 받을 수 있는 이자는?

〈K주거래우대적금〉

- 상품특징
  - 은행 거래실적에 따라 우대금리를 제공하는 단리식 적립 상품
- 가입기간 : 12개월 이상 36개월 이내(월 단위)
- 가입금액 : 초입금 및 매회 입금 1만 원 이상, 1인당 분기별 3백만 원 이내 자유적립
- 기본금리

가입기간	금리
12개월 이상 24개월 미만	1.25%
24개월 이상 36개월 미만	1.30%
36개월 이상	1.35%

※ 단, 만기일 이후 30일 이내에 예금을 인출하지 않으면 만기 후 금리를 적용한다.

- 우대금리 : 다음 우대조건을 만족하는 경우 가입일 현재 기본금리에 가산하여 만기해지 시 적용

우대조건	우대금리
가입월부터 만기 전월까지 기간 중 3개월 이상 K은행에 급여 이체 시	0.2%p
가입월부터 만기 전월까지 기간 중 K은행 K더나은카드(개인 신용·체크) 월평균 20만 원 이상 사용	0.2%p
만기일 전월 말 기준으로 K은행의 주택청약종합저축(청약저축 포함) 또는 적립식(임의식) 펀드 1개 이상 가입 시	0.1%p
인터넷 또는 스마트뱅킹으로 본 적금에 가입 시	0.1%p

〈보기〉

- 가입자명 : 김△△
- 가입기간 : 24개월
- 희망 가입금액 : 월 20만 원
- 3개월 전부터 별도의 급여통장 당행 계좌 이용 중
- 스마트뱅킹으로 적금 가입

① 74,000원
② 80,000원
③ 86,000원
④ 92,000원

02 A고객이 다음과 같은 조건으로 K은행 정기예금에 가입하였을 때, 만기 시 A고객이 받을 이자금액의 합계는?

- 상품명 : K은행 정기예금
- 계약기간 : 1년
- 저축금액 : 10만 원
- 저축방법 : 거치식
- 적용금리 : 연 10%
- 이자지급방식 : 6개월마다 지급 – 복리식

① 10,100원
② 10,150원
③ 10,250원
④ 10,300원

※ A주임은 새 차량 구입에 필요한 목돈 마련을 위해 K은행의 적금상품 중 만기환급금이 가장 큰 적금상품에 가입하고자 한다. 이어지는 질문에 답하시오. **[3~4]**

〈A주임이 현재 가입 가능한 K은행의 적금상품〉

구분	가입금액	가입기간	기본금리
KS적금	매월 25만 원	24개월	연 2%(연 복리)
PR적금	매월 16만 원	30개월	연 2%(단리)
AD적금	매월 30만 원	12개월	연 4%(단리)
LU적금	매월 22만 원	24개월	연 3%(연 복리)

〈조건〉

- 모든 상품은 이자지급방식으로 만기이자지급식을 채택한다.
- 모든 상품은 가입금액을 매월 초에 납입한다.
- 제시된 K은행의 네 가지 적금상품은 모두 비과세상품이다.
- $(1.02)^{\frac{1}{12}}=1.001$, $(1.02)^{\frac{25}{12}}=1.04$, $(1.03)^{\frac{1}{12}}=1.002$, $(1.03)^{\frac{25}{12}}=1.06$으로 계산한다.

03 모든 적금상품이 기본금리로 적용될 때, 다음 중 A주임이 가입할 적금상품은?

① KS적금
② PR적금
③ AD적금
④ LU적금

04 K은행의 적금상품 중 PR적금과 AD적금의 우대금리 조건과 A주임에 대한 〈정보〉는 다음과 같다. A주임에게 해당되는 우대금리를 적용할 때, 만기 시 A주임이 가입할 적금상품은?

〈PR적금 및 AD적금 우대금리 조건〉

구분	우대금리	우대금리 조건
PR적금	연 0.5%p	적금 가입일 기준 K은행 주택청약저축 가입 및 보유
AD적금	연 0.5%p	적금 가입일 기준 K은행의 적금상품 가입기록 없음
	연 1.0%p	적금 가입일 기준 T보험사의 화재보험 가입 및 매월 화재보험료 10만 원 이상 납부

※ PR적금, AD적금 외에 A주임이 가입 가능한 다른 적금상품들은 우대금리가 없음

〈정보〉

- 2025년 3월 19일에 K은행의 적금상품에 가입하고자 한다.
- 2023년 11월 30일에 K은행의 주택청약저축에 가입하여 현재까지 유지 중이다.
- 2024년 8월 22일에 K은행의 적금상품에 가입하였다가 2025년 1월 9일에 해지하였다.
- 2022년 4월 19일부터 T보험사의 자동차보험 및 화재보험에 가입하여 각각 매월 15만 원씩 보험료를 납부하고 있다.

① KS적금
② PR적금
③ AD적금
④ LU적금

05 다음은 금융기관별 연간 특별기여금 산정산식과 예금 등의 연평균 잔액에 대한 자료이다. 연간 특별기여금이 가장 많은 곳은?

〈금융기관별 연간 특별기여금 산정산식〉

구분	연간 특별기여금 산정산식
종합금융회사	예금 등의 연평균 잔액×1/1,000
상호저축은행	예금 등의 연평균 잔액×1/1,000
신용협동조합	예금 등의 연평균 잔액×5/10,000

〈금융기관별 예금 등의 연평균 잔액〉

구분	A종합금융회사	B신용협동조합	C상호저축은행	D신용협동조합
예금 등의 연평균 잔액	42억 9천만 원	79억 5천만 원	51억 2천만 원	89억 4천만 원

① A종합금융회사
② B신용협동조합
③ C상호저축은행
④ D신용협동조합

06 다음은 예치기간별 KB Star 정기예금과 KB 국민UP 정기예금의 적용금리에 대한 자료이다. 예치기간에 따른 만기 시 최종 적용금리의 차이가 바르게 짝지어지지 않은 것은?(단, KB 국민UP 정기예금의 최종 적용금리는 누적평균으로 가정한다)

〈예치기간별 KB Star 정기예금 적용금리〉

(단위 : 연 %)

구분	기본금리	고객 적용금리
1개월 이상 3개월 미만	0.75	2.84
3개월 이상 6개월 미만	0.85	3.51
6개월 이상 12개월 미만	0.95	3.65
12개월 이상 24개월 미만	0.95	3.68
24개월 이상 36개월 미만	1.05	3.15
36개월	1.15	3.16

※ 고객 적용금리를 최종 적용금리로 적용함

〈예치기간별 KB 국민UP 정기예금 적용금리〉

(단위 : 연 %)

구분	1개월	1개월 초과 2개월 이하	2개월 초과 3개월 이하	3개월 초과 4개월 이하	4개월 초과 5개월 이하	5개월 초과 6개월 이하
기본금리	1.85	1.85	1.85	2.35	2.35	2.35
누적평균	1.85	1.85	1.85	1.97	2.05	2.10
구분	6개월 초과 7개월 이하	7개월 초과 8개월 이하	8개월 초과 9개월 이하	9개월 초과 10개월 이하	10개월 초과 11개월 이하	11개월 초과 12개월 이하
기본금리	2.65	2.65	2.65	2.65	2.65	2.90
누적평균	2.19	2.25	2.30	2.34	2.37	2.42

	예치기간	최종 적용금리 차이
①	3개월	1.66%p
②	6개월	1.55%p
③	9개월	1.35%p
④	12개월	1.23%p

07 직장인 A씨는 K은행 베스트 적금상품 중 하나에 가입하려고 한다. 다음 세 가지 상품 정보와 〈조건〉을 참고할 때, 가장 높은 이자를 받을 수 있는 적금상품과 그 이자금액을 바르게 짝지은 것은?[단, 이자 소득에 대한 세금은 고려하지 않으며, $\frac{0.023}{12}=0.0019$, $\left(1+\frac{0.023}{12}\right)^{24}=1.047$, $1.026^{\frac{1}{12}}=1.002$, $1.026^2=1.05$로 계산하고, 소수점 셋째 자리에서 반올림한다]

〈K은행 베스트 적금상품 3종〉

구분	K직장인 월복리적금	e금리우대적금	K쏠쏠적금
상품유형	목돈 모으기		
상품특징	급여이체 및 교차거래 실적에 따라 금리가 우대되는 직장인 전용 월 복리 상품	당행 대표 비대면 적금상품	K은행 K쏠쏠 신용카드 보유고객 대상 우대금리를 제공하는 K쏠쏠 패키지 내 자유적립식 상품
가입대상	만 18세 이상 개인	개인(1인 1계좌)	당행 K쏠쏠 신용카드를 보유한 개인(1인 1계좌)
가입기간	12개월 이상 36개월 이내 (월 단위)	12개월 이상 36개월 이내 (월 단위)	12개월 이상 36개월 이내 (월 단위)
예금자보호 여부	○	○	○
우대금리 (연 %p)	• 급여이체 여성 연계상품 : 0.3 • 당행 주택청약종합저축(청약저축 포함) 또는 적립식 펀드 중 1개 이상 가입 : 0.2 • 당행 신용 또는 체크카드 결제실적 100만 원 이상 : 0.3	• 급여이체 여성 연계상품 : 0.1 • 당행 신용 또는 체크카드 : 사용 중 : 0.1 • 당행 적립식 펀드 1개 이상 가입 : 0.2	• 급여이체 여성 연계상품 : 0.1 • K쏠쏠 신용카드 실적 월 30만 원 이상 50만 원 미만 : 0.1 (50만 원 이상 : 0.2) • K쏠쏠 패키지대출 보유 시 : 0.1
기본금리(연 %)	1.8	2.2	1.8

※ K직장인 월복리적금 외의 상품은 연복리적금임

〈조건〉

- 직장인 A씨는 여성이다.
- K쏠쏠 신용카드로 매월 30 ~ 40만 원 정도 사용한다.
- 급여이체로 K은행을 이용하고 있다.
- 당행 적립식 펀드를 가입한 지 3개월이 되었다.
- 매월 초 30만 원씩 자동이체로 2년 동안 적금 가입을 원한다.

	적금상품	이자금액		적금상품	이자금액
①	K직장인 월복리적금	315,000원	②	e금리우대적금	315,000원
③	e금리우대적금	234,000원	④	K쏠쏠적금	324,000원

※ 다음은 KB주택담보대출에 대한 자료이다. 이어지는 질문에 답하시오. **[8~10]**

〈KB주택담보대출〉

구분	내용
대출신청자격	주택을 담보로 신청하는 고객 ※ 주택구입 / 신축 / 경락주택 구입자금대출 및 통장자동대출 포함
대출금액	담보가격조사 및 소득금액, 담보물건지 지역 등에 따른 대출가능금액 이내 ※ 통장자동대출은 최고 3억 원 이내
대출기간 및 상환방법	• 대출기간 (1) 일시상환(통장자동대출 포함) : 최저 1년 이상 최장 5년 이내(통장자동대출은 1년) (2) 분할상환(원금균등, 원리금균등, 고객원금지정, 할부금고정) : 최저 1년 이상 최장 40년 이내. 단, 할부금고정 분할상환 방식은 최장 10년 이내 (3) 혼합상환(일시상환+분할상환) : 최저 1년 이상 최장 20년 이내 ※ 위의 (1) ~ (3)에도 불구하고 최저 대출기간은 금리변동주기 이상, 혼합금리대출은 10년 이상으로 운용 • 거치기간 – 총대출기간의 30% 범위 내에서 최장 3년 이내. 단, 「여신심사 선진화를 위한 모범규준」에서 정한 경우에는 비거치 또는 거치기간 1년으로 운용
대출대상주택	주택(복합용도의 건물인 경우에는 주거전용면적이 건물전용면적의 1/2 이상이어야 함)
금리 및 이율	(단위 : 연 %) 기준금리: 금융채 5년 4.11 / 가산금리: 개인별 차등적용 / 우대금리: 1.40 / 최저금리: 4.37 / 최고금리: 6.07 (1) 기준금리 – 금융채 금리는 금융투자협회(www.kofia.or.kr)가 고시하는 「AAA등급 금융채 유통수익률」로 전주 최종 영업일 전 영업일 종가 적용 최종 고시되어 있는 「신규취급액기준COFIX」 또는 「신잔액기준COFIX」 중 고객이 약정을 할 때 선택한 금리를 적용 (2) 가산금리 : 고객별 가산금리는 신용등급 및 담보물건 등에 따라 차등 적용 (3) 우대금리 : 최고 연 1.40% 우대 ☞ 실적 연동 우대 : 최고 연 0.9% • 신용카드 이용실적 우대 : 연 0.3% – KB국민은행으로 결제계좌가 지정된 KB국민카드(신용) 이용 시 • 자동이체 실적 우대 : 연 0.1% – 아파트관리비, 지로, 금융결제원CMS, 펌뱅킹 자동이체 3건 이상 이체 시 • 급여(연금)이체 관련 실적 우대(건별 50만 원 이상) : 연 0.3% – 은행에 급여(연금)이체 계약이 등록되어 급여(연금)이체 실적이 확인되거나 급여(연금)이체일자를 지정한 일자에 50만 원 이상 급여(연금)이체 실적이 확인되는 경우 • 예금 관련 실적 우대 : 연 0.1% – 월 30만 원 이상 적립식예금 계좌 보유 시 • 전자금융 관련 실적 우대 : 연 0.1% – KB스타뱅킹 이용 시 ☞ 부동산 전자계약 우대 : 연 0.2%(주택구입자금의 경우에 한함) ☞ 취약차주 금리할인: 연 0.3%(주택구입자금의 경우에 한함) ※ 실적연동 우대금리는 각 항목의 우대조건 충족여부에 따라 대출신규 3개월 이후 매월 재산정되어 적용됩니다.
금리 및 이율	(4) 최종금리 : 고객별 적용금리는 기준금리, 신용등급, 담보물건 등에 따라 산출된 가산금리와 우대금리에 따라 차등 적용되며, 실제 적용금리는 대출신청 영업점으로 상담하셔야 확인하실 수 있습니다.
중도상환수수료	중도상환원금×수수료율(1.2%)×잔존일수÷대출기간(당초 대출일로부터 최장 3년까지 부과)

(금리 표, 단위 : 연 %)

기준금리		가산금리	우대금리	최저금리	최고금리
금융채 5년	4.11	개인별 차등적용	1.40	4.37	6.07

08 **다음 중 KB주택담보대출에 대한 내용으로 가장 적절한 것은?**

① 이미 구입해서 거주하고 있는 집을 담보로는 대출받을 수 없다.

② 주거를 위한 공간으로만 이루어지지 않은 건물로도 대출이 가능하다.

③ 대출한도는 소득과 관계없이 담보가 되는 주택의 가격이 결정하는 상품이다.

④ 대출을 받은 후, 일부금액을 만기 이전에 미리 상환하려면 중도상환수수료를 내야 한다.

09 **다음 중 KB주택담보대출을 통해 주택구입자금을 마련하고자 하는 A씨가 이자 지출을 줄이기 위해 고려해야 할 내용으로 적절하지 않은 것은?**

① KB스타뱅킹 가입

② KB국민은행 계좌의 자동이체 등록 건수

③ KB체크카드 사용 실적 및 KB국민은행 결제계좌 지정

④ 매월 30만 원씩 저축하고 있는 KB국민은행의 정기적금을 유지할 것인지의 여부

10 **A씨는 주택 구입을 위해 KB주택담보대출을 통해 5억 원을 30년 만기로 대출받았다. 5년간은 거치기간이며, 이후에는 원리금균등상환하는 방식을 선택하였다. 대출금리는 기본금리에 가산금리 0.94%가 적용되었으며, 최초 대출집행일로부터 만 2년이 된 날에 A씨는 원금 중 2억 원을 일부 상환하였다. 2년 동안 A씨가 지불한 이자와 중도상환수수료의 총액은?(단, A씨의 대출 실행 시점 시 KB국민은행과의 거래 상황은 다음과 같다)**

> A씨는 KB스타뱅킹 스마트폰 앱을 이용해 대출을 신청하였고, 대출 실행 시점에 KB국민은행으로 결제계좌가 지정된 KB국민카드의 신용카드 2개를 보유하고 있었으며, KB국민은행 계좌에서의 자동이체는 아파트관리비 1건이 등록되어 있었다. A씨는 개인사업자로 별도의 급여이체통장은 없으며, 주택구입을 위해 모든 예적금을 해약하였다. 주택매입거래는 전자계약으로 진행하였고, 은행에 문의한 결과 취약차주 조건에는 해당하지 않는다는 답변을 받았다.

① 45,700,000원　　② 46,740,000원

③ 46,900,000원　　④ 47,240,000원

※ 다음은 K은행의 체크카드에 대한 자료이다. 이어지는 질문에 답하시오. **[11~12]**

〈K은행 체크카드〉

• 발급대상
 - 만 17세 이상으로 K은행 요구불예금을 보유한 개인 고객
 - 만 14세 이상 만 17세 미만 고객은 은행 영업점 방문 시 비교통카드에 한해 발급 가능합니다(인터넷 발급 불가).
 - 특수채권 잔액 보유 또는 은행연합회 신용관리대상 등 일부 고객은 후불교통기능이 탑재된 K은행 체크카드의 발급이 제한될 수 있습니다.

• 카드이용
 - 국내 신용카드 가맹점에서 결제계좌 잔액 범위 내에서 사용(즉시 결제), 후불교통카드 기능 탑재, 소액신용결제 서비스

• 이용제한
 - K은행 오프라인 시간 및 전산가동 중단 시 이용이 제한될 수 있습니다(매월 세 번째 일요일 00:00 ~ 06:00).
 - 체크카드 소액신용결제서비스 신청 시 K은행 전산가동 중단 시간대 이용은 전체 체크신용한도 범위 내 신용 승인됩니다.
 - K은행 전산가동 중단 시 또는 예금 잔액을 즉시 확인할 수 없어 매출승인이 불가능한 가맹점에서의 사용은 제한될 수 있습니다.

• 체크카드 국내 직불 이용한도

구분	1회	1일	월간	비고
기본 부여한도	600만 원	600만 원	2,000만 원	체크카드 발급 시 자동 부여
최고한도	2,000만 원	2,000만 원	5,000만 원	영업점 / 인터넷 / 모바일 앱 / 고객센터에서 신청
특별승인한도	1억 원	1억 원	1억 원	영업점 / 고객센터에서 신청(신청 후 30일 이내)

• 후불교통 기능 탑재(교통카드로 신청 시)
 - 버스, 지하철 등 대중교통 이용이 가능합니다.
 - 보증금 : 내국인 면제(단, 외국인의 경우 보증금 3만 원)
 - 대중교통 이용대금은 월 2회 지정된 결제일에 체크카드 결제계좌에서 자동 출금되며, 정상 출금되지 않은 경우 2영업일 이후 교통기능 사용이 불가할 수 있습니다.
 - 체크카드 후불교통 이용대금 출금일

이용일	1 ~ 15일	16일 ~ 말일
출금일	15일+3영업일	말일+3영업일

11 다음 중 K은행의 체크카드에 대한 설명으로 가장 적절한 것은?

① 월간 K은행 체크카드의 최고한도는 2,000만 원이다.
② 체크카드의 기본 부여한도는 체크카드 발급 시 자동 부여된다.
③ 매월 두 번째 일요일 00:00 ~ 06:00에는 체크카드 이용이 제한될 수 있다.
④ 체크카드의 후불교통 기능을 이용하기 위해서는 외국인의 경우 보증금 5만 원이 필요하다.

12 다음 10월 달력을 참고했을 때 K은행 체크카드 이용고객의 9월 16일부터 9월 말일까지 사용한 후불교통 이용대금의 출금일과 10월 1일부터 10월 15일까지 사용한 후불교통 이용대금의 출금일을 바르게 짝지은 것은?(단, 영업일은 주말 및 공휴일을 제외한 은행 영업 기간을 의미하며, 1영업일은 기준일의 다음 날이다 예 11일+1영업일=12일)

〈10월 달력〉

일	월	화	수	목	금	토
9/30	1	2	3 개천절	4	5	6
7	8	9 한글날	10	11	12	13
14	15	16	17	18	19	20
21	22	23	24	25	26	27
28	29	30	31			

	9월 16일 ~ 말일	10월 1 ~ 15일
①	10월 3일	10월 17일
②	10월 3일	10월 18일
③	10월 4일	10월 18일
④	10월 4일	10월 19일

※ 다음은 K은행 주거래 정기예금 상품설명서이다. 이어지는 질문에 답하시오. **[13~15]**

〈K은행 주거래 정기예금〉

- 상품개요 : 거래실적에 따라 우대금리를 제공하는 정기예금
- 거래조건

구분	내용
가입대상	개인
가입기간	1년
가입금액	1백만 원 이상 5천만 원 이하
이자지급방법	만기일시지급식, 단리식
기본금리	연 2.0%(세전)

우대금리 (세전, 연)

1. 거래우대금리
   - 다음 실적인정기준에 따라 거래 항목 중 당행의 입출금자유통장으로 이체 시 우대금리 적용
     - 한 가지 : 0.2%p
     - 두 가지 이상 : 0.4%p

거래 항목	조건	실적인정기준
급여	• 입금건별 50만 원 이상 예금자가 지정한 급여일에 입금 • 통장 적요에 급여, 월급, 봉급 등으로 표시	이 예금의 신규 가입월 이후 3개월이 되는 해당월의 말일 까지 이 예금의 가입자 본인 명의의 당행 입출금자유통장으로 1회 이상 이체 시
아파트관리비	–	
카드가맹점대금	자회사 ○○카드 가맹점 대금에 한함	
당행의 카드 결제대금	당행에서 발급 가능한 카드에 한함 (계열사 ○○카드 포함)	
기타 자동이체	도시가스요금, 전기료, 통신요금, 보험료, 국민연금보험료 등 월 2건 이상 이체 시 인정	

2. 평균잔액우대금리
   - 이 예금의 신규 가입월의 다음달로부터 3개월 동안 가입자 본인 명의의 당행 입출금 자유통장의 평균잔액에 따라 우대금리 적용
     - 1백만 원 이상 5백만 원 미만 시 : 0.2%p
     - 5백만 원 이상 시 : 0.3%p

※ 우대금리는 만기해지 시에만 적용됩니다.

구분	내용	
일부해지	만기해지 포함 총 3회까지 가능(최소가입금액 1백만 원 이상 유지, 중도해지금리 적용)	
계약해지	영업점에서 해지 가능	
세금우대	비과세종합저축 가능, 만기 후 이자는 소득세 부과	
예금자 보호 여부	해당	본 은행에 있는 모든 예금보호대상 금융상품의 원금과 소정의 이자를 합하여 1인당 '최고 5천만 원'이며, 초과하는 금액은 보호하지 않습니다.

13 귀하는 K은행 영업점에서 수신업무를 담당하고 있다. 당행에 방문한 A고객은 귀하에게 신규 런칭한 주거래 정기예금에 대해서 다음과 같이 문의하고 있다. 귀하의 답변으로 적절하지 않은 것은?

> A고객 : 안녕하세요. 최근에 상여금을 받았는데, 1년 뒤에 여행비용으로 쓰려고 합니다. 조금이라도 이율이 높은 예금에 가입하고 싶어서요. 최근에 나온 상품이 있던데 안내 부탁드립니다.
>
> 귀 하 : 네, 이번에 신규 런칭한 주거래 정기예금에 대해서 안내해 드리겠습니다. 이번 상품은 다른 상품들과 달리 K은행을 주로 거래하시는 분께 큰 혜택을 드리고 있습니다. ① 기본적으로 가입 시에 저축할 금액을 일시에 납입하시고 계약기간이 만료되었을 때, 이자와 원금을 돌려받는 거치식 예금입니다. ② 기본금리는 세전으로 연 2.0%이며, 우대조건에 따라 최대 0.7%p까지 함께 적용받으실 수 있습니다. ③ 고객님께서는 당행에서 급여통장을 사용하고 계시며, ○○카드사의 체크카드 결제대금도 당행의 통장에서 출금되므로 우선 만기 시에 0.4%p의 우대이율을 받으실 수 있습니다. ④ 그러나 주거래 정기예금을 가입하고 그 다음달부터 3개월까지 유지하지 못하면 우대금리를 적용받으실 수 없습니다. 또한 해당 상품은 비과세종합저축으로 한도가 남아 있다면 이자에 대해서 과세하지 않습니다. 그리고 예금자보호대상 상품으로 당행의 모든 예금보호대상 금융상품의 원금과 이자를 합하여 최고 5천만 원까지 보호받으실 수 있습니다.

14 A고객은 본인이 우대조건을 모두 충족한 상태에서 500만 원을 주거래 정기예금에 가입한다면 만기에 받을 수 있는 이자가 얼마인지 문의하였다. 귀하가 안내할 이자금액(세전)은?

① 120,000원
② 125,000원
③ 130,000원
④ 135,000원

15 A고객은 2024년 1월에 500만 원으로 주거래 정기예금에 가입하였다가 6개월 후 개인사정으로 주거래 정기예금에서 300만 원을 일부 인출하였다. A고객이 받은 인출금액의 합은?(단, 우대금리 조건은 모두 충족하였다)

- (중도해지금리)=(가입 시 기본금리)×(총경과기간별 차등률)
- (총경과기간별 차등률)=(경과월수)÷(계약월수)

총경과기간	0.2 이내	0.2 초과 0.4 이내	0.4 초과 0.6 이내	0.6 초과 0.8 이내	0.8 초과 0.1 미만
차등률(%)	20	30	40	50	60

① 3,015,000원
② 3,022,000원
③ 3,024,000원
④ 3,030,000원

16 K은행은 다음과 같은 예 · 적금상품을 판매하고 있다. 고객의 요청 사항이 〈보기〉와 같을 때, 해당 고객에게 추천해 줄 상품으로 가장 적절한 것은?

〈K은행 예 · 적금상품〉

구분	특징
폰 적금	• 가입기간 : 6 ~ 12개월 • 가입금액 : 매일 핸드폰으로 1,000원씩 자동입금 • 복잡한 우대금리 조건이 없는 스마트폰 전용 적금
나라지킴이 적금	• 가입기간 : 24개월 • 가입금액 : 최대 50만 원 • 군인인 경우에만 들을 수 있음
우리아이 정기예금	• 가입기간 : 12 ~ 36개월 • 가입금액 : 처음 예치 시 1,000만 원 이상 • 우대금리 : 신규 고객으로 한정하며, 최초 통장 개설 시 200만 원 이상 예치금이 있어야 함
우리 집 만들기 예금	• 가입기간 : 12 ~ 24개월 • 가입금액 : 제한 없음 • 우대금리 : K은행 계열사 카드 전월 실적 30만 원 이상 은행신규고객을 대상으로 하며, 통장에 300만 원 이상 보유

〈보기〉

저는 이번에 K은행 금융상품에 가입하고자 합니다. 가입기간은 24개월로 하고 싶습니다. 저는 K은행 계열사 카드를 매달 40만 원씩 쓰고 있고, 통장에 5백만 원 정도 있으며, 현재 K은행에 가입한 이력이 없습니다. 제대는 이미 오래전에 했구요, 지금 나이는 30살입니다. 가입금액은 월 10만 원으로 하고 싶습니다.

① 폰 적금
② 나라지킴이 적금
③ 우리아이 정기예금
④ 우리 집 만들기 예금

17 다음은 K은행 적금상품의 내용이다. 해당 조건으로 정기적금을 가입할 때, 만기환급금은?(단, 이자소득세는 제외한다)

- 상품명 : K은행 우리아이 희망적금
- 가입기간 : 36개월
- 가입금액 : 매월 400,000원 납입
- 적용금리 : 연 2.2%, 단리
- 저축방법 : 정기적립식, 만기일시지급

① 13,888,400원
② 14,888,400원
③ 15,888,400원
④ 17,888,400원

※ 다음은 K은행이 발표한 2024년 3월 8일과 2023년 9월 7일의 고시환율에 대한 자료이다. 이어지는 질문에 답하시오. **[18~19]**

〈2024년 3월 8일 고시환율〉

(단위 : 원)

종목	매매기준율	현찰		송금	
		살 때	팔 때	보낼 때	받을 때
미국 USD	1,123.00	1,142.65	1,103.35	1,134.00	1,112.00
일본 JPY 100	1,009.48	1,027.14	991.82	1,019.37	999.59
중국 CNY	163.24	171.40	155.08	164.87	161.61

〈2023년 9월 7일 고시환율〉

(단위 : 원)

종목	매매기준율	현찰		송금	
		살 때	팔 때	보낼 때	받을 때
미국 USD	1,090.50	1,109.58	1,071.42	1,101.60	1,079.90
일본 JPY 100	1,074.65	1,093.45	1,055.85	1,085.18	1,064.12
중국 CNY	163.52	173.33	155.35	165.15	161.89

※ 환전 및 송금 시 고시환율의 소수점 이하는 절사함

18 2024년 3월 8일과 2023년 9월 7일에 각각 원화를 USD 300으로 환전했다면, 두 시기의 금액 차이는?

① 9,750원
② 9,880원
③ 9,900원
④ 9,950원

19 T사원은 2023년 9월 7일에 일본 출장을 가기 위해 원화를 JPY 100,000으로 환전했고, 출장 후 남은 JPY 34,000을 계속 보관했다. 그러다가 2024년 3월 8일에 은행에 가서 원화로 바꾼 후 중국에서 유학 중인 동생에게 모두 송금하였다. T사원이 일본 출장에서 사용한 원화 금액과 동생에게 송금한 위안화 금액을 순서대로 바르게 나열한 것은?(단, 소수점 이하는 절사한다)

① 721,380원, CNY 2,081
② 708,840원, CNY 2,054
③ 721,380원, CNY 2,054
④ 708,840원, CNY 2,086

※ 고객 A는 급하게 돈이 필요하여 다음과 같은 K은행 신용대출상품에 가입하려 한다. 이어지는 질문에 답하시오. **[20~21]**

〈K은행 신용대출상품〉

- 개요 : K은행 주거래 고객이면 소득서류 제출 없이 신청 가능한 신용대출상품
- 특징 : 소득이 없는 가정주부도 K은행의 주거래 고객이면 신청 가능
- 대출한도금액 : 최소 3백만 원 최대 1천만 원
- 가입기간 : 2년
- 기본금리
  - 기준금리 : 3개월 KORIBOR 금리
  - 가산금리 : 영업점 취급 시 연 2.8%, 비대면 취급 시 : 연 2.6%
- 우대금리 : 최대 연 1%p
  - 신용카드 사용 : 연 0.4%p
  - 매월 납입하는 적립식 상품 : 연 0.3%p
  - 제세공과금 / 관리비 자동이체 : 연 0.5%p
- 상환방법 : 만기일시상환 / 원금균등상환
- 고객부담비용 : 없음
- 중도상환해약금
  - 대출취급 후 1년 초과 상환 시 : 면제
  - 대출취급 후 1년 이내 상환 시 : (중도상환금액)×0.7%×[(만기까지 남아있는 기간)÷(대출기간)]

  ※ 단, 대출 만기일 1개월 이내에 상환할 경우 중도상환해약금 면제
- 유의사항 : 대출금의 상환 또는 이자납입일이 지연될 경우 연체이율이 적용되며, 신용정보관리대상 등재, 예금 등 채권과의 상계 및 법적절차 등 불이익을 받으실 수 있습니다.

20 다음과 같이 고객 A가 말한 요구조건을 모두 수용하였을 때, 총 대출이자는 얼마인가?(단, 3개월 KORIBOR 금리는 연 1.4%이며, 고객 A는 전화로 신청하고 있다)

> 저는 K은행이 주거래 은행이고 이 상품을 신청하고 싶어요. 대출은 한도금액까지 할 거구요. K은행의 신용카드도 사용하고 있어요. K은행 상품은 적금을 들어 매달 20만 원씩 넣고 있고, 아파트 관리비도 이 은행계좌에 자동이체해 두었어요. 대출금은 만기 때 한 번에 상환하겠습니다.

① 25,000원
② 90,000원
③ 600,000원
④ 775,000원

21 고객 A가 목돈이 생겨서 대출취급 후 1년이 되던 날 대출금을 모두 상환하려 한다. 중도상환해약금은 얼마인가?

① 0원
② 17,500원
③ 25,000원
④ 35,000원

22 K은행 영업점에서 수신업무를 담당하고 있는 귀하에게 금융상품 상담 문의가 접수되었다. 문의한 고객은 제시된 세 가지 상품 중에서 가장 수익이 높은 상품을 선택하려고 한다. 다음 중 세 가지 상품을 수익이 높은 순으로 바르게 나열한 것은?(단, $1.005^{13}=1.067$로 계산한다)

〈K은행 금융상품〉

구분	가입금액	가입기간	금리	이자지급방식
행복예금	가입 시 120만 원	1년	연 6%(연복리)	만기이자지급식
차곡적금	월 초 10만 원	1년	연 6%(월복리)	만기이자지급식
가득예금	가입 시 120만 원	1년	연 3%(연단리)	만기이자지급식

※ 이자수익의 비교는 세전 기준으로 함

① 행복예금 – 차곡적금 – 가득예금
② 행복예금 – 가득예금 – 차곡적금
③ 차곡적금 – 행복예금 – 가득예금
④ 가득예금 – 행복예금 – 차곡적금

※ 다음은 K은행 월복리적금에 대한 자료이다. 이어지는 질문에 답하시오. **[23~24]**

〈K은행 월복리적금〉

- 개요 : 청년고객의 취·창업을 응원하며 금융거래에 따라 높은 우대금리를 제공하는 월복리적금
- 가입대상 : 만 19 ~ 34세 개인 및 개인사업자(1인 1계좌)
- 가입기간 : 6 ~ 24개월
- 가입금액 : 1 ~ 50만 원(매월) 이내 자유적립
- 기본금리 : 계약기간별 금리를 적용(연 %)

가입기간	6개월 이상	12개월 이상
금리	1.45	1.50

- 우대금리 : 다음 우대조건을 만족하는 경우 가입일 현재 기본금리에 가산하여 만기해지 시에 적용(연 %p)

우대항목		우대금리
급여실적	만기 전전월 말 기준, 가입기간에 따른 급여실적이 있는 경우 – 가입기간 12개월 이하 : 급여실적 3개월 – 가입기간 24개월 이하 : 급여실적 12개월	1.0
개인사업자 계좌 실적	만기 전전월 말 기준, K은행 개인사업자계좌를 보유하고 3개월 평균 잔액이 50만 원 이상인 경우	
비대면 채널 이체 실적	만기 전전월 말 기준, 비대면 채널(인터넷 / 스마트 뱅킹, K뱅크)에서 월평균 2건 이상 이체 시(오픈뱅킹 이체 포함)	0.3
마케팅 동의	신규 시점에 개인(신용)정보 수집·이용·제공 동의(상품서비스 안내 등) 전체 동의한 경우	0.2

※ 급여실적과 개인사업자계좌 실적 우대금리는 중복 적용 불가

※ 농업계고 및 청년농부사관학교 졸업자가 졸업증명서, 수료증 등을 제출한 경우 추가 우대금리 2.0%p 제공

23 다음 중 K은행 월복리적금에 대한 설명으로 적절하지 않은 것은?

① 연령에 따른 제한이 있는 상품이므로 퇴직을 앞두고 창업을 계획 중인 중장년층에게는 적합하지 않다.

② 월 초에 10만 원을 입금하였더라도 한 달 내 40만 원 이하의 금액을 추가로 자유롭게 입금할 수 있다.

③ 이자는 매월 입금하는 금액마다 입금일부터 만기일 전까지의 기간에 대하여 약정금리에 따라 월복리로 계산하여 지급된다.

④ 가입기간이 길수록 더 높은 기본금리가 적용될 수 있으나, 24개월을 초과하여 계약할 경우 가장 낮은 기본금리가 적용된다.

24 다음은 고객과 K은행 행원의 대화이다. 빈칸에 들어갈 금리로 옳은 것은?

> 고객 : 안녕하세요. 적금 만기일이 다가와서 문의드릴 게 있습니다. 저는 현재 월복리적금을 23회차까지 입금한 상태인데요. 가입할 때 기본금리 외에도 우대조건을 만족하면 우대금리가 적용될 수 있다고 설명을 들었던 것 같은데, 정확히 적용되는 금리가 얼마인지 알 수 있을까요?
> 행원 : 네, 고객님. 확인해보도록 하겠습니다. 먼저 고객님께서 24개월의 기간으로 가입하셔서 기간에 따른 기본금리가 적용됩니다. 그리고 고객님께서 현재 저희 은행의 개인사업자계좌를 보유하고 있는 것으로 확인되어서 평균 잔액을 조회해봐야 할 것 같습니다.
> 고객 : 그 계좌는 작년에 처음 500만 원으로 개설한 뒤로 지금까지 단 한 번도 출금하지 않았어요.
> 행원 : 음… 그런데 저희 은행의 인터넷뱅킹이나 앱은 사용한 적이 없으신가요? 조회 결과 거래 내역이 조회되지 않아 말씀드립니다.
> 고객 : 네, 제가 은행 업무는 꼭 영업점을 방문해서 하는 편이라 그렇습니다.
> 행원 : 네. 그러면 다른 정보도 확인해보겠습니다. 처음 상품 가입하실 때 개인정보 수집 및 이용 동의에 전체 동의해주신 것도 확인되었습니다. 그러면 적용되는 총금리가…
> 고객 : 아! 제가 K농업고등학교 출신이라 졸업증명서를 제출하면 우대금리를 받을 수 있다고 들었는데 혹시 적용 가능할까요?
> 행원 : 네, 맞습니다. 만기일 전에 영업점 방문하셔서 신청해주시면 적용받으실 수 있습니다. 그러면 고객님께서 적용받으실 수 있는 총금리는 ______가 됩니다.

① 연 1.5%　　② 연 2.7%
③ 연 3.8%　　④ 연 4.7%

25 K은행에서 근무하는 행원 A는 고객 B에게 적금 만기를 통보하고자 한다. 고객 B의 적금상품 가입 정보가 다음과 같을 때, 행원 A가 고객 B에게 안내할 만기환급금액은?

> • 상품명 : K은행 희망적금
> • 가입자 : 본인(개인)
> • 가입기간 : 36개월
> • 가입금액 : 매월 1일 150,000원 납입
> • 적용금리 : 연 2.0%
> • 저축방법 : 정기적립식
> • 이자지급방식 : 만기일시지급, 단리식

① 5,518,750원　　② 5,522,500원
③ 5,548,250원　　④ 5,566,500원

26 A ~ D 4명은 KB직장인든든 신용대출을 통해 대출받고자 국민은행에 방문하여 상담을 받았다. 다음 상품설명서와 A ~ D에 대한 조건을 바탕으로 각각의 대출 한도 및 최종금리를 바르게 짝지은 것은?(단, 4명 모두 대출한도 및 금리에 대한 불이익은 없으며, 신용등급 또한 같다)

〈KB직장인든든 신용대출〉

<table>
<tr><th>구분</th><th>내용</th></tr>
<tr><td>상품특징</td><td>직장인이라면 신청 가능
(최초 약정한 금액 범위 내 사용한도의 자유로운 증액·감액 가능 및 추가 우대금리 제공)</td></tr>
<tr><td>신청자격</td><td>재직기간 3개월 이상의 당행 선정 우량 직장인 및 재직기간 6개월 이상의 일반 직장인
(단, 최종합격자를 포함한 정규직 공무원, 중사 이상의 군인, 교사는 재직기간에 관계없이 자격 부여)</td></tr>
<tr><td>대출금액</td><td>최대 3억 원 이내(단, 재직기간 1년 미만의 사회초년생은 최대 5천만 원 이내로 제한)
– 종합통장자동대출은 최대 1억 원 이내로 제한
– 금융소외계층(최근 2년 이내 신용카드 실적 및 최근 3년 이내 대출실적이 없는 고객)은 최대 3백만 원 이내의 기본한도 제공</td></tr>
<tr><td>대출금리</td><td>〈기준일 : 2024.08.28〉

<table>
<tr><th>구분</th><th>기준금리</th><th>가산금리</th><th>우대금리</th><th>최저금리</th><th>최고금리</th></tr>
<tr><td>CD 91물</td><td>3.69%</td><td>2.36%</td><td>최고 연 0.9%p</td><td>5.15%</td><td>6.05%</td></tr>
<tr><td>금융채 6개월</td><td>3.80%</td><td>2.34%</td><td>최고 연 0.9%p</td><td>5.24%</td><td>6.14%</td></tr>
<tr><td>금융채 12개월</td><td>3.88%</td><td>2.29%</td><td>최고 연 0.9%p</td><td>5.27%</td><td>6.17%</td></tr>
</table>
※ 일시상환방식, 대출기간 2년 미만, 신용등급 3등급 및 당행 선정 우량 직장인 기준
기준금리 : 금융채 금리는 금융투자협회(www.kofia.or.kr)가 고시하는 「AAA등급 금융채 유통수익률」로 전주 최종영업일 전 영업일 종가 적용
※ 가산금리 : 신용등급, 대출기간 등에 따라 차등 적용
– 종합통장자동대출 선택 시 연 0.50%p 추가 가산
※ 실적연동 우대금리 : 최고 연 0.9%p
실적연동 우대금리는 각 항목의 우대조건 충족여부에 따라 대출신규 3개월 이후 매월 재산정 후 적용
① KB신용카드 이용실적 우대 : 최고 연 0.3%p
– 결제계좌를 KB국민은행으로 지정하고, 최근 3개월간 KB신용카드 이용 실적이 있는 경우
<table>
<tr><th>KB신용카드 이용 실적</th><th>우대금리</th></tr>
<tr><td>30만 원 이상 60만 원 미만</td><td>연 0.1%p</td></tr>
<tr><td>60만 원 이상 90만 원 미만</td><td>연 0.2%p</td></tr>
<tr><td>90만 원 이상</td><td>연 0.3%p</td></tr>
</table>
② 급여(연금) 이체 관련 실적 우대 : 연 0.3%p
– 전월 말 기준 최근 3개월간 2회 이상 본인 계좌로 급여(연금) 이체(※ 건별 50만 원 이상)
③ 적립식 예금 잔액 30만 원 이상의 계좌 보유 : 0.1%p
④ 자동이체 3건 이상 실적 우대 : 0.1%p
– 신규 3건, 재산정 시 2건 이상의 자동이체 출금실적
⑤ KB스타뱅킹 이용 우대 : 연 0.1%p</td></tr>
</table>

구분	조건
A	• 재직기간 2개월 초임 교사 • 적용 기준금리 : CD 91물 • 당행 이용 실적 – 최근 3개월간 KB신용카드 50만 원 이용 내역 확인(결제계좌 : KB국민은행) – 잔액 100만 원 이상의 적립식 예금 계좌 보유
B	• 무직 • 적용 기준금리 : 금융채 6개월 • 당행 이용 실적 – 최근 3개월간 KB신용카드 100만 원 이용 내역 확인(결제계좌 : KB국민은행) – KB스타뱅킹 이용
C	• 재직기간 5개월 사무직(당행 우량인 선정) • 적용 기준금리 : CD 91물 • 당행 이용 실적 – 최근 3개월간 KB신용카드 80만 원 이용 내역 확인(결제계좌 : KB국민은행) – 전월 말 기준 최근 3개월 이상 당행 계좌로 월 200만 원 급여 입금내역 확인 – 잔액 50만 원 이상의 적립식 예금 계좌 보유
D	• 재직기간 5년 사무직 • 적용 기준금리 : 금융채 12개월 • 당행 이용 실적 – 최근 3개월간 KB신용카드 120만 원 이용 내역 확인(결제계좌 : KB국민은행) – 전월 말 기준 최근 1년 이상 당행 계좌로 월 280만 원 급여 입금내역 확인 – 잔액 1,300만 원 이상의 적립식 예금 계좌 보유 – KB스타뱅킹 이용

※ 가산금리는 8월 28일 기준 최대치로 계산함

	대출한도	최종금리
① A	1억 원	5.75%
② B	5천만 원	5.89%
③ C	5천만 원	5.45%
④ D	3억 원	6.17%

※ 다음은 A가 2024년 10월 5일에 가입한 K은행의 내맘대로적금에 대한 자료이다. 이어지는 질문에 답하시오. [27~28]

- 상품명 : 내맘대로적금
- 가입대상 : 실명의 개인
- 계약기간 : 6개월 이상 36개월 이하(월 단위)
- 정액적립식 : 신규 약정 시 약정한 월 1만 원 이상의 저축금액을 매월 약정일에 동일하게 저축
- 세금 : 비과세혜택 적용
- 이자지급방식 : 만기일시지급식, 단리식
- 기본금리

구분	6개월 이상 12개월 미만	12개월 이상 24개월 미만	24개월 이상 36개월 미만	36개월
금리	연 1.4%	연 1.8%	연 2.0%	연 2.2%

※ 만기 전 해지 시 연 1.1%의 금리가 적용됨

- 우대금리

다음 각 항목에 따른 우대금리는 연 0.2%p로 동일함

구분	우대조건
자동이체 저축	이 적금의 계약기간에 해당하는 개월 수 이상 회차를 납입한 계좌 중 총 납입 회차의 2/3 이상을 자동이체를 이용하여 입금한 경우
장기거래	이 적금의 신규 시에 예금주의 K은행 거래기간이 5년 이상인 경우
첫 거래	이 적금의 신규 시에 K은행의 예적금(청약 관련 상품 제외)상품을 보유하지 않은 경우
주택청약종합저축	이 적금의 신규일로부터 3개월이 속한 달의 말일을 기준으로 주택청약종합저축을 보유한 경우

27 A는 26개월 동안 매월 100,000원씩 납입하였고, 적용받는 우대금리 항목은 없다고 할 때, 만기 시 A가 받을 환급금액은?

① 2,425,500원
② 2,625,000원
③ 2,658,500원
④ 2,814,500원

28 A는 20개월 동안 매월 100,000원씩 납입하였고, 〈보기〉에 따라 우대금리를 적용받을 때, 만기 도래 시에 A가 받을 적용금리와 만기환급금액을 바르게 짝지은 것은?

〈보기〉

- A는 2024년 11월 납입분부터 2025년 2월 납입분까지를 자동이체로 납입하였다.
- A는 2025년 3월 납입분부터 2025년 10월 납입분까지를 인터넷뱅킹으로 납입하였다.
- A는 2018년부터 K은행을 이용해 거래하였다.
- A는 2024년 12월 9일에 K은행을 통해 주택청약종합저축에 가입하였다.
- A는 2023년 1월에 계약기간이 12개월인 K은행의 K적금상품에 가입하였다.

	적용금리	만기환급금액
①	2.2%	2,015,000원
②	2.2%	2,020,000원
③	2.4%	2,021,000원
④	2.4%	2,042,000원

※ K씨는 목돈 마련을 위해 일정액의 월급으로 A적금 또는 B적금에 가입하고자 한다. 이어지는 질문에 답하시오. **[29~30]**

〈적금상품〉

구분	가입기간	기본금리
A적금	24개월	연 2.5%(연복리)
B적금	24개월	연 4%(단리)

〈조건〉

- 모든 상품은 이자지급방식을 만기이자지급식으로 하며, 비과세상품이다.
- $(1.025)^{\frac{1}{12}}=1.002$, $(1.025)^{\frac{25}{12}}=1.05$로 계산한다.

29 A씨가 매월 30만 원씩 입금한다고 하였을 때, 두 상품에 대하여 만기 시 받을 수 있는 만기환급금은?

	A적금	B적금
①	600만 원	900만 원
②	620만 원	920만 원
③	650만 원	850만 원
④	720만 원	750만 원

30 K씨가 A적금, B적금 중에 만기환급금이 더 큰 상품에 가입하여 만기환급금을 받았다. 그리고 K씨는 정산 받은 만기환급금으로 같은 은행에서 제공하는 예금상품에 가입하고자 한다. C예금과 D예금의 만기 시 받는 금액의 차이는?(단, $1.02^{5}=1.104$로 계산한다)

〈예금상품〉

구분	가입기간	기본 이율
C예금	5년	연 3%(단리)
D예금	5년	연 2%(복리)

① 345,000원
② 350,000원
③ 355,000원
④ 360,000원

31 다음 중 에지 컴퓨팅(Edge Computing)의 특징으로 옳지 않은 것은?

① 데이터 처리 시간이 단축된다.

② 자율주행자동차 등에 사용된다.

③ 분산 컴퓨팅 모델이 아닌 중앙 집중식 컴퓨팅 모델에 적합하다.

④ 클라우드렛(Cloudlet) 또는 포그 컴퓨팅(Fog Computing)이라고도 불린다.

32 다음 중 병행 제어 기법 중 로킹(Locking)에 대한 설명으로 옳지 않은 것은?

① 로킹의 단위가 작아지면 로킹 오버헤드가 증가한다.

② 로킹의 단위가 커지면 데이터베이스 공유도가 증가한다.

③ 로킹의 대상이 되는 객체의 크기를 로킹 단위라고 한다.

④ 데이터베이스, 파일, 레코드 등은 로킹 단위가 될 수 있다.

33 다음 글의 빈칸에 들어갈 용어를 순서대로 바르게 나열한 것은?

> ______은/는 기업 내의 사설 네트워크로 회사의 정보나 컴퓨팅 자원을 직원들 간에 공유하게 하는데 그 목적이 있으며, 이의 확장 개념인______은/는 ______을/를 통해 고객, 협력사 그리고 회사 외부의 인가된 사람에게까지 일부 정보를 공유할 수 있게 해줄 수 있기에 ______이/가 요구된다.

① 인트라넷, 인터넷, 라우터, 암호화

② 인터넷, VPN(가상 사설망), 보안, 전자 서명

③ 인트라넷, 엑스트라넷, VPN(가상 사설망), 보안

④ 인터넷, 인트라넷, VPN(가상 사설망), 전자 서명

34 다음 중 폼재킹에 대한 설명으로 옳지 않은 것은?

① 온라인 쇼핑의 증가로 인해 피해 사례가 증가하고 있다.
② 카드 결제 시스템에 특수 장치를 설치하여 불법으로 카드 정보를 복사한다.
③ 온라인 구매 및 결제 서비스를 제공하는 다양한 산업에서 피해가 일어나고 있다.
④ 사용자가 이용하는 웹사이트에 악성코드를 심어 신용카드 등의 금융정보를 탈취한다.

35 다음 중 분산 컴퓨팅에 대한 설명으로 옳지 않은 것은?

① 데이터의 증가에 따라 데이터를 저장하고 처리하기 위한 방법이다.
② 컴퓨터의 성능을 확대시키기 위한 방식으로는 수직적 성능확대만 있다.
③ 여러 대의 컴퓨터를 연결하여 상호 협력하게 함으로써 컴퓨터의 성능과 효율을 높이는 것을 말한다.
④ 시스템의 확장성과 가용성을 제공하는 기술인 분산 컴퓨팅 기술은 빅데이터 활용을 지원하는 데 있어 가장 중요한 기반 기술이다.

36 블록체인 시스템(Block Chain System)에 대한 설명으로 옳지 않은 것을 〈보기〉에서 모두 고르면?

〈보기〉

㉠ 모든 거래 데이터를 사슬(체인)형태로 중앙 서버에 저장한다.
㉡ 한 사용자가 다른 사용자의 거래 데이터를 열람할 수 있다.
㉢ 일부 네트워크가 해킹당하면 전체 시스템이 마비된다.
㉣ 블록체인에 기록된 내용은 암호화되어 저장되므로 신뢰성이 높다.
㉤ 의사결정을 위한 작업증명의 대가로 암호화폐를 받는 과정을 채굴이라고 한다.

① ㉠, ㉡
② ㉠, ㉢
③ ㉡, ㉢
④ ㉢, ㉤

37 다음 중 클라우드 보안과 관련된 용어가 아닌 것은?

① CASB
② CWPP
③ CSPM
④ EVRC

38 다음 중 여러 금융회사에 흩어진 개인의 금융정보를 통합관리하는 산업은?

① 빅데이터산업
② 오픈뱅킹산업
③ 데이터경제산업
④ 마이데이터산업

39 다음 중 개발 언어에 대한 개발자들의 이해도와 활용도가 높아야 한다는 기준을 나타내는 개발 언어의 선정 기준은?

① 적정성
② 효율성
③ 이식성
④ 친밀성

40 제로 트러스트 모델에 대한 설명으로 옳은 것을 〈보기〉에서모두 고르면?

〈보기〉

㉠ 0(Zero)과 신뢰하다(Trust)의 합성어로 아무도 신뢰하지 않는다는 뜻이다.
㉡ 네트워크 설계의 방향은 외부에서 내부로 설정한다.
㉢ IT 보안 문제가 내부에서 발생함에 따라 새롭게 만들어진 IT 보안 모델이다.
㉣ MFA(Multi-Factor Authentication), IAM(Identity and Access Management) 등의 기술을 통해 제로 트러스트를 구현할 수 있다.

① ㉠, ㉣
② ㉡, ㉢
③ ㉠, ㉡, ㉢
④ ㉠, ㉢, ㉣

제3영역 상식

01 다음 중 손주를 위해 아낌없이 고가의 선물을 사주는 소비력 높은 연령층을 가리키는 용어는?

① 피딩족
② 노노족
③ 코쿤족
④ 슬로비족

02 다음 중 스위스의 휴양도시에서 매년 열리는 세계경제포럼은?

① 보아오포럼
② 다보스포럼
③ 제네바포럼
④ 취리히포럼

03 다음 중 탈중앙화 · 탈독점화를 통해 여러 경제주체를 연결하는 경제 형태는?

① 창조 경제
② 비대면 경제
③ 플랫폼 경제
④ 프로토콜 경제

04 다음 중 각국의 단기금리 차이와 환율 차이에 의한 투기적 이익을 위해 국제금융시장을 이동하는 단기 부동 자본은?

① 마진머니(Margin Money)
② 핫머니(Hot Money)
③ 스마트머니(Smart Money)
④ 시드머니(Seed Money)

05 **다음 중 금리를 인하해도 경기가 부양되지 않아 정책효과가 나타나지 않는 현상을 가리키는 용어는?**

① 유동성 함정
② 피구(Pigou) 효과
③ 캐시 그랜트(Cash Grant)
④ 그린필드 투자(Green Field Investment)

06 **다음 중 변동환율제도에 대한 설명으로 옳지 않은 것은?**

① 원화 환율이 오르면 물가가 상승하기 쉽다.
② 원화 환율이 오르면 수출업자가 유리해진다.
③ 원화 환율이 오르면 외국인의 국내 여행이 많아진다.
④ 국가 간 자본거래가 활발하게 이루어진다면 독자적인 통화정책을 운용할 수 없다.

07 **다음 중 여러 관점에서의 소득재분배에 대한 내용으로 옳지 않은 것은?**

① 공리주의는 최대다수의 최대행복이라는 사상으로 대표된다.
② 자유주의는 소득재분배문제에서 정당한 권리의 원칙을 주장한다.
③ 평등주의는 소득재분배 과정에서 저소득계층에게 보다 높은 가중치를 부여한다.
④ 공리주의 관점에서 가장 바람직한 소득분배상태는 사회구성원 전체의 효용의 곱이 최대가 되는 것이다.

08 **다음에서 설명하고 있는 것은?**

투표자가 자기의 소속 정당을 밝히지 아니하고 투표할 수 있는 예비 선거. 선거 후보자 선출을 위한 당내 경선제의 한 방식으로, 대선후보 선출권을 소속 당원에 국한하지 않고 일반 국민으로 확대한다. 정당의 대통령 후보를 당원이 아닌 국민들이 직접 선출한다는 데 있어 '국민형 경선제'로 불린다.

① 코커스
② 아그레망
③ 오픈 프라이머리
④ 서브프라임 모기지

09 **다음 중 경기종합지수에서 경기선행지수를 구성하는 변수가 아닌 것은?**

① 구인구직비율
② 재고순환지표
③ 소비자기대지수
④ 광공업 생산지수

10 **다음 중 레임덕(Lame Duck) 현상에 대한 설명으로 옳은 것은?**

① 무기력증이나 자기혐오, 직무 거부 등에 빠지는 현상이다.
② 국회에서 합법적인 방법으로 의사진행을 고의적으로 방해하는 행위이다.
③ 현직에 있던 대통령의 임기 만료를 앞두고 나타나는 일종의 권력누수 현상이다.
④ 특정 정당 혹은 특정 후보자에게 유리하도록 자의적으로 선거구를 정하는 것이다.

11 **다음 중 배당평가모형에 대한 설명으로 옳지 않은 것은?**

① 주주 입장에서 미래현금흐름인 배당이 적절하게 할인된 현가가 현재주식가격이다.
② 주식의 내재 가치를 영속적인 미래의 배당 흐름을 요구수익률로 할증하여 미래 가치로 나타낸 모형이다.
③ 투자자가 주식으로부터 기대하는 현금흐름을 적절한 할인율로 할인한 것이 현재주가이므로 기대현금흐름과 주가의 관계를 이용하여 자기자본의 기대수익률, 즉 자기자본비용을 찾아낼 수 있다.
④ 주식의 내재적 가치는 영속적인 배당 수입에 대한 현재 가치이므로 주식을 일시적으로 소유하든 계속 소유하든 보유 기간에 관계없이 이론적 가치는 동일하다.

12 **다음 중 투자안에 대한 설명으로 옳은 것은?**

① 기하평균수익률은 매기마다의 수익률로 재투자하여 투자가치가 감소되는 효과를 낸다.
② 산술평균수익률과 기하평균수익률은 매기의 수익률에 주어지는 가중치가 동일하지 않기 때문에 두 연평균수익률 모두 금액가중수익률이라고 한다.
③ 내부수익률은 향후 발생하는 투자수익의 현재가치와 투자비용의 현재가치를 일치시키는 할인율로 금액가중수익률이라고도 불린다.
④ 내부수익률은 어떤 새로운 투자안에서 발생하는 비용과 편익의 흐름이 있을 때 해당 투자안의 현재가치를 '1'로 만드는 할인율이다.

13 다음 중 화폐의 기능으로 거리가 먼 것은?

① 교환매개
② 가치저장
③ 신용평가
④ 회계단위

14 다음 중 중앙은행이 지급준비율을 인하할 경우 나타나는 현상으로 옳은 것은?

① 통화승수가 변하지 않아 통화량에 변화가 없다.
② 통화승수의 상승과 본원통화량의 변화를 통해 통화량이 증가한다.
③ 통화승수의 하락과 본원통화량의 변화를 통해 통화량이 감소한다.
④ 통화승수가 상승하여 본원통화량의 변화가 없어도 통화량이 증가한다.

15 4자 안보 대화(Quad)에 대한 설명으로 옳은 것을 〈보기〉에서 모두 고르면?

〈보기〉

㉠ 미국, 인도, 오스트레일리아, 일본 등의 4개국이 참여하고 있는 안보회의체이다.
㉡ 2004년 동남아시아 쓰나미 발생 이후 복구・원조를 위한 쓰나미 코어 그룹에서 비롯됐다.
㉢ 중국의 세력 확장으로 인한 갈등과 위기의식의 확산・고조 때문에 반중국적인 성격이 강하다.
㉣ 쿼드는 등장 이후 현재까지 줄곧 각국 정상을 제외한 외무장관 등이 참석하는 비공식 안보회의체로서의 성격을 유지하고 있다.

① ㉡, ㉢
② ㉢, ㉣
③ ㉠, ㉡, ㉢
④ ㉡, ㉢, ㉣

16 다음 중 투자지출에 포함되지 않는 것은?

① 아파트 건설
② 상품재고의 증가
③ 기업의 부동산 매입
④ 새로운 공장의 건설

17 다음 중 물가상승이 통제를 벗어난 상태에서 수백 퍼센트의 인플레이션율을 기록하는 상황을 가리키는 경제 용어는?

① 디스인플레이션
② 하이퍼인플레이션
③ 보틀넥인플레이션
④ 디맨드풀인플레이션

18 다음 자료를 이용하여 계산된 20×1년도 재무활동순현금흐름은?(단, 이자지급은 재무활동으로 분류하며, 납입자본의 변동은 현금 유상증자에 의한 것이다)

• 이자비용 3,000원
• 재무상태표 관련자료

(단위 : 원)

구분	20×1. 1. 1	20×1. 12. 31
자본금	10,000	20,000
주식발행초과금	10,000	20,000
단기차입금	50,000	45,000
미지급이자	4,000	6,000

① 4,000원
② 13,000원
③ 14,000원
④ 15,000원

19 어떤 한 가지를 선택했기 때문에 포기해야 하는 다른 선택의 가치를 기회비용이라고 한다. 다음 중 기회비용의 예에 해당하지 않는 것은?

① 돈이 부족하여 구입을 포기한 자동차
② 영화 관람을 위해 포기해야 하는 공부 시간
③ 주차장으로 사용하는 공터의 다른 이용 가능성
④ 점심식사 메뉴로 자장면을 주문하면서 포기한 짬뽕

20 다음 중 주민소환제에 대한 설명으로 옳지 않은 것은?

① 소환이 확정되면 그 즉시 해당 단체장과 지방의원은 물러나게 된다.
② 투표권자의 3분의 1 이상이 투표하고 유효투표의 과반수가 찬성하면 소환이 확정된다.
③ 주민소환투표안이 공고된 직후부터 투표 결과가 공표될 때까지 해당 공직자의 권한은 모두 정지된다.
④ 주민소환투표의 실시를 청구하기 위해서는 시・도지사는 투표권자 총수의 15%, 시장・군수・구청장은 투표권자 총수의 10%가 연대 서명해야 한다.

2권

제2회
KB국민은행 필기전형

제1영역 직업기초능력
제2영역 직무심화지식
제3영역 상식

〈문항 수 및 시험시간〉

NCS 기반 객관식 필기시험 : 총 100문항(100분)

구분(문항 수)	출제범위	배점	모바일 OMR 답안채점 / 성적분석
직업기초능력(40)	의사소통능력, 문제해결능력, 수리능력	40	
직무심화지식(40)	금융영업(30), 디지털 부문 활용능력(10)	40	
상식(20)	경제 / 금융 / 일반상식	20	

※ 문항 수 및 시험시간은 2024년 하반기 채용공고문을 참고하여 구성하였습니다.

※ 직무심화지식의 금융영업 영역은 직업기초능력과 유사하게 출제되므로, 직업기초능력의 금융상품 문제로 구성하였습니다.

KB국민은행 필기전형	
제2회 모의고사	문항 수 : 100문항 시험시간 : 100분

제 1 영역 직업기초능력

01 다음 글의 'K효도적금'에 대한 내용으로 적절하지 않은 것은?

> KB국민은행은 가정의 달을 맞아 'K효도적금'을 23일 출시한다고 밝혔다. 고시금리는 연 1.8%이고, 자녀가 부모 명의로 가입하면 0.15%p, KB국민은행 입출식 계좌에서 이 상품으로 자동이체하면 0.2%p, 비대면채널로 가입하면 0.1%p의 우대금리를 제공한다.
> 23일부터 5월 말까지 가입한 고객에게 가정의 달 특별우대금리도 제공한다. KB국민은행 최초고객은 0.4%p, 기존 거래고객은 0.2%p를 제공받아 최고 연 2.55%의 금리를 받을 수 있다. 월 1만 원에서 100만 원까지 입금 가능하며 만기는 1년이다. 자동재예치를 신청하면 최장 10년까지 1년 단위로 자동연장 가능하며 부모님의 회갑, 칠순 등의 기념일이나 질병치료 등을 위해 자금이 필요하면 중도 인출할 수 있다.
> 또한 각종 효도 관련 서비스도 제공한다. 부모님의 생일・결혼기념일 등 기념일 알림 서비스, 건강검진・병원 치료비 등의 할인정보 제공 서비스, 상조 서비스 최대 48만 원 할인 혜택 등이다. 한편 연말까지 가입 고객을 대상으로 추첨을 통해 효도여행 상품권(1명), 홍삼엑기스(20명), 케이크 기프티콘(300명)을 제공하는 '부모님 사랑해효(孝)' 이벤트를 진행한다.
> KB국민은행 관계자는 "자녀가 부모 이름으로 가입하면 우대금리를 주고 효도 관련 서비스를 제공하는 것이 이 상품의 특징"이라며, "또한 부모님의 기념일을 위한 자금은 장기로 준비하는 경우가 많아 장기운용이 가능하도록 했다."고 말했다.

① 자동재예치 신청 시 1년 단위로 자동연장 가능하다.
② 상조 서비스의 경우 최대 48만 원 할인 혜택이 제공된다.
③ 자녀가 부모 명의로 가입할 경우 0.15%p 우대금리를 제공한다.
④ 최초고객은 0.2%p, 기존 거래고객은 0.4%p의 우대금리를 제공한다.

02 다음은 K은행의 민원 처리 절차이다. K은행의 행원인 귀하가 민원 처리와 관련하여 고객에게 할 수 있는 말로 가장 적절한 것은?

〈민원 처리 절차〉

고객님이 당행에 직접 제출(서면, 인터넷 등)하였거나, 외부 기관(금융감독원, 농림축산식품부 등)에 제출하여 당행으로 이첩된 민원은 다음 절차에 따라 처리(회신)합니다.

STEP 1	→	STEP 2	→	STEP 3
민원접수 사실 통지		민원 사실 조사 및 검토		민원 회신

■ 민원 접수 사실 통지

- 민원이 즉시 민원 접수 사실, 민원 처리 담당자 성명 및 전화번호 등을 민원인에게 문서, 모사전송(Fax), 문자메시지(SMS), E-mail 등을 이용하여 민원인 앞으로 알려 드리고 있습니다.

■ 민원 사실 조사 및 검토

- 민원처리담당자는 접수된 민원내용을 기초로 하여 사실관계를 확인하고 내부 결재를 거쳐 민원 회신내용을 확정합니다.
- 3인 이상이 연명으로 민원을 접수할 경우에는 민원접수 시 대표자를 선정하여야 하며, 민원의 접수사실 및 처리 결과는 대표자에게 알려 드립니다.
- 민원서류에 중대한 흠결이 있거나 서류가 누락되어 있다고 판단되는 경우 상당한 기간을 정하여 민원인에게 보완을 요구할 수 있습니다.

■ 민원 회신

- 민원처리기간은 접수일로부터 7일 내로 합니다. 처리기간 내에 민원서류를 처리하기 곤란한 경우에는 1회에 한해서 처리기간을 연장할 수 있습니다. 이 경우 민원인에게 처리지연 사유와 처리예정 기간을 통보하여야 합니다.
- 민원사항의 처리를 완결하였을 때에는 그 결과를 지체 없이 민원인에게 통지하여야 합니다.
- 반복 및 중복 민원의 경우 2회 이상 처리결과를 통지한 후에는 더 이상 답변을 생략하고 내부적으로 종결할 수 있습니다.

※ 민원인은 당해 민원사무 처리가 종결되기 전에 신청 내용을 변경하거나, 민원을 철회할 수 있음

① 고객님, 한번 접수된 민원은 철회를 할 수 없습니다.

② 고객님이 접수한 민원은 이미 1회 처리되었기 때문에 다시 통보하지 않겠습니다.

③ 고객님 죄송합니다. 고객님이 월요일에 접수하신 민원은 검토가 오래 걸려 다음 주 목요일에 처리될 예정입니다.

④ 고객님이 접수하신 문의는 현재 '민원 사실 조사 및 검토' 단계로, 확인 후 '민원접수 사실 통지' 단계로 넘어 가겠습니다.

03 다음은 일학습병행제 운영 및 평가 규정의 일부이다. 사업주가 변경예정일을 일주일 앞두고 훈련과 관련된 사항을 변경하고자 할 때, 변경 승인 요청이나 신고가 불가능한 것은?

〈일학습병행제 운영 및 평가 규정〉

훈련 실시(제8조)

⑤ 사업주 또는 공동훈련센터는 훈련계획 등의 변경을 원하거나 기업 등의 정보에 변경이 있을 경우 사전에 관할 공단 지부・지사에 변경사항에 대한 승인을 요청하거나 신고하여야 한다. 승인요청 또는 신고사항은 별표 1과 같다.

※ 별표 1. 훈련 실시 변경 세부 내용

훈련 실시 신고 변경 승인사항	훈련 실시 신고 변경 신고사항	훈련 실시 신고 변경 불가사항
〈변경예정일 4일 전까지〉 • 기업이나 현장외교육훈련기관(공동훈련센터 포함)의 명칭・소재지(관할 공단 지부・지사가 변경되는 경우) • 훈련과정을 인정받은 사업주의 성명(법인인 경우에는 법인명) • 훈련장소(소재지 관할 공단 지부・지사가 변경되는 경우) • 기업현장교사 〈변경예정일 전일까지〉 • 훈련시간표	〈변경예정일 전일까지〉 • HRD담당자	① 훈련내용 ② 훈련방법 ③ 훈련과정 명칭 ④ 훈련기간 ⑤ 훈련시간

① 훈련기관의 명칭
② 훈련시간
③ HRD담당자
④ 훈련시간표

04 다음은 K은행의 대출거래약정서의 일부이다. 이에 대한 내용으로 가장 적절한 것은?

제2조 지연배상금(연체이자)

① 이자・분할상환금・분할상환원리금을 그 기일에 상환하지 아니한 때에는 납입해야 할 금액에 대하여 즉시 지연배상금(연체이자)을 납입하기로 합니다.

② 대출만료일에 채무를 이행하지 아니하거나, 기본약관 제7조 또는 이 약정 제7조에 의하여 기한의 이익을 상실한 때에는, 그때부터 대출 잔액에 대하여 즉시 지연배상금(연체이자)을 납입하기로 합니다.

제3조 자동이체제도 이용 등

자동이체제도 등을 이용하여 원리금을 납입할 경우 다음 각호의 사항을 준수하겠으며 이를 게을리하여 발생하는 일체의 손해는 본인이 부담하기로 합니다.

1. 원금의 일부 또는 전액상환 시에는 은행에 직접 납입하기로 합니다.
2. 자동이체를 위하여 지정계좌의 예금을 출금함에 있어 각종 예금 약관 또는 약정서의 규정에 불구하고 예금청구서 또는 수표 없이 은행의 자동이체처리 절차에 의하여 출금하여도 이의를 제기하지 않기로 합니다.
3. 납입일 현재 지정계좌의 잔액이 청구금액에 미달하여 출금이 불가능할 경우에는 즉시 은행에 직접 납입하기로 합니다.
4. 이 자동이체신청을 변경하고자 하는 경우에는 납입해당일 30일 전까지 자동이체변경신청서를 제출하기로 합니다.

제4조 인지세의 부담

① 이 약정서 작성에 따른 인지세는 50%씩 본인과 은행이 부담합니다.

② 제1항에 의하여 본인이 부담하기로 한 인지세를 은행이 대신 지급한 경우에는 기본약관 제4조에 준하여 곧 갚기로 합니다.

제5조 담보제공

① 본인은 본건 담보주택에 은행 또는 공사의 승인 없이 그 소유권 이전행위와 저당권, 지상권, 전세권, 가등기, 임차권 등 각종 권리의 설정행위를 하지 않겠으며, 제3자로부터 은행 또는 공사의 권리가 침해되는 일이 없도록 하며, 동 주택은 토지와 함께 은행에 담보로 제공하기로 합니다.

② 은행이 요구하는 경우 은행이 동의하는 종류와 금액의 보험에 가입하고, 그 보험금 청구권에 은행(공사)을 위하여 질권을 설정하기로 합니다.

① 인지세의 부담은 은행의 비중이 더 크다.
② 원금의 전액상환은 자동이체로 가능하다.
③ 주택담보제공 시 토지도 함께 담보로 잡힌다.
④ 이자를 기일에 상환하지 못하면 다음 기일에 지연배상금을 납입한다.

05 다음은 K은행의 앱카드(간편결제) 이용약관의 일부이다. 이에 대한 내용으로 적절하지 않은 것은?

> **제2조(용어의 정의)**
> 1. '앱카드(간편결제) 서비스'란 '가입 고객'이 본인의 '모바일 기기'에 설치된 '전용 어플리케이션'을 통해 이용이 가능한 오프라인, 온라인 및 모바일 가맹점에서 결제승인절차를 수행하는 서비스를 말합니다.
> 2. '가입 고객'이란 '모바일 기기'에 '전용 어플리케이션'을 설치하고, 휴대폰 인증을 거쳐 '대상카드'의 카드번호, 주민등록번호, 카드비밀번호, 카드고유확인번호, 휴대전화번호를 등록하거나 공인인증서를 등록한 후 '서비스' 이용을 신청하고, '회사'의 인증 및 승낙을 받아 '회사'와 '서비스' 이용 계약을 체결한 고객을 말합니다.
> 3. '대상카드'란 '서비스'를 적용하고자 하는 카드로 '회사'가 발급한 신용카드, 체크카드, 선불카드를 말합니다.
> 4. '휴대폰 인증'이란 '가입 고객'이 본인 명의로 3G 및 4G 이동통신망에 가입한 '모바일 기기'로 수신받은 인증번호를 입력하도록 하는 방식으로 '가입 고객'의 본인확인을 하는 인증 절차를 말합니다.
> 5. '회원 인증'이란 공인인증서 인증, ARS 인증, 카드 인증 방법 중 하나를 선택하여 가입고객이 회원임을 인증하는 절차를 말합니다.
> 6. '앱카드 번호'란 '카드번호 등'을 대신하여 '가맹점'에 제시하는 것으로 NFC, QR코드, 바코드 등의 형태로 제공되는 일회용 카드번호 및 이미지 일체를 말합니다.
> 7. '결제 비밀번호'란 서비스 부정사용 및 부정 접근을 방지하기 위하여 사용되는 회원 인증 암호로 '서비스' 이용을 위하여 '가입 고객'이 별도로 설정한 서비스 비밀번호(숫자 6자리)를 말합니다.
> 8. '모바일 기기'란 3G 및 4G의 이동통신망을 이용할 수 있는 휴대폰, 스마트폰, 태블릿 PC 등의 기기를 통칭하여 말합니다.
> 9. '전용 어플리케이션'이란 '서비스' 이용을 위해 '모바일 기기'에 설치되는 어플리케이션을 말합니다.
> 10. '서명'이란 '가입 고객'이 '서비스' 이용 신청 시 본인 인증을 거쳐 '결제 앱'에 등록하는 서명 정보를 말합니다. 단, '결제 앱'에 서명 등록 시 '대상카드'에 기재한 서명과 동일하게 등록하는 것을 원칙으로 합니다.

① '결제 앱'에 등록할 서명은 실물 카드와 동일한 서명을 사용하여야 한다.

② '앱카드 가입 고객'이 되기 위해서는 어플리케이션 설치는 물론 카드정보나 공인인증서를 등록하여 별도의 서비스 이용 신청을 하여야 한다.

③ '앱카드'를 사용하기 위해서는 본인 인증이 필요하다.

④ '결제 비밀번호'는 4 ~ 6자리로 설정하여야 한다.

06 다음은 K은행에서 발급하고 있는 국제학생증에 대한 안내문이다. A사원이 해당 상품을 S대학 무용과에 재학 중인 B고객에게 설명할 경우, 확인해야 할 사항으로 적절하지 않은 것은?

〈국제학생증 체크카드〉

1. **발급대상 안내**
   - 만 14세 이상의 Full Time Student
   - 만 7세 이상 13세 이하는 체크카드 겸용은 발급이 불가능하며, 일반 국제학생증을 발급받아야 함
   - 국제학생증 체크카드에는 학과명이 기입되지 않음(예술대 및 건축학과는 온라인으로 신청 시 학과명이 기입된 국제학생증 발급 가능)
2. **주요 서비스**

구분	내용	비고
신분증 기능	사진, 생년월일, 국적이 표시되어 신분증으로 사용 가능	–
해외 직불카드 및 할인 서비스	제휴를 맺은 박물관, 유적지, 미술관 및 각종 교통 이용에서 학생 할인 적용	'VISA' 마크가 부착되어 있는 2,400만여 개 해외 가맹점에서 이용 가능
국내 체크카드 및 할인 서비스	항공권 할인, 숙소 예약비 할인 등	–
긴급의료지원 서비스	여행 중 발생한 긴급사태에 대한 법률, 의료 등 다양한 분야에서의 지원 혜택	한국어 서비스 포함 24개국 언어로 지원

3. **발급절차 안내**
   구비서류 준비 → K은행 방문 → 직접 수령 or 배송
4. **유의사항**
   - 할인 서비스 이용 시 현장에서 카드만 제출해도 할인을 받지만 몇몇 업체 및 명소에서는 이용 전 예약을 해야만 할인을 적용받을 수 있음
   - 모든 나라, 모든 지역에서 서비스를 받을 수 있는 것이 아니며 주요 국가(미국・캐나다・호주・유럽 등)에서 서비스를 지원함
   - 국제학생증 체크카드 수령 후 카드사용 등록을 해야 서비스 이용이 가능함

   ※ 기타사항에 대한 정보는 K은행 카드상담센터 또는 홈페이지에서 확인할 수 있음

① 해외일 경우 'VISA' 마크가 없는 곳에서는 할인 서비스를 이용할 수 없겠네.

② 긴급의료지원 서비스는 한국어로도 지원이 된다는 것을 알면 고객들이 안심할 수 있을 거야.

③ 국제학생증 체크카드는 수령 즉시 사용이 가능하구나.

④ 자세한 정보는 K은행 카드상담센터 또는 홈페이지를 방문하시라고 설명해야겠구나.

07 다음 글의 내용으로 적절하지 않은 것은?

최근 인터넷 전자상거래(E-commerce) 시장에서 소셜 커머스 열풍이 거세게 불고 있다. 할인율 50%라는 파격적인 조건으로 검증된 상품을 구매할 수 있다는 입소문이 나면서 국내 소셜 커머스 시장 규모가 빠르게 커지고 있다. 소셜 커머스란 소셜 네트워크 서비스(SNS)를 통하여 이루어지는 전자상거래를 가리키는 말이다. 소셜 커머스는 상품의 구매를 원하는 사람들이 할인을 성사하기 위하여 공동 구매자를 모으는 과정에서 주로 SNS를 이용하는 데서 그 명칭이 유래되었다. 소셜 커머스는 2005년 야후의 장바구니 공유 서비스인 쇼퍼스피어(Shoposphere) 같은 사이트를 통하여 처음 소개되었으며, 2008년 미국 시카고에서 설립된 온라인 할인쿠폰 업체 그루폰(Groupon)이 공동 구매형 소셜 커머스 사업 모델을 처음 만들어 성공을 거둔 이후 본격적으로 알려지기 시작하였다.

소셜 커머스 이전의 전자상거래는 판매자(생산자)와 소비자가 서로 참여하는 온라인장터 형태가 대세를 이루었다. 열린 장터라고도 불리는 온라인 장터에서 소비자는 다수의 판매자(생산자)가 경쟁하는 가운데 가격 우위를 점하는 품목을 살 수 있었다. 그러나 소셜 커머스에서는 소비자들의 다양한 의견이 공유되고, 그 의견을 바탕으로 함께 구매하기 위한 공간이 마련되면서 소비자들은 더욱 적극적으로 소비 활동에 참여할 수 있게 되었다. 소셜 커머스 이전의 전자상거래에서 소비자는 상품을 구매하는 단순 소비자에 불과하였다. 그러나 소셜 커머스의 소비자는 소셜 미디어를 기반으로 한 SNS를 통해 자신의 의견을 적극적으로 개진하여 상품의 생산과 판매에도 영향을 미치는 프로슈머*이다. 이들은 이전과 달리 자신의 SNS 계정을 통해 의견을 공유하기 때문에 신중하고 솔직하게 상품에 대한 의견이나 사용 후기를 남긴다. 그래서 과거 전자상거래에서 익명으로 올린 의견이나 사용 후기보다 더 신뢰할 수 있다.

현재 국내 소셜 커머스는 일정 수 이상의 구매자가 모일 경우 파격적인 할인가로 상품을 제공하는 판매 방식의 소셜 쇼핑이 주를 이루고 있다. 그러나 소셜 쇼핑 외에도 페이스북과 같은 SNS상에 개인화된 쇼핑 환경을 만들거나 상거래 전용 공간을 여는 방식의 소셜 커머스도 등장하고 있다. 소셜 커머스의 소비자는 판매자(생산자)의 상품을 사는 데에서 그치지 않고 그들로 하여금 자신들이 원하는 물건을 팔도록 유도할 수 있으며, 자신들 스스로 새로운 소비자들을 끌어모을 수도 있다. 이러한 소비자의 변모는 소비자의 역할뿐 아니라 상거래 지형이 크게 변화할 것임을 시사한다. 소셜 커머스 시대에는 소비자가 상거래의 주도권을 쥐는 일이 가능해진 것이다.

*프로슈머 : 생산자와 소비자를 합성한 용어로 생산적인 기능을 하는 소비자

① 소셜 커머스에는 여러 유형이 있다.

② 소셜 커머스는 전자상거래의 일종이다.

③ 소셜 커머스 시장이 빠르게 성장하고 있다.

④ 소셜 커머스는 다른 상거래 시장을 붕괴시켰다.

08 다음 환율에 대한 기사를 읽고 추론한 내용으로 가장 적절한 것은?

> 세계화 시대에는 국가 간 교류가 활발하여 우리 국민들이 외국으로 여행을 가기도 하고 외국인들도 한국으로 여행을 많이 온다. 또한 외국으로부터 경제활동에 필요한 원자재는 물론이고 자동차나 의약품 등 다양한 상품을 수입하기도 한다. 이처럼 외국상품을 구입하거나 외국 여행을 할 때는 물론이고 해외 투자를 할 때도 외국 돈, 즉 외화가 필요하다.
>
> 이러한 외화를 살 때 지불하는 외화의 가격을 환율이라 하며, 달러당 환율이 1,000원이라는 것은 1달러를 살 때 지불하는 가격이 1,000원이라는 것이고 유로(Euro) 환율이 1,300원이라는 것은 1유로의 가격이 1,300원이라는 것을 의미한다. 외화를 외국 상품과 같은 의미로 이해하면 환율은 다른 상품의 가격처럼 외국 돈 한 단위의 가격으로 이해할 수 있다. 100달러를 환전하는 것, 즉 100달러를 구입하는 것은 개당 1,000원인 상품을 100개 구입하는 것과 같은 것으로 생각할 수 있는 것이다.
>
> 환율을 표시할 때는 외국 돈 1단위당 원화의 금액으로 표시한다. 따라서 환율의 단위는 원/$, 원/€와 같은 것이 된다(예 1,000원/$, 1,300원/€). 수입품과 수출품의 가격은 이러한 환율의 단위를 고려하면 쉽게 계산할 수 있다. 국산품의 수출가격은 국내가격을 환율로 나누어서 구할 수 있고, 반대로 수입상품의 수입가격은 국제가격에 환율을 곱해서 구할 수 있다.
>
> - 환율이 1,000원/$일 때 국내 시장에서 가격이 1만 원인 상품의 수출가격
>   - 수출가격(달러)=국내가격/환율=10,000원/(1,000원/$)=$10
> - 환율이 1,000원/$일 때 국제 시장에서 가격이 $100인 상품의 수입가격
>   - 수입가격(원)=국제가격×환율=$100×(1,000원/$)=100,000원
>
> 앞에서 외화를 마치 상품처럼 이해한다고 하였는데, 상품의 가격이 수요와 공급에 의해서 변동하는 것처럼 외화의 가격인 환율도 외환시장에서 수요와 공급에 의해서 결정된다. 수출이 늘어나거나 외국인들의 한국 여행 그리고 외국인 투자가 늘어나면 외화 공급이 증가하기 때문에 환율이 떨어진다. 상품 가격이 하락하면 화폐 가치가 올라가는 것처럼 환율이 하락하면 외국 돈에 비해서 우리 돈의 가치가 올라간다고 할 수 있다.
>
> 반면에 한국의 수입증가, 국민들의 외국 여행 증가 그리고 자본의 유출이 일어나면 외화 수요가 증가하기 때문에 환율이 올라간다. 상품의 가격이 올라가면 화폐가치가 떨어지는 것처럼 환율이 상승한다는 것은 화폐, 즉 우리 돈의 가치가 떨어진다는 것을 의미한다. 이처럼 환율이 상승하면 원화 가치가 하락하고 반대로 환율이 하락하면 원화 가치가 올라간다고 생각할 수 있다. 환율 상승을 '원화 약세'라고 하고 환율 하락을 '원화 강세'라고 이해하면 편하다.

① 환율이 상승하면 국산품의 수출가격은 하락하겠구나.

② 환율이 하락하면 수입품의 수입가격은 상승하겠구나.

③ 환율이 하락하는 원인으로는 수입 증가를 볼 수 있겠어.

④ 중국인 관광객들이 우리나라에 많이 여행 온다면 환율이 상승하겠네.

09 다음 제시된 문단을 읽고, 이어질 문단을 논리적 순서대로 바르게 나열한 것은?

연금 제도의 금융 논리와 관련하여 결정적으로 중요한 원리는 중세에서 비롯된 신탁 원리이다. 12세기 영국에서는 미성년 유족(遺族)에게 토지에 대한 권리를 합법적으로 이전할 수 없었다. 그럼에도 불구하고 영국인들은 유언을 통해 자식에게 토지 재산을 물려주고 싶어 했다.

(가) 이런 상황에서 귀족들이 자신의 재산을 미성년 유족이 아닌, 친구나 지인 등 제3자에게 맡기기 시작하면서 신탁 제도가 형성되기 시작했다. 여기서 재산을 맡긴 성인 귀족과 재산을 물려받은 미성년 유족 그리고 미성년 유족을 대신해 그 재산을 관리・운용하는 제3자로 구성되는 관계, 즉 위탁자와 수익자 그리고 수탁자로 구성되는 관계가 등장했다.

(나) 연금 제도가 이 신탁 원리에 기초해 있는 이상, 연금 가입자는 연기금 재산의 운용에 대해 영향력을 행사하기 어렵게 된다. 왜냐하면 신탁의 본질상 공・사 연금을 막론하고 신탁 원리에 기반을 둔 연금 제도에서는 수익자인 연금 가입자의 적극적인 권리 행사가 허용되지 않기 때문이다.

(다) 이 관계에서 주목해야 할 것은 미성년 유족은 성인이 될 때까지 재산권을 온전히 인정받지는 못했다는 점이다. 즉, 신탁 원리하에서 수익자는 재산에 대한 운용 권리를 모두 수탁자인 제3자에게 맡기도록 되어 있었기 때문에 수익자의 지위는 불안정했다.

(라) 결국 신탁 원리는 수익자의 연금 운용 권리를 현저히 약화시키는 것을 기본으로 한다. 그 대신 연금 운용을 수탁자에게 맡기면서 '수탁자 책임'이라는 논란이 분분하고 불분명한 책임이 부과된다. 수탁자 책임 이행의 적절성을 어떻게 판단할 수 있는가에 대해 많은 논의가 있었지만 수탁자 책임의 내용에 대해서 실질적인 합의가 이루어지지는 못했다.

① (가) – (나) – (라) – (다)
② (가) – (다) – (나) – (라)
③ (나) – (가) – (다) – (라)
④ (다) – (라) – (가) – (나)

10 다음 글을 읽고 추론한 내용으로 적절하지 않은 것은?

> 세계적으로 저명한 미국의 신경과학자들은 '의식에 관한 케임브리지 선언'을 통해 동물에게도 의식이 있다고 선언했다. 이들은 포유류와 조류 그리고 문어를 포함한 다른 많은 생물도 인간처럼 의식을 생성하는 신경학적 기질을 갖고 있다고 주장하였다. 즉, 동물도 인간과 같이 의식이 있는 만큼 합당한 대우를 받아야 한다는 이야기이다. 그러나 이들과 달리 아직도 동물에게 의식이 있다는 데 회의적인 과학자가 많다.
> 인간의 동물관은 고대부터 두 가지로 나뉘어 왔다. 그리스의 철학자 피타고라스는 윤회설에 입각하여 동물에게 경의를 표해야 한다는 것을 주장했으나, 아리스토텔레스는 '동물에게는 이성이 없으므로 동물은 인간의 이익을 위해서만 존재한다.'고 주장했다. 이러한 동물관의 대립은 근세에도 이어졌다. 17세기 철학자 데카르트는 '동물은 정신을 갖고 있지 않으며, 고통을 느끼지 못하므로 심한 취급을 해도 좋다.'라고 주장한 반면, 18세기 계몽철학자 루소는 『인간불평등 기원론』을 통해 인간과 동물은 동등한 자연의 일부라는 주장을 처음으로 제기했다.
> 그러나 인간은 오랫동안 동물의 본성이나 동물답게 살 권리를 무시한 채로 소와 돼지, 닭 등을 사육해왔다. 오로지 더 많은 고기와 달걀을 얻기 위해 '공장식 축산' 방식을 도입한 것이다. 공장식 축산이란 가축 사육 과정이 공장에서 규격화된 제품을 생산하는 것과 같은 방식으로 이루어지는 것을 말하며, 이러한 환경에서는 소와 돼지, 닭 등이 몸조차 자유롭게 움직일 수 없는 좁은 공간에 갇혀 자라게 된다. 가축은 스트레스를 받아 면역력이 떨어지게 되고, 이는 결국 항생제 대량 투입으로 이어질 수밖에 없다. 우리는 그렇게 생산된 고기와 달걀을 맛있다고 먹고 있는 것이다.
> 이와 같은 공장식 축산의 문제를 인식하고, 이를 개선하려는 동물 복지 운동은 1960년대 영국을 중심으로 유럽에서 처음 시작되었다. 인간이 가축의 고기 등을 먹더라도 최소한의 배려를 함으로써 항생제 사용을 줄이고, 고품질의 고기와 달걀을 생산하자는 것이다. 한국도 2012년부터 먼저 산란계를 시작으로 '동물 복지 축산농장 인증제'를 시행하고 있다. 배고픔・영양 불량・갈증으로부터의 자유, 두려움・고통으로부터의 자유 등의 5대 자유를 보장하는 농장만이 동물 복지 축산농장 인증을 받을 수 있다.
> 동물 복지는 가축뿐만 아니라 인간의 건강을 위한 것이기도 하다. 따라서 정부와 소비자 모두 동물 복지에 좀 더 많은 관심을 가져야 한다.

① 피타고라스는 동물에게도 의식이 있다고 생각했군.

② 아리스토텔레스와 데카르트의 동물관에는 일맥상통하는 점이 있어.

③ 좁은 공간에 갇혀 자란 돼지는 그렇지 않은 돼지에 비해 면역력이 낮겠네.

④ 동물 복지 축산농장 인증제는 1960년대 영국에서 처음 시행되었어.

※ 다음 글을 읽고 이어지는 질문에 답하시오. [11~12]

4차 산업혁명 열풍은 제조업을 넘어, 농축산업, 식품, 유통, 의료 서비스 등 업종에 관계없이 모든 곳으로 퍼져나가고 있다. 에너지 분야도 4차 산업혁명을 통해 기술의 진보와 새로운 비즈니스 영역 개척을 이룰 수 있으리라 기대된다.
사실 에너지는 모든 벨류체인에서 4차 산업혁명에 가장 근접해 있다. 자원개발에선 초음파 등을 이용한 탐지기술과 지리정보 빅데이터를 이용한 분석, 설비 건설에서는 다양한 설계 및 시뮬레이션 툴이 동원된다. 자원 채광 설비와 발전소, 석유화학 플랜트에 들어가는 수만 개의 장비들은 센서를 부착하고 산업용 네트워크를 통해 중앙제어실과 실시간으로 소통한다.
원자력 발전소를 사례로 들어보면 원자력 발전소에는 수백 km에 달하는 배관과 수만 개의 밸브, 계량기, 펌프, 전기기기들이 있다. 그리고 그 어느 시설보다 안전이 중요한 만큼 기기 및 인명 안전 관련 센서들도 셀 수 없다. 이를 사람이 모두 관리하고 제어하는 것은 사실상 불가능하다. 원전 종사자들이 매일 현장 순찰을 돌고 이상이 있을 시 정지 등 조치를 취하지만, 대다수의 경우 설비에 이상신호가 발생하면 기기들은 스스로 판단해 작동을 멈춘다.
원전 사례에서 볼 수 있듯이 에너지 설비 운영 부문은 이미 다양한 4차 산업혁명 기술이 사용되고 있다. 그런데도 에너지 4차 산업혁명이 계속 언급되고 있는 것은 그 분야를 설비관리를 넘어 새로운 서비스 창출로까지 확대하기 위함이다.
2017년 6월 나주 에너지밸리에서는 드론을 활용해 전신주 전선을 점검하는 모습이 시연됐다. 이 드론은 정부 사업인 '2016년 시장 창출형 로봇보급사업'으로 만들어진 것으로 드론과 광학기술을 접목해 산이나 하천 등 사람이 접근하기 힘든 곳의 전선 상태를 확인하기 위해 만들어졌다. 드론은 GPS 경로를 따라 전선 위를 자율비행하면서 고장부위를 찾는다.
전선 점검 이외에도 드론은 에너지 분야에서 매우 광범위하게 사용되는 아이템이다. 발전소의 굴뚝과 같은 고소설비와 위험지역, 사각지대 등 사람이 쉽게 접근할 수 없는 곳을 직접 확인하고, 고성능·열화상 카메라를 달아 고장 및 화재 위험을 미리 파악하는 등 다양한 활용사례가 개발되고 있다.
가상현실은 엔지니어 교육 분야에서 각광받는 기술이다. 에너지 분야는 중장비와 전기설비 및 화학약품 등을 가까이하다 보니 항상 사상사고의 위험을 안고 있다. 때문에 현장 작업자 교육에선 첫째도 둘째도 안전을 강조한다. 최근에는 현장 작업 시뮬레이션을 3D 가상현실 기술로 수행하려는 시도가 진행되고 있다. 발전소, 변전소 등 현장의 모습을 그대로 3D 모델링한 가상현실 체험으로 복잡한 도면을 해석하거나 숙지할 필요가 없어 훨씬 직관적으로 업무를 할 수 있다. 작업자들은 작업에 앞서 실제 현장에서 수행해야 할 일들을 미리 점검해 볼 수 있다.
에너지 4차 산업혁명은 큰 변화를 몰고 올 것으로 예상하고 있지만, 그 시작은 매우 사소한 일상생활의 아이디어에서 나올 수 있다. 지금 우리가 전기와 가스를 쓰면서 느끼는 불편함을 개선하려는 시도가 곧 4차 산업혁명의 시작이다.

11 **에너지신사업처에 근무하는 A대리는 사보에 실릴 4차 산업혁명에 대한 원고를 청탁받았다. 해당 원고를 작성한 후 검수 과정을 거치는 중, 이에 대해 사보 담당자가 할 피드백으로 적절하지 않은 것은?**

① 소제목을 이용해 문단을 구분해 줘도 좋을 것 같아요.
② 4차 산업혁명이 어떤 것인지 간단한 정의를 앞부분에 추가해 주세요.
③ 4차 산업혁명에 대한 긍정적인 입장만 있으니 반대로 이로 인해 야기되는 문제점도 언급하는 게 어떨까요?
④ 서비스 등 에너지와 엔지니어 분야를 제외한 업종에 관한 사례만 언급하고 있으니 관련된 사례를 주제에 맞게 추가해 주세요.

12 해당 기사는 사보 1면을 장식하고 회사 블로그에도 게재되었다. 이를 읽고 독자가 할 말로 적절하지 않은 것은?

① 4차 산업혁명이 현장에 적용되면 직관적으로 업무 진행이 가능하겠어요.

② 지금은 에너지 설비 운영 부문에 4차 산업혁명 기술이 도입되는 첫 단계군요.

③ 엔지니어 교육 분야에 4차 산업혁명을 적용하면 안전사고를 줄일 수 있겠어요.

④ 드론을 이용해 사람이 접근하기 힘든 곳을 점검하는 등 많은 활용을 할 수 있겠어요.

13 다음 글의 빈칸 (가) ~ (다)에 들어갈 말을 〈보기〉에서 골라 바르게 짝지은 것은?

언젠가부터 우리 바닷속에 해파리나 불가사리와 같이 특정한 종들만이 번창하고 있다는 우려의 말이 들린다. 한마디로 다양성이 크게 줄었다는 이야기다. 척박한 환경에서는 몇몇 특별한 종들만이 득세한다는 점에서 자연 생태계와 우리 사회는 닮은 것 같다. 어떤 특정 집단이나 개인들에게 앞으로 어려워질 경제 상황은 새로운 기회가 될지도 모른다.

___(가)___ 왜냐하면 자원과 에너지 측면에서 보더라도 이들 몇몇 집단들만 존재하는 세계에서는 이들이 쓰다 남은 물자와 이용하지 못한 에너지는 고스란히 버려질 수밖에 없고, 따라서 효율성이 극히 낮기 때문이다.

다양성 확보는 사회 집단의 생존과도 무관하지 않다. 조류 독감이 발생할 때마다 해당 양계장은 물론 그 주변 양계장의 닭까지 모조리 폐사시켜야 하는 참혹한 현실을 본다. 단 한 마리의 닭이 조류 독감에 걸려도 그렇게 많은 닭들을 죽여야 하는 이유는 인공적인 교배로 인해 이들 모두가 똑같은 유전자를 가졌기 때문이다.

___(나)___

이처럼 다양성의 확보는 자원의 효율적 사용과 사회 안정에 중요하지만, 많은 비용이 들기도 한다. 예를 들어 출산 휴가를 주고, 노약자를 배려하고, 장애인에게 보조 공학 기기와 접근성을 제공하는 것을 비롯해 다문화 가정, 외국인 노동자를 위한 행정 제도 개선 등은 결코 공짜가 아니다. ___(다)___

〈보기〉

㉠ 따라서 다양한 유전 형질을 확보하는 길만이 재앙의 확산을 막고 피해를 줄이는 길이다.

㉡ 하지만 이는 사회 전체로 볼 때 그다지 바람직한 현상이 아니다.

㉢ 그럼에도 불구하고 다양성 확보가 중요한 이유는 우리가 미처 깨닫고 있지 못하는 넓은 이해와 사랑에 대한 기회를 사회 구성원 모두에게 제공하기 때문이다.

	(가)	(나)	(다)
①	㉠	㉡	㉢
②	㉠	㉢	㉡
③	㉡	㉠	㉢
④	㉡	㉢	㉠

14 다음 글의 (가)와 (나)의 논점으로 적절하지 않은 것은?

(가) 좌절과 상실을 당하여 상대방에 대해 외향적 공격성을 보이는 원(怨)과 무력한 자아를 되돌아보고 자책하고 한탄하는 내향적 공격성인 탄(嘆)이 한국의 고유한 정서인 한(恨)의 기점이 되고 있다. 이러한 것들은 체념의 정서를 유발할 수 있다. 이른바 한국적 한에서 흔히 볼 수 있는 소극적·퇴영적인 자폐성과 허무주의, 패배주의 등은 이러한 체념적 정서의 부정적 측면이다. 그러나 체념에 부정적인 것만 있는 것은 아니다. 오히려 체념에 철저함으로써 달관의 경지에 나아갈 수 있다. 세상의 근원을 바라볼 수 있는 관조의 눈이 열리게 되는 것이다. 여기서 더욱 중요하게 보아야 하는 것이 한국적 한의 또 다른 내포다. 그것은 바로 '밝음'에 있다. 한이 세상과 자신에 대한 공격성을 갖는 것이 아니라 오히려 세계와 대상에 대하여 연민을 갖고, 공감할 수 있는 풍부한 감수성을 갖는 경우가 있다. 이를 '정(情)으로서의 한'이라고 할 수 있다. 또한 한은 간절한 소망과 연결되기도 한다. 결핍의 상황으로 인한 한이 그에 대한 강한 욕구 불만에 대한 반사적 정서로서의 간절한 소원을 드러내는 것이다. 이것이 '원(願)으로서의 한'이다.

(나) 한국 민요가 슬픈 노래라고 하는 것은 민요를 면밀하게 관찰하고 분석하여 내린 결론은 아니다. 겉으로 보아서는 슬프지만 슬픔과 함께 해학을 가지고 있어서 민요에서의 해학은 향유자들이 슬픔에 빠져 들어가지 않도록 차단하는 구실을 하고 있다. 예컨대 "나를 버리고 가시는 님은 십 리도 못 가서 발병 났네."라고 하는 아리랑 사설 같은 것은 이별의 슬픔을 말하면서도 "십 리도 못 가서 발병 났네."라는 해학적 표현을 삽입하여 이별의 슬픔을 차단하며 단순한 슬픔에 머무르지 않는 보다 복잡한 의미 구조를 창조한다. 아무리 비장한 민요라고 하더라도 해학의 계속적인 개입이 거의 예외 없이 이루어진다. 한국 민요의 특징이나 한국적 미의식의 특징을 한마디 말로 규정하겠다는 의도를 버리지 않는다면 차라리 해학을 드는 편이 무리가 적지 않을까 한다. 오히려 비애 또는 한이라고 하는 것을 대량으로 지니고 있는 것은 일부의 현대시와 일제하의 유행가이다. 김소월의 시도 그 예가 될 수 있고, '황성 옛터', '타향살이' 등의 유행가를 생각한다면 사태는 분명하다. 이런 것들에는 해학을 동반하지 않은 슬픔이 확대되어 있다.

① 한국 문화의 중요한 지표로 (가)는 한을, (나)는 해학을 들고 있다.
② (가)는 한을 한국 문화의 원류적인 것으로, (나)는 시대에 따른 현상으로 보고 있다.
③ (가)는 한의 긍정적 측면을 강조하였다면, (나)는 한의 부정적 측면을 전제하고 있다.
④ (가)는 한의 부정적 측면을 지양할 것을, (나)는 해학의 전통을 재평가할 것을 강조한다.

15 다음 금융통화위원회의 구성에 관한 규정에 따를 때, 〈보기〉의 금융통화위원회 위원 현황에 대한 설명으로 적절하지 않은 것은?

〈금융통화위원회의 구성에 관한 규정〉

- 금융통화위원회는 한국은행의 통화신용정책에 관한 주요 사항을 심의·의결하는 정책결정기구로서 한국은행 총재 및 부총재를 포함하여 총 7인의 위원으로 구성된다.
- 한국은행 총재는 금융통화위원회 의장을 겸임하며 국무회의 심의를 거쳐 대통령이 임명한다. 부총재는 총재의 추천에 의해 대통령이 임명하며, 다른 5인의 위원은 각각 기획재정부 장관, 한국은행 총재, 금융위원회 위원장, 대한상공회의소 회장, 전국은행연합회 회장 등의 추천을 받아 대통령이 임명한다.
- 총재의 임기는 4년이고 부총재는 3년으로 각각 1차에 한하여 연임할 수 있으며, 나머지 다른 5인의 위원의 임기는 1차에 한하여 4년으로 연임할 수 있다.

〈보기〉

〈금융통화위원회 위원 현황〉

직위	성명	임기	선임절차
의장	A	2020.04.01. ~	한국은행 총재(당연직)
위원	B	2022.04.21. ~	추천기관의 추천
위원	C	2022.04.21. ~	추천기관의 추천
위원	D	2022.04.21. ~	추천기관의 추천
위원	E	2022.04.21. ~	추천기관의 추천
위원	F	2023.08.21. ~	한국은행 부총재(당연직)
위원	G	2024.05.17. ~	추천기관의 추천

① A가 한 번 더 연임한다면 A의 최대 임기는 2028년 3월 31일까지다.
② B가 이미 연임했다면 B의 임기는 2026년 4월 20일까지다.
③ C가 이번 임기가 끝난 후 부총재로 선임된다면 C의 임기는 2030년 4월 20일까지이다.
④ F가 연임하지 않는다면 F의 임기는 2026년 8월 20일까지다.

16 다음은 K은행의 송금 안내사항에 대한 자료이다. 이에 대한 내용으로 가장 적절한 것은?

〈K은행 송금 안내사항〉

구분		영업시간	영업시간 외
송금 종류		소액 송금, 증빙서류 미제출 송금, 해외유학생 송금, 해외체재자 송금, 외국인 또는 비거주자 급여 송금	
송금 가능 통화		USD, JPY, GBP, CAD, CHF, HKD, SEK, AUD, DKK, NOK, SAR, KWD, BHD, AED, SGD, NZD, THB, EUR	
송금 가능 시간		03:00 ~ 23:00(단, 외화계좌출금은 영업시간 09:10 ~ 23:00에 가능)	
인출 계좌		원화 또는 외화 인터넷뱅킹 등록계좌	
환율 우대		매매마진율의 30%	환율 우대 없음
송금 한도	소액 송금	건당 미화 3,000불 상당액 이하	
	증빙서류 미제출 송금	1일 미화 5만 불 상당액 이하, 연간 미화 5만 불 상당액 이하 (미화 3천 불 상당액 이상 송금 건만 합산)	
	해외유학생 송금	건당 미화 10만 불 상당액 이하	건당 미화 5만 불 상당액 이하
	해외체재자 송금	건당 미화 10만 불 상당액 이하	건당 미화 5만 불 상당액 이하
	외국인 또는 비거주자 급여 송금	건당 미화 5만 불 상당액 이하, 연간 5만 불 상당액 이하	
	※ 인터넷 해외송금은 최저 미화 100불 상당액 이상만 송금 가능함		
거래외국환은행 지정		영업시간 내에 인터넷뱅킹으로 증빙서류 미제출 송금할 경우는 지정이 가능합니다(유학생, 체재자, 외국인 또는 비거주자 급여 송금은 영업점 방문 후 지정 신청을 하셔야 하며 소액 송금은 지정하지 않습니다).	

① 가까운 일본으로 미화 200불의 소액 송금을 할 경우에는 하루 중 아무 때나 증빙서류를 제출하지 않고 송금할 수 있다.

② 미국에 유학생으로 가 있는 동생에게 05:00에 해외유학생 송금을 이용하여 10만 불을 송금할 것이다. 다만, 환율 우대를 받을 수 없는 것이 아쉽다.

③ 외국에 파견 나가 있는 사원(비거주자)에게 외국인 또는 비거주자 급여 송금을 이용하여 올해 상반기에 3만 불을 보냈고, 올해 하반기에 남은 3만 불을 마저 보낼 것이다.

④ 해외에 체류 중인 부모님에게 해외체재자 송금을 이용하여 생활비 5만 불을 송금하기 위해 10:00에 영업점에 도착했다. 외화계좌에서 출금할 것이고, 환율 우대를 받을 수 있다.

17 다음은 K공단의 해외취업연수 프로그램에 대한 자료이다. 이에 대한 내용으로 적절하지 않은 것은?

〈해외취업연수 프로그램〉

<table>
<tr><th>구분</th><th colspan="3">K-MOVE스쿨(장기 / 단기)</th></tr>
<tr><td>소개</td><td colspan="3">• 끼와 열정을 가진 청년이 해외에서 꿈과 비전을 펼칠 수 있도록 지원
• 글로벌 수준에 이르지 못한 직종을 발굴하여 특화된 맞춤형 연수를 통한 해외진출 지원</td></tr>
<tr><td rowspan="2">참여기준</td><td>민간</td><td colspan="2">• 대한민국 국민으로서 아래 요건 어느 하나에 해당하는 자
– 만 34세 이하로 해외취업에 결격사유가 없는 자(30% 범위 내에서 연령 초과하여 모집 가능)
– 구인업체가 요구한 채용조건(연령 등)에 부합하는 자</td></tr>
<tr><td>대학</td><td colspan="2">• 대한민국 국민으로서 만 34세 이하 미취업자로서 사업참여 학교의 졸업자 또는 최종학년 재학 중인 자로 연수 종료 후 졸업 및 해외취업이 가능한 자
• 최종학교(대학교 이하) 휴학생 참여 불가</td></tr>
<tr><td rowspan="3">연수비 지원</td><td>장기</td><td>1인당 최대 800만 원 지원</td><td rowspan="2">정부지원금의 20% 이내 구직자 비용 부담
(신흥시장의 경우 10%)</td></tr>
<tr><td>단기</td><td>1인당 최대 580만 원 지원</td></tr>
<tr><td>대학</td><td>800만 원 또는 580만 원</td><td>없음</td></tr>
<tr><td>연수기간</td><td colspan="3">• 장기 : 600시간 이상
• 단기 : 200시간 이상 600시간 미만</td></tr>
<tr><td>제한사항</td><td colspan="3">• 공단의 해외취업연수과정(공단 인턴 포함) 수료 후(중도탈락 포함) 연수 개시일 기준 최근 1년 이내에 있는 자 또는 참여 중에 있는 자
• 연수 종료 후 취업률 산정 기간 내 졸업 및 해외취업이 불가능한 자
• 연수참여(예정)일 기준 고용보험가입 또는 개인사업자 등록 중인 자
※ 단, 이사장이 필요하다고 인정하는 경우 일용직·단시간근로자·시간제근로자 등 포함
• 해외연수 및 취업을 위한 비자 발급이 불가능한 자
• 연수참여(예정)일 기준 해외여행에 제한이 있는 자
• 연수개시일 1년 이내에 8개월 이상 연수, 취업국가에 해외체류 사실이 있는 자
※ 단, 해외 유학생 대상 연수과정에 대해서는 예외 인정</td></tr>
</table>

① K공단의 인턴으로 근무 중인 A는 현재 해외취업연수 프로그램을 신청할 수 없다.

② 해외취업에 결격사유가 없는 만 30세의 B는 해외취업연수 프로그램에 참여할 수 있다.

③ 사업참여 대학에 재학 중인 C는 휴학을 신청해야만 해외취업연수 프로그램에 참여할 수 있다.

④ 참여자격을 충족하여 장기 연수 프로그램을 신청한 D는 최대 800만 원의 연수비를 지원받을 수 있다.

18 다음은 K은행이 발표한 2025년 통화신용정책 운영방향의 일부이다. 이를 읽고 추론한 내용으로 가장 적절한 것은?

〈2025년 통화신용정책 운영방향〉

구분	내용
물가안정	• 2025년 이후 물가안정목표는 중장기적인 적정 인플레이션 수준, 주요 선진국 사례 등을 종합적으로 고려하여 종전과 같은 2.0%로 유지 • 2025년부터 물가안정목표의 적용기간을 특정하지 않음으로써 제도 운용의 안정성을 제고 • 국민들의 물가상황에 대한 이해도를 제고하기 위해 커뮤니케이션을 강화 – 물가상황에 대한 평가, 물가 전망 및 리스크 요인, 물가안정목표 달성을 위한 향후 정책방향 등을 포함한 물가안정목표 운영상황 점검 보고서를 연 2회 발간하고, 총재 기자간담회를 개최
경제성장	• 인플레이션을 보면 선진국에서는 유가하락 등에 따라 낮아지는 반면 신흥국에서는 통화가치 절하에 따른 수입물가 상승 등으로 소폭 높아질 전망 • 국내경제는 잠재성장률 수준에서 크게 벗어나지 않는 성장세를 이어갈 것으로 예상 – 세계경제 성장세 지속, 정부의 적극적 재정운용 등에 힘입어 수출 및 소비 중심의 성장세가 이어질 전망 – 설비투자가 IT부문을 중심으로 증가 전환하겠으나 건설투자는 착공물량 감소 등의 영향으로 부진이 지속될 것으로 예상 • 다만 향후 성장경로상에는 상·하방 리스크가 혼재 – 정부의 확장적 재정운용, 주요 대기업의 투자지출 확대 계획 등이 상방요인으로 작용하는 반면 글로벌 무역분쟁 심화, 중국 성장세 둔화, 고용여건 개선 지연 등이 하방요인으로 작용
금융시스템 안정 유지	• (금융시스템 안정에 대한 점검 강화) 국내외 금융·경제여건 변화에 대응하여 금융시스템 안정 상황을 면밀히 점검하고 잠재리스크 요인을 선제적으로 포착하여 대응방안을 제시 – 「금융안정회의」에서 금융시스템의 취약성과 복원력을 평가하고 「금융안정보고서」 등을 통해 위험요인을 조기 경보 – 대외 불확실성 요인, 국내 주택시장 상황 변화 등이 금융안정에 미치는 영향을 분석 – 리스크 측정·평가 기법의 고도화를 통해 금융안정 상황 분석의 정도를 제고하고 개별 금융기관 모니터링 및 부문검사를 통해 시스템리스크 요인의 조기 파악에 노력 – 핀테크 확산 등 디지털 혁신의 영향에 대한 연구를 강화하고 금융안정 관련 정책 대안을 모색 • (국내외 금융안정 유관기관과의 협력 강화) 국내외 금융안정 유관기관과 긴밀히 협조하여 금융안정 리스크에 효과적으로 대응할 수 있는 방안을 강구

① 물가안정목표 수준은 2025년 들어 전년 대비 상승하였다.
② 선진국에서 유가하락은 해당 국가의 통화가치 절상을 야기한다.
③ 중국의 성장세 둔화는 우리나라의 경제성장경로에 유리한 요인으로 작용한다.
④ 설비투자의 상승세 전환에 따라 건설투자도 상승세로 전환될 것으로 기대된다.

※ 다음은 K은행 사무실 이전을 위해 조사한 A ~ D건물에 대한 자료이다. 이어지는 질문에 답하시오. **[19~20]**

〈건물별 시설 현황〉

구분	층수	면적	거리	시설	임대료
A건물	3층	각 층 40평	6km	엘리베이터, 장애인시설, 3층 대회의실, 주차장 5평	300만 원
B건물	2층	각 층 50평	10km	엘리베이터, 장애인시설, 주차장 10평	500만 원
C건물	1층	90평	4km	장애인시설, 주차장 15평	400만 원
D건물	2층	각 층 55평	8km	장애인시설, 주차장 20평	400만 원

※ 거리는 각 건물에서 마트까지 거리임

〈항목별 환산 점수〉

- 층수 : 층당 10점
- 면적 : 건물 총 면적 1평당 1점, 주차장 1평당 3점
- 거리 : 5km 이하 20점, 5km 초과 10km 이하 10점, 10km 초과 5점
- 임대료 : 100만 원당 10점 감점
- 시설 : 2층 이상 건물 중 엘리베이터 없을 시 10점 감점, 건물에 장애인시설 없을 시 5점 감점

19 K은행은 항목별 환산 점수를 적용하여 점수가 가장 높은 건물로 사무실을 이전할 계획이다. 이때 이전할 건물은?

① A건물 ② B건물
③ C건물 ④ D건물

20 K은행이 다음 〈조건〉을 고려하여 환산 점수 합이 가장 높은 건물과 계약을 하려고 할 때, 계약할 건물과 그 건물의 점수는?

〈조건〉

- 2층 이상의 건물로 엘리베이터와 장애인시설이 있을 것
- 마트와의 거리는 10km 이하일 것

① A건물, 145점 ② B건물, 110점
③ C건물, 125점 ④ D건물, 150점

※ 다음은 은행별 외화 송금 수수에 대한 자료이다. 이어지는 질문에 답하시오. **[21~22]**

〈은행별 외화 송금 수수료〉

<table>
<tr><th colspan="2">은행명</th><th colspan="2">A은행</th><th colspan="2">B은행</th><th colspan="2">C은행</th><th colspan="2">D은행</th><th colspan="2">E은행</th><th colspan="2">F은행</th></tr>
<tr><th colspan="2">구분</th><th>창구</th><th>인터넷</th><th>창구</th><th>인터넷</th><th>창구</th><th>인터넷</th><th>창구</th><th>인터넷</th><th>창구</th><th>인터넷</th><th>창구</th><th>인터넷</th></tr>
<tr><td rowspan="6">송금 수수료</td><td>500달러 미만</td><td rowspan="2">1만 원</td><td rowspan="6">면제</td><td>5,000원</td><td rowspan="2">2,000원</td><td rowspan="2">7000원</td><td rowspan="3">3,500원</td><td rowspan="3">1.5만 원</td><td>2,500원</td><td>3,500원</td><td rowspan="6">면제</td><td>5,000원</td><td rowspan="3">4,000원</td></tr>
<tr><td>500 ~ 2,000달러 미만</td><td rowspan="2">1만 원</td><td rowspan="3">3,500원</td><td rowspan="3">1.5만 원</td><td>7,000원</td></tr>
<tr><td>2,000 ~ 5,000달러 미만</td><td>1.5만 원</td><td rowspan="3">4,000원</td><td rowspan="3">1.5만 원</td><td>1만 원</td></tr>
<tr><td>5,000 ~ 1만 달러 미만</td><td>2만 원</td><td rowspan="2">2만 원</td><td rowspan="3">5,000원</td><td rowspan="3">3만 원</td><td>1.5만 원</td><td rowspan="3">8,000원</td></tr>
<tr><td>1만 ~ 2만 달러 미만</td><td rowspan="2">2.5만 원</td><td rowspan="2">5,500원</td><td rowspan="2">2만 원</td><td>2만 원</td></tr>
<tr><td>2만 달러 이상</td><td>2.5만 원</td><td>6,000원</td><td>2.5만 원</td><td>3만 원</td></tr>
<tr><td colspan="2">전신료</td><td>7,000원</td><td>5,000원</td><td colspan="2">7,000원</td><td colspan="2">7,000원</td><td colspan="2">6,000원</td><td colspan="2">7,000원</td><td colspan="2">6,000원</td></tr>
</table>

※ (총수수료)=(송금 수수료)+(전신료)+(통화 수수료)

※ 송금 금액은 US($)를, 송금 수수료는 원화를 기준으로 함

※ 통화 수수료는 어떤 외화를 송금하느냐에 따라 다르며, 달러의 경우 송금 금액에 상관없이 원화 20,000원임

21 다음 중 제시된 자료에 대한 설명으로 옳지 않은 것은?

① 총수수료가 가장 비싸게 나올 수 있는 금액은 56,000원이다.

② 인터넷 이용 시 금액에 상관없이 A와 E은행의 송금 수수료가 가장 저렴하다.

③ 1만 달러를 창구를 통해 송금하자면 총수수료는 기준 C은행이 가장 저렴하다.

④ 1,500달러를 인터넷으로 송금하자면 가장 비싼 총수수료의 가격은 10,500원이다.

22 **A ~ F은행은 해당 은행 관련 카드를 사용하면 송금 수수료 혜택을 주고 있으며, 다음은 은행별 수수료 혜택에 대한 자료이다. 각 은행의 카드를 사용하여 창구를 통해 7,000달러를 송금할 때, 총수수료가 가장 비싼 은행과 가장 싼 은행을 바르게 짝지은 것은?**

〈은행별 수수료 혜택〉

- A카드 : 송금 수수료의 30% 면제
- B카드 : 혜택 없음
- C카드 : 통화 수수료의 50% 할인
- D카드 : 전신료의 20% 할인
- E카드 : 통화 수수료 면제
- F카드 : 수수료 4,000원 할인

	가장 비싼 은행	가장 싼 은행
①	B은행	A은행
②	D은행	C은행
③	B은행	E은행
④	D은행	E은행

23 **A과장은 오후 2시 회의에 참석하기 위해 대중교통을 이용하여 총 10km를 이동해야 한다. 다음 〈조건〉을 고려했을 때, 비용이 두 번째로 많이 드는 방법은?**

〈조건〉

- 회의에 지각해서는 안 되며, 오후 1시 40분에 대중교통을 이용하기 시작한다.
- 회의가 시작되기 전에 먼저 도착하여 대기하는 시간을 비용으로 환산하면 1분당 200원이다.
- 이용가능한 대중교통은 버스, 지하철, 택시만 있고, 출발지에서 목적지까지는 모두 직선노선이다.
- 택시의 기본요금으로 갈 수 있는 거리는 2km이다.
- 택시의 기본요금은 2,000원이고 추가되는 2km마다 100원씩 증가하며, 2km를 1분에 간다.
- 지하철은 2km를 2분에 가고 버스는 2km를 3분에 간다. 버스와 지하철은 2km마다 정거장이 있고, 동일노선을 운행한다.
- 버스와 지하철요금은 1,000원이며 무료 환승이 가능하다.
- 환승은 버스와 지하철, 버스와 택시 간에만 가능하고, 환승에 필요한 시간은 2분이며 반드시 버스로 4정거장을 가야만 한다.
- 환승할 때 걸리는 시간을 비용으로 환산하면 1분당 450원이다.

① 택시만 이용해서 이동한다.

② 버스만 이용해서 이동한다.

③ 버스와 택시를 환승하여 이동한다.

④ 버스와 지하철을 환승하여 이동한다.

24 백화점에서 함께 쇼핑을 한 A ~ E 5명은 일정 금액 이상 구매 시 추첨을 통해 경품을 제공하는 백화점 이벤트에 응모하였다. 얼마 후 당첨자가 발표되었고, A ~ E 중 1명이 1등에 당첨되었다. 다음 A ~ E의 대화에서 1명이 거짓을 말할 때, 1등 당첨자는?

- A : C는 1등이 아닌 3등에 당첨됐어.
- B : D가 1등에 당첨됐고, 나는 2등에 당첨됐어.
- C : A가 1등에 당첨됐어.
- D : C의 말은 거짓이야.
- E : 나는 5등에 당첨되었어.

① A ② B

③ C ④ D

25 다음 〈조건〉에 따라 5층 건물에 A ~ E 5명이 살고 있을 때, 반드시 참이 아닌 것은?(단, 지하에는 사람이 살지 않는다)

〈조건〉

- 각 층에는 최대 2명이 살 수 있다.
- 어느 한 층에는 사람이 살고 있지 않다.
- 짝수 층에는 1명씩만 살고 있다.
- A는 짝수 층에 살고, B는 홀수 층에 살고 있다.
- D는 C 바로 위층에 살고 있다.
- E는 1층에 살고 있다.
- D는 5층에 살지 않는다.

① A가 2층에 산다면 B와 같은 층에 사는 사람이 있을 수 있다.

② B가 5층에 산다면 C는 어떤 층에서 혼자 살고 있다.

③ C가 2층에 산다면 B와 E는 같은 층에서 살 수 있다.

④ D가 4층에 산다면 B와 C는 같은 층에서 살 수 있다.

26 **다음은 직원 A ~ G 7명의 인사이동에 대한 정보이다. 이에 대한 설명으로 반드시 참인 것은?**

- A가 기획재무본부에서 건설기술본부로 이동하면, C는 스마트도시본부에서 기획재무본부로 이동하지 않는다.
- E가 건설기술본부에서 도시재생본부로 이동하지 않는 경우에만, D가 전략사업본부에서 스마트도시본부로 이동한다.
- B가 주거복지본부에서 전략사업본부로 이동하면, A는 기획재무본부에서 건설기술본부로 이동한다.
- C는 스마트도시본부에서 기획재무본부로 이동한다.
- 전략사업본부에서 스마트도시본부로의 D의 이동과, 도시재생본부에서 공공주택본부로의 F의 이동 중 하나의 이동만 일어난다.
- B가 주거복지본부에서 전략사업본부로 이동하거나, E가 건설기술본부에서 도시재생본부로 이동하거나, G가 공공주택본부에서 주거복지본부로 이동하는 일 중 두 가지 이상의 이동이 이루어졌다.

① A는 기획재무본부에서 건설기술본부로 이동한다.

② C와 E는 기획재무본부로 이동한다.

③ F는 도시재생본부에서 공공주택본부로 이동한다.

④ G는 이번 인사이동에서 이동하지 않는다.

27 **제시된 명제가 모두 참일 때, 다음 중 참이 아닌 것은?**

- A ~ E제품 5개를 내구성, 효율성, 실용성 3개 영역에 대해 1 ~ 3등급으로 평가하였다.
- 모든 영역에서 3등급을 받은 제품이 있다.
- 모든 제품이 3등급을 받은 영역이 있다.
- A제품은 내구성 영역에서만 3등급을 받았다.
- B제품만 실용성 영역에서 3등급을 받았다.
- C, D제품만 효율성 영역에서 2등급을 받았다.
- E제품은 1개의 영역에서만 2등급을 받았다.
- A와 C제품이 3개의 영역에서 받은 등급의 총합은 서로 같다.

① A제품은 효율성 영역에서 1등급을 받았다.

② B제품은 내구성 영역에서 3등급을 받았다.

③ C제품은 내구성 영역에서 3등급을 받았다.

④ D제품은 실용성 영역에서 2등급을 받았다.

28 K그룹 신입사원인 A ~ E 5명은 각각 영업팀, 기획팀, 홍보팀 중 한 곳에 속해있다. 각 팀은 모두 같은 날, 같은 시간에 회의가 있고, K그룹 건물에는 3층과 5층에 회의실이 2개씩 있다. 따라서 세 팀이 모두 한 층에서 회의를 할 수는 없다. 5명 중 2명은 참을 말하고 3명은 거짓을 말할 때, 다음 중 반드시 참인 것을 〈보기〉에서 모두 고르면?

- A사원 : 기획팀은 3층에서 회의를 한다.
- B사원 : 영업팀은 5층에서 회의를 한다.
- C사원 : 홍보팀은 5층에서 회의를 한다.
- D사원 : 나는 3층에서 회의를 한다.
- E사원 : 나는 3층에서 회의를 하지 않는다.

〈보기〉

㉠ 영업팀과 홍보팀이 같은 층에서 회의를 한다면 E는 기획팀이다.
㉡ 기획팀이 3층에서 회의를 한다면, D사원과 E사원은 같은 팀일 수 있다.
㉢ 두 팀이 5층에서 회의를 하는 경우가 3층에서 회의를 하는 경우보다 많다.

① ㉠
② ㉡
③ ㉡, ㉢
④ ㉠, ㉢

29 다음은 K은행의 계좌번호 생성 방법이다. 이에 대한 해석으로 옳지 않은 것은?

〈계좌번호 생성 방법〉

000 – 00 – 000000

- 1 ~ 3번째 자리 : 지점번호
- 4 ~ 5번째 자리 : 계정과목
- 6 ~ 10번째 자리 : 일련번호(지점 내 발급 순서)
- 11번째 자리 : 체크기호(난수)

[지점번호]

지점	번호	지점	번호	지점	번호
국회	736	영등포	123	동대문	427
당산	486	삼성역	318	종로	553
여의도	583	신사동	271	보광동	110
신길동	954	청담동	152	신용산	294

[계정과목]

계정과목	보통예금	저축예금	적금	당좌예금	가계종합	기업자유
번호	01	02	04	05	06	07

① 271-04-540616 : 신사동지점에서 발행된 계좌번호이다.
② 294-05-004325 : 신용산지점에서 4,325번째로 개설된 당좌예금이다.
③ 553-01-480157 : 입금과 인출을 자유롭게 할 수 있는 통장을 개설하였다.
④ 954-04-126541 : 일정한 금액을 주기적으로 불입하는 조건으로 개설했다.

30 **A ~ E 5명이 순서대로 퀴즈게임을 해서 벌칙 받을 사람 1명을 선정하고자 한다. 다음 게임 규칙과 결과에 근거할 때, 항상 참인 것을 〈보기〉에서 모두 고르면?**

〈규칙〉

- A → B → C → D → E 순서대로 퀴즈를 1개씩 풀고, 모두 한 번씩 퀴즈를 풀고 나면 한 라운드가 끝난다.
- 퀴즈 2개를 맞힌 사람은 벌칙에서 제외되고, 다음 라운드부터는 게임에 참여하지 않는다.
- 라운드를 반복하여 맨 마지막까지 남는 한 사람이 벌칙을 받는다.
- 벌칙을 받을 사람이 결정되면 라운드 중이라도 더 이상 퀴즈를 출제하지 않는다.
- 게임 중 동일한 문제는 출제되지 않는다.

〈결과〉

3라운드에서 A는 참가자 중 처음으로 벌칙에서 제외되었고, 4라운드에서는 오직 B만 벌칙에서 제외되었으며, 벌칙을 받을 사람은 5라운드에서 결정되었다.

〈보기〉

㉠ 5라운드까지 참가자들이 정답을 맞힌 퀴즈는 총 9개이다.
㉡ 게임이 종료될 때까지 총 22개의 퀴즈가 출제되었다면, E는 5라운드에서 퀴즈의 정답을 맞혔다.
㉢ 게임이 종료될 때까지 총 21개의 퀴즈가 출제되었다면, 퀴즈를 푸는 순서가 벌칙을 받을 사람 선정에 영향을 미친 것으로 볼 수 있다.

① ㉠ ② ㉡
③ ㉠, ㉢ ④ ㉡, ㉢

31 2년 만기, 연이율 0.3%인 연복리 예금상품에 1,200만 원을 예치했을 때 만기 시 받는 금액과 2년 만기, 연이율 3.6%인 월복리 적금상품에 매월 초 50만 원을 납입할 때 만기 시 받는 금액의 차이는?(단, $1.003^2 = 1.006$, $1.003^{24} = 1.075$로 계산하고, 백 원 이하는 절사하며, 이자 소득에 대한 세금은 고려하지 않는다)

① 45.3만 원
② 46.5만 원
③ 47.7만 원
④ 48.9만 원

32 A씨는 지난 영국출장 때 사용하고 남은 1,400파운드를 주거래 은행인 K은행에서 환전해 이번 독일출장 때 가지고 가려고 한다. K은행에서 고시한 환율은 1파운드당 1,500원, 1유로당 1,200원일 때, A씨가 환전한 유로화는 얼마인가?(단, 국내 은행에서 파운드화에서 유로화로 환전 시 이중환전을 해야 하며, 환전 수수료는 고려하지 않는다)

① 1,700유로
② 1,750유로
③ 1,800유로
④ 1,850유로

33 연 실수령액을 다음과 같이 계산할 때, 연봉이 3,480만 원인 A씨의 실수령액은?(단, 십 원 단위 미만은 절사한다)

- (연 실수령액)=(월 실수령액)×12
- (월 실수령액)=(월 급여)−[(국민연금)+(건강보험료)+(고용보험료)+(장기요양보험료)+(소득세)+(지방세)]
- (국민연금)=(월 급여)×4.5%
- (건강보험료)=(월 급여)×3.12%
- (고용보험료)=(월 급여)×0.65%
- (장기요양보험료)=(건강보험료)×7.38%
- (소득세)=68,000원
- (지방세)=(소득세)×10%

① 30,944,400원
② 31,078,000원
③ 31,203,200원
④ 32,150,800원

34 K은행으로부터 신용담보로 가계 대출을 받은 A씨는 최근 사업이 잘되어 기존에 빌렸던 돈을 중간에 상환하려고 한다. 다음 〈조건〉에 따를 때, A씨가 K은행에 내야 할 중도상환수수료는 얼마인가?

〈조건〉

- 중도상환수수료 : 약정 만기 전에 대출금을 상환함에 따라 대출 취급 시 은행이 부담한 취급비용 등을 일부 보전하기 위해 수취하는 수수료이다.
- A씨가 K은행으로부터 빌린 대출금 정보
  ① 대출금액 : 2억 원
  ② 중도상환금액 : 3천만 원
  ③ 대출기간 : 4년 / 잔존기간 : 3년
  ④ (수수료금액)=(중도상환금액)×(요율)×(잔존기간)÷(대출기간)
- 요율 : 부동산담보 1.8%(가계, 기업), 신용 및 기타담보 0.7%(가계), 1.4%(기업)
  (개별 대출종류 및 상품에 따라 별도 중도상환해약금 요율을 적용할 수 있음)

① 132,500원
② 144,500원
③ 155,500원
④ 157,500원

35 다음 대화 내용과 원/100엔 환율 정보를 참고하였을 때, A사원의 대답으로 가장 적절한 것은?

A사원 : 팀장님, 한 달 뒤에 2박 3일간 일본에서 해외교육연수가 있다는 것을 알고 계시죠? 그런데 숙박요금이 어떻게 될지….
B팀장 : 무엇이 문제지? 예전에 1박당 13,000엔으로 숙박 당일에 현찰로 지불한다고 예약해 두지 않았나?
A사원 : 네, 맞습니다. 그런데 그 곳에 다시 전화해 보니 오늘까지 전액을 송금하면 10% 할인을 해준다고 합니다. 하지만 문제는 환율입니다. 오늘 뉴스에서 원/100엔 환율이 하락하는 추세로 향후 지속된다고 합니다.
B팀장 : 그럼 서로 비교해 보면 되지 않은가? 어떤 방안이 얼마나 더 절약할 수 있지?
A사원 : ________________________________

〈원/100엔 환율 정보〉

(단위 : 원)

구분	매매기준율	현찰		송금	
		살 때	팔 때	보낼 때	받을 때
오늘	1,110	1,130	1,090	1,120	1,100
한 달 뒤	990	1,010	970	1,000	980

※ 환전 시 소수점 이하 금액은 절사함

① 비교해 보니 오늘 결제하는 것이 260원 더 저렴합니다.
② 비교해 보니 오늘 결제하는 것이 520원 더 저렴합니다.
③ 비교해 보니 한 달 뒤에 결제하는 것이 260원 더 저렴합니다.
④ 비교해 보니 한 달 뒤에 결제하는 것이 520원 더 저렴합니다.

36 직장인 A씨가 업무 시간에는 은행에 갈 수 없어서 퇴근 후인 6시 30분에 회사 1층에 있는 K은행 자동화기기를 사용하여 거래하려고 한다. A씨는 K은행 카드로 10만 원을 우선 출금한 후 P은행 통장으로 5만 원을 이체한 후, 남은 5만 원을 본인이 가지고 있는 N은행 카드에 입금하려고 한다. 이때 A씨가 지불해야 하는 총수수료는?

〈자동화기기 거래〉

(단위 : 원)

<table>
<tr><th colspan="3" rowspan="2">구분</th><th colspan="3">영업시간 내</th><th colspan="3">영업시간 외</th></tr>
<tr><th>3만 원 이하</th><th>10만 원 이하</th><th>10만 원 초과</th><th>3만 원 이하</th><th>10만 원 이하</th><th>10만 원 초과</th></tr>
<tr><td rowspan="4">K은행 자동화기기 이용 시</td><td colspan="2">출금</td><td colspan="3">면제</td><td>250</td><td colspan="2">500</td></tr>
<tr><td rowspan="2">이체</td><td>K은행으로 보낼 때</td><td colspan="3">면제</td><td colspan="3">면제</td></tr>
<tr><td>타행으로 보낼 때</td><td>400</td><td>500</td><td>1,000</td><td>700</td><td>800</td><td>1,000</td></tr>
<tr><td colspan="2">타행카드 현금 입금</td><td colspan="3">700</td><td colspan="3">1,000</td></tr>
<tr><td rowspan="2">타행 자동화기기 이용 시</td><td colspan="2">출금</td><td colspan="3">800</td><td colspan="3">1,000</td></tr>
<tr><td colspan="2">이체</td><td colspan="2">500</td><td>1,000</td><td colspan="2">800</td><td>1,000</td></tr>
</table>

※ K은행 자동화기기 출금 시 수수료 감면 사항
- 만 65세 이상 예금주의 출금거래는 100원 추가 할인
- 당일 영업시간 외에 10만 원 초과 출금 시 2회차 거래부터 수수료 50% 감면

※ 영업시간 내 기준 : 평일 08:30 ~ 18:00, 토요일 08:30 ~ 14:00(공휴일 및 휴일은 영업시간 외 적용)

① 800원　　② 1,300원

③ 1,600원　　④ 2,300원

※ 다음은 K은행 대출상품과 이용고객에 대한 자료이다. 이어지는 질문에 답하시오. **[37~39]**

〈대출상품 정보〉

구분	이자율	대출가능 신용등급	중도상환수수료 유무	중도상환 수수료율	중도상환수수료 면제대상
X상품	5,000만 원 이하 : 12.5%	5등급 이상	무	-	-
	5,000만 원 초과 : 16.9%				
Y상품	3,000만 원 이하 : 11.8%	6등급 이상	유	15.8%	총대출기간 1년 미만 또는 남은 대출기간 1년 미만
	3,000만 원 초과 : 19.4%				
Z상품	8,000만 원 이하 : 8.8%	4등급 이상	유	12.2%	없음
	8,000만 원 초과 : 14.4%				

〈대출고객 정보〉

구분	신용등급	대출상품	대출기간	대출금액
A고객	5등급	X상품	2021.8. ~ 2026.7.	4,000만 원
B고객	4등급	Y상품	2023.5. ~ 2026.4.	7,000만 원
C고객	6등급	Y상품	2022.12. ~ 2025.11.	3,000만 원
D고객	6등급	X상품	2022.4. ~ 2026.3.	6,000만 원

※ A ~ D고객 모두 원리금균등상환 방식임

※ 중도상환수수료율은 남은 대출원금에 대해서만 부과함

37 신입행원이 실수로 대출고객 정보를 잘못 기입했다. 다음 중 정보가 잘못 기입된 고객은?

① A고객 ② B고객

③ C고객 ④ D고객

38 2024년 9월을 기준으로, 총 대출기간 중 절반 이상이 지난 고객은 당해 10월에 중도상환을 한다고 하였다. 다음 중 중도상환을 하지 않는 고객은?(단, D고객의 신용등급은 5등급이라고 가정한다)

① A고객 ② B고객

③ C고객 ④ D고객

39 2024년 9월을 기준으로, 모든 고객이 중도상환을 신청하였다. 예상되는 중도상환수수료의 총합은?(단, D고객의 신용등급은 5등급이라고 가정하며, 중도상환수수료 계산 시 만 원 미만에서 버림한다)

① 748만 원
② 811만 원
③ 993만 원
④ 1,014만 원

40 김사원은 K은행에서 판매하는 적금 또는 펀드상품에 가입하려고 한다. 다음은 K은행에서 추천하는 5개 상품별 항목 만족도와 중요 항목 순위 및 가중치이다. 김사원이 상품 정보를 알아보던 중 기본금리와 우대금리의 만족도를 바꿔 기록하였다고 할 때, 원래의 순위보다 순위가 올라간 상품은?(단, 평점은 만족도에 가중치를 적용한 평균이다)

〈상품별 항목 만족도〉

(단위 : 점)

구분	기본금리	우대금리	계약기간	납입금액
A적금	4	3	2	2
B적금	2	2	3	4
C펀드	5	1	2	3
D펀드	3	4	2	3
E적금	2	1	4	3

〈중요 항목 순위 및 가중치〉

(단위 : %)

구분	첫 번째	두 번째	세 번째	네 번째
가중치	50	30	15	5
항목 순위	기본금리	납입금액	우대금리	계약기간

※ 중요 항목 순위 및 가중치는 주요 고객 천 명을 대상으로 조사하였음

① A적금, B적금
② B적금, D펀드
③ C펀드, D펀드
④ D펀드, E적금

※ 다음은 A은행에서 판매하는 보험 상품에 대한 자료이다. 이어지는 질문에 답하시오. **[1~3]**

1. 농작물재해보험(밭작물)
   예고 없는 자연재해로 인한 수확감소 보장, 자연재해, 조수해, 화재 보장
   - 품목 : 감자(고랭지재배), 감자(가을재배), 양파, 콩, 마늘, 옥수수, 고구마, 차(茶), 양배추(품목별 확인)
   - 월 보험료 : 283,000원
   - 보험료 지원 : 월 보험료 중 정부 50%, 지자체 15 ~ 40%
2. 주택화재보험
   화재사고로 인한 직접적인 주택 손해뿐 아니라 화재 진압 과정에서 발생하는 소방 손해, 피난지에서 생긴 피난 손해, 잔존물 제거비용까지 보장
   - 월 보험료 : 328,000원
3. 풍수해보험
   풍수해 등으로 국민의 재산피해[주택, 온실(비닐하우스 포함), 상가·공장]에 따른 손해를 보상하기 위해 국가에서 시행하는 정책보험
   - 월 보험료 : 325,000원
   - 보험료 지원 : 월 보험료 중 정부 52 ~ 92%
4. 가축재해보험
   선진 축산경영의 계획화와 소득 보장
   - 월 보험료 : 370,000원
   - 보험료 지원 : 월 보험료 중 정부 50%
5. 농기계종합보험
   농기계 관련 사고로부터 충분한 경제적 손실을 보상하고 신속한 회복을 지원하기 위해 만든 국가정책보험
   - 월 보험료 : 123,600원
   - 보험료 지원 : 월 보험료 중 정부 50%, 지자체 별도 추가 지원(0 ~ 37.5%)

01 제시된 자료를 참고할 때, 다음의 고객이 가입할 보험으로 가장 적절한 것은?

고객 : 안녕하세요.
직원 : 네, 고객님. 무엇을 도와드릴까요?
고객 : 보험에 좀 가입하려고 하는데요. 어떤 상품이 있는지는 잘 몰라요.
직원 : 아, 혹시 직업이나 원하는 보장 내용이 있으신가요?
고객 : 저는 시골에서 농사를 짓고 있어요. 그래서 관련된 보험이 있으면 좀 살펴보고 싶은데요.
직원 : 농작물과 관련된 보험은 다양하지만, 최근에는 풍수해보험이나 농작물재해보험의 가입이 점점 증가하고 있어요. 최근에 기상이변이 많이 발생해서 피해 예방차원에서 많이들 가입하시더라구요. 이런 보험은 어떠세요?
고객 : 맞아요. 기상이변 때문에 걱정이 많죠. 그런데 저희 농가는 시설재배라 큰 영향은 받지 않아서요.
직원 : 그러시면 혹시 농기계종합보험은 어떠세요? 농기계를 활용하면서 혹시나 사고가 발생할 수 있으니 대비하시는 것도 좋아요.
고객 : 농기계종합보험은 이미 들어둔 게 있어서요. 차라리 기상이변에 대비할 수 있는 보험이 낫겠어요. 기상이변으로 농작물재배시설이 망가졌을 때 보상받을 수 있는 보험으로 할게요.

① 농작물재해보험
② 주택화재보험
③ 풍수해보험
④ 가축재해보험

02 01번의 고객이 해당 보험에 가입하였다고 할 때, 고객이 가입한 보험과 이에 따라 매월 지불해야 하는 보험료는 얼마인가?(단, 국가나 지자체가 지원해 주는 보험금은 그 지원 범위 내에서 최대로 지원받는다)

① 농작물재해보험, 141,500원
② 농작물재해보험, 28,300원
③ 풍수해보험, 156,000원
④ 풍수해보험, 26,000원

03 어떤 고객이 풍수해보험과 농기계종합보험에 가입하였을 때, 고객이 납입해야 하는 월 보험료는 얼마인가? (단, 국가나 지자체가 지원해 주는 보험금은 그 지원 범위 내에서 최대로 지원받는다)

① 41,450원
② 87,800원
③ 123,600원
④ 224,300원

※ K씨는 목돈을 모으기 위해 예 · 적금상품을 알아보았다. 다음은 K씨가 조사한 금융상품들에 대한 자료이다. 이어지는 질문에 답하시오.(단, 근삿값은 〈조건〉을 따른다) **[4~5]**

〈예 · 적금상품별 세부사항〉

구분	예치금액	가입기간	기본금리
A은행 적금	매월 초 200만 원	12개월	연 3%(연 복리)
B은행 예금	3,000만 원	24개월	연 1%(연 복리)
C은행 적금	매월 180만 원	15개월	연 3%(단리)
D은행 예금	2,500만 원	30개월	연 2%(연 복리)

〈조건〉

- $(1.01)^2=1.02$, $(1.02)^2=1.04$
- $(1.01)^3=1.03$, $(1.02)^3=1.06$
- $(1.053)^{\frac{1}{12}}=1.004$, $(1.053)^{\frac{13}{12}}=1.058$, $(1.04)^{\frac{30}{12}}=1.1$

04 K씨는 예 · 적금상품 중 만기환급금이 가장 큰 것을 선택하려고 한다. 다음 중 K씨가 선택할 상품은?

① A은행 적금
② B은행 예금
③ C은행 적금
④ D은행 예금

05 다음은 K씨가 위의 정보에 대해 추가로 우대금리를 더 얻어내기 위해 찾은 자료이다. K씨의 상황이 〈보기〉와 같을 때, 만기환급금이 가장 많은 상품은?

〈상품별 추가 우대금리〉

구분	우대금리	우대금리 조건
A은행 적금	최대 2.3%p 가산	• 해당 은행 카드사 전월 이용실적이 20만 원 이상일 때 : 0.5%p • 가입일 기준 해당 은행의 보유자산이 2억 원 이상일 때 : 2.0%p
B은행 예금	+2.0%p	가입일 기준 은행 거래 내역이 3년 이상 경과하였을 때
C은행 적금	+0.1%p	입출금계좌를 추가로 보유하고 있을 때
D은행 예금	+2.0%p	가입일 기준 해당 은행의 보유자산이 2억 원 이상일 때

〈보기〉

- A은행에 3억 원, D은행에 2억 원의 보유자산을 가지고 있다.
- 월 30만 원씩 A, C은행의 카드사를 이용한다.
- 자동이체를 등록한 기록이 없고, A ~ D은행과 거래한 지 2년이 채 되지 않는다.
- 입출금계좌를 보유한 은행은 B, C은행 2곳밖에 존재하지 않는다.

① A은행 적금
② B은행 예금
③ C은행 적금
④ D은행 예금

※ 다음은 퇴직연금신탁 유형인 확정급여형(DB)과 확정기여형(DC)에 대한 자료이다. 이어지는 질문에 답하시오. [6~7]

〈퇴직연금신탁 유형〉

구분	확정급여형(DB)	확정기여형(DC)
운영방법	• 노사가 사전에 급여 수준 및 내용을 약정 • 퇴직 후 약정에 따른 급여 지급	• 노사가 사전에 부담할 기여금을 확정 • 퇴직 후 운용 결과에 따라 급여 지급
기업부담금	산출기초율 (자산운용 수익률, 퇴직률 변경 시 변동)	확정 (근로자 연간 임금 총액의 1/12 이상)
적립공금 운용지시	사용자	근로자
운용위험 부담	사용자	근로자
직장이동 시 합산	어려움(단, IRA/P활용 가능)	쉬움

06 국민은행의 A행원은 퇴직연금신탁 유형에 대한 발표 자료를 제작 중이다. 이에 대한 A행원의 해석 또는 배경 지식으로 옳지 않은 것은?

① DB 유형은 자산운용 수익률에 따라 기업부담이 달라지는군.

② 경기에 따라 직장이동이 잦은 근로자들은 아무래도 DC 유형을 선호하겠군.

③ 같은 급여를 받는 직장인이라도 퇴직연금신탁 유형에 따라 퇴직연금 수준이 달라지겠군.

④ DC 유형으로 퇴직연금을 가입하면 근로자 본인의 선택이 퇴직 후 급여에 별 영향을 미치지 않는군.

07 A행원은 다음과 같이 주어진 조건하에 적합한 퇴직연금유형을 발표 자료에 넣을 예정이다. (가) ~ (라) 중 분류가 옳지 않은 것은?

확정급여형(DB)	확정기여형(DC)
(가) 장기근속을 유도하는 기업 (나) 운용 현황에 관심이 많은 근로자	(다) 연봉제를 실시하는 기업 (라) 임금 체불위험이 높은 사업장의 근로자

① (가)
② (나)
③ (다)
④ (라)

08 K은행의 A행원은 B고객에게 적금만기 문자를 통보하려고 한다. 다음을 토대로 A행원이 B고객에게 안내할 만기 시 수령액은?

- 상품명 : K은행 나라사랑적금
- 가입자 : 본인
- 가입기간 : 24개월(만기)
- 가입금액 : 매월 초 100,000원 납입
- 금리 : 기본금리(연 2.3%)+우대금리(최대 연 1.1%p)
- 저축방법 : 정기적립식
- 이자지급방식 : 만기일시지급 – 단리식
- 우대금리
  ⓐ 월 저축금액이 10만 원 이상 시 연 0.1%p 가산
  ⓑ 당행 나라사랑 카드 소지 시 증빙서류 제출자에 한하여 연 0.6%p 가산
  ⓒ 급여이체 실적이 있을 시 연 0.4%p 가산(단, 신규 상품 가입 시 상품 가입 전 최초 급여이체 후 최소 3일이 경과해야 우대가 적용)
- 기타사항
  ⓐ B고객은 급여이체가 들어온 당일 계좌를 개설하였음
  ⓑ K은행의 나라사랑 카드를 소지하고 있으며 증빙서류를 제출하여 은행에서 확인받음

① 2,400,000원
② 2,460,000원
③ 2,472,500원
④ 2,475,000원

09 다음 인허가보증상품에 대한 설명을 바탕으로 할 때, 보증료를 가장 많이 내는 회사는?

〈인허가보증상품〉

- 개요
  주택 사업과 관련하여 국가, 지방자치단체 등으로부터 인·허가를 받을 경우에 부담하여야 할 시설물 설치 등 인·허가 조건의 이행을 책임지는 보증상품이다.
- 보증료
  (보증료)=(보증금액)×(보증료율)×(보증기간에 해당하는 일수)÷365
  – 신용평가등급별 보증료율 : 최저 연 0.122% 최고 연 0.908%
  – 신용평가등급은 1등급부터 4등급까지 있으며 각 등급당 보증료율은 1등급은 0.122%, 2등급은 0.244%, 3등급은 0.488%, 4등급은 0.908%이다.

	구분	보증금액	신용등급	보증기간
①	A사	1.5억 원	1등급	1년
②	B사	3억 원	2등급	2년
③	C사	3억 원	4등급	3년
④	D사	5억 원	3등급	4년

10 **A고객은 K은행 정기예금을 만기 납입했다. 다음과 같은 조건일 때, A고객이 받을 이자는?**

- 상품명 : K은행 정기예금
- 가입자 : 본인
- 가입기간 : 6개월
- 저축방법 : 거치식
- 저축금액 : 천만 원
- 이자지급방식 : 만기일시지급 – 단리식
- 기본이자율

6개월	12개월	24개월	36개월
연 0.1%	연 0.15%	연 0.2%	연 0.25%

- 우대금리 : 최대 0.3%p
- 기타사항 : 우대금리를 최대로 받는다.

① 10,000원
② 15,000원
③ 18,000원
④ 20,000원

11 **C고객은 K은행으로부터 예금만기 통보 문자를 받고 은행을 방문하였다. 다음 내용을 토대로 계산했을 때, C고객이 수령할 수 있는 금액은?**

- 상품명 : K은행 꿈드림 예금상품
- 가입자 : 본인
- 가입기간 : 20개월
- 저축금액 : 1백만 원
- 저축방법 : 거치식
- 이자지급방식 : 만기일시지급, 단리식
- 기본이자율(계약 당시, 세전)

1개월 이상	6개월 이상	12개월 이상	24개월 이상	36개월 이상	48개월 이상
연 0.75%	연 1.20%	연 1.30%	연 1.35%	연 1.50%	연 1.60%

- 우대금리(세전)
  - 계약 당시 자신이 세운 목표 혹은 꿈을 성취했을 경우 : 0.1%p 가산
  - 본인의 추천으로 해당 상품을 지인이 가입할 경우 : 0.1%p 가산
  - 타인의 추천으로 해당 상품을 본인이 가입할 경우 : 0.1%p 가산
- 기타사항
  - C고객은 지인으로부터 추천을 받아 해당 상품을 가입하였음
  - 해당 상품 계약 시 세운 목표를 성취하였으며, 은행에서 확인받음
  - 해당 상품에서 발생되는 이자는 15.4%가 과세됨

① 1,019,000원
② 1,019,800원
③ 1,020,050원
④ 1,021,150원

※ 다음은 K은행 군간부적금 상품설명서와 이를 24개월 만기로 신청한 간부 A ~ D의 K은행 금융거래 실적에 대한 자료이다. 이어지는 질문에 답하시오. **[12~13]**

〈K은행 군간부적금〉

- 상품 특징 : 군간부 및 간부후보생 급여실적 및 교차거래에 따른 우대금리 제공 적립식 상품
- 가입 대상 : 군간부(장교, 부사관, 군의관, 법무관 등) 및 간부후보생(사관생도 등)과 복무중인 병역법 제5조 제3항 나목의 보충역(사회복무요원 제외) 대상(*1인 1계좌)
- 가입기간 : 12개월 이상 24개월 이내(월 단위)
- 가입금액 : 초입금 / 매회 1만 원 이상, 매월 50만 원 이하(1인당)금액을 만기일 전까지 자유 적립
- 상품과목 : 자유로우대적금
- 적립방법 : 자유적립식
- 금리안내 : 기본 연 3.1%, 자유로우대적금 가입기간별 금리
- 우대금리 : 1. 최고 3.7%p(우대조건을 충족하는 경우 만기해지 시 적용)
  2. 「상품우대알림」서비스 신청 대상 상품

세부조건	우대금리(%p)	상품우대알림
이 적금 가입기간 중 만기 전전월까지 "6개월 이상" K은행에 급여이체 시	3.0	급여연금
가입월부터 만기 전전월까지 기간 중 은행에서 발급한 K은행 개인신용 · 체크카드(채움) 월 평균 20만 원 이상 이용 시	0.2	카드이용
만기일 전전월 말 기준으로 K은행의 주택청약종합저축(청약저축 및 청년우대형 포함) 가입 시	0.2	수신가입
만기일 전전월 말 기준으로 K은행의 적립식(임의식)펀드 중 1개 이상 가입 시	0.1	수신가입
만기일 전전월 말 기준으로 K은행의 대출 실적 보유 시	0.2	대출거래

〈간부 A ~ D의 K은행 금융거래 실적〉

A	• 월 30만 원 적립 • 2023년 1월부터 2024년 12월까지 K은행에 급여 입금 내역 존재 • 2024년 1월부터 2024년 12월까지 K은행 개인신용카드 및 체크카드(채움) 월 평균 50만 원 사용 • K은행의 주책청약종합저축 미가입 • K은행의 적립식 펀드 미가입 • 2024년 12월 K은행의 대출 가입
B	• 월 50만 원 적립 • 2023년 1월부터 2024년 12월까지 K은행에 급여 입금 내역 없음 • 2023년 1월부터 2024년 12월까지 K은행 개인신용카드 및 체크카드(채움) 사용 내역 없음 • 2024년 12월 K은행의 주책청약종합저축 가입 • K은행의 적립식 펀드 미가입 • K은행의 대출 실적 미보유

C	• 월 20만 원 적립 • 2024년 9월부터 2024년 12월까지 K은행에 급여 입금 내역 존재 • 2023년 1월부터 2024년 12월까지 K은행 개인신용카드 및 체크카드(채움) 월 70만 원 사용 • 2024년 6월 K은행의 주책청약종합저축 가입 • 2024년 12월 K은행의 적립식 펀드 가입 • 2023년 8월 K은행의 대출 가입
D	• 월 40만 원 적립 • 2024년 1월부터 2024년 12월까지 K은행에 급여 입금 내역 존재 • 2023년 1월부터 2024년 12월까지 K은행 개인신용카드 및 체크카드(채움) 월 평균 15만 원 사용 • 2023년 3월 K은행의 주책청약종합저축 가입 • 2023년 6월 K은행의 적립식 펀드 가입 • 2023년 3월 K은행의 대출 가입

12 가입일이 2023년 1월 1일으로 모두 같을 때, 2025년 1월 1일에 받는 월 이자 금액이 적은 사람부터 순서대로 나열한 것은?

① C－B－A－D　　② C－B－D－A

③ C－D－A－B　　④ C－D－B－A

13 다음 중 간부 A～D의 만기 원리합계 금액을 바르게 나열한 것은?(단, 근삿값은 주어진 표를 따르고, 소수점 셋째 자리에서 반올림하며, 이자는 월 말에 발생한다)

$\left(1+\frac{0.031}{12}\right)^{24}$	1.064	$\left(1+\frac{0.062}{12}\right)^{24}$	1.131
$\left(1+\frac{0.033}{12}\right)^{24}$	1.068	$\left(1+\frac{0.063}{12}\right)^{24}$	1.133
$\left(1+\frac{0.036}{12}\right)^{24}$	1.075	$\left(1+\frac{0.066}{12}\right)^{24}$	1.141
$\left(1+\frac{0.037}{12}\right)^{24}$	1.077	$\left(1+\frac{0.068}{12}\right)^{24}$	1.145

	A	B	C	D
①	723.67만 원	1,206.38만 원	480.64만 원	970.15만 원
②	763.99만 원	1,241.91만 원	501만 원	1,031.09만 원
③	765.36만 원	1,237.2만 원	497.76만 원	1,023.36만 원
④	1,681.61만 원	1,795.94만 원	779.15만 원	2,351.66만 원

※ 다음은 금융기관별 유동성 통계에 대한 자료이다. 이어지는 질문에 답하시오. **[14~15]**

〈금융기관별 유동성 통계〉

(단위 : 십억 원)

구분	2024년 3월	2024년 4월	2024년 5월	2024년 6월
Lf(금융기관 유동성) : 기관별(총합)	3,472,041.5	3,521,139.1	3,643,255.3	3,716,480.4
중앙은행	157,861.0	159,514.4	161,012.9	162,721.4
예금은행	1,479,902.7	1,522,252.0	1,555,417.9	1,579,116.8
종합금융회사	54,633.0	52,652.1	50,599.1	49,693.8
자산운용회사	339,650.7	339,522.4	366,384.7	392,797.0
신탁회사	371,881.1	364,243.2	390,177.5	400,706.4
상호저축은행	47,673.4	49,341.5	52,418.9	52,780.8
신용협동조합	70,774.3	72,276.7	76,157.8	78,131.8
상호금융	318,432.4	322,323.5	332,636.1	335,992.7
새마을금고	130,616.3	132,083.2	137,493.8	140,305.4
우체국예금	61,075.5	60,680.3	67,987.7	69,339.6
생명보험회사	609,271.8	617,835.1	630,528.9	636,904.8
기타	−169,730.7	−171,585.4	−177,559.8	−182,010.1

14 다음 중 2024년 3월 대비 2024년 6월의 증감액과 증감률이 가장 높은 기관을 바르게 짝지은 것은?

	증감액이 가장 높은 기관	증감률이 가장 높은 기관
①	예금은행	자산운용회사
②	예금은행	우체국예금
③	생명보험회사	자산운용회사
④	생명보험회사	우체국예금

15 다음 중 2024년 3월부터 2024년 6월까지 기관별 증감 추이가 동일한 것끼리 나열한 것은?

① 종합금융회사, 예금은행, 기타

② 자산운용회사, 신탁회사, 우체국예금

③ 중앙은행, 자산운용회사, 신용협동조합

④ 새마을금고, 생명보험회사, 자산운용회사

16 한 수입상이 외국 회사와 거래를 하고 있다. 5월분 상품 수입에 대한 대금 50,000달러를 결제하려고 할 때 환율은 결제일 당일의 환율이 적용되고, 운송요금도 결제일의 요금으로 부과된다. 다음 중 비용이 가장 적게 드는 날은?

〈날짜별 환율 및 운송요금〉

(단위 : 원/달러, 원)

구분	환율	운송요금
5월 1일	1,150	3,500,000
5월 2일	1,153	3,500,000
5월 3일	1,156	3,500,000
5월 4일	1,170	2,500,000
5월 5일	1,180	2,500,000
5월 6일	1,194	2,500,000
5월 7일	1,130	3,500,000
5월 8일	1,125	4,000,000
5월 9일	1,160	2,500,000
5월 10일	1,200	2,000,000
5월 11일	1,220	1,500,000
5월 12일	1,200	2,000,000
5월 13일	1,180	2,000,000
5월 14일	1,170	2,000,000
5월 15일	1,165	2,500,000

① 5월 1일
② 5월 7일
③ 5월 8일
④ 5월 14일

※ K은행 행원인 귀하는 창구에서 고객 A씨에게 A씨의 고객 등급과 혜택에 대해 설명하고 있다. 이어지는 질문에 답하시오. **[17~18]**

〈K은행 고객 등급 선정기준〉

1. 고객 등급

구분	다이아몬드	골드	실버	브론즈		해피
평가점수	1,000점 이상	500점 이상	300점 이상	150점 이상	300점 이상	80점 이상
금융자산	3,000만 원 이상	1,000만 원 이상	300만 원 이상	200만 원 이상	–	–

※ 금융자산 : 수신(입출식예금, 기타예금, 수익증권) 3개월 평균잔액

※ 브론즈 고객은 2가지 기준 중 1개, 해피 고객은 평가 점수만 해당되면 해당 등급으로 선정

2. 대상 거래 및 배점

구분	기준	배점
수신	입출식 예금 직전 3개월 평균잔액	10만 원당 7점
	거치・적립식 예금 직전 3개월 평균잔액	10만 원당 1점
	수익증권 직전 3개월 평균잔액	10만 원당 5점
여신	가계대출 직전 3개월간 1천만 원 이상	10점, 이후 100만 원당 1점
외환	직전 3개월 환전	$100당 2점
	직전 3개월 송금	
급여이체	3개월 누계 100만 원 이상	200만 원 미만 100점, 300만 원 미만 150점, 300만 원 이상 200점
결제계좌	신용카드 자동이체 당행 결제계좌 등록	신용카드 40점, 자동이체 건당 10점 (최대 50점 한도)
고객정보	8개 고객정보 등록 (휴대폰, 이메일, 자택 주소, 자택 전화번호, 직장명, 직장 주소, 직장 전화번호, 주거유형)	정보 1개당 2점
세대등록 정보	세대주로 등록 시(단독세대주 제외)	20점
거래기간	고객 등록일 기준	1년당 5점

〈고객 A씨의 실적 정보〉

- 2007년 3월부터 2024년 5월 현재까지 거래 중
- 최근 3개월 입출식 예금 평균잔액은 152만 원, 적립식 예금 평균잔액은 200만 원
- 최근 3개월 연속 급여이체, 급여액은 평균 320만 원
- 5개월 전 가계대출 2,500만 원
- 신용카드 2개 결제대금 자동이체 등록
- 휴대폰번호, 이메일, 자택 주소, 직장명, 직장 주소, 직장 전화번호 등록
- 지난달 해외여행으로 $500 환전

17 다음 중 A씨의 고객 등급은?

① 다이아몬드　　② 골드
③ 실버　　④ 브론즈

18 귀하는 고객 A씨에게 고객 등급에 따른 혜택을 안내하려고 한다. 다음 중 A씨에게 혜택으로 안내할 수 있는 항목으로만 나열된 것은?

〈K은행 고객 등급별 혜택〉

구분	다이아몬드	골드	실버	브론즈	해피
무보증 대출	최대 6천만 원	최대 3천만 원	최대 2천만 원	–	–
예금 금리 우대 (입출식·정기)	+0.15% 이내	+0.1% 이내	–	–	–
수수료 면제 및 할인	모든 수수료 면제	모든 수수료 면제	송금 수수료 면제	모든 수수료 50% 할인	–
신용카드 연회비	면제	면제	면제	–	–
외환 환전·송금 환율 우대	50%	50%	50%	30%	10%

① 환율 우대 50%, 송금 수수료 면제
② 환율 우대 50%, 무보증 대출 최대 6천만 원
③ 예금 금리 0.1% 이내 우대, 모든 수수료 면제
④ 신용카드 연회비 면제, 예금 금리 0.1% 이내 우대

19 K기업이 다음 〈조건〉에 따라 100억 원으로 예금과 채권에 분산 투자하려고 할 때, 1년에 10억 원의 이익을 얻으려면 채권에 얼마를 투자해야 하는가?(단, 이익은 세금을 제한 금액이다)

〈조건〉

- 100억 원을 모두 투자해야 한다.
- 예금 이익은 연 10%, 채권 이익은 연 14%이다.
- 예금과 채권 이익의 20%는 세금이다.

① 45억 5천만 원　　② 47억 5천만 원
③ 50억 원　　④ 62억 5천만 원

20 다음은 금융기관별 연간 보험료 산식과 금융기관 A ~ D사의 정보에 대한 자료이다. A ~ D사 중 연간보험료가 가장 낮은 곳은?

〈금융기관별 연간보험료 산식〉

구분	연간보험료 산식
투자매매 · 중개업자	(예금 등의 연평균잔액)×15÷10,000
보험회사	[(책임준비금)+(수입보험료)]÷2×15÷10,000
종합금융회사	(예금 등의 연평균잔액)×15÷10,000
상호저축은행	(예금 등의 연평균잔액)×40÷10,000

〈금융기관 A ~ D사 정보〉

(단위 : 원)

구분	금융기관 종류	예금 등의 연평균잔액	책임준비금	수입보험료
A사	보험회사	34억 1천만	25억 2천만	13억 6천만
B사	종합금융회사	21억 5천만	–	–
C사	투자매매업자	12억 9천만	–	–
D사	상호저축은행	5억 2천만	–	–

① A사　② B사　③ C사　④ D사

21 A씨는 K은행으로부터 적금상품에 가입하려고 한다. 가입 가능한 상품의 정보가 다음과 같을 때, 스타 적금과 부자 적금의 만기환급금의 차이는?

〈상품 정보〉

〈스타 적금〉
- 가입기간 : 40개월
- 가입금액 : 매월 초 400,000원 납입
- 적용 금리 : 연 3.0%
- 이자지급방식 : 만기일시지급, 단리식

〈부자 적금〉
- 가입기간 : 48개월
- 가입금액 : 매월 초 300,000원 납입
- 적용 금리 : 연 3.0%
- 이자지급방식 : 만기일시지급, 복리식

※ $(1.03)^{\frac{1}{12}}=1.002$, $(1.03)^{\frac{49}{12}}=1.128$로 계산함

① 2,080,000원　② 2,100,000원　③ 2,162,000원　④ 2,280,000원

22 귀하가 근무하는 은행에 A고객이 찾아와 상품해지 시 환급금이 얼마인지 물어보았다. A고객의 가입 내역이 다음과 같을 때, 귀하가 안내할 세전 환급금은?(단, 약정금리는 기본금리로 한다)

〈1년 6개월 전 A고객의 가입내역〉

- 상품 : 큰만족실세예금
- 가입기간 : 3년
- 예치방식 : 거치식예금
- 가입금액 : 300만 원
- 기본금리 : 연 1%
- 우대금리 : 연 0.2%p
- 중도해지안내
  - 횟수 : 최종해지 포함 3회 이내
  - 이율 : 중도해지이율 적용
  - 세금우대종합저축 또는 Magic Tree(또는 e-뱅킹) 연결계좌로 가입 시에는 분할해지 불가
- 중도해지이율(연 %, 세전)
  - 3개월 미만 : 0.15%
  - 6개월 미만 : (약정금리)×20%
  - 9개월 미만 : (약정금리)×30%
  - 12개월 미만 : (약정금리)×40%
  - 18개월 미만 : (약정금리)×45%
  - 24개월 미만 : (약정금리)×50%
  - 30개월 미만 : (약정금리)×55%
- 만기후금리(세전) : 일반정기예금 계약기간별 기본 금리의 50%
- 이자지급방식 : 만기일시지급식
- 예금자보호 여부 : 해당

① 3,015,000원 ② 3,016,200원
③ 3,022,500원 ④ 3,048,000원

23 A기업은 K은행 기업 지원 상품에 가입하여 대출을 받았다. 다음 〈조건〉을 따를 때, A기업이 마지막 달에 내야 하는 비용은?(단, 조건 외의 경우는 무시한다)

〈K은행 기업 지원 상품〉

- 가입대상 : 기업
- 가입기간 : 1년 이내
- 대출한도 : 5천만 원 이내
- 대출금리 : 고정
- 상환방법 : 원금만기일 일시상환 1년 이내
- 중도상환 : 수수료 없음
- 수수료 등 부대 비용 : 대출금액에 따라 세액이 차등 적용되며 다음 금액에서 50%씩 고객과 국민은행이 부담합니다.

대출금액	4천만 원 초과 5천만 원 이하	5천만 원 초과 1억 원 이하	1억 원 초과
인지세액	4만 원	7만 원	15만 원

- 만기일 경과 후 기한의 이익상실에 대한 안내
  만기일 경과 후 대출금액을 전액 상환하지 않은 경우 은행여신거래 기본약관 제7조에 따라 기한의 이익이 상실되어 대출잔액에 대한 지연배상금이 부과됩니다.

〈조건〉

A기업은 대출기간과 대출한도를 최대로 하였으며, 가입할 당시 금리는 연 3%였다. 중도상환은 하지 않았으며, 만기일을 모두 채워 일시상환을 하였다.

① 51,535,000원
② 51,520,000원
③ 51,500,000원
④ 50,125,000원

24 다음은 K예금상품에 대한 자료이다. 적용금리가 낮은 순서대로 〈보기〉의 가입자들을 나열한 것은?

〈K예금상품〉

가입대상	실명의 개인 또는 개인사업자(1인 1계좌)	가입기간	1년
금리	최저 연 1.90% 최고 연 2.40% • 기본금리 가입기간: 1년 기본금리: 연 1.90%		
우대금리	• 우대금리(최대 연 0.3%p) : 최초 1년 구간에만 적용되며, 요건을 충족하는 경우 우대금리는 만기해지 시에 지급		

우대항목	내용
카드결제 우대(연 0.2%p)	이 예금 가입 후 3개월이 되는 달의 말일까지 본인 명의 K은행 계좌에서 A카드 또는 B카드 결제실적이 있는 경우 연 0.2%p 우대
비대면 신규 or 만 65세 이상 or 장애인 우대(연 0.1%p)	비대면 채널을 통해 이 예금에 가입하거나, 가입시점에 만 65세 이상 또는 장애인 손님인 경우 연 0.1%p 우대

중도해지금리

구분	1개월 미만	1개월 이상 3개월 미만	3개월 이상 6개월 미만	6개월 이상
금리	연 0.1%	연 0.3%	연 0.5%	가입 당시 기본금리 1/2 (단, 연 0.5% 미만 시 연 0.5% 적용)

〈보기〉

㉠ 예금 가입 후 2주 뒤 본인 명의의 B카드 결제실적이 있는 갑
㉡ 비대면 채널을 통해 예금에 가입한 을
㉢ 예금 가입 후 8개월 차에 해지한 만 70세인 병
㉣ 비대면 채널을 통해 예금에 가입한 직후 A카드로 결제하고 4개월 뒤에 해지한 정

① ㉠, ㉡, ㉢, ㉣
② ㉠, ㉢, ㉡, ㉣
③ ㉢, ㉡, ㉠, ㉣
④ ㉣, ㉢, ㉡, ㉠

25 K씨는 대출 계산기에 다음과 같이 입력한 후, 〈보기〉와 같은 결과를 얻었다. 다음 중 〈보기〉의 (가) ~ (라)에 들어갈 수치로 옳지 않은 것은?(단, 대출이자는 소수점 첫째 자리에서 반올림한다)

대출금액	대출기간	연 이자율	상환방법
3,000,000원	1년	5%	원금균등

〈보기〉

〈월별 상환금과 대출잔금〉

(단위 : 원)

회차	납입원금	대출이자	월상환금	대출잔금
1	250,000	12,500	262,500	2,750,000
2	250,000		(가)	2,500,000
3	250,000	10,417	260,417	2,250,000
4	250,000	9,375	259,375	2,000,000
5	250,000		(나)	1,750,000
6	250,000	7,292	257,292	1,500,000
7	250,000	(다)		1,250,000
8	250,000	5,208	255,208	1,000,000
9	250,000		(라)	750,000
10	250,000	3,125	253,125	500,000
11	250,000	254,167		250,000
12	250,000	1,042	251,042	0

① (가) : 261,458
② (나) : 258,333
③ (다) : 6,150
④ (라) : 254,167

26 다음은 직장인 월복리적금에 대한 자료이다. 이에 대해 고객에게 설명한 내용으로 적절하지 않은 것은?

〈가입현황〉

(단위 : %)

구분		연령대		신규금액		계약기간	
여성	63	30대	31	10 ~ 50만 원	36	1년 이하	60
		40대	28	50 ~ 100만 원	22	2 ~ 3년	21
남성	37	20대	20	5만 원 이하	21	1 ~ 2년	17
		기타	21	기타	21	기타	0

※ 현재 이 상품에 가입 중인 고객의 계좌 수 : 138,736개

〈상품설명〉

구분	내용
상품특징	급여이체 및 교차거래 실적에 따라 우대금리를 제공하는 직장인재테크 월복리적금
가입대상	만 18세 이상 개인(단, 개인사업자 제외)
가입기간	1년 이상 3년 이내(월 단위)
가입금액	초입금 및 매회 입금 1만 원 이상 원 단위, 1인당 분기별 3백만 원 이내, 계약기간 3/4 경과 후 적립할 수 있는 금액은 이전 적립누계액의 1/2 이내
적립방법	자유적립식
금리안내	기본금리+최대 0.8%p 기본금리 : 신규가입일 당시의 채움적금 고시금리
우대금리	• 가입기간 동안 1회 이상 당행에 건별 50만 원 이상 급여를 이체한 고객 中 ① 가입기간 중 '3개월 이상' 급여이체 시 0.3%p ② 당행의 주택청약종합저축(청약저축 포함) 또는 적립식펀드 중 '1개 이상' 가입 시 0.2%p ③ 당행 신용·체크카드의 결제실적이 100만 원 이상일 시 0.2%p ④ 인터넷 또는 스마트뱅킹으로 본 적금에 가입 시 0.1%p
이자지급방법	월복리식(단, '중도해지이율' 및 '만기 후 이율'은 단리 계산)
가입 / 해지안내	비과세종합저축으로 가입 가능
예금자보호	있음

① 아쉽게도 중도해지를 하시면 복리가 아닌 단리로 이율이 계산됩니다.

② 고객님처럼 30대 여성분께서 가장 많이 가입하는 상품으로, 주로 1년 이하 단기로 가입합니다.

③ (1년 가입고객에게) 지금이 8개월째이기 때문에 이전 적립누계액의 반이 넘는 금액은 적립할 수 없습니다.

④ 인터넷뱅킹이나 스마트뱅킹으로 이 적금에 가입하신 후, 급여를 3개월 이상 이체하시면 0.4%p의 금리를 더 받으실 수 있어요.

※ 다음은 K은행에서 판매하는 적금상품에 대한 자료이다. 이어지는 질문에 답하시오. **[27~28]**

〈K은행 적금상품 정보〉

구분	대상연령	입금가능금액		이자율		만기기간	만족도
		최소	최대	만기	중도해지		
A상품	만 19세 이상	2만 원	20만 원	4%	1%	3년	★★
B상품	제한없음	5만 원	50만 원	2.5%	1%	2년	★★
C상품	20대	5만 원	20만 원	5%	2%	2년	★★★
D상품	20 ~ 30대	2만 원	30만 원	3.5%	0.5%	3년	★
E상품	만 20세 이상	2만 원	40만 원	3%	1%	2년	★★★

〈항목별 환산점수 방법〉

ⓐ 대상연령 폭이 넓은 순대로 5점부터 1점까지 정수로 점수를 부여한다.
ⓑ 입금가능금액의 최소・최대 금액 차이가 큰 순서대로 5점부터 1점까지 정수로 점수를 부여한다.
ⓒ 만기이자율이 높은 순서대로 5점부터 1점까지 정수로 점수를 부여한다.
ⓓ [(만기이자율)−(중도해지이자율)]의 값으로 점수를 부여하며, 1%당 1점으로 계산한다(2.5%는 2.5점이다).
ⓔ 5−(만기기간)의 값으로 점수를 부여하며, 1년마다 1점으로 계산한다.
ⓕ 만족도의 ★의 개수로 1점씩 부여한다.

27 다음 중 환산점수 총점이 가장 높은 상품은?

① A상품
② B상품
③ C상품
④ D상품

28 다음 고객이 원하는 조건을 고려하여 추천해 줄 상품으로 가장 적절한 것은?(단, 만족도는 '★ : 낮음, ★★ : 보통, ★★★ : 높음'이다)

> 고객 : 안녕하세요. 전 만 35세고요, 적금을 들고 싶어 오게 되었어요. 처음 가입하는 거다 보니 걱정이 되어서 만기기간은 짧고, 만족도는 보통 이상인 상품 중에 만기이자율이 높은 상품을 들고 싶어요. 어떤 상품이 괜찮을까요?

① A상품
② B상품
③ D상품
④ E상품

※ K은행에서는 적금상품 홍보를 위해 각각 다른 적금상품에 가입한 고객을 대상으로 혜택을 제공하려고 한다. 이어지는 질문에 답하시오. **[29~30]**

〈혜택 세부사항〉

- 2024년 1월 적금 가입자 추가 우대금리 1.2%p
- 2024년 2월 적금 가입자 추가 우대금리 0.5%p
- 2024년 적금 가입자 추가 우대금리 0.3%p(1월, 2월 가입자 중복 적용)
- 월납입금 5만 원 이상 10만 원 미만 : 상품권 2만 원권
- 월납입금 월 10만 원 이상 : 상품권 5만 원권
- 기존금리 및 추가 우대금리는 만기 시 적용되는 연 이자율이다.

〈단리적금상품 가입자 현황〉

구분	갑	을	병	정
가입일시	2024년 6월 8일	2024년 1월 10일	2024년 2월 3일	2024년 1월 5일
기존금리	2.8%	2%	2.9%	1.8%
월납입금	5만 원	8만 원	10만 원	6만 원
가입기간	5년	3년	2년	4년

29 갑 ~ 정 고객 모두 K은행 적금상품을 만기까지 보유하였다고 했을 때, 다음 중 만기 시 가장 많은 이자를 받는 고객은?

① 갑　② 을
③ 병　④ 정

30 갑 ~ 정 고객은 모두 적금만기 전에 상품을 해지할 계획이다. 고객별 중도해지 시점은 다음과 같고, 중도해지 시 적용되는 연 이자율은 기존금리의 50%이며, 추가 우대금리는 적용되지 않을 때, 두 번째로 많은 이자를 받는 고객은?

〈고객별 중도해지 시점〉

구분	갑	을	병	정
적금기간	3년 4개월	2년 1개월	1년 8개월	3년 4개월

① 갑　② 을
③ 병　④ 정

31 **다음 중 기업이나 조직의 모든 정보가 컴퓨터에 저장되면서, 컴퓨터의 정보 보안을 위해 외부에서 내부 또는 내부에서 외부의 정보통신망에 불법으로 접근하는 것을 차단하는 시스템은?**

① 쿠키
② DNS
③ 방화벽
④ 아이핀

32 **다음 중 페이징(Paging) 기법에서 페이지 크기에 대한 설명으로 옳지 않은 것은?**

① 페이지 크기가 작을 경우 전체 맵핑 속도가 빨라진다.
② 페이지 크기가 작을수록 입/출력 전송이 효율적이다.
③ 페이지 크기가 작을수록 페이지 테이블 크기가 커진다.
④ 페이지 크기가 작을수록 내부 단편화로 인한 낭비공간이 줄어든다.

33 **다음 중 메모리 반도체에 대한 설명으로 옳지 않은 것은?**

① M램(Magnetic RAM) : 정보 저장을 위해 자기(磁氣)를 사용하는 메모리이다.
② 원낸드(One NAND) : 다양한 형태의 메모리와 로직을 하나의 칩에 집적하고 시스템 규격에 적합한 소프트웨어까지 제공하는 퓨전 메모리로 주로 대용량 정보를 처리하는 슈퍼 컴퓨터에 사용된다.
③ V램(Video RAM) : D램(Dynamic RAM)에 기능을 부가하여 판독능력을 강화했으며 영상 데이터를 다루기에 적합하여 컴퓨터 그래픽스에 도움이 된다.
④ STT램(Spin-Transfer Torque RAM) : 전원이 끊겨도 저장된 데이터가 보존되는 플래시 메모리의 특성과 읽고 쓰는 속도가 빠른 D램의 장점을 겸비했다.

34 다음 중 딥러닝 기술 중 적대관계생성신경망(GAN)을 이용한 기술로, 어떤 영상에 어떤 인물의 모습을 합성한 편집물은?

① GIS
② 딥페이크
③ 혼합현실
④ 메타버스

35 다음 중 IoT(Internet of Things)에 대한 특징으로 옳지 않은 것은?

① 사물에 부착된 센서를 통해 실시간으로 데이터를 주고받는다.
② 인터넷에 연결된 기기는 인간의 개입 없이도 서로 알아서 정보를 주고받는다.
③ 유형의 사물 외에 공간이나 결제 프로세스 등의 무형의 사물도 연결할 수 있다.
④ 사용자가 언제 어디서나 컴퓨터 자원을 활용할 수 있도록 정보통신 환경을 제공한다.

36 다음 글의 빈칸에 들어갈 용어로 옳은 것은?

> 마이데이터란 개인이 자신의 정보를 적극적으로 관리 및 통제하는 것은 물론이고, 이러한 정보를 신용이나 자산관리 등에 능동적으로 활용하는 일련의 과정을 말한다. 즉, 금융 데이터의 주인을 금융회사가 아닌 개인으로 정의하는 개념이다. 데이터 3법의 개정으로 2020년 8월부터 사업자들이 개인의 동의를 받아 금융정보를 통합관리 해주는 ＿＿＿＿＿＿이 가능해졌다.

① 마이데이터 산업
② 마이데이터 활용
③ 마이데이터 통합관리
④ 마이데이터 재사용

37 **다음 중 인터넷상의 서버를 통하여 데이터 저장, 네트워크, 콘텐츠 사용 서비스를 한 번에 사용할 수 있는 컴퓨팅 환경을 뜻하는 말은?**

① 그린 컴퓨팅
② 클라우드 컴퓨팅
③ 임베디드 컴퓨팅
④ 유비쿼터스 컴퓨팅

38 **다음 중 암호화 기법인 RSA의 특징으로 옳지 않은 것은?**

① 암호키와 복호키 값이 서로 다르다.
② 적은 수의 키만으로 보안 유지가 가능하다.
③ 키의 크기가 작고 알고리즘이 간단하여 경제적이다.
④ 데이터 통신 시 암호키를 전송할 필요가 없고, 메시지 부인 방지 기능이 있다.

39 **다음 글의 빈칸에 공통으로 들어갈 용어는?**

> ________로 이루어지는 경제활동을 디지털경제(Digital Economy)라 하는데, 실물경제와 디지털경제가 경제활동의 양대 축을 이루고 있다. ________는 정보통신기술과 정보시스템 개발기술의 발전으로 나타났으며, 이는 인간의 경제생활은 물론 의식구조와 사회구조의 변동을 초래하고 있다.

① 전자거래
② 디지털거래
③ 전자상거래
④ 디지털상거래

40 **다음에서 설명하고 있는 것은?**

> 은행의 송금과 결제망을 표준화시키고 이를 개방하여 하나의 어플리케이션으로 모든 은행의 계좌 조회, 결제, 송금 등의 금융 활동을 제공하는 서비스를 말한다. 2019년 12월 18일에 정식으로 서비스를 시작했으며, 은행권의 오픈 API에 따라 데이터를 전송한다. 개인이 이용하던 은행의 모바일 앱에 타행 계좌를 등록하고 이용 동의를 하면 서비스를 이용할 수 있다. 편리성이 증대되었다는 장점이 있지만, 일일 이체한도가 기존 은행 어플리케이션에 비해 낮다는 단점이 있다.

① 섭테크
② 레그테크
③ 테크핀
④ 오픈뱅킹

제3영역 상식

01 다음 중 4대 공적연금에 해당하지 않는 것은?

① 국민연금 ② 사학연금
③ 기초연금 ④ 공무원연금

02 다음 중 신종자본증권의 특징으로 옳은 것은?

① 만기 시 재연장이 불가능하다.
② 안정적인 자금 운용이 가능하다.
③ 신용등급과 관계없이 발행이 가능하다.
④ 자본조달 비용이 일반 회사채보다 낮다.

03 다음 중 인구절벽이 가속화됐을 때 발생할 문제로 옳지 않은 것은?

① 생산노동력이 감소한다.
② 개인의 공공지출이 증가한다.
③ 의료 서비스 수요가 감소한다.
④ 소비가 위축되어 경기가 둔화된다.

04 다음의 내용과 관계가 깊은 것은?

> 환율이 1달러당 1,250원일 때 ○○날드 ○○버거가 미국에서는 2.5달러에 판매되고, 한국에서는 2,500원에 판매된다.

① 원화의 평가절하로 우리나라의 햄버거 구매력 지수가 미국보다 상대적으로 낮다.
② 원화의 평가절상으로 우리나라의 햄버거 구매력 지수가 미국보다 상대적으로 높다.
③ 미국의 2.5달러를 기준으로 한국에서 판매할 경우 최소한 3천 원에 팔아야 한다.
④ 위 조건이라면 한국보다 미국은 대일(對日) 수입이 유리하다.

05 다음 중 여러 가지 자산운용서비스를 하나로 묶어서 고객의 기호에 따라 제공하는 개인별 자산종합관리계좌로 선진국 투자은행의 보편적인 영업형태는?

① CMA
② 랩어카운트(Wrap Account)
③ ETF
④ 사모펀드(Private Equity Fund)

06 A회사는 평균영업용자산과 영업이익을 이용하여 투자수익률(ROI)과 잔여이익(RI)을 산출하고 있다. A회사의 2024년 평균영업용자산은 2,500,000원이며, ROI는 10%이다. A회사의 2024년 RI가 25,000원이라면 최저필수수익률은?

① 8%
② 9%
③ 10%
④ 11%

07 다음에서 설명하고 있는 용어는?

- 부실금융기관을 정리하기 위함이다.
- 퇴출 금융기관이 보유하고 있던 자산·부채·계약 등을 이전받아 만기가 될 때까지 영업한다.
- 모든 지급상품의 계약이 만기되고 자산부채의 정리절차가 끝나면 바로 청산한다.

① 브리지론
② 가교금융기관
③ 비소구금융
④ 금융중개기관

08 경제용어에 대한 설명 중 옳은 것을 〈보기〉에서 모두 고르면?

〈보기〉

㉠ 립스틱 효과(Lipstick Effect) : 경제적 불황기에 나타나는 특이한 소비패턴으로, 소비자 만족도가 높으면서도 가격이 저렴한 사치품(기호품)의 판매량이 증가하는 현상
㉡ 링겔만 효과(Ringelmann Effect) : 어떤 집단에 속하는 구성원의 개인별 집단 공헌도(생산성)가 집단 크기가 커질수록 점점 낮아지는 경향을 가리키는 말
㉢ 메디치 효과(Medici Effect) : 서로 다른 분야의 요소들이 결합할 때 각 요소가 갖는 에너지의 합보다 더 큰 에너지를 분출하게 되는 효과
㉣ 세뇨리지 효과(Seigniorage Effect) : 중앙은행이 화폐를 발행함으로써 얻는 손해 또는 국제통화를 보유한 국가가 누리는 경제적 손해

① ㉠, ㉡
② ㉢, ㉣
③ ㉡, ㉢
④ ㉠, ㉡, ㉢

09 **다음 중 경제고통지수에 대한 설명으로 옳지 않은 것은?**

① 소비자물가 상승률과 실업률을 곱하여 계산한다.
② 한 나라의 1년간 경제성과를 가늠하는 척도로 널리 활용된다.
③ 국민들이 느끼는 경제적 고통을 계량화하여 수치로 나타낸 것이다.
④ 고통지수의 수치가 높다는 것은 경제적 어려움도 크다는 것을 의미한다.

10 **B회사는 2024년 말 토지(유형자산)를 1,000원에 취득하였다. 대금의 50%는 취득 시 현금 지급하고, 나머지는 2025년 5월 1일에 지급할 예정이다. 토지거래가 없었을 때와 비교하여, 2024년 말 유동비율과 총자산순이익률의 변화는?(단, 토지거래가 있기 전 유동부채가 있으며, 2024년 당기순이익이 보고되었다)**

	유동비율	총자산순이익률
①	증가	증가
②	증가	감소
③	감소	증가
④	감소	감소

11 **다음 중 활동성비율에 대한 설명으로 옳은 것은?**

① 총자산 대비 매출액의 정도를 나타낸 비율을 매출채권회전율이라고 한다.
② 활동성비율은 기업 소유의 자본을 얼마나 효율적으로 사용하고 있는지를 나타내는 지표이다.
③ 총자산회전율은 매출액을 매출채권으로 나눈 값으로 영업활동으로 인해 매출채권이 얼마만큼 현금화되어 매출액으로 이어졌는지를 나타낸 비율이다.
④ 자기자본이익률(ROE)은 주주의 투자성과를 나타내주는 비율로 경영자가 기업에 투하된 자본을 활용하여 어느 정도의 이익을 올리고 있는지를 보여준다.

12 **다음은 신문기사의 일부이다. 이를 잘못 이해한 사람은?**

> ○○국 총리는 국내 경기 부양을 위해 양적완화 정책을 시행할 계획이라고 밝혔다.

① 희소 : '헬리콥터 머니'라고도 하는 정책이야.
② 준성 : ○○국과 거래를 하는 △△국의 통화가치는 상승할 거야.
③ 서경 : 이 정책으로 ○○국의 물가는 하락하고 사람들의 소비는 촉진될 거야.
④ 정현 : 최근 ○○국의 기준금리는 너무 낮아서 더 내릴 수도 없는 상황이었겠군.

13 **다음 중 주식공개매수에 대한 설명으로 옳은 것은?**

① 주식공개매수는 회사의 경영권을 확보하거나 강화하기 위하여 특정 다수인으로부터 주식을 장외에서 매수하는 형태이다.

② 주식취득의 경우에는 주식을 보유하고 있지만 기업경영에 직접 관여하지 않고 있는 주주들로부터 주식을 매입하여 기업을 인수한다.

③ 주식공개매수를 추진하는 인수기업은 대상기업의 주식 수, 매수기간, 매수가격 및 방법 등을 공개하지 않고, 이에 허락하는 주주에 한해 대상회사의 주식을 취득하게 된다.

④ 공개매수에서 매수가격은 대상기업의 주주들의 주식을 확보하기 위한 것이므로 현재의 시장가격보다 대부분 낮게 요구되는 것이 특징이다.

14 **다음 글의 빈칸에 들어갈 용어를 순서대로 나열한 것은?**

- 작년에는 상품을 오프라인 매장에서 구경하고 온라인으로 구매하는 소비형태가 유행한 반면 올해는 그 반대의 소비형태인 __________이 유행하고 있다.
- 중국 소비자들이 인터넷으로 한국 물건을 구매하는 현상을 __________(이)라고 한다.

① 쇼루밍, 병행수입

② 웹루밍, 역직구

③ 모루밍, 해외직판

④ 웹루밍, 해외직구

15 **다음 중 밑줄 친 '이것'에 대한 설명으로 옳지 않은 것은?**

<u>이것</u>은 여러 가능성 중 한 가지를 선택했을 때 그 선택으로 인해 포기해야 하는 다른 선택의 가치로, 어떤 선택에 따라 포기하게 되는 가치 중 최대의 가치를 나타낸다. 또한 이는 경제의 영역을 넘어 사회나 정치적 행위의 타당성을 판단하는 기준으로도 활용될 수 있다.

① 생산가능곡선으로 설명이 가능하다.

② 자원의 희소성으로 인해 발생되는 문제이다.

③ 이미 지출되었기 때문에 회수가 불가능한 비용도 고려의 대상이다.

④ 자신이 선택하지 않고 포기하는 다른 기회의 잠재적 비용도 포함된다.

16 다음 중 테이퍼링(Tapering)에 대한 설명으로 옳지 않은 것은?

① 테이퍼링을 실시할 때는 일정 수준의 물가상승률과 고용목표 기준을 전제 조건으로 설정하는 것이 일반적이다.

② 테이퍼링은 긴축정책으로 인한 과도한 물가하락을 신속하게 해소하기 위해 가능한 한 빠르게 통화 유동성을 확대하는 전략이다.

③ 민간 경기주체가 테이퍼링을 금리 인상과 긴축정책의 신호로 인식할 경우에는 외화 유출 등으로 인해 외환위기가 발생할 가능성이 높아진다.

④ 미국에서 테이퍼링을 실시하면 세계 각국에 공급되는 달러의 양이 감소할 있으며, 통화량의 감소로 인해 주식시장에서도 자금이 유출될 수 있다.

17 다음에서 설명하고 있는 것은?

- 미국의 중앙은행제도인 연방준비제도(FRS)에 있어서 연방준비제도이사회의 통화·금리 정책을 결정하는 기구이다.
- 1년에 8차례 열리며, 금융정책과 시중 통화량을 조절한다.

① FOMC ② FRB

③ FRS ④ FDIC

18 다음 중 전략적 자산분배의 실행단계를 순서대로 바르게 나열한 것은?

㉠ 자산집단의 선택
㉡ 선택된 자산집단의 기대수익, 원금, 상관관계의 추정
㉢ 투자자의 투자목적과 투자제약조건을 파악
㉣ 효율적인 최적자산의 구성

① ㉠－㉢－㉡－㉣ ② ㉠－㉢－㉣－㉡

③ ㉡－㉣－㉢－㉠ ④ ㉢－㉠－㉡－㉣

19 완전경쟁시장과 독점적 경쟁시장에 공통으로 해당하는 설명을 〈보기〉에서 모두 고르면?

〈보기〉

㉠ 가격이 한계비용과 같다.
㉡ 단기균형에서 기업의 초과이윤은 0이다.
㉢ 산업에의 진입 및 탈퇴가 자유롭다.
㉣ 장기균형에서 기업의 초과이윤은 0이다.

① ㉠, ㉡
② ㉠, ㉢
③ ㉡, ㉢
④ ㉢, ㉣

20 (주)대한은 매출채권의 손상차손 인식과 관련하여 대손상각비와 대손충당금 계정을 사용한다. 20×1년 초 매출채권과 대손충당금은 각각 2,000,000원과 100,000원이었다. 다음은 20×1년에 발생한 거래와 20×1년 말 손상차손 추정에 대한 자료이다. 20×1년의 대손상각비는?

- 20×1년 2월 거래처 파산 등의 사유로 대손 확정된 금액이 200,000원이다.
- 2월에 제거된 상기 매출채권 중 80,000원을 8월에 현금으로 회수하였다.
- 20×1년 말 매출채권 잔액 3,300,000원의 3%를 대손충당금으로 설정한다.

① 99,000원
② 105,000원
③ 119,000원
④ 199,000원

제3회
KB국민은행 필기전형

제1영역 직업기초능력
제2영역 직무심화지식
제3영역 상식

〈문항 수 및 시험시간〉

NCS 기반 객관식 필기시험 : 총 100문항(100분)

구분(문항 수)	출제범위	배점	모바일 OMR 답안채점 / 성적분석
직업기초능력(40)	의사소통능력, 문제해결능력, 수리능력	40	
직무심화지식(40)	금융영업(30), 디지털 부문 활용능력(10)	40	
상식(20)	경제 / 금융 / 일반 상식	20	

※ 문항 수 및 시험시간은 2024년 하반기 채용공고문을 참고하여 구성하였습니다.

※ 직무심화지식의 금융영업 영역은 직업기초능력과 유사하게 출제되므로, 직업기초능력의 금융상품 문제로 구성하였습니다.

KB국민은행 필기전형

제3회 모의고사

문항 수 : 100문항
시험시간 : 100분

제1영역 직업기초능력

01 **다음은 국민건강보험법의 보험료에 대한 내용의 일부이다. 보험급여와 보험료 납부에 대한 내용으로 적절하지 않은 것은?**

제54조(급여의 정지)
보험급여를 받을 수 있는 사람이 다음 각호의 어느 하나에 해당하면 그 기간에는 보험급여를 하지 아니한다. 다만 제3호 및 제4호의 경우에는 제60조에 따른 요양급여를 실시한다.
1. 국외에 여행 중인 경우
2. 국외에서 업무에 종사하고 있는 경우
3. 병역법에 따른 현역병(지원에 의하지 아니하고 임용된 하사를 포함한다), 전환복무된 사람 및 군간부후보생
4. 교도소, 그 밖에 이에 준하는 시설에 수용되어 있는 경우

제60조(현역병 등에 대한 요양급여비용의 지급)
① 공단은 제54조 제3호 및 제4호에 해당하는 사람이 요양기관에서 대통령령으로 정하는 치료* 등(이하 이 조에서 "요양급여"라 한다)을 받은 경우 그에 따라 공단이 부담하는 비용(이하 이 조에서 "요양급여비용"이라 한다)을 법무부장관・국방부장관・경찰청장・소방청장 또는 해양경찰청장으로부터 예탁받아 지급할 수 있다. 이 경우 법무부장관・국방부장관・경찰청장・소방청장 또는 해양경찰청장은 예산상 불가피한 경우 외에는 연간(年間) 들어갈 것으로 예상되는 요양급여비용을 대통령령으로 정하는 바에 따라 미리 공단에 예탁하여야 한다. 〈개정 2014.11.19, 2017.7.26.〉
② 요양급여와 요양급여비용에 관한 사항은 제41조, 제41조의 4, 제42조, 제42조의 2, 제44조부터 제48조까지, 제55조 및 제56조를 준용한다. 〈개정 2016.3.22.〉

제72조(보험료부과점수)
① 제69조 제5항에 따른 보험료부과점수는 지역가입자의 소득 및 재산을 기준으로 산정한다. 〈개정 2017.4.18.〉
② 제1항에 따라 보험료부과점수의 산정방법과 산정기준을 정할 때 법령에 따라 재산권의 행사가 제한되는 재산에 대하여는 다른 재산과 달리 정할 수 있다.
③ 보험료부과점수의 산정방법・산정기준 등에 필요한 사항은 대통령령으로 정한다.

제74조(보험료의 면제)

① 공단은 직장가입자가 제54조 제2호부터 제4호까지의 어느 하나에 해당하면 그 가입자의 보험료를 면제한다. 다만, 제54조 제2호에 해당하는 직장가입자의 경우에는 국내에 거주하는 피부양자가 없을 때에만 보험료를 면제한다.

② 지역가입자가 제54조 제2호부터 제4호까지의 어느 하나에 해당하면 그 가입자가 속한 세대의 보험료를 산정할 때 그 가입자의 제72조에 따른 보험료부과점수를 제외한다.

③ 제1항에 따른 보험료의 면제나 제2항에 따라 보험료의 산정에서 제외되는 보험료부과점수에 대하여는 제54조 제2호부터 제4호까지의 어느 하나에 해당하는 급여정지 사유가 생긴 날이 속하는 달의 다음 달부터 사유가 없어진 날이 속하는 달까지 적용한다. 다만, 급여정지 사유가 매월 1일에 없어진 경우에는 그 달의 보험료를 면제하지 아니하거나 보험료의 산정에서 보험료부과점수를 제외하지 아니한다.

*진찰 · 검사, 약제(藥劑) · 치료재료의 지급, 처치 · 수술 및 그 밖의 치료

① 인도네시아에서 근무 중인 혈혈단신 A씨는 직장가입자로, 근무기간 동안 보험료를 납부할 필요가 없다.

② 세 달 동안 유럽으로 배낭여행을 떠난 B씨는 3개월간 보험급여를 받을 수 없다.

③ 교도소에 수감 중인 C씨가 직장가입자일 경우 보험료가 면제되므로 수술을 받더라도 공단은 요양급여비용을 부담할 필요가 없다.

④ 태국 현지의 국내기업에서 근무하는 D씨는 직장가입자로, 국내에 있는 피부양자를 위해 보험료를 납부해야 한다.

02 다음 기사를 읽은 후 나눈 대화로 적절하지 않은 것은?

☆☆일보

☆☆일보 제1234호 | ○○년 ○○월 ○일 안내전화 02-000-0000 | www.sdxxx.com

달걀의 콜레스테롤, 걱정하지 마세요!

농촌진흥청(이하 농진청)이 달걀에 대한 잘못된 상식을 바로 잡기 위한 정보제공에 앞장서고 있다. 달걀의 1개 열량은 75 ~ 80kcal로 열량이 낮고 영양이 풍부해 콜레스테롤 걱정을 하지 않고 섭취해도 된다고 설명했다.

농진청은 달걀의 노른자에는 시력보호 물질인 루테인과 지아잔틴이 풍부해 항산화 작용과 자외선을 차단, 노화를 막는 역할을 한다고 설명했다.

또 콜린은 두뇌 발달과 기억력 증진, 인지질인 레시틴은 항산화와 피부 건강에 도움을 준다고 강조했다. 농진청은 달걀의 콜레스테롤이 높다는 잘못된 상식이 퍼지고 있지만 건강한 사람의 경우 하루 3 ~ 4알 정도는 자유롭게 먹어도 괜찮다고 피력했다.

농진청이 5주 동안 실험용 쥐에게 달걀을 먹인 결과 총콜레스테롤 수치는 늘지 않았다. 오히려 몸에 좋은 콜레스테롤인 HDL 수치가 약 20% 증가하고, 과다 섭취한 콜레스테롤은 몸에 쌓이지 않고 배설된 것으로 파악됐다. 뿐만 아니라 "오히려 달걀에 함유된 레시틴은 콜레스테롤 수치를 떨어뜨리는 역할을 한다."고 덧붙였다.

① A : 매일 달걀을 두 알씩 섭취하더라도 콜레스테롤 걱정은 안 해도 되겠네요.

② B : 맞아요. 오히려 노화 방지에 많은 도움이 되겠는데요?

③ C : 그래도 달걀을 과다 섭취하면 콜레스테롤이 몸에 쌓이니까 노른자는 빼고 먹는 게 좋겠어요.

④ D : 달걀 하나 열량이 75 ~ 80kcal밖에 안 되니까 다이어트 식품으로도 제격이네요.

03 K공사에 근무 중인 A사원은 고객 문의를 담당하고 있다. 고객들이 자주 묻는 질문의 답변을 모아 정리하고자 할 때, 다음 글을 통해 알 수 없는 것은?

〈생애주기별 맞춤지원이 가능한 '전세임대주택'〉

○ 전세임대주택은 주택도시기금을 재원으로 하는 수탁사업으로서, 입주 대상자가 입주할 주택을 물색하여 LH에 계약 요청하면 전세금 지원한도액 범위 내에서 95 ~ 100% 해당액을 주택도시기금에서 지원합니다.

○ 수도권을 기준으로 8,500만 원의 전세주택을 물색하여 입주하게 되는 경우, 5% 해당액(425만 원)은 입주자가 계약금으로 부담하고, 95% 해당액(8,075만 원)은 주택도시기금에서 주택소유자에게 지급합니다.

공급유형	수도권	광역시	기타 지역
기존주택 · 신혼부부	8,500만 원	6,500만 원	5,500만 원
청년 · 소년소녀 등	8,000만 원	6,000만 원	5,000만 원

○ 전세임대주택은 K공사가 건설 · 매입한 주택에 입주하는 것이 아니라, 입주 대상자가 거주를 희망하는 주택을 직접 물색하여 입주합니다. 전용면적 $85m^2$ 이내(1인 가구는 전용면적 $60m^2$ 이하) 전세주택 또는 보증부 월세주택에 입주 가능하며, 현재 거주하고 있는 주택도 임대인의 동의가 있는 경우 전세임대주택으로 전환하여 계속 거주할 수 있습니다.

○ 최초 계약 이후 2년 단위로 재계약을 체결할 수 있어 재계약 시점에 입주 자격요건을 갖췄다면 최장 20년까지 거주가 가능합니다. 기존주택 · 신혼부부는 9회 재계약이 가능하고, 소년소녀 가정 등은 만 20세 이후부터 3회 재계약 가능, 청년 전세임대는 2회까지 재계약이 가능합니다.

○ 입주자 모집 공고 시 청년 전세임대는 LH청약센터에서 인터넷 접수하며, 기존주택 · 신혼부부 · 소년소녀 가정 등은 지자체에 방문해 신청할 수 있습니다. 소년소녀 가정 등은 연중 상시 신청 가능하고 기존주택 전세임대 1순위 해당자에 한하여 연중 즉시 지원도 가능합니다.

① 전세금 지원액
② 전세임대 신청방법
③ 전세임대주택 공급량
④ 전세임대주택사업의 정의

04 다음은 K은행에서 여신거래 시 활용하는 기본약관의 일부이다. 약관의 내용을 적절하게 이해하지 못한 행원은?

> **제3조 이자 등과 지연배상금**
>
> ① 이자・보증료・수수료 등(이하 "이자 등"이라고 함)의 이율・계산방법・지급의 시기 및 방법에 관해, 은행은 법령이 허용하는 한도 내에서 정할 수 있으며 채무자가 해당사항을 계약 체결 전에 상품설명서 및 홈페이지 등에서 확인할 수 있도록 합니다.
>
> ② 이자 등의 율은 거래계약 시에 다음의 각호 중 하나를 선택하여 적용할 수 있습니다.
> 1. 채무의 이행을 완료할 때까지 은행이 그 율을 변경할 수 없음을 원칙으로 하는 것
> 2. 채무의 이행을 완료할 때까지 은행이 그 율을 수시로 변경할 수 있는 것
>
> ③ 제2항 제1호를 선택한 경우에 채무이행 완료 전에 국가경제・금융사정의 급격한 변동 등으로 계약 당시에 예상할 수 없는 현저한 사정변경이 생긴 때에는 은행은 채무자에 대한 개별통지에 의하여 그 율을 인상・인하할 수 있기로 합니다. 이 경우 변경요인이 없어진 때에는 은행은 없어진 상황에 부합되도록 변경하여야 합니다.
>
> ④ 제2항 제2호를 선택한 경우에 이자 등의 율에 관한 은행의 인상・인하는 건전한 금융관행에 따라 합리적인 범위 내에서 이루어져야 합니다.
>
> ⑤ 채무자가 은행에 대한 채무의 이행을 지체한 경우에는 곧 지급하여야 할 금액에 대하여 법령이 정하는 제한 내에서 은행이 정한 율로, 1년을 365일(윤년은 366일)로 보고 1일 단위로 계산한 지체일수에 해당하는 지연배상금을 지급하기로 하되, 금융사정의 변화, 그 밖의 상당한 사유로 인하여 법령에 의하여 허용되는 한도 내에서 율을 변경할 수 있습니다. 다만, 외국환거래에 있어서는 국제관례・상관습 등에 따릅니다.
>
> ⑥ 은행이 이자 등과 지연배상금의 계산방법・지급의 시기 및 방법을 변경하는 경우에, 그것이 법령에 의하여 허용되는 한도 내이고 금융사정 및 그 밖의 여신거래에 영향을 미치는 상황의 변화로 인하여 필요한 것일 때에는 변경 후 최초로 이자를 납입하여야 할 날부터 그 변경된 사항이 적용됩니다.
>
> ⑦ 제4항, 제5항 및 제6항에 따라 변경하는 경우 은행은 그 변경 기준일로부터 1개월간 모든 영업점 및 은행이 정하는 전자매체 등에 이를 게시하여야 합니다. 다만, 특정 채무자에 대하여 개별적으로 변경하는 경우에는 개별통지를 해야 합니다.
>
> … 생략 …

① A행원 : 은행에서 율을 변경할 수 없는 것을 원칙으로 하는 것은 고정금리를, 수시로 변경할 수 있다고 하는 것은 변동금리를 적용한다는 의미이네.

② B행원 : 은행이 율을 변경할 수 없는 조건으로 계약했다고 하더라도 국가경제가 급격하게 변화하면 율을 인상・인하할 수 있구나.

③ C행원 : 지연배상금이라 하면 보통 연체이자를 의미하는데, 1년을 365일로 보고 지체일수에 해당하는 만큼 은행에서 규정한 연체이자율에 의해 지급하도록 하고 있구나.

④ D행원 : 대출 취급 시 적용하는 이자 등과 지연배상금이 변경될 경우에는 변경 기준일로부터 40일간 모든 전자매체 등에 게시해야 하는구나.

05 다음은 K은행의 공정거래 자율준수 프로그램 운영수칙이다. 이에 대한 설명으로 가장 적절한 것은?

제5조(자율준수담당자의 역할)
① 자율준수담당자의 역할은 각 부점 준법감시담당자가 수행한다.
② 자율준수담당자는 자율준수관리자 및 소속 부점장을 보좌하며 다음 각호의 자율준수업무를 담당한다.
1. 부점 업무와 관련한 경쟁법규의 변경에 따른 내규의 정비 상태 및 일상 업무에 관한 사전심사 이행여부 점검(본점부서에 한한다)
2. 준법감시체크리스트에 의거 부점 업무수행 관련 경쟁법규 위반행위 여부 점검
3. 경쟁법규 및 자율준수제도 관련 소속부점 직원 교육 및 상담
4. 경쟁법규 위반사항 발견 시 보고
5. 제1호 내지 제4호 관련 내용의 기록, 유지
③ 자율준수담당자는 제2항 제1호 내지 제4호의 이행결과를 자율준수관리자에게 보고하여야 한다.

제6조(임직원의 의무)
① 임직원은 담당 업무를 수행함에 있어 경쟁법규를 성실히 준수하여야 한다.
② 임직원은 담당 업무를 수행함에 있어 경쟁법규 위반사항을 발견한 경우에는 지체 없이 이를 자율준수관리자에게 통보 또는 보고하여야 하며, 이와 관련된 절차, 보고자 등의 보호는 내부고발제도 운영지침에 따른다.
③ 부점장은 업무수행과 관련하여 경쟁법규 위반가능성이 있다고 판단될 경우에는 자율준수관리자의 자문을 받아 처리하여야 한다.

제7조(자율준수편람)
① 자율준수관리자는 경쟁법규 자율준수를 위한 매뉴얼인 자율준수편람을 제작, 배포하여야 한다.
② 경쟁법규의 변경이 있을 때에는 동 변경내용을 자율준수편람에 반영하여야 한다.

제8조(모니터링 및 결과보고)
① 자율준수관리자는 연간 자율준수 활동계획을 수립하여 은행장에게 보고하여야 한다.
② 자율준수관리자는 다음 각호에 해당하는 방법에 의하여 자율준수프로그램의 준수 여부를 점검하여야 한다.
1. 임직원 및 부점의 자율준수실태 등에 대한 점검, 조사
2. 자율준수관리자의 지시 또는 자문에 의하여 부점별로 작성한 각종 체크리스트의 검토 및 확인
3. 자율준수관리자의 요구에 의하여 제출된 신고서, 보고서, 각종 자료의 검토 및 확인
③ 자율준수관리자는 자율준수 프로그램의 준수 여부를 점검한 결과, 위반사항이 발견되는 등 필요한 경우 이사회에 보고하여야 한다. 다만, 위반사항이 경미한 경우 은행장에게 보고할 수 있다.

제9조(교육실시)
① 자율준수관리자는 자율준수담당자 및 경쟁법규 위반 가능성이 높은 분야의 임직원을 대상으로 반기당 2시간 이상 경쟁법규 및 자율준수프로그램 등에 대한 교육을 실시하여야 한다.
② 자율준수관리자는 임직원의 자율준수 의지 제고 및 자율준수프로그램의 원활한 이행을 위하여 필요시 집합, 사이버, 기타 교육자료 제공 등 다양한 방법으로 교육을 실시할 수 있다.

제10조(경쟁법규 위반 임직원에 대한 제재)
① 경쟁법규 위반으로 경쟁당국으로부터 과징금 등 제재를 받은 경우, 당해 위반행위 관련 임직원의 제재에 대하여는 상벌세칙 등 관련 내규에서 정하는 바에 따른다.
② 자율준수관리자는 중대한 경쟁법규 위반 사항이 발견된 경우 관련 임직원에 대한 징계 등의 조치를 요구할 수 있다.
③ 자율준수관리자는 경쟁법규 위반사항에 대하여 당해 임직원 및 부점에 시정을 요구할 수 있으며, 경쟁법규 및 자율준수제도에 대한 교육이수의무를 부과할 수 있다.

제11조(문서관리)
① 자율준수관리자는 은행 전체의 자율준수에 관한 기본 문서들을 분류하고 5년간 보관하여야 한다.
② 자율준수 활동에 관한 모든 문서는 정확하게 기록되고 최신의 정보를 유지하여야 한다.
③ 자율준수담당자는 자율준수 운영 상황에 대한 검사 및 평가가 가능하도록 각부점 자율준수 이행 관련자료(교육 및 모니터링 자료 등 포함)를 작성하여 5년간 보관하여야 한다.

① 임직원은 담당 업무 수행 중 경쟁법규 위반사항 발견 시, 지체 없이 자율준수관리자의 자문을 받아 처리하여야 한다.
② 자율준수관리자는 상황에 따라 자율준수편람을 제작하지 않을 수도 있다.
③ 자율준수관리자가 경쟁법규 위반 가능성이 높은 분야에 근무 중인 임직원을 대상으로 반기당 4시간의 교육을 실시하는 것은 세칙에 부합하는 행위이다.
④ 자율준수관리자는 중대한 경쟁법규 위반을 행한 임직원을 징계하고, 관련 규정 교육이수의무를 부과할 수 있다.

06 다음 글의 제목으로 가장 적절한 것은?

> 일반적으로 소비자들은 합리적인 경제 행위를 추구하기 때문에 최소 비용으로 최대 효과를 얻으려 한다는 것이 소비의 기본 원칙이다. 그들은 '보이지 않는 손'이라고 일컬어지는 시장 원리 아래에서 생산자와 만난다. 그러나 이러한 일차적 의미의 합리적 소비가 언제나 유효한 것은 아니다. 생산보다는 소비가 화두가 된 소비 자본주의 시대에 소비는 단순히 필요한 재화 그리고 경제학적으로 유리한 재화를 구매하는 행위에 머물지 않는다. 최대 효과 자체에 정서적이고 사회 심리학적인 요인이 개입하면서 이제 소비는 개인이 세계와 만나는 다분히 심리적인 방법이 되어버린 것이다. 곧 인간의 기본적인 생존 욕구를 충족시켜 주는 합리적 소비 수준에 머물지 않고, 자신을 표현하는 상징적 행위가 된 것과 같다. 이처럼 오늘날의 소비문화는 물질적 소비 차원이 아닌 심리적 소비 형태를 띠게 된다.
>
> 소비 자본주의의 화두는 과소비가 아니라 '과시 소비'로 넘어간 것이다. 과시 소비의 중심에는 신분의 논리가 있다. 신분의 논리는 유용성의 논리, 나아가 시장의 논리로 설명되지 않는 것들을 설명해 준다. 혈통으로 이어지던 폐쇄적 계층 사회는 소비 행위에 대해 계급에 근거한 제한을 부여했다. 먼 옛날 부족 사회에서 수장들만이 걸칠 수 있었던 장신구에서부터, 제아무리 권문세가의 정승이라도 아흔아홉 칸을 넘을 수 없던 집이 좋은 예이다. 권력을 가진 자는 힘을 통해 자기의 취향을 주위 사람들과 분리시킴으로써 경외감을 강요하고, 그렇게 자기 취향을 과시함으로써 잠재적 경쟁자들을 통제한 것이다.
>
> 가시적 신분 제도가 사라진 현대 사회에서도 이러한 신분의 논리는 여전히 유효하다. 이제 개인은 소비를 통해 자신의 물질적 부를 표현함으로써 신분을 과시하려 한다.

① 계층별 소비 규제의 필요성

② 소비가 곧 신분이 되는 과시 소비의 원리

③ '보이지 않는 손'에 의한 합리적 소비의 필요성

④ 소득을 고려하지 않은 무분별한 과소비의 폐해

07 다음 피부양자 가입요건에 따라 직장가입자 A씨의 피부양자로 등재가 불가능한 사람은?

〈피부양자 대상〉

1. 직장가입자에 의하여 주로 생계를 유지하는 자
   가. 직장가입자의 배우자, 직계존속(배우자의 직계존속 포함), 직계비속(배우자의 직계비속 포함) 및 그 배우자, 형제・자매
   나. 부양요건에 충족하는 자 : 피부양자 인정기준 중 부양요건 참조(국민건강보험법 시행규칙 별표1)
   다. 재산세 과세표준의 합이 5억 4천만 원 이하인 경우 인정, 또는 재산세 과세표준의 합이 5억 4천만 원을 초과하면서 9억 원 이하인 경우는 연간소득 1천만 원 이하이면 인정
   라. 형제・자매의 경우에는 재산세 과세표준의 합이 1억 8천만 원 이하이어야 함(단, 65세 이상, 30세 미만, 장애인, 국가유공・보훈대상상이자만 인정)
2. 보수 또는 소득이 없는 자 : 피부양자 자격의 인정기준 중 소득 및 재산요건 참조(국민건강보험법 시행규칙 별표1의 2)

〈피부양자 자격의 인정기준 중 소득 및 재산요건〉

1. 직장가입자의 피부양자가 되려는 사람은 다음 각 목에서 정하는 소득요건을 모두 충족하여야 한다.
   가. 국민건강보험법 시행령(이하 "영"이라 한다) 제41조 제1항 각호에 따른 소득의 합계액이 연간 3,400만 원 이하일 것
   나. 영 제41조 제1항 제3호의 사업소득(이하 "사업소득"이라 한다)이 없을 것. 다만, 피부양자가 되려는 사람이 다음의 어느 하나에 해당하는 경우 해당되는 사업소득 요건을 충족하면 사업소득이 없는 것으로 본다.
      1) 사업자등록이 되어 있지 않은 경우 사업소득의 합계액이 연간 500만 원 이하일 것
      2) 장애인복지법 제32조에 따라 장애인으로 등록한 사람, 국가유공자 등 예우 및 지원에 관한 법률 제4조・제73조 및 제74조에 따른 국가유공자 등(법률 제11041호로 개정되기 전의 국가유공자 등 예우 및 지원에 관한 법률 제73조의2에 따른 국가유공자 등을 포함한다)으로서 같은 법 제6조의4에 따른 상이등급 판정을 받은 사람과 보훈보상대상자 지원에 관한 법률 제2조에 따른 보훈보상대상자로서 같은 법 제6조에 따른 상이등급 판정을 받은 사람인 경우 사업소득의 합계액이 연간 500만 원 이하일 것
   다. 피부양자가 되려는 사람이 폐업 등에 따른 사업 중단 등의 사유로 소득이 발생하지 않게 된 경우, 도시 및 주거환경정비법에 따른 주택재건축사업으로 발생한 사업소득을 제외하면 가목 및 나목의 요건을 충족하는 경우 등 관계 자료에 의하여 공단이 인정한 경우에는 가목 및 나목의 요건을 충족하는 것으로 본다.
   라. 피부양자가 되려는 사람이 기혼자인 경우에는 부부 모두 가목부터 다목까지의 요건을 충족하여야 한다.

① 재산세 과세표준의 합이 5억 원인 어머니

② 사업소득과 연간소득이 전혀 없는 미성년자 아들

③ 재산세 과세표준의 합이 2억 원이며, 국가유공자인 형

④ 재산세 과세표준의 합이 8억 원이며, 연간소득이 800만 원인 아버지

08 다음 제시된 문단을 읽고, 이어질 문단을 논리적 순서대로 바르게 나열한 것은?

> 우리는 자본주의 체제에서 살고 있다. '우리는 자본주의라는 체제의 종말보다 세계의 종말을 상상하는 것이 더 쉬운 시대에 살고 있다.'고 할 만큼 현재 세계는 자본주의의 논리 아래에 굴러가고 있다. 이러한 자본주의는 어떻게 발생하였을까?

(가) 그러나 1920년대에 몰아친 세계대공황은 자본주의가 완벽하지 않은 체제이며 수정이 필요함을 모든 사람에게 각인시켜줬다. 학문적으로 보자면 대표적으로 존 메이너드 케인스의『고용·이자 및 화폐에 관한 일반이론』등의 저작을 통해 수정자본주의가 꾀해졌다.

(나) 애덤 스미스로부터 학문화된 자본주의는 데이비드 리카도의 비교우위론 등의 이론을 포섭해 나가며 자신의 영역을 공고히 했다. 자본의 폐해에 대한 마르크스 등의 경고가 있었지만, 자본주의는 그 위세를 계속 떨칠 것 같이 보였다.

(다) 1950년대에는 중산층의 신화가 이루어지면서 수정자본주의 체제는 영원할 것 같이 보였다. 하지만 오일쇼크 등으로 인해서 수정자본주의 또한 그 한계를 보이게 되었고, 빈 학파로부터 파생된 신자유주의 이론이 가미되기 시작하였다.

(라) 자본주의의 시작이라 하면 대부분 애덤 스미스의『국부론』을 떠올리겠지만, 역사학자인 페르낭 브로델에 의하면 자본주의는 16세기 이탈리아에서부터 시작된 것이라고 한다. 이를 학문적으로 정립한 최초의 저작이『국부론』이다.

① (나) – (라) – (가) – (다)　　② (나) – (라) – (다) – (가)

③ (라) – (나) – (가) – (다)　　④ (라) – (나) – (다) – (가)

09 다음 글의 내용으로 적절하지 않은 것은?

인류의 역사를 석기 시대, 청동기 시대 그리고 철기 시대로 구분한다면 현대는 '플라스틱 시대'라고 할 수 있을 만큼 플라스틱은 현대사회에서 가장 혁명적인 물질 중 하나이다. "플라스틱은 현대 생활의 뼈, 조직, 피부가 되었다."는 미국의 과학 저널리스트 수전 프라인켈(Susan Freinkel)의 말처럼 플라스틱은 인간 생활에 많은 부분을 차지하고 있다. 저렴한 가격과 필요에 따라 내구성, 강도, 유연성 등을 조절할 수 있는 장점 덕분에 일회용 컵부터 옷, 신발, 가구 등 플라스틱이 아닌 것이 거의 없을 정도이다. 그러나 플라스틱에는 치명적인 단점이 있다. 플라스틱이 지닌 특성 중 하나인 영속성(永續性)이다. 즉, 인간이 그동안 생산한 플라스틱은 바로 분해되지 않고 어딘가에 계속 존재하고 있어 플라스틱은 환경오염의 원인이 된 지 오래이다. 치약, 화장품, 피부 각질제거제 등 생활용품, 화장품에 들어 있는 작은 알갱이의 성분은 '마이크로비드(Microbead)'라는 플라스틱이다. 크기가 1mm보다 작은 플라스틱을 '마이크로비드'라고 하는데 이 알갱이는 정수처리과정에서 걸러지지 않고 생활 하수구에서 강으로, 바다로 흘러간다. 이 조그만 알갱이들은 바다를 떠돌면서 생태계의 먹이사슬을 통해 동식물 체내에 축적되어 면역체계 교란, 중추신경계 손상 등의 원인이 되는 잔류성유기오염물질(Persistent Organic Pollutants)을 흡착한다. 그리고 물고기, 새 등 여러 생물은 마이크로비드를 먹이로 착각해 섭취한다. 마이크로비드를 섭취한 해양생물은 다시 인간의 식탁에 올라온다. 즉, 우리가 버린 플라스틱을 우리가 다시 먹게 되는 셈이다.
플라스틱 포크로 음식을 먹고 플라스틱 컵으로 물을 마시는 등 플라스틱을 음식을 먹기 위한 수단으로만 생각했지, 직접 먹게 되리라고는 상상도 못했을 것이다. 우리가 먹은 플라스틱이 우리 몸에 남아 분해되지 않고 큰 질병을 키우게 될 것을 말이다.

① 플라스틱은 바로 분해되지 않고 어딘가에 존재한다.
② 마이크로비드는 잔류성유기오염물질을 분해하는 역할을 한다.
③ 플라스틱은 필요에 따라 유연성, 강도 등을 조절할 수 있고, 값이 싸다는 장점이 있다.
④ 마이크로비드는 크기가 작기 때문에 정수처리과정에서 걸러지지 않고 바다로 유입된다.

※ 다음 글을 읽고 이어지는 질문에 답하시오. [10~11]

A회사의 온라인 취업 사이트에 갑을 비롯한 수만 명의 가입자가 개인정보를 제공하였다. 누군가 A회사의 시스템 관리가 허술한 것을 알고 링크 파일을 만들어 자신의 블로그에 올렸다. 이를 통해 많은 이들이 가입자들의 정보를 자유롭게 열람하였다. 이 사실을 알게 된 갑은 A회사에 사이트 운영의 중지와 배상을 요구하였지만, A회사는 거부하였다. 갑은 소송을 검토하였는데, 받게 될 배상액에 비해 들어갈 비용이 적지 않다는 생각에 망설였다. 갑은 온라인 카페를 통해 소송할 사람들을 모았고 마침내 100명이 넘는 가입자들이 동참하게 되었다. 갑은 이들과 함께 공동소송을 하여 A회사에 사이트 운영의 중지와 피해의 배상을 청구하였다.

공동소송은 소송 당사자의 수가 여럿이 되는 소송을 말한다. 이는 저마다 개별적으로 수행할 수 있는 소송들을 하나의 절차에서 한꺼번에 심리하고 진행할 수 있도록 배려하는 것으로서, 경제적이고 효율적으로 일괄 구제할 수 있다는 장점이 있다. 하지만 당사자의 수가 지나치게 많으면 한꺼번에 소송을 진행하기에 번거롭다. 그래서 실제로는 대개 공동으로 변호사를 선임하여 그가 소송을 하도록 한다. 또한 선정 당사자 제도를 이용할 수도 있는데, 이는 갑과 같은 이를 선정 당사자로 삼아 그에게 모두의 소송을 맡기는 것이다. 위 사건에서 수만 명의 가입자가 손해를 입었지만, 배상받을 금액이 적은 탓에 대부분은 소송에 참여하지 않았다. 그리하여 전체 피해 규모가 엄청난 데 비하면, 승소해서 받게 될 배상금의 총액은 매우 적을 것이다. 이래서는 피해 구제도 미흡하고 기업에 시스템을 개선하도록 하는 동기를 부여하지 못한다. 이를 해결할 방안으로 다른 나라에서 시행되는 집단소송과 단체소송 제도의 도입이 논의됐다.

집단소송은 피해자들의 일부가 전체 피해자들의 이익을 대변하는 대표 당사자가 되어 기업을 상대로 손해 배상 청구 등의 소를 제기할 수 있도록 하는 방식이다. 만일 갑을 비롯한 피해자들이 공동소송을 하여 승소한다면 이들만 배상을 받게 된다. 그러나 집단소송에서 대표 당사자가 수행하여 이루어진 판결은 원칙적으로 소송에 참가하지 않은 사람들에게도 그 효력이 미친다. 그러나 대표 당사자는 초기에 고액의 소송비용을 내야 하는 등의 부담이 있어 소송의 개시가 쉽지만은 않다.

단체소송은 법률이 정한, 전문성과 경험을 갖춘 단체가 기업을 상대로 침해 행위의 중지를 청구하는 소를 제기할 수 있도록 하는 제도이다. 위의 사례에서도 IT 관련 협회와 같은 전문 단체가 소송한다면 더 효과적일 수 있을 것이다. 하지만 단체소송은 공익적 이유에서 인정되는 것이어서 이를 통해 개인 피해자들을 위한 손해 배상 청구는 하지 못한다.

최근에 ㉠ 우리나라도 집단소송과 단체소송을 제한적으로 도입하였다. 먼저 증권 관련 집단소송법이 제정되어 기업이 회계 내용을 허위로 공시하거나 조작하는 등의 사유로 주식 투자에서 피해를 당한 사람들은 집단소송을 할 수 있게 되었다. 이후에 단체소송도 도입되었는데, 소비자 분쟁과 개인정보 피해에 한하여 소비자기본법과 개인정보 보호법에 규정되었다.

10 다음 중 윗글의 내용으로 적절하지 않은 것은?

① 선정 당사자 제도는 소송 당사자들이 한꺼번에 절차를 진행해야 하는 부담을 덜어줄 수 있다.
② 공동소송은 다수의 피해자를 대신하여 대표 당사자가 소송을 한다는 점에서 공익적 성격을 지닌다.
③ 단체소송에서 기업이 일으키는 피해를 중지시키려고 소를 제기할 수 있는 단체의 자격은 법률이 정한다.
④ 일부 피해자들이 집단소송을 수행하여 승소하면 그런 소송이 진행되는지 몰랐던 피해자들도 배상받을 수 있다.

11 다음 중 윗글의 밑줄 친 ㉠의 결과로 보기에 가장 적절한 것은?

① 포털 사이트의 개인 정보 유출로 피해를 당한 가입자들이 소를 제기하여 단체소송을 할 수 있게 되었다.
② 기업의 허위 공시 때문에 증권 관련 피해를 당한 투자자들이 소를 제기하여 집단소송을 할 수 있게 되었다.
③ 증권과 관련된 사건에서 피해자들은 중립적인 단체를 대표 당사자로 내세워 집단소송을 수행할 수 있게 되었다.
④ 대기업이 출시한 제품이 지닌 결함 때문에 피해를 당한 소비자들이 소를 제기하여 집단소송을 할 수 있게 되었다.

12 다음 글의 빈칸에 들어갈 내용으로 가장 적절한 것은?

전통문화는 근대화의 과정에서 해체되는 것인가, 아니면 급격한 사회 변동의 과정에서도 유지될 수 있는 것인가? 전통문화의 연속성과 재창조는 왜 필요하며, 어떻게 이루어지는가? 외래문화의 토착화(土着化), 한국화(韓國化)는 사회 변동과 문화 변화의 과정에서 무엇을 의미하는가? 이상과 같은 의문들은 오늘날 한국 사회에서 논란의 대상이 되고 있으며, 입장에 따라 상당한 견해 차이도 드러내고 있다.
전통의 유지와 변화에 대한 견해 차이는 오늘날 한국 사회에서 단순하게 보수주의와 진보주의의 차이로 이해될 성질의 것이 아니다. 한국 사회의 근대화는 이미 한 세기의 역사를 가지고 있으며, 앞으로도 계속되어야 할 광범하고 심대(深大)한 사회 구조적 변동이다. 그렇기 때문에 보수주의적 성향을 가진 사람들도 전통문화의 변질을 어느 정도 수긍하지 않을 수 없는가 하면, 사회 변동의 강력한 추진 세력 또한 문화적 전통의 확립을 주장하지 않을 수 없다.
또, 한국 사회에서 전통문화의 변화에 관한 논의는 단순히 외래문화이냐 전통문화이냐의 양자택일적인 문제가 될 수 없다는 것도 명백하다. 근대화는 전통문화의 연속성과 변화를 다 같이 필요로 하며, 외래문화의 수용과 그 토착화 등을 다 같이 요구하는 것이기 때문이다. 그러므로 전통을 계승하고 외래문화를 수용할 때에 무엇을 취하고 무엇을 버릴 것이냐 하는 문제도 단순히 문화의 보편성(普遍性)과 특수성(特殊性)이라고 하는 기준에서만 다룰 수 없다. 근대화라고 하는 사회 구조적 변동이 문화 변화를 결정지을 것이기 때문에, 전통문화의 변화 문제를 ________________에서 다루어 보는 분석이 매우 중요하리라고 생각한다.

① 보수주의의 시각
② 진보주의의 시각
③ 사회 변동의 시각
④ 외래와 전통의 시각

※ 다음 글을 읽고 이어지는 질문에 답하시오. [13~14]

펀드(Fund)를 우리말로 바꾸면 '모금한 기금'을 뜻하지만, 경제 용어로는 '경제적 이익을 보기 위해 불특정 다수인으로부터 모금하여 운영하는 투자 기금'을 가리키는 말로 사용합니다. 펀드는 주로 주식이나 채권에 많이 투자를 하는데, 개인이 주식이나 채권에 투자하기 위해서는 어떤 회사의 채권을 사야 하는지, 언제 사야 하는지, 언제 팔아야 하는지, 어떻게 계약을 하고 세금을 얼마나 내야 하는지 등 알아야 할 게 너무 많아 복잡합니다. 이러한 여러 가지 일을 투자 전문 기관이 대행하고 일정 비율의 수수료를 받게 되는데, 이처럼 펀드에 가입한다는 것은 투자 전문 기관에게 대행 수수료를 주고 투자 활동에 참여하여 이익을 보는 일을 말합니다.
펀드는 크게 보아 주식 투자 펀드와 채권 투자 펀드로 나눌 수 있습니다. 주식 투자 펀드를 살펴보면 회사가 회사를 잘 꾸려서 영업 이익을 많이 만들면 주식 가격이 오릅니다. 그래서 그 회사의 주식을 가진 사람은 회사의 이익을 나누어 받습니다. 이처럼 주식 투자 펀드는 주식을 사서 번 이익에서 투자 기관의 수수료를 뺀 금액이 '펀드 가입자의 이익'이 되며 이 이익은 투자한 자금에 비례하여 분배받습니다. 그리고 투자자는 분배받는 금액에 따라 세금을 냅니다. 채권 투자 펀드는 회사, 지방자치단체, 국가가 자금을 조달하기 위해 이자를 지불할 것을 약속하면서 발행하는 채권을 사서 이익을 보는 것입니다. 채권을 사서 번 이익에서 투자 기관의 수수료를 뺀 금액이 수익이 됩니다. 이외에도 투자 대상에 따라, 국내 펀드, 해외 펀드, 신흥국가 대상 펀드, 선진국 펀드, 중국 펀드, 원자재 펀드 등 펀드의 종류는 아주 다양합니다.
채권 투자 펀드는 회사나 지방자치단체 그리고 국가가 망하지 않는 이상 정해진 이자를 받을 수 있어 비교적 안정적입니다. 그런데 주식 투자 펀드는 일반 주식 가격의 변동에 따라 수익을 많이 볼 수도 있지만 손해를 보는 경우도 흔합니다. 예를 들어 어떤 펀드는 10년 후 누적 수익률이 원금의 열 배나 되지만 어떤 펀드는 수익률이 나빠져 1년 만에 원금의 절반이 되어버리는 일도 발생합니다. 이렇게 수익률 차이가 심하게 나는 것은 주식이 경기 변동의 영향을 많이 받기 때문입니다.
이로 인해 펀드와 관련하여 은행을 비롯한 투자 전문 기관에 가서 상담을 하면 상품에 대한 안내만 할 뿐, 가입 여부는 고객이 스스로 판단하도록 하고 있습니다. 합리적으로 안내를 한다고 해도 소비자의 투자 목적, 시장 상황, 투자 성향에 따라 맞는 펀드가 다르기 때문입니다. 그러므로 펀드에 가입하기 전에는 펀드의 종류를 잘 알아보고 결정해야 합니다. 또, 펀드에 가입을 해도 살 때와 팔 때를 잘 구분해야 합니다. 이것이 가장 어려운 일입니다. 그래서 주식이나 펀드는 사회 경험을 쌓고 경제 지식을 많이 알고 난 후에 하는 것이 좋다는 얘기를 많이 합니다.

13 다음 중 윗글을 통해 확인할 수 있는 질문으로 적절하지 않은 것은?

① 펀드에는 어떤 종류가 있는가?
② 펀드 가입 절차는 어떻게 되는가?
③ 펀드 가입 시 유의할 점은 무엇인가?
④ 펀드에 가입하면 돈을 벌 수 있는가?

14 다음 중 윗글의 내용으로 가장 적절한 것은?

① 주식 투자 펀드는 경기 변동의 영향을 많이 받게 된다.
② 주식 투자 펀드는 정해진 이자를 받을 수 있어 안정적이다.
③ 채권 투자 펀드는 투자 기관의 수수료를 더한 금액이 수익이 된다.
④ 주식 투자 펀드는 채권 투자 펀드와 달리 투자 기관의 수수료가 없다.

15 다음은 K은행에서 운영하고 있는 K직장인스마트론대출 상품설명서의 일부이다. 대출을 받고자 하는 A ~ D 4명의 조건이 〈보기〉와 같을 때, 대출이 가능한 사람은?

〈K직장인스마트론대출〉

- 계약기간 : 일시상환 / 수시상환(마이너스 대출) 1년
  매월 원리금균등분할상환 : 최대 15년 이내 연 단위 선택(일부 대상 고객에 한함)
  ※ 신용등급, 연 소득에 따라 일시상환 / 수시상환 선택이 제한될 수 있음
- 이자 계산 방법 : 1년을 365일(윤년은 366일)로 보고 1일 단위로 계산
- 이자 지급 방법 : 이자 납입일을 정하여 매월마다 이자 납입
- 대출한도 : 최소 1백만 원 최대 150백만 원
  ※ 개인 신용 평점, 은행 내부 신용 등급, 기존 신용 대출 금액, 현금서비스에 따라 고객별로 다를 수 있음
- 대출금리(2025년 2월, 대출금액 1억 5천만 원, 대출기간 1년, 일시상환 기준)

구분	고정금리	변동금리
기준금리(+)	3.761%	3.760%
가산금리(+)	1.474 ~ 6.056%p	1.492 ~ 6.073%p
감면금리(−)	0.000 ~ 0.200%p	0.000 ~ 0.200%p
대출금리	최저 5.035% 최고 9.500%	최저 5.034% 최고 9.374%

※ 00 ~ 06시 중 대출 실행 시 일자별 금리 변동으로 인해 안내금리와 실행시점의 금리가 다를 수 있음

- 대출대상 : 다음 조건을 모두 충족하는 고객
  1. 현 직장에 6개월 이상 재직 중인 고객
  2. 개인 CB점수 KCB 520점 이상이고, NICE 600점 이상인 고객
  ※ 당행에 휴대폰 번호가 정상 등록되어 있어야 하며, 은행 내부 신용 등급 등의 사유에 따라 거절될 수 있음
- 대출신청 시기 : 영업일(휴 · 공휴일 제외) 01:00 ~ 24:00까지 가능
- 대출금 지급 : 신청 당일 고객 지정계좌로 지급
- 유의사항 : 본 상품은 최대 3건(동일인당)까지 실행이 가능하니, 대출신청 시 유의하시기 바랍니다.

〈보기〉

〈K직장인스마트론대출 신청자 현황(23.02.06.)〉

구분	비고
A	• L사 재직 중(2023년 6월 입사) • KCB 점수 500점, NICE 점수 550점 • 당행에 본인 명의의 휴대폰 번호 등록
B	• 10일 전 S사 퇴사 • KCB 점수 700점, NICE 점수 734점 • 당행에 본인 명의의 휴대폰 번호 등록
C	• H사 재직 중(2024년 7월 입사) • KCB 점수 820점, NICE 점수 857점 • 당행에 본인 명의의 휴대폰 번호 미등록
D	• J사 재직 중(2024년 6월 입사) • KCB 점수 650점, NICE 점수 697점 • 당행에 본인 명의의 휴대폰 번호 등록

① A　　② B
③ C　　④ D

※ 다음은 공무원 가족 국외여비 지급 기준표에 대한 자료이다. 이어지는 질문에 답하시오. [16~17]

〈공무원 가족 국외여비 지급 기준표〉

<table>
<tr><th>지급 사유</th><th>지급액</th></tr>
<tr><td>1. 부임 또는 전근하는 경우 소속 장관의 허가를 받아 가족을 근무지로부터 새로운 근무지까지 동반해야 할 때</td><td rowspan="6">가. 12세 이상의 가족에 대해서는 본인이 여행하는 때와 같은 등급의 철도운임 · 선박운임 · 항공운임 및 자동차 운임 및 준비금과 일비 · 숙박비 및 식비의 3분의 2에 상당하는 금액
나. 12세 미만의 가족에 대해서는 본인이 여행하는 때와 같은 등급의 철도운임 · 선박운임 · 항공운임 및 자동차 운임 및 준비금과 일비 · 숙박비 및 식비의 3분의 1에 상당하는 금액</td></tr>
<tr><td>2. 외국 근무 중 소속 장관의 허가를 받아 한 차례에 한정하여 가족을 그 근무지로 불러오거나 본국으로 귀국시킬 때</td></tr>
<tr><td>3. 외국에서 4년 이상 계속 근무한 공무원이 소속 장관의 명에 따라 본국에서 재교육을 받기 위하여 배우자와 18세 미만 자녀와 함께 일시 귀국할 때(단, 4년마다 한 차례로 한정한다)</td></tr>
<tr><td>4. 주재국의 급격한 정세변화로 인하여 동반 가족을 철수시킬 때</td></tr>
<tr><td>5. 외국 근무 중 소속 장관의 허가를 받아 배우자를 동반한 공무여행을 할 때</td></tr>
<tr><td>6. 소속 장관의 허가를 받아 본인을 대신하여 가족 중 1명 또는 본인과 동반하여 배우자가 일시 귀국할 때</td></tr>
<tr><td>7. 근무조건이 매우 불리하다고 외교부장관이 인정하는 지역에서 근무 중인 공무원이 소속 장관의 허가를 받아 연간 한 차례만 가족 동반으로 다른 지역에서 휴양을 할 때 또는 의료검진을 받을 때</td><td rowspan="2">본인이 여행하는 때와 같은 등급의 철도운임 · 선박운임 · 항공운임 및 자동차 운임 전액</td></tr>
<tr><td>8. 근무조건이 매우 불리하다고 외교부장관이 인정하는 고산지역에서 근무 중인 공무원이 소속 장관의 허가를 받아 연간 23일의 범위에서 분기별로 한 차례 가족동반으로 저지대(低地帶)에서 요양을 할 때</td></tr>
</table>

※ 가족은 본인을 포함한 구성원을 지칭함

※ 취업 후 독립하여 생계를 유지하는 자녀 및 26세 이상 자녀는 특수한 경우를 제외하고 지급하지 아니함

16 다음 중 운임 비용 전액을 국외여비로 받을 수 있는 상황은?(단, 모든 상황은 소속 장관의 허가 및 외교부장관의 인정을 받았으며 예외는 없다)

① 근무지인 노르웨이로 6살 딸을 불러오려는 공무원 A씨

② 배우자 지인의 상(喪)으로 베이징에서 배우자와 급하게 귀국하려는 공무원 B씨

③ 출장 지역에서 내전으로 인해 근무환경에 위협을 받아 급하게 귀국하는 공무원 C씨

④ 해발 5,500m 지역에서 근무하다 1분기 휴가 때 가족과 함께 14일간 바닷가에서 쉬려는 공무원 D씨

17 해외로 발령받은 4명의 공무원은 소속 장관의 허가하에 가족을 동반하여 K항공을 이용해 근무지로 가고자 한다. 〈보기〉를 토대로 공무원과 지급받을 국외여비가 바르게 연결되지 않은 것은?(단, 천 원 단위에서 올림한다)

〈K항공 운임 및 기내식 비용〉

구분	운임 비용	기내식 비용
S CLASS	성인 : 1,200,000원 소인 : 성인의 80%	기내식 무료 제공
A CLASS	성인 : 900,000원 소인 : 성인의 80%	성인 : 15,000원 소인 : 무료 제공
B CLASS	성인 : 750,000원 소인 : 성인의 80%	20,000원 (소인 구분 없음)
C CLASS	700,000원	20,000원 (소인 구분 없음)

※ C CLASS의 운임 비용은 성인과 소인의 구분이 없음
※ 소인은 18세 미만의 청소년을 지칭함
※ 8세 미만의 어린이는 모든 CLASS에서 운임 비용을 받지 않음

〈보기〉

구분	동반가족 (공무원 본인 포함)	CLASS 신청사항	기내식 신청 여부
H부장	5인 (16세, 10세, 7세 자녀 있음)	A CLASS	신청
J과장	4인 (23세, 21세 자녀 있음 / 독립하지 않음)	S CLASS	신청
L대리	2인	B CLASS	미신청
P주임	4인 (6세, 4세 자녀 있음)	C CLASS	신청

	공무원	지급여비
①	H부장	1,940,000원
②	J과장	3,200,000원
③	L대리	1,000,000원
④	P주임	1,440,000원

※ 다음은 K은행에 입행할 신입행원의 희망부서에 대한 자료이다. 이어지는 질문에 답하시오. **[18~19]**

〈희망부서 및 추천부서〉

구분	1지망	2지망	필기점수	면접점수	추천부서
A행원	개발부	사업부	70	40	홍보부
B행원	개발부	총무부	90	80	사업부
C행원	영업부	개발부	60	70	영업부
D행원	영업부	홍보무	100	50	개발부
E행원	홍보부	총부무	80	90	총무부
F행원	개발부	영업부	80	100	홍보부
G행원	영업부	사업부	50	60	사업부
H행원	총무부	사업부	60	80	영업부
I행원	홍보부	개발부	70	70	총무부
J행원	홍보부	영업부	90	50	총무부

※ 필기점수와 면접점수의 합이 높은 행원이 우선적으로 배정되며, 1지망 – 2지망 – 추천부서 순으로 진행됨
※ 동점자일 경우 면접점수가 높은 행원이 먼저 배정됨
※ 1지망을 우선 결정하고 남은 인원으로 2지망을 결정한 후, 남은 인원은 추천부서로 배정됨
※ 5개의 부서에 각각 2명씩 배정됨

18 다음 중 B행원이 배정되는 부서는?

① 개발부
② 홍보부
③ 영업부
④ 총무부

19 다음 중 최종적으로 추천부서와 배정부서가 동일한 행원을 모두 고르면?

① A행원, D행원, E행원
② B행원, F행원, J행원
③ C행원, G행원, J행원
④ D행원, H행원, I행원

20 귀하는 K은행에 근무하며 여러 금융상품을 취급하고 있다. 다음과 같은 고객 조건을 참고할 때, 해당 고객에게 추천해 줄 상품으로 가장 적절한 것은?

〈K은행 금융상품〉

상품	특징
스마트 적금	• 가입기간 : 입금금액이 800만 원이 될 때까지 • 가입금액 : 월 1천 원 이상 100만 원 이하 • 복잡한 우대금리 조건이 없는 스마트폰 전용 적금
두배드림 적금	• 가입기간 : 36개월 • 가입금액 : 월 4만 원 이상 20만 원 이하 • 우대금리 : 입금실적이 본 은행의 12개월 이상
월복리 정기예금	• 가입기간 : 12 ~ 36개월 • 가입금액 : 월 300만 원 이상 3,000만 원 이하 • 우대금리 : 전월 실적이 50만 원 이상
DREAM 적금	• 가입기간 : 6개월 이상 60개월 이하 • 가입금액 : 월 1천 원 이상 • 우대금리 : 은행신규고객을 대상으로 하며, 통장에 3백만 원 이상 보유

〈고객 조건〉

이번에 목돈을 모으기 위해 적금에 가입하려 합니다. 매달 20만 원 정도 입금할 예정이며 우대금리를 받고 싶습니다. 상품에 3년 동안 가입할 예정이며, 현재 K은행에서 매달 50만 원씩 20개월 동안 이용하고 있습니다. 통장 예금은 현재 500만 원이 조금 넘습니다.

① 스마트 적금 ② 두배드림 적금

③ 월복리 정기예금 ④ DREAM 적금

21 김대리는 회의 참석자의 역할을 고려해 A～F 총 6명이 앉을 6인용 원탁 자리를 세팅 중이다. 다음 〈조건〉을 모두 만족하도록 세팅했을 때, 바로 옆자리에 앉는 사람끼리 짝지은 것은?

〈조건〉

- 원탁 둘레를 따라 6개의 의자를 같은 간격으로 세팅한다.
- A가 C와 F 중 1명의 바로 옆자리에 앉도록 세팅한다.
- D의 바로 옆자리에 C나 E가 앉지 않도록 세팅한다.
- A가 좌우 어느 쪽을 봐도 B와의 사이에 2명이 앉도록 세팅하고, B의 바로 왼쪽 자리에 F가 앉도록 세팅한다.

① A, D
② A, E
③ B, C
④ B, D

22 제시된 명제가 모두 참일 때, 다음 중 항상 거짓인 것은?

- A～E 5명의 이름을 입행한 지 오래된 순서대로 적었다.
- A와 B의 이름은 바로 연달아서 적혔다.
- C와 D의 이름은 연달아서 적히지 않았다.
- E는 C보다 먼저 입행하였다.
- 가장 최근에 입행한 사람은 입행한 지 2년 된 D이다.

① A의 이름은 B의 이름보다 나중에 적혔다.
② B는 E보다 먼저 입행하였다.
③ C의 이름은 A의 이름보다 먼저 적혔다.
④ E의 이름 바로 다음에 C의 이름이 적혔다.

23 A～D 4명은 취미로 꽃꽂이, 댄스, 축구, 농구 중에 1가지 활동을 한다. 취미는 서로 겹치지 않으며, 모든 사람은 취미 활동을 한다. 다음 〈조건〉을 바탕으로 항상 참인 것은?

〈조건〉

- A는 축구와 농구 중에 1가지 활동을 한다.
- B는 꽃꽂이와 축구 중에 1가지 활동을 한다.
- C의 취미는 꽃꽂이를 하는 것이다.

① B는 축구 활동을, D는 농구 활동을 한다.
② A는 농구 활동을, D는 댄스 활동을 한다.
③ B는 축구 활동을 하지 않으며, D는 댄스 활동을 한다.
④ A는 농구 활동을 하지 않으며, D는 댄스 활동을 하지 않는다.

24 **김대리, 박과장, 최부장 중 1명은 점심으로 짬뽕을 먹었다. 다음 진술 중 2개의 진술만 참이고 나머지는 모두 거짓일 때, 짬뽕을 먹은 사람과 참인 진술을 바르게 연결한 것은?(단, 중국집에서만 짬뽕을 먹을 수 있고, 중국 음식은 짬뽕뿐이다)**

> • 김대리 : 박과장이 짬뽕을 먹었다. … ㉠
> 나는 최부장과 중국집에 갔다. … ㉡
> 나는 중국 음식을 먹지 않았다. … ㉢
> • 박과장 : 김대리와 최부장은 중국집에 가지 않았다. … ㉣
> 나는 점심으로 짬뽕을 먹었다. … ㉤
> 김대리가 중국 음식을 먹지 않았다는 것은 거짓말이다. … ㉥
> • 최부장 : 나와 김대리는 중국집에 가지 않았다. … ㉦
> 김대리가 점심으로 짬뽕을 먹었다. … ㉧
> 박과장의 마지막 말은 사실이다. … ㉨

① 김대리, ㉡·㉥
② 박과장, ㉠·㉤
③ 최부장, ㉡·㉢
④ 최부장, ㉡·㉦

25 **다음 〈조건〉을 볼 때, 총무처의 직원은 몇 명인가?**

〈조건〉

> • 총무처의 직원은 기획부의 직원보다 많다.
> • 홍보실의 직원은 인사팀보다 많다.
> • 홍보실, 인사팀, 품질관리팀의 직원을 모두 합하면 기획부의 직원 수와 같다.
> • 총무처와 기획부 직원 수의 차이는 5명으로, 홍보실과 인사팀 직원 수의 차이와 같다.
> • 인사팀의 직원은 품질관리팀의 2배이다.
> • 인사팀의 직원은 12명이다.

① 37명
② 38명
③ 39명
④ 40명

26 A ~ E 5명이 〈조건〉에 따라 일렬로 나란히 자리에 앉는다고 할 때, 다음 중 반드시 참인 것은?

〈조건〉

- 자리의 순서는 왼쪽을 기준으로 첫 번째 자리로 한다.
- D는 A의 바로 왼쪽에 있다.
- B와 D 사이에 C가 있다.
- A는 마지막 자리가 아니다.
- A와 B 사이에 C가 있다.
- B는 E의 바로 오른쪽에 앉는다.

① B는 다섯 번째 자리에 앉을 수 없다.
② C는 두 번째 자리에 앉을 수 있다.
③ D는 두 번째 자리에 앉을 수 있다.
④ E는 네 번째 자리에 앉을 수 있다.

27 국민은행에서는 직원들에게 다양한 혜택이 있는 복지카드를 제공한다. 복지카드의 혜택사항과 국민은행의 행원인 K씨의 일과가 다음과 같을 때, ㉠ ~ ㉤ 중 복지카드로 혜택을 볼 수 없는 행동을 모두 고르면?

〈복지카드 혜택사항〉

구분	세부내용
교통	대중교통(버스, 지하철) 3 ~ 7% 할인
의료	병원 5% 할인(동물병원 포함, 약국 제외)
쇼핑	의류, 가구, 도서 구입 시 5% 할인
영화	영화관 최대 6천 원 할인

〈K씨의 일과〉

K씨는 오늘 친구와 백화점에서 만나 쇼핑을 하기로 약속을 했다. 집에서 ㉠ 지하철을 타고 약 20분이 걸려 백화점에 도착한 K씨는 어머니 생신 선물로 ㉡ 화장품과 옷을 산 후, 동생의 이사 선물로 줄 ㉢ 침구류도 구매하였다. 쇼핑이 끝난 후 K씨는 ㉣ 버스를 타고 집에 돌아와 자신이 키우는 반려견의 예방접종을 위해 ㉤ 병원에 가서 진료를 받았다.

① ㉡, ㉢
② ㉢, ㉤
③ ㉠, ㉡, ㉢
④ ㉠, ㉡, ㉣

28 다음은 K국 공무원 5명 갑～무의 국외 출장 현황과 출장 국가별 여비 기준에 대한 자료이다. 〈조건〉에 따라 출장 여비를 지급받을 때, 출장 여비를 많이 지급받는 순서대로 5명을 바르게 나열한 것은?

〈갑～무의 국외 출장 현황〉

구분	출장 국가	출장 기간	숙박비 지급 유형	1박 실지출 비용	출장 시 개인 마일리지 사용 여부
갑	A국	3박 4일	실비 지급	145달러	미사용
을	A국	3박 4일	정액 지급	130달러	사용
병	B국	3박 5일	실비 지급	110달러	사용
정	C국	4박 6일	정액 지급	75달러	미사용
무	D국	5박 6일	실비 지급	75달러	사용

※ 각 출장자의 출장 기간 중 매박 실지출 비용은 변동 없음

〈출장 국가별 1인당 여비 지급 기준액〉

구분	1박 숙박비 상한액	1일 식비
A국	170달러	72달러
B국	140달러	60달러
C국	100달러	45달러
D국	85달러	35달러

〈조건〉

• (출장 여비)=(숙박비)+(식비)
• 숙박비는 숙박 실지출 비용을 지급하는 실비 지급 유형과 출장 국가 숙박비 상한액의 80%를 지급하는 정액 지급 유형으로 구분
  – (실비 지급 숙박비)=(1박 실지출 비용)×(숙박 일수)
  – (정액 지급 숙박비)=(출장 국가 1박 숙박비 상한액)×(숙박 일수)×0.8
• 식비는 출장 시 개인 마일리지 사용 여부에 따라 출장 중 식비의 20% 추가 지급
  – (개인 마일리지 미사용 시 지급 식비)=(출장 국가 1일 식비)×(출장 일수)
  – (개인 마일리지 사용 시 지급 식비)=(출장 국가 1일 식비)×(출장 일수)×1.2

① 갑 – 을 – 병 – 정 – 무
② 갑 – 을 – 병 – 무 – 정
③ 을 – 갑 – 병 – 무 – 정
④ 을 – 갑 – 정 – 병 – 무

29 다음은 국민은행 체크카드별 할인 혜택에 대한 자료이다. 갑 ~ 정 4명의 이번 주 주말 지출 내역이 〈보기〉와 같을 때, 할인 금액이 가장 큰 사람은?

〈체크카드별 할인 혜택〉

구분	할인 혜택
A체크카드	• 소셜커머스, 대형 온라인몰, 점심식사 5% 할인 • 커피전문점 10% 할인 • 영화 3천 원 할인
B체크카드	• 대형마트, 전통시장, 유치원, 학원, 의료비 5% 할인 • 외식 주중 5%, 주말 10% 할인
C체크카드	• 커피전문점 20% 할인 • 어학원, 영화 10% 할인 • 대중교통 2천 원 할인
D체크카드	• 백화점, 대형 온라인몰, 편의점, 학원, 도서 5% 할인 • 커피전문점, 패밀리레스토랑 10% 할인

〈보기〉

- 갑 : C체크카드로 영화관람에 20,000원 결제하였고, 커피전문점에서 14,000원 결제하였다.
- 을 : B체크카드로 외식에 40,000원 결제하였고, 전통시장에서 20,000원 결제하였다.
- 병 : D체크카드로 커피전문점에서 25,000원 결제하였고, 17,000원 금액의 도서를 결제하였다.
- 정 : A체크카드로 영화관람에 20,000원 결제하였고, 커피전문점에서 15,000원 결제하였다.

① 갑 ② 을
③ 병 ④ 정

30 다음은 국민은행 체크카드의 할인 혜택에 대한 자료이다. 국민은행 체크카드의 할인 적용을 모두 받을 수 있는 사례로 옳은 것은?

〈국민은행 체크카드 할인 혜택〉

구분	할인	이용금액 기준
A영화관	35%	이용금액 건당 1～2만 원까지 할인 적용
B레스토랑, C레스토랑	20%	이용금액 건당 3～5만 원까지 할인 적용
D카페	20%	이용금액 건당 1～2만 원까지 할인 적용
E놀이공원, F놀이공원	50%	이용금액 건당 3～5만 원까지 할인 적용
G편의점	15%	이용금액 건당 1～2만 원까지 할인 적용
H서점	15%	이용금액 건당 2～5만 원까지 할인 적용
대중교통(버스・지하철)	10%	월 이용금액 2만 원까지 할인 적용
이동통신요금 자동이체	2,500원	이용금액 건당 5만 원 이상 시 할인(월 1회)

〈전월이용실적에 따른 월간 통합할인한도 적용〉

구분	20만 원 이상	30만 원 이상	50만 원 이상	100만 원 이상
월간 통합할인한도	1만 원	2만 원	3만 원	5만 원

- 국민은행 체크카드의 할인 서비스는 전월이용실적 20만 원 이상 시 제공됩니다(단, 대중교통 / 이동통신요금 할인 서비스는 30만 원 이상 시 제공).
- 국민은행 체크카드의 할인 서비스는 전월이용실적에 따라 월간 통합할인한도가 차등 적용됩니다.
- 월간 통합할인한도란 매월 할인받을 수 있는 최대금액을 의미하며, 월간 통합할인한도 잔여금액은 다음 달로 이월되지 않습니다.

① 전월이용실적이 54만 원이며, E놀이공원에서 5만 원 사용(현재까지 할인받은 금액 : 7천 원)

② 전월이용실적이 102만 원이며, H서점에서 4만 원 사용(현재까지 할인받은 금액 : 4만 3천 원)

③ 전월이용실적이 35만 원이며, G편의점에서 2만 원 사용(현재까지 할인받은 금액 : 1만 8천 원)

④ 전월이용실적이 24만 원이며, 대중교통 이용으로 1만 원 사용(현재까지 할인받은 금액 : 8천 원)

31 다음은 금융회사별 보험료 산출식과 그 구체적 사례에 대한 자료이다. 5개 회사가 납부해야 할 보험료 중 가장 많은 금액과 가장 적은 금액의 차이는?(단, 보험료 계산은 연간으로 한다)

〈금융회사별 보험료 산출 공식〉

구분	보험료 산출 공식
은행	• (분기별 보험료)=(예금 등의 분기별 평균잔액)×$\frac{8}{10,000}$ • (연간 보험료)=(분기별 보험료)×4
투자매매업자·투자중개업자	(연간 보험료)=(예금 등의 연평균잔액)×$\frac{15}{10,000}$
보험회사	(연간 보험료)=[(책임준비금)+(수입보험료)]÷2×$\frac{15}{10,000}$
종합금융회사	(연간 보험료)=(예금 등의 연평균잔액)×$\frac{15}{10,000}$
상호저축은행	(연간 보험료)=(예금 등의 연평균잔액)×$\frac{40}{10,000}$

〈회사별 평균잔액〉

구분	비용
A종합금융회사	예금 등의 연평균잔액 : 2억 4천만 원
B보험회사	책임준비금 : 2억, 수입보험료 : 2천만 원
C상호저축은행	예금 등의 연평균잔액 : 5억 원
D은행	예금 등의 분기별 평균잔액 : 5천만 원
E투자중개업자	예금 등의 연평균잔액 : 3억 원

① 180만 원　　② 182만 원

③ 184만 원　　④ 186만 원

32 다음은 연도별 회사채 발행액과 용어에 대한 자료이다. 이에 대한 설명으로 옳지 않은 것은?(단, 소수점 둘째 자리에서 반올림한다)

〈연도별 회사채 발행액 현황〉

(단위 : 억 원, %)

구분	2022년		2023년		2024년	전년 동기 대비 2024년 상반기 증감률
	상반기	하반기	상반기	하반기	상반기	
보증사채	1,010	1,080	1,220	1,407	1,562	28.0
무보증사채	680	700	740	896	977	32.0
담보부사채	810	880	980	1,047	1,235	26.0
차환사채	180	202	220	226	231	5.0
전환사채	440	488	510	563	602	18.0

※ 전년 동기 대비 증감률은 2023년 상반기 대비 2024년 상반기 증감률임

〈보기〉

- 보증사채 : 사채의 원금상환 및 이자지급을 금융기관이 보증하는 사채로, 사채원리금 지급보증기관은 은행, 신용보증기금, 기술신용보증기금, 종합금융회사, 보증보험회사 등이 있다.
- 무보증사채 : 기업이 원리금 상환 및 이자 지급을 제3자의 보증이나 물적담보 없이 신용에 의해 발행하는 회사채로, 무보증사채 또는 일반사채라고도 한다. 원리금 회수에 대한 위험부담이 크기 때문에 제3자가 보증하는 보증사채나 담보여력 내에서 발행하는 담보부사채에 비해 이자율이 높고 기간이 단기인 것이 특징이다.
- 담보부사채 : 기업체가 회사채의 원금상환 및 이자지급을 물적으로 보증하기 위하여 물적담보가 붙여진 사채로, 부동산 등의 담보물을 신탁회사에 맡기고 이를 근거로 해서 발행하는 회사채를 말한다.
- 차환사채 : 기업이 이미 발행한 회사채의 원금과 이자를 갚기 위해 또 다시 발행하는 회사채로, 채권의 발행인은 채권의 만기가 도래하면 채권 소유자들에게 원금을 상환해야 하지만 자금 수요가 지속될 경우 상환시점에 맞추어 또 다시 채권을 발행, 상환자금을 조달하게 된다. 따라서 차환사채의 발행 규모를 보면 그 기업의 자금난의 정도를 알 수 있다.
- 전환사채 : 일정한 조건에 따라 채권을 발행한 회사의 주식으로 전환할 수 있는 권리가 부여된 채권으로서 전환 전에는 사채로서의 확정이자를 받을 수 있고 전환 후에는 주식으로서의 이익을 얻을 수 있는, 사채와 주식의 중간형태의 채권이다.

① 2023년 하반기 대비 2024년 상반기 증감률은 보증사채가 무보증사채의 약 1.2배이다.

② 기업의 자금난을 파악할 수 있는 사채의 2022년 하반기 발행액은 2023년 하반기 발행액의 90% 이상이다.

③ 물적인 보증을 통해 발행하는 사채의 2023년 상반기 발행액과 2022년 하반기 발행액의 차이는 2023년 상반기 발행액과 2023년 하반기 발행액의 차이보다 크다.

④ 회사채 중 전년 동기 대비 2024년 상반기 증감률보다 전년 동기 대비 2023년 상반기 증감률이 더 높은 사채 종류는 한 가지이다.

33 다음은 지난 해 8월과 9월의 은행별 브랜드평판 빅데이터 분석 결과에 대한 자료이다. 이에 대한 설명으로 옳지 않은 것은?

〈은행별 브랜드평판 빅데이터 분석 결과〉

(단위 : 개)

■ 2024년 8월

구분	참여지수	미디어지수	소통지수	커뮤니티지수	사회공헌지수	브랜드평판지수
A은행	1,314,816	1,153,136	1,860,449	2,291,388	2,228,931	8,848,720
B은행	1,520,581	1,271,088	1,354,777	3,232,323	1,382,257	8,761,026
C은행	896,937	2,782,736	379,254	1,596,060	1,538,895	7,193,882
D은행	1,516,649	1,111,364	1,999,454	1,526,708	978,427	7,132,602
E은행	875,561	924,992	1,048,173	2,411,202	1,585,828	6,845,756
F은행	104,725	199,432	325,097	526,584	680,991	1,836,829
G은행	135,570	115,624	144,367	308,632	838,516	1,542,709

■ 2024년 9월

구분	참여지수	미디어지수	소통지수	커뮤니티지수	사회공헌지수	브랜드평판지수
A은행	1,675,882	1,693,620	1,771,871	7,155,470	2,043,689	14,340,532
B은행	1,495,175	1,286,220	1,611,420	2,042,516	2,002,901	8,438,232
C은행	2,193,836	1,291,500	1,486,944	1,180,145	1,478,136	7,630,561
D은행	966,055	1,342,092	1,192,773	1,367,065	2,621,836	7,489,821
E은행	1,029,785	3,033,772	403,574	1,706,883	1,193,228	7,367,242
F은행	100,359	221,548	226,107	884,493	828,822	2,261,329
G은행	154,224	162,960	185,936	440,295	458,033	1,401,448

① 미디어지수는 C은행을 제외하고 모든 은행이 8월 대비 9월에 모두 증가했다.
② 브랜드평판지수는 참여지수, 미디어지수, 소통지수, 커뮤니티지수, 사회공헌지수의 합으로 보인다.
③ 8월 대비 9월에 A은행의 브랜드평판지수가 가장 큰 원인은 커뮤니티지수의 증가로 볼 수 있다.
④ E은행은 8월 대비 9월에 미디어지수가 상승했으나, 참여지수의 하락으로 브랜드평판 순위는 그대로이다.

34 다음은 은행별 타행으로 100,000원을 송금할 때 부과되는 수수료에 대한 자료이다. 이에 대한 설명으로 옳은 것은?

〈은행별 타행 송금 수수료〉

(단위 : 원)

구분	창구 이용	자동화기기		인터넷뱅킹	텔레뱅킹 (ARS 이용 시)	모바일뱅킹
		마감 전	마감 후			
A은행	1,000	700	1,000	500	500	500
B은행	1,000	800	1,000	500	500	500
C은행	1,000	500	750	500	500	500
D은행	500	500	500	500	500	500
E은행	500	500	500	500	500	500
F은행	600	600	650	면제	면제	면제
G은행	600	500	650	500	500	500
H은행	500	500	800	500	500	500
I은행	1,000	700	950	500	500	500
J은행	1,000	500	700	500	600	500
K은행	600	800	1,000	500	500	500
L은행	600	500	600	500	500	500
M은행	600	500	750	500	500	500
N은행	800	800	1,000	500	500	500
O은행	800	600	700	500	500	500
P은행 (인터넷뱅크)	운영하지 않음	면제	면제	면제	운영하지 않음	면제
Q은행	1,000	면제	면제	면제	500	면제
R은행 (인터넷뱅크)	운영하지 않음	면제	면제	운영하지 않음	운영하지 않음	면제

① 자동화기기의 마감 전 수수료가 700원 이상인 은행은 총 6곳이다.

② '운영하지 않음'을 제외한 A ~ R은행의 창구 이용 수수료의 평균은 800원보다 크다.

③ '면제'를 제외한 A ~ R은행의 자동화기기의 마감 전 수수료 평균이 마감 후 수수료 평균보다 크다.

④ A ~ O은행 중 창구 이용, 자동화기기(마감 전과 후 모두)의 총수수료 평균이 가장 큰 은행은 B은행이다.

35 다음은 국민은행 2024년 1분기 민원 건수에 대한 자료이다. 신용카드 민원 건수를 제외한 국민은행의 금분기 자체민원과 대외민원의 민원 건수 증감률이 전분기 대비 각각 80%, −40%라고 할 때, 빈칸 (가)와 (나)에 들어갈 수치의 합은?

〈국민은행 2024년 1분기 민원 건수〉

(단위 : 건)

<table>
<tr><th colspan="2" rowspan="2">구분</th><th colspan="2">민원 건수</th></tr>
<tr><th>금분기</th><th>전분기</th></tr>
<tr><td rowspan="2">자체민원</td><td>전체 민원 건수</td><td>99</td><td>71</td></tr>
<tr><td>신용카드 민원 건수</td><td>9</td><td>(가)</td></tr>
<tr><td rowspan="2">대외민원</td><td>전체 민원 건수</td><td>8</td><td>13</td></tr>
<tr><td>신용카드 민원 건수</td><td>(나)</td><td>3</td></tr>
</table>

① 23　　② 24

③ 25　　④ 26

36 다음은 국민은행의 자동화기기 이용수수료에 대한 자료이다. 이에 대한 설명으로 옳은 것은?

〈자동화기기 이용수수료〉

<table>
<tr><th colspan="3" rowspan="2">구분</th><th colspan="3">영업시간 내</th><th colspan="3">영업시간 외</th></tr>
<tr><th>3만 원 이하</th><th>10만 원 이하</th><th>10만 원 초과</th><th>3만 원 이하</th><th>10만 원 이하</th><th>10만 원 초과</th></tr>
<tr><td rowspan="4">국민은행 자동화기기 이용 시</td><td colspan="2">출금</td><td colspan="3">면제</td><td>250원</td><td colspan="2">500원</td></tr>
<tr><td rowspan="2">이체</td><td>국민은행계좌</td><td colspan="3">면제</td><td colspan="3">면제</td></tr>
<tr><td>타행계좌</td><td>400원</td><td>500원</td><td>900원</td><td>700원</td><td>800원</td><td>1,000원</td></tr>
<tr><td colspan="2">타행카드 입금</td><td colspan="3">500원</td><td colspan="3">1,000원</td></tr>
<tr><td rowspan="2">타행 자동화기기 이용 시</td><td colspan="2">출금</td><td colspan="3">800원</td><td colspan="3">1,000원</td></tr>
<tr><td colspan="2">이체</td><td colspan="2">500원</td><td>900원</td><td colspan="2">800원</td><td>1,000원</td></tr>
</table>

※ 영업시간 : 평일 09 ~ 16시

① 평일 오후 8시에 국민은행 자동화기기로 8만 원 출금 시 수수료는 면제된다.

② 토요일 오전 8시에 타행 자동화기기로 5만 원 출금 시 1,000원의 수수료가 적용된다.

③ 일요일 오후 1시에 타행 자동화기기로 12만 원을 이체할 경우 900원의 수수료가 적용된다.

④ 평일 오후 3시에 국민은행 자동화기기로 13만 원을 국민은행계좌로 이체할 경우 900원의 수수료가 적용된다.

37 다음은 은행별 해외송금수수료와 A씨가 1년간 해외유학 중인 아들에게 보낸 해외송금 내역에 대한 자료이다. A씨에게 부담되는 해외송금수수료는?(단, 해외송금수수료 계산 시 해외송금건마다 전신료도 별도로 포함되어야 한다)

〈은행별 해외송금수수료〉

(단위 : 원)

구분	해외송금수수료					전신료
	$500 미만	$500 이상 $2,000 미만	$2,000 이상 $5,000 미만	$5,000 이상 $10,000 미만	$10,000 이상	
A은행	15,000	20,000	25,000	30,000	35,000원	10,000
B은행	12,000	17,000	22,000	27,000		7,000
C은행	18,000		23,000	28,000		8,000
D은행	12,000	14,000	19,000	24,000	29,000	7,500
E은행	14,500		19,500	27,500	3,2500	7,000

〈A씨의 2024년 해외송금 내역〉

구분	송금 금액	이용 은행
2024.02.03	$720	D은행
2024.03.06	$5,200	A은행
2024.04.04	$2,500	B은행
2024.04.27	$1,300	A은행
2024.05.15	$2,300	C은행
2024.06.09	$1,520	D은행
2024.07.11	$5,500	E은행
2024.08.20	$800	D은행
2024.09.04	$1,320	A은행
2024.10.24	$2,300	D은행
2024.12.12	$800	D은행

① 263,000원　　② 276,000원

③ 287,000원　　④ 307,000원

38 K씨는 가격이 250만 원인 컴퓨터를 이달 초에 먼저 50만 원을 지불하고 남은 금액은 12개월 할부로 구매하고자 한다. 이자는 월이율 0.5%로 1개월마다 복리로 적용할 때, 남은 금액을 한 달 후부터 일정한 금액으로 갚는다면 K씨가 매월 내야 하는 금액은?(단, $1.005^{12}=1.062$로 계산하고, 십 원 단위에서 반올림한다)

① 147,600원
② 153,500원
③ 162,800원
④ 171,300원

39 K은행에서 고객들을 유치하기 위해 새로운 상품들을 내놓았는데, A고객은 그중 두 상품을 선택했다. 첫 번째 상품은 연복리적금으로 매달 초에 12만 원씩 납입하며 연 2.4%의 금리를 적용하는 3년 만기 상품이고, 두 번째 상품은 400만 원을 예치하는 단기예금으로 연 2.8%의 금리를 적용하는 2년 만기 상품이다. A고객이 가입한 두 상품이 각각 만기가 되어 돈을 찾는다고 할 때, 두 상품의 만기수령액 차이는?(단, 세금은 고려하지 않으며, $1.024^{\frac{1}{12}}=1.002$, $1.024^3=1.074$로 계산한다)

① 214,880원
② 222,880원
③ 224,880원
④ 226,800원

40 A기업은 해외 기업으로부터 대리석을 수입하여 국내 건설업체에 납품하고 있다. 최근 파키스탄의 B기업과 대리석 1톤을 수입하는 거래를 체결하였다. 수입대금으로 내야 할 금액은 원화로 얼마인가?

- 환율정보
  - 1달러=100루피
  - 1달러=1,160원
- 대리석 10kg당 가격 : 35,000루피

① 3,080만 원
② 3,810만 원
③ 4,060만 원
④ 4,600만 원

01 다음은 K은행의 스마트뱅킹 개편기념 이벤트에 대한 자료이다. 이를 본 고객의 반응으로 가장 적절한 것은?

〈스마트뱅킹 개편기념 이벤트〉

이벤트 응모고객 중 추첨을 통해 총 천사(1,004) 명의 고객님께 경품을 드립니다.

- 이벤트기간 : 2024년 11월 06일 ~ 2024년 12월 08일

■ 이벤트 경품 내용

- 1등 : 갤럭시S24(256G), 2명
- 2등 : 아이패드Air6(128G), 4명
- 3등 : 농촌사랑상품권(5만 원), 50명
- 4등 : GS주유상품권(2만 원), 300명
- 5등 : GS25모바일상품권(5천 원), 648명

■ 이벤트 참여 방법

- 이벤트 기간 동안 아래의 이벤트 요건 중 1가지 이상 완료 후, 이벤트 응모
- 이벤트별 응모요건 충족 시 응모권 1매 부여(4매까지 누적가능)

구분	응모대상	응모요건
이벤트 1	스마트뱅킹 신규가입고객	• 스마트뱅킹 신규가입 • 스마트뱅킹 앱 실행 • 로그인 완료
이벤트 2	금융상품마켓 이용고객	• PC 또는 앱을 통해 금융상품마켓 실행 • 예금 / 적금 / 펀드 중 상품 가입 완료
이벤트 3	스마트뱅킹 이용고객	• 스마트뱅킹 앱 이용 인증 • SNS에 스마트뱅킹 앱 공유
이벤트 4	간편뱅킹 이용고객	• 스마트뱅킹 앱 실행 • 간편 비밀번호 로그인 및 이체 완료

※ 당첨발표 : 2024년 12월 말(스마트 / 인터넷뱅킹 내 게시 및 당첨고객 SMS 발송)

■ 유의사항

- 추첨일 현재 가입유지고객 및 중복당첨 가능
- 당첨자 발표일로부터 1개월 이내 수령 거부, 연락 불능 등으로 경품 미수령 사유 발생 시 당첨이 취소처리 될 수 있습니다.
- 1, 2등 당첨고객에 대한 제세공과금은 은행이 부담하며, 1, 2, 3등 당첨고객은 영업점에 방문하여 경품을 수령합니다.
- 4 ~ 5등 당첨고객은 수탁업체에 고객님의 정보를 제공하고, 쿠폰 유효기간 만료 후 1개월 내에 고객정보는 폐기됩니다.

① 스마트뱅킹에 신규로 가입하기만 하면 응모할 수 있구나.

② 마지막 날인 12월 8일에 응모를 했으니, 내년에 결과를 알 수 있겠다.

③ 아이패드에 당첨되면 영업점에서 수령하고, 내 정보가 수탁업체에 제공되는구나.

④ 신규로 가입한 스마트뱅킹을 앱으로 로그인하고, 금융상품마켓을 실행하여 적금에 가입하였으니 응모권을 2매 받겠네.

※ 신입사원 K씨는 목돈 마련을 위해 일정액의 월급으로 적금상품에 가입하고자 한다. A씨가 현재 가입 가능한 적금상품에 대한 정보가 다음과 같을 때, 이어지는 질문에 답하시오. **[2~3]**

〈적금상품〉

구분	가입기간	기본금리	우대금리	우대사항
A적금	24개월	연 2%(연복리)	연 1.0%p	적금 기준일 주택청약저축 가입
B적금	20개월	연 3%(연복리)	연 0.5%p	월 납입금액 40만 원 이상
C적금	30개월	연 4%(단리)	연 0.5%p	E실비보험 가입
D적금	32개월	연 3%(단리)	연 1.0%p	F화재보험 가입

〈조건〉

- 모든 상품은 이자지급방식을 만기이자지급식으로 하며, 비과세상품이다.
- 근삿값은 다음과 같이 계산한다.

$(1.02)^{\frac{1}{12}}=1.001$, $(1.03)^{\frac{1}{12}}=1.002$, $(1.035)^{\frac{1}{12}}=1.003$, $(1.04)^{\frac{1}{12}}=1.0035$,

$(1.02)^{\frac{25}{12}}=1.04$, $(1.03)^{\frac{21}{12}}=1.05$, $(1.03)^{\frac{25}{12}}=1.06$, $(1.035)^{\frac{21}{12}}=1.06$

02 K씨가 별도 상품 가입 없이 월 50만 원씩 납입한다고 하였을 때, 만기환급금이 가장 큰 적금상품은?

① A적금　　② B적금

③ C적금　　④ D적금

03 K씨가 주택청약과 E실비보험에 가입하면서 월 40만원 씩 납입한다고 하였을 때, 만기환급금이 가장 큰 적금상품은?

① A적금　　② B적금

③ C적금　　④ D적금

※ 다음은 국가별 미국 달러(USD) 지수에 대한 자료이다. 이어지는 질문에 답하시오(단, 환전수수료는 고려하지 않는다). **[4~5]**

〈국가별 미국 달러 지수〉

구분	일본	오스트리아	러시아	캐나다
미국 달러 지수	140엔/USD	1유로/USD	90루블/USD	1.3CAD/USD

04 다음 중 국가별 외화를 미국 달러(USD)로 환전한 금액이 옳지 않은 것은?(단, 소수점 둘째 자리에서 반올림한다)

① 일본 : 2,100엔 – 15USD
② 오스트리아 : 350유로 – 350USD
③ 러시아 : 500루블 – 5.18USD
④ 캐나다 : 1,300CAD – 1,000USD

05 미국 달러의 대한민국 원화 가치가 1,250원/USD일 때, 다음 중 국가별 원화 1,000,000원을 환전한 금액이 옳지 않은 것은?

① 일본 : 112,000엔
② 오스트리아 : 800유로
③ 러시아 : 72,000루블
④ 캐나다 : 1,000CAD

※ 다음은 KB Star 정기예금에 대한 설명이다. 이어지는 질문에 답하시오. **[6~8]**

〈KB Star 정기예금〉

인터넷뱅킹, KB스타뱅킹, 콜센터를 통해서만 가입 가능한 Digital KB 대표 정기예금으로, 자동 만기관리부터 분할인출까지 가능한 편리한 온라인 전용 정기예금

구분	내용
가입대상	개인 및 개인사업자
가입기간	1개월 이상 36개월 이하(월 단위)
가입금액	100만 원 이상(추가입금 불가)
만기해지 방법	최초가입 시 아래의 구분 중 1개의 만기해지 방법을 필수로 선택해야 함 • 자동해지 : 만기일 당일 상품 신규가입 시 출금계좌에 만기해지 금액 전액 입금 • 자동재예치(원금) : 만기(재예치)일 당일 고시한 고객적용이율을 적용하며, 적용이자율을 제외한 가입조건은 기존 가입조건과 동일하게 원금 부분만 재예치, 이자 금액은 신규가입 시 출금계좌에 입금 • 자동재예치[(원금)+(이자)] : 만기(재예치)일 당일 고시한 고객적용이율을 적용하며, 적용이자율을 제외한 가입조건은 기존 가입조건과 동일한 조건으로 만기해지 금액 전액 재예치 • '오픈뱅킹' 서비스를 통해 신규 가입한 경우, 자동해지(재예치) 시 만기해지금액(이자금액)은 국민은행 출금계좌로 입금됨
분할인출	• 대상계좌 : 가입일로부터 1개월 이상 경과된 계좌 • 분할인출 횟수 : 계좌별 3회(해지 포함) 이내 가능 • 적용이율 : 신규 및 자동재예치 시 계약기간별 기본이율을 적용함 • 인출금액 : 제한 없음(단, 분할인출 후 계좌별 잔액은 100만 원 이상 유지되어야 함)
거래방법	• 신규 : KB스타뱅킹, 인터넷뱅킹, 고객센터(영업점 가입 불가) • 해지 : KB스타뱅킹, 인터넷뱅킹, 은행창구(영업점) 방문
양도 및 담보제공	• 가능(단, 예금담보대출은 예금잔액 95% 이내로 가능)
유의사항	• 만기 전 해지할 경우 계약에서 정한 이율보다 낮은 중도해지이율이 적용됨
이자지급 시기	• 만기일시지급식 : 만기(후) 또는 중도해지 요청 시 이자를 지급
이자계산 방법 (세전)	• 신규일부터 만기일 전일까지의 기간에 대하여 약정이율로 계산한 금액(원 미만 절사) • 이자계산 산식 : (신규금액)×(약정이율)×(약정개월수)÷12
기본이율	(아래 표 참조)

구분	기본이율	고객적용이율
1개월 이상 3개월 미만	0.50	1.3
3개월 이상 6개월 미만	0.60	1.88
6개월 이상 12개월 미만	0.70	2.45
12개월 이상 24개월 미만	0.70	2.73
24개월 이상 36개월 미만	0.80	2.84
36개월	0.90	2.87

※ 세금공제 전, 단위 : 연 %

<table>
<tr><td>중도해지
이율
(세전)</td><td>• 긴급 자금수요 등으로 중도해지할 경우 정기예금 중도해지이자율에 비해 회전식 정기예금이 유리할 수 있음
• 신규가입일 당시 영업점 및 인터넷 홈페이지에 고시한 예치기간별 중도해지이율 적용
<table>
<tr><th>예치기간</th><th>이율</th></tr>
<tr><td>1개월 미만</td><td>0.1%</td></tr>
<tr><td>1개월 이상 3개월 미만</td><td>기본이율×50%×경과월수/계약월수
(단, 최저금리 0.1%)</td></tr>
<tr><td>3개월 이상 6개월 미만</td><td>기본이율×50%×경과월수/계약월수
(단, 최저금리 0.1%)</td></tr>
<tr><td>6개월 이상 8개월 미만</td><td>기본이율×60%×경과월수/계약월수
(단, 최저금리 0.2%)</td></tr>
<tr><td>8개월 이상 10개월 미만</td><td>기본이율×70%×경과월수/계약월수
(단, 최저금리 0.2%)</td></tr>
<tr><td>10개월 이상 11개월 미만</td><td>기본이율×80%×경과월수/계약월수
(단, 최저금리 0.2%)</td></tr>
<tr><td>11개월 이상</td><td>기본이율×90%×경과월수/계약월수
(단, 최저금리 0.2%)</td></tr>
</table>
1. 기본이율 : 신규가입일 당시 영업점에 고시된 계약기간별 이율(우대이율 제외)
2. 경과월수 : 입금일 다음날로부터 해지월 입금해당일까지를 월수로 하고, 1개월 미만은 절상
3. 계약월수 : 신규일 다음날로부터 만기월 신규해당일까지를 월수로 하고, 1개월 미만은 절상
4. 이율은 소수점 둘째 자리까지 표시(소수점 셋째 자리에서 절사)</td></tr>
<tr><td>최종이율</td><td>• 신규(또는 재예치)일 당시 영업점 및 인터넷 홈페이지에 고시한 계약기간별 고객적용이율 적용(세금공제 전)</td></tr>
<tr><td>만기 후
이율
(산출근거)</td><td>
<table>
<tr><th>경과기간</th><th>이율</th></tr>
<tr><td>만기 후 1개월 이내</td><td>기본이율×50%</td></tr>
<tr><td>만기 후 1개월 초과 3개월 이내</td><td>기본이율×30%</td></tr>
<tr><td>만기 후 3개월 초과</td><td>0.1%</td></tr>
</table>
1. 기본이율 : 신규가입일 당시 영업점에 고시된 계약기간별 이율(우대이율 제외)
2. 경과월수 : 입금일 다음날로부터 해지월 입금해당일까지를 월수로 하고, 1개월 미만은 절상
3. 이율은 소수점 둘째 자리까지 표시(소수점 셋째 자리에서 절사)
※ 세금공제 전, 단위 : 연 %</td></tr>
</table>

06 다음 중 KB Star 정기예금을 바르게 이해한 사람은?

① A씨 : 영업점 등 KB국민은행에서 운용하는 모든 채널을 통해 가입할 수 있다.
② B씨 : 가입금액은 100만 원 이상이며, 건별 10만 원 이상 추가입금이 15회까지 가능하다.
③ C씨 : 가입일로부터 3개월이 지나면 분할인출이 가능하며, 이때 인출 횟수에 제한이 없다.
④ D씨 : 분할인출 금액에는 제한이 없으나, 인출 후 잔액이 100만 원 이상이어야 한다.

07 K씨는 온라인 고객센터를 통해 KB Star 정기예금 가입 상담을 하고 있다. 이때 은행 직원이 안내할 사항으로 옳은 것을 〈보기〉에서 모두 고르면?

〈보기〉

㉠ 이 상품의 계약기간은 월 단위로 최대 36개월 이내입니다.
㉡ 만기가 되기 전에, 또는 중도에 해지하시기 전에도 3개월마다 이자를 받으실 수 있습니다.
㉢ 이 상품을 담보로 대출을 받으실 수 있는데요, 예금잔액의 95%까지 대출이 가능합니다.
㉣ 만기 전에 해지해도 계약에서 정한 이율과 동일한 수준의 이율을 적용받으실 수 있습니다.

① ㉠, ㉡
② ㉠, ㉢
③ ㉡, ㉢
④ ㉢, ㉣

08 K씨가 KB Star 정기예금에 신규가입해 200만 원을 예치한 후 36개월의 만기가 지났을 때, K씨가 수령할 원리금의 합계액은?(단, 세금공제 전을 기준으로 하며, 계산의 편리를 위해 이후 추가입금은 없었다고 가정하고, 원 미만은 절사한다)

① 2,172,200원
② 2,210,300원
③ 2,242,400원
④ 2,261,500원

09 최근 글로벌 금융시장의 불안으로 원/달러 환율의 변동성이 커지고 있다. 다음은 K은행에서 환리스크 관리 실태를 파악하고 관리지원전략을 수립하기 위하여 당행과 거래하는 중소기업 160개사를 대상으로 실시한 설문조사에 대한 자료이다. 이에 대한 설명으로 옳지 않은 것은?

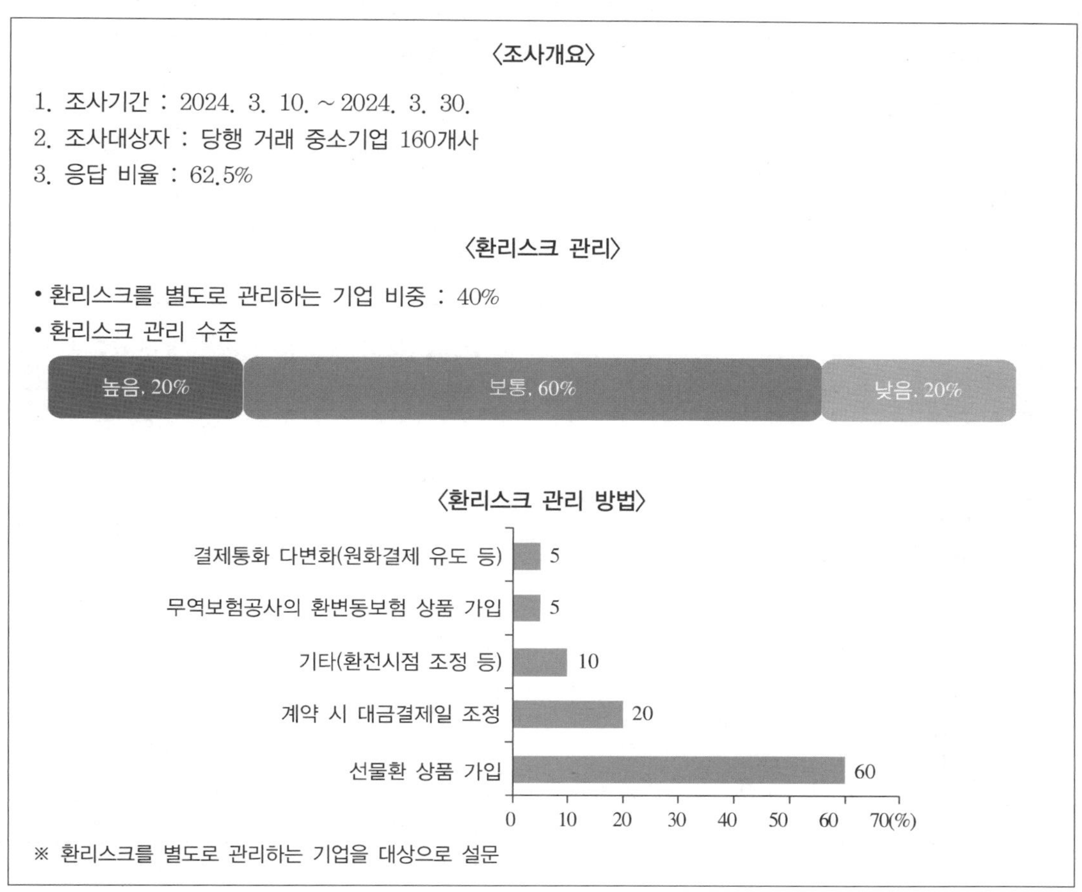

〈조사개요〉
1. 조사기간 : 2024. 3. 10. ~ 2024. 3. 30.
2. 조사대상자 : 당행 거래 중소기업 160개사
3. 응답 비율 : 62.5%
〈환리스크 관리〉
• 환리스크를 별도로 관리하는 기업 비중 : 40%
• 환리스크 관리 수준
높음, 20%
보통, 60%
낮음, 20%
〈환리스크 관리 방법〉
결제통화 다변화(원화결제 유도 등) 5
무역보험공사의 환변동보험 상품 가입 5
기타(환전시점 조정 등) 10
계약 시 대금결제일 조정 20
선물환 상품 가입 60
0 10 20 30 40 50 60 70(%)
※ 환리스크를 별도로 관리하는 기업을 대상으로 설문

① 설문조사는 21일간 진행되었으며, 조사 결과는 중소기업 100개사의 답변을 토대로 도출되었다.

② 환리스크를 관리하는 기업은 40%에 불과하며, 그중 환리스크 관리 수준이 높다고 답변한 기업은 8개사로 매우 미비한 수준이다.

③ 환리스크를 별도로 관리하는 기업이 가장 많이 이용하는 기법은 선물환 상품 가입이며, 조사대상 기업 중 24개사에서 실시하고 있다.

④ 환율변동 추이를 살펴 대금결제일을 바꾸거나 환전시점을 고려하는 적극적인 환리스크 관리 기법을 활용하는 기업은 전체 응답자 중 30%를 차지한다.

※ A주임은 K은행의 튼튼준비적금과 S은행의 탄탄대로적금 중 한 가지에 가입하고자 한다. 이어지는 질문에 답하시오. **[10~11]**

〈K은행 튼튼준비적금 상품정보〉

구분	내용
상품명	튼튼준비적금
가입자	실명의 개인
가입금액	매월 1일 100,000원 납입
가입기간	36개월
적용금리	기본금리(연 1.8%)+우대금리(최대 연 0.15%p)
저축방법	단리형 정기적립식
이자지급방식	만기일시지급
금리우대사항	• 급여이체 : 급여통장에서 해당 적금 계좌로 정기 이체할 경우(연 0.10%p) • 신규고객 : 해당 상품 가입일 기준 K은행 적금상품에 가입한 기록이 없는 경우(연 0.05%p)

〈S은행 탄탄대로적금 상품정보〉

구분	내용
상품명	탄탄대로적금
가입자	실명의 개인
가입금액	매월 1일 120,000원 납입
가입기간	30개월
적용금리	기본금리(연 2.0%)+우대금리(최대 연 0.40%p)
저축방법	단리형 정기적립식
이자지급방식	만기일시지급
금리우대사항	• 우수거래고객 : 해당 상품 가입일 기준 예금주의 S은행 거래기간이 3년 이상인 경우(연 0.20%p) • 가족회원 : 해당 상품 가입일 기준 동거 중인 가족구성원 중 1명 이상이 해당 적금 가입자인 경우(연 0.20%p)

10 A주임은 두 상품 중 만기환급금이 더 큰 상품에 가입하고자 한다. A주임이 금리우대사항에 적용되는 사항이 없다고 할 때, A주임이 가입할 적금상품과 그 상품의 만기환급금은?

	적금상품	만기환급금
①	튼튼준비적금	3,693,000원
②	튼튼준비적금	3,699,900원
③	탄탄대로적금	3,693,000원
④	탄탄대로적금	3,699,900원

11 A주임은 두 상품 중 만기환급금이 더 큰 상품에 가입하고자 한다. A주임의 〈상황〉이 다음과 같을 때, A주임이 가입할 적금상품과 그 상품의 적용금리로 옳은 것은?

〈상황〉

- 2025년 1월 25일에 적금상품에 가입할 예정이다.
- 급여통장에서 새로 가입할 적금계좌로 금액을 정기 이체하고자 한다.
- 2020년 7월 17일에 S은행 계좌를 처음으로 개설하였다.
- 2021년 1월 4일에 K은행 계좌를 처음으로 개설하였다.
- 2024년 6월 2일부터 K은행에서 청춘플러스적금에 가입 중이다.
- 동거 중인 동생은 S은행 탄탄대로적금 가입자이다.

	적금상품	적용 금리
①	튼튼준비적금	연 1.90%
②	튼튼준비적금	연 1.95%
③	탄탄대로적금	연 2.00%
④	탄탄대로적금	연 2.40%

12 철수는 매년 말에 1명의 세입자에게서 일정한 금액의 임대료를 지불받아 3년 후에 4,000만 원을 마련하려고 한다. 연이율이 5%이고 1년마다 복리로 계산할 때, 매년 임대료를 얼마씩 받아야 하는가?(단, $1.05^3 = 1.16$으로 계산한다)

① 1,100만 원　② 1,200만 원

③ 1,250만 원　④ 1,300만 원

13 최근 자택 근처 지점으로 발령받은 A주임은 경비 절약을 위해 자가용 대신 이용할 출퇴근용 전기자전거를 K카드로 구입하고자 한다. 다음 정보와 K카드 할부수수료 부과방식에 따라 A주임이 지불할 할부수수료 총액은?

〈정보〉

- A주임이 구입하고자 하는 전기자전거의 가격은 120만 원이다.
- 6개월 할부로 구입하고자 한다.
- 균등분할 할부방식이 적용된다.
- A주임은 K카드의 VIP등급 회원이다.

〈K카드 할부수수료 부과방식〉

■ 회원등급별 신용카드 할부수수료율

- 일반등급

할부기간	2개월	3 ~ 5개월	6 ~ 12개월	13 ~ 18개월	19 ~ 36개월
할부수수료율	11%	14%	16%	17%	19%

- VIP등급

할부기간	2개월	3 ~ 5개월	6 ~ 12개월	13 ~ 18개월	19 ~ 36개월
할부수수료율	10%	13%	14%	15%	16%

■ 할부수수료 계산 방식

- (월 할부수수료)=(할부 신용판매대금 잔액)×[(할부수수료율)÷12)]
- (월 납입액)=$\frac{(\text{할부이용대금})}{[\text{할부기간(월)}]}$

※ 이용일수는 30일로 계산함

※ 소수점 첫째 자리에서 반올림함

① 14,000원
② 16,000원
③ 49,000원
④ 56,000원

14 K기업은 N브랜드 의류를 생산하여 수출하는 기업이다. 최근 해외에서 N브랜드의 인지도가 높아짐에 따라 수출량도 함께 증가하여 상당한 매출을 달성하고 있다. 다음은 K기업의 지난 2025년 2월의 수출입거래 현황과 주요국 통화 환율 추이에 대한 자료이다. K기업의 주거래 은행에서 관리하고 있는 당좌계좌의 잔액이 2월 1일 기준 1천만 원이 있었다면, 2월 25일 기준 당좌계좌의 잔액은?(단, 환전은 결제일 당일 기준환율에 의해 이루어지며, 기타 비용은 발생하지 않는다)

■ K기업의 2025년 2월 수출입거래 현황

- 2/3 미국 A사와 N브랜드 의류 수출계약
  - 수출물량 : 1,000box
  - 단가 : 1pcs당 10달러(1box=10pcs)
  - 인도일 : 2/16
  - 결제일 : 인도일+3
- 2/5 일본 C사와 P원단 수입계약
  - 수입물량 : 1,000rolls
  - 단가 : 1m당 50엔(1roll=50m)
  - 인수일 : 2/11
  - 결제일 : 인수일+12

■ 2025년 2월 주요국 통화 환율 추이(휴일 제외)

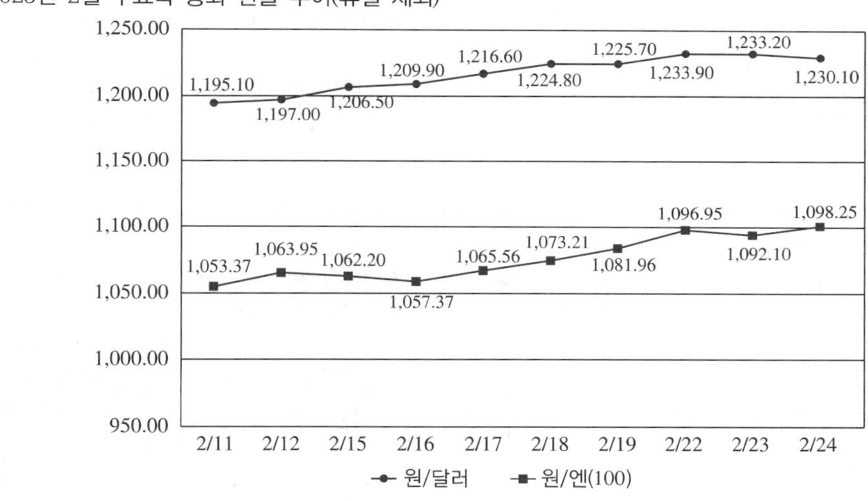

① 5,045,500원
② 105,267,500원
③ 106,087,500원
④ 129,734,375원

※ K은행 신입행원 K씨는 최신 금융상품의 문의 처리 및 안내를 하는 업무를 맡고 있다. 다음은 최근에 청년 우대형 주택청약 상품이 출시되었다는 정부의 발표를 듣고 이와 관련된 문의를 대비하기 위해 K씨가 찾아본 상품의 정보에 대한 자료이다. 이어지는 질문에 답하시오. **[15~17]**

〈청년 우대형 주택청약〉

■ 상품설명

개요	주택청약종합저축에 우대금리 혜택을 더하여 청년의 주거안정과 목돈마련 기회를 제공하는 저축상품
특징	「국민주택, 민영주택」 모든 주택 청약이 가능하며, 가입자격 및 무주택 조건 등을 충족하면 우대금리 등의 혜택을 받을 수 있습니다.
예금자보호	이 금융상품은 예금자보호법에 따라 예금보험공사가 보호하지 않습니다. 단, 주택도시기금에 의해 정부가 별도 관리합니다.
대상	만 19세 이상 만 34세 이하 연소득 3천만 원 이하이고 다음 세대주 요건 중 어느 하나에 해당하는 자 ① 무주택인 세대주(3개월 이상 세대주일 것) ② 무주택자이고 가입일로부터 3년 이내 세대주 예정자(3개월 이상 세대주일 것) ③ 주민등록등본에 함께 등재된 본인, 배우자, 부모, 자녀가 모두 무주택인 세대원 ※ 만 34세 초과 시 병역복무기간(최대 6년)만큼 차감 가능 ※ 이 저축을 포함하여 주택청약종합저축, 청약저축, 청약예금, 청약부금 중 1인 1계좌만 가입가능
적립금액	매월 약정납입일(신규가입일 또는 전환신규일 해당일)에 2만 원 이상 50만 원 이하의 금액을 10원 단위로 자유롭게 납입(단, 입금하려는 금액과 납입누계액의 합이 1,500만 원 이하인 경우 50만 원을 초과하여 입금 가능) ※ 전환신규한 경우 전환원금이 1,500만 원 이상인 경우에는 다음 회차부터는 매월 50만 원을 초과하여 입금 불가
가입기간	가입일로부터 입주자로 선정된 날까지(단, 분양 전환되지 않는 임대주택 입주자로 선정된 경우 제외)

■ 금리 안내

가입기간 2년 이상인 경우, 무주택기간에 대해 주택청약종합저축 금리에 1.5%p 우대금리 적용(최대 10년간 총 원금 5천만 원 한도)

※ 전환신규 시 전환원금은 우대금리 제외되고, 가입기간은 전환 신규일부터 새로 산정

※ 가입기간 중 주택 취득 시, 최초 주택소유의 직전년도 말일까지 우대금리 적용

(2025.01.02. 기준, 세금납부 전)

가입기간	1개월 이내	1개월 초과 1년 미만	1년 이상 2년 미만	2년 이상 10년 이내	10년 초과
기본금리	무이자	연 1.0%	연 1.5%	연 1.8%	연 1.8%
우대금리 적용 시	무이자	연 2.5%	연 3.0%	연 3.3%	연 1.8%

※ 변동금리로서 정부 고시에 의하여 변경될 수 있으며, 이율이 변경되는 경우 변경일 기준으로 기존 가입고객 포함하여 변경 후 이자율 적용

■ **상품혜택**

[전환신규]

- 기존 「주택청약종합저축」을 보유한 고객이 「청년 우대형 주택청약종합저축」 가입조건을 갖춘 경우 전환이 가능(전환신규일에 기존 통장의 이자는 별도지급하고 전환원금은 신규통장에 예치됨)
- 기존 「주택청약종합저축」 통장에 납입 인정된 횟수와 납입금액을 인정함(선납 및 연체로 인한 미인정분은 소멸)
- 전환 신규한 통장의 최초 납입금액(전환원금)은 우대이율 및 납입인정 횟수에서 제외되며 이후 입금분부터 우대이율 및 납입인정 횟수 적용
- 약정납입일은 전환신규일로 변경됨

■ **소득공제 안내**

[소득공제]

- 대상 : 과세기간 총 급여액 7천만 원 이하 근로자인 무주택세대주(세법에서 정하는 대상자)로서 당해연도 납입금액(최고한도 240만 원)의 40%(한도 96만 원) 소득공제
- 한도 : 연간 납입액(최고 240만 원)의 40%, 최고 공제금액 96만 원

※ 소득공제 기한은 2024.12.31. 납입분까지이며, 소득공제 관련 내용은 향후 세법 개정 시 변경될 수 있음

■ **준비서류**

실명확인증표(원본지참), 소득증빙서류, 병적증명서(병역기간 차감 필요 시), 아래 세대주 요건별 서류

- 가입대상 ① (무주택인 세대주) : 주민등록등본(3개월 이내 발급분)
- 가입대상 ② (무주택인 세대주 예정자) : 가입 시 없음. 단, 계좌 해지 전까지 세대주(3년 이내 3개월 이상) 증빙해야 함(미제출 시 우대금리 제외)
- 가입대상 ③ (무주택세대의 세대원) : 주민등록등본 및 세대원 전원의 지방세 세목별 과세증명서(주민센터에서 전국 단위로 3개월 이내 발급분)

[소득 증빙서류(택1)]

구분	증빙서류(택1)	비고
근로 소득자	소득확인증명서(ISA가입용) / 근로소득원천징수영수증 / 소득금액증명원	직전년도 소득증빙이 안 되는 1년 미만 근로소득자인 경우 가입연도의 급여명세표(근로소득원천징수부, 임금대장, 갑근세원천징수확인서 및 그 외 소정 양식의 출력물로서 회사의 직인 날인된 것)
사업, 기타 소득자	소득확인증명서(ISA가입용) / 사업소득원천징수영수증 / 종합소득세 과세표준확정신고 및 납부계산서(세무사 확인본) / 종합소득세용 소득금액증명원 / 기타소득원천징수영수증	

※ 가입일 기준 직전년도 기준이며, 직전년도 소득이 미확정된 기간에는 전전년도 소득자료 제출 가능 / 소득기간이 1년 미만인 근로소득은 연환산하여 산정

15 **K씨는 자신이 청년 우대형 주택청약의 가입 대상에 해당하는지 확인해달라는 문의전화를 받았다. 다음 중 청년 우대형 주택청약에 해당하는 사람은?(단, 나이는 모두 만 나이이다)**

① 연소득이 5천만 원이며, 무주택자이고 나이가 26살인 A씨

② 연소득이 2천 5백만 원이며, 주택이 1채 있으나 전세에 살고 있는 나이가 25살인 B씨

③ 연소득이 1천 3백만 원이며, 무주택자이고 군대를 2년간 다녀왔으며 나이가 36살인 C씨

④ 연소득이 2천만 원이며, 자가를 소유한 부모님 밑에서 같이 살고 있는 나이가 29살인 D씨

16 **P씨는 2021년 1월에 처음으로 주택청약 통장을 들었다. 이후 2023년 12월에 청년우대 요건에 해당되어 신청을 하였고 12월 20일에 청년우대로 전환신규하였다. P씨가 2027년 1월까지 매월 20만 원씩 저금을 하고 2027년 2월에 입주자로 선정이 된다면, 주택청약 저축금액으로 받게 될 총금액은?(단, 이자는 단리이며, 전환 후 기존 금액은 기본 이율을 적용하고, 천 원 단위 이하는 버림하며, 세금은 고려하지 않는다)**

① 1,625만 원
② 1,780만 원
③ 1,828만 원
④ 1,870만 원

17 **한 고객이 K씨에게 필요한 서류가 무엇인지 전화상으로 물어보았다. 고객의 조건이 〈보기〉와 같을 때, 반드시 필요한 서류가 아닌 것은?**

〈보기〉

> 저는 2025년 3월에 입사하였고, 무주택세대주이며 나이는 28살입니다. 군대 갔다 온 것은 꼭 제출하고 싶고, 연봉은 2천만 원이 좀 안 됩니다. 2025년 12월에 가입하려면 어떤 서류가 필요할까요?

① 실명확인증표

② 소득확인증명서(ISA가입용)

③ 2025년 회사의 날인이 찍힌 임금대장

④ 발급한 지 1개월 된 주민등록등본

※ 다음은 KB직장인우대적금에 대한 자료이다. 이어지는 질문에 답하시오. **[18~19]**

〈KB직장인우대적금〉

직장인의 재테크 스타일을 반영하여 급여이체를 하거나 보너스 등의 부정기적인 자금을 추가로 적립하는 경우 우대이율로 목돈마련을 지원하고 결혼, 출산, 이사 등 이벤트를 위한 중도해지 시 기본이율을 제공하는 적립식 예금

구분	내용
가입대상	실명의 개인(개인사업자 제외)
상품유형	• 정액적립식 ※ 신규 시 약정한 저축금액을 매월 약정한 날짜에 동일하게 저축 ※ 분기별 1회에 한하여 추가적립(보너스저축) 가능
저축금액	• 정액적립 : 월 1만 원 이상 300만 원 이하(원 단위) • 추가적립 : 월 정액적립금액을 초과한 금액으로 최대 5백만 원 이하(원 단위)
거래방법	• 신규 및 해지 : KB스타뱅킹, 인터넷뱅킹, 은행창구방문, 고객센터 ※ 고객센터 해지 시 만기해지만 가능하며 미성년자 예금 해지 불가
가입기간	1년, 2년, 3년 중 선택
이자지급시기	만기일시지급식
기본이율	(2024.07.06. 기준, 세금공제 전, 단위 : 연 %) 가입기간 1년 : 금리 2.20 가입기간 2년 : 금리 2.40 가입기간 3년 : 금리 2.60 ※ 신규시점에 영업점 및 KB국민은행 홈페이지에 고시된 계약기간별 이율 적용
우대이율	• 정액적립분(최고 연 0.5%p) ※ 신규가입일 당시 영업점 및 KB국민은행 홈페이지에 게시한 항목별 우대이율 적용

기본이율:

가입기간	금리
1년	2.20
2년	2.40
3년	2.60

우대이율:

우대이율	적용이율	내용
직장인 우대이율	연 0.3%p	– 신규일이 포함된 달부터 3개월이 경과한 달까지 「50만 원 이상 급여이체실적(주)」 또는 「30만 원 이상 KB국민카드 매입실적」이 발생한 월수가 1개월 이상인 경우 예시) 2023.09.25. 신규 시 실적인정 대상 기간 : 당해 09 ~ 12월까지 4개월 중 1개월 이상 실적인정 여부 확인 ※ 월/달은 매월 1일부터 말일까지로 산정 ※ KB국민카드 매입실적은 KB국민카드 사용전표가 KB국민카드사로 매입된 경우 인정 ※ KB국민카드 매입실적 산정 시 기업카드 및 가족카드, 선불카드 매입금액은 제외 (주)급여이체 실적 인정기준 KB국민은행과 급여이체 또는 대량이체계약에 따른 급여성 선일자, 탑라인, 기업인터넷뱅킹 등에 의한 이체실적(단, 급여이체 인정금액은 건별 20만 원 이상인 경우에 한함)

우대이율	적용이율	내용
제휴통신사 우대이율	연 0.1%p 또는 연 0.2%p	– 제휴통신사(KT)에서 발급한 “KB국민은행 금리우대 쿠폰”을 소지 후 영업점에 방문한 고객이 전월에 KB국민신용카드 결제실적이 있는 고객(영업점방문 신규 시에만 적용) Qook집전화 장기이용 고객 : 연 0.1%p Qook인터넷 장기이용 고객 : 연 0.1%p Qook집전화+Qook인터넷 장기이용 고객 : 연 0.2%p ※ KB국민카드 결제실적 산정 시 기업카드 및 가족카드, 선불카드, 체크카드 결제실적은 제외

※ 모든 우대이율은 만기해지 계좌에 대하여 계약기간 동안 적용

• 추가적립분(최고 연 0.2%p)

우대이율	적용이율	내용
보너스저축 우대이율	연 0.2%p	– 추가적립(보너스저축)금액에 대하여 최종이율에 연 0.2%p를 추가하여 만기해지 시에 지급 ※ 추가적립은 KB국민은행 창구 및 개인 또는 기업인터넷뱅킹, 폰뱅킹을 통해서만 입금가능 (자동화기기 및 다른 은행을 통한 추가적립 불가)

최종이율

(조회일 기준, 세금공제 전)

가입기간	최종이율
1년	최저 연 2.20% 최고 연 2.70%
2년	최저 연 2.40% 최고 연 2.90%
3년	최저 연 2.60% 최고 연 3.10%

※ 최고이율은 직장인 우대이율 연 0.3%p 및 제휴통신사 우대이율 최고 연 0.2%p 모두 적용 시

특별중도해지

• 적용대상 : 가입기간의 1/2 이상을 경과한 계좌로 계약기간 중에 이 적금 가입고객에게 다음 사유 발생 시 특별중도해지일 기준 최근 3개월 이내 발급한 증빙서류를 지참하여 영업점에 방문

- 퇴직 : 퇴직금 입금 통장, 퇴직증명서
- 창업 : 사업자등록증
- 결혼 : 청첩장, 예식장 계약서
- 출산 : 산모수첩, 의사소견서, 출생증명서
- 이사 : 임대차계약서, 매매계약서, 주민등록등본
- 입원 : (3일 이상) 입원 확인서

• 적용이율 : 기본이율(우대이율 제외)

중도해지이율

• 적용대상 : 가입기간의 1/2 이상을 경과한 계좌로 계약기간 중에 이 적금 가입고객에게 다음 사유 발생 시 특별중도해지일 기준 최근 3개월 이내 발급한 증빙서류를 지참하여 영업점에 방문

(단위 : 연 %)

예치기간	이율
1개월 미만	0.1
1개월 이상 3개월 미만	기본이율×50%×경과월수/계약월수 (단, 최저금리는 0.1)
3개월 이상 6개월 미만	기본이율×50%×경과월수/계약월수 (단, 최저금리는 0.1)
6개월 이상 8개월 미만	기본이율×60%×경과월수/계약월수 (단, 최저금리는 0.2)
8개월 이상 10개월 미만	기본이율×70%×경과월수/계약월수 (단, 최저금리는 0.2)
10개월 이상 11개월 미만	기본이율×80%×경과월수/계약월수 (단, 최저금리는 0.2)
11개월 이상	기본이율×90%×경과월수/계약월수 (단, 최저금리는 0.2)

1. 경과월수 : 입금일 다음날로부터 해지월 입금해당일까지를 월수로 하고, 1개월 미만은 절상
2. 계약월수 : 신규일 다음날로부터 만기월 신규해당일까지를 월수로 하고, 1개월 미만은 절상
※ 단, 가입기간이 월 단위인 경우 계약월수를 그대로 사용하며, 경과월수는 계약월수를 초과할 수 없음
3. 이율은 반올림하여 소수점 둘째 자리까지 표시

18 **다음 중 KB직장인우대적금에 대해 바르게 이해한 사람은?**

① 동규 : 미성년자는 가입할 수 없는 상품이군.
② 진상 : 중도해지를 하면 받을 수 있는 이율은 2%가 채 안 되네.
③ 재영 : 가입기간 동안 꾸준히 KB국민은행 계좌로 급여를 받아야 유지할 수 있군.
④ 주연 : 추가적립분에 대해서는 제휴통신사 우대이율이 적용되지 않는군.

19 **취업이 확정된 예비 졸업생 A씨는 정액적립식으로 KB직장인우대적금에 가입하려고 한다. 다음 중 A씨에게 안내할 사항으로 적절하지 않은 것은?**

① 이번 달부터 급여이체 실적이 있어야 우대금리를 받을 수 있습니다.
② 정액적립을 위한 납입 약정일을 지정해야 합니다.
③ 중도해지 시 이자는 경우에 따라 최초약정 시 이율과 동일할 수도 있습니다.
④ 결혼, 출산 등을 위해 중도해지를 할 경우, 특별중도해지로 인정받으려면 최소 6개월 이상은 저축을 해야 합니다.

※ 다음은 K은행 인기 금융상품 안내서에 대한 자료이다. 이어지는 질문에 답하시오. **[20~22]**

〈K은행 인기 금융상품 안내서〉

■ **만능정기적금**

1) 개요 : 가입자가 이율, 이자지급, 만기일 등을 직접 설계하여 저축할 수 있는 다기능 맞춤식 상품
2) 가입기간
 • 고정금리형 : 1개월 이상 3년 이내(월 단위)
 • 단위기간 금리연동형 : 12개월 이상 36개월 이내 월 단위로 가입기간을 정하고 금리연동(회전) 단위기간은 1개월 이상 6개월 이내 월 단위로 정할 수 있음
3) 가입금액
 • 신규 최저 100만 원 이상 원 단위로 예치
 • 건별 10만 원 이상 원 단위로 추가입금 가능(신규포함 30회까지)

■ **직장인우대적금**

1) 개요 : 직장인의 재테크 스타일을 반영하여 급여이체를 하거나 보너스 등의 부정기적인 자금을 추가로 적립하는 경우 우대이율을 적용하고, 결혼·출산·이사 등 이벤트를 위한 중도해지 시 기본이율을 제공하는 상품
2) 가입기간 : 1년 이상 3년 이내(연 단위)
3) 가입금액
 • 정액적립 : 1만 원 이상 3백만 원 이하 원 단위
 • 추가적립 : 월 정액적립금액을 초과한 금액으로 최대 5백만 원 이하 원 단위(단, 저축일 현재 미납회차가 없는 계좌로 분기별 1회, 만기 1개월 전까지 가능)

■ **자녀행복적금**

1) 개요 : 자녀의 미래를 위해 목돈을 마련해 줄 수 있고 다양한 우대이율과 부가서비스를 받을 수 있는 유소년 전용상품
2) 가입기간 : 1년(1년마다 자동 재예치 가능)
3) 가입금액 : 초회 10만 원 이상, 2회차 이후 3만 원 이상 500만 원 이하 자유저축
4) 분할인출 : 재예치된 계좌의 재예치금(이자 포함) 중 100만 원을 제외한 금액 범위 내에서 계약기간 중 1회에 한하여 인출 가능

■ **금리 비교(지급방식 : 만기일시지급)**

상품명	가입기간	적용금리(연 %, 세전)	우대금리(연 %p, 세전)
만능정기적금 (만기지급, 확정금리)	1개월 이상	1.0	최고 0.3
	3개월 이상	1.1	
	6개월 이상	1.2	
	1년 이상	1.3	
	2년 이상	1.4	
	3년	1.5	
직장인우대적금	12개월	1.6	최고 0.5
	24개월	1.8	
	36개월	2.1	
자녀행복적금	12개월	1.6	최고 0.9

※ 중도해지 시 우대금리 미적용

■ 위 3개의 금융상품은 예금자보호법에 따라 예금보험공사가 보호하며, 보호한도는 본 은행에 있는 모든 예금 보호 대상 금융상품의 원금과 소정의 이자를 합하여 1인당 '최고 5천만 원'입니다.

20 **귀하는 선임 행원으로부터 가장 인기 있는 상품에 대해 알아두라고 위와 같은 유인물을 받았다. 다음 중 귀하가 이해한 내용으로 옳은 것은?**

① 신규가입 시 일정금액을 예치하는 조건을 세 가지 상품 모두 가지고 있다.
② 만능정기적금은 가입할 때 일정한 기간 단위로 금리가 변동할 수 있도록 설정이 가능하다.
③ 직장인우대적금의 경우 매 회차에 적립하기로 한 금액 이외에도 연 1회 추가적립이 가능하다.
④ 금융상품마다 불입해야 할 금액조건이 서로 상이하지만, 가입기간은 모두 3년으로 동일하다.

21 **귀하는 자사의 홈페이지에서 세 가지 금융상품을 안내하는 배너에 잘못 기재된 부분이 있다는 것을 알게 되었다. 다음 중 잘못된 정보는?**

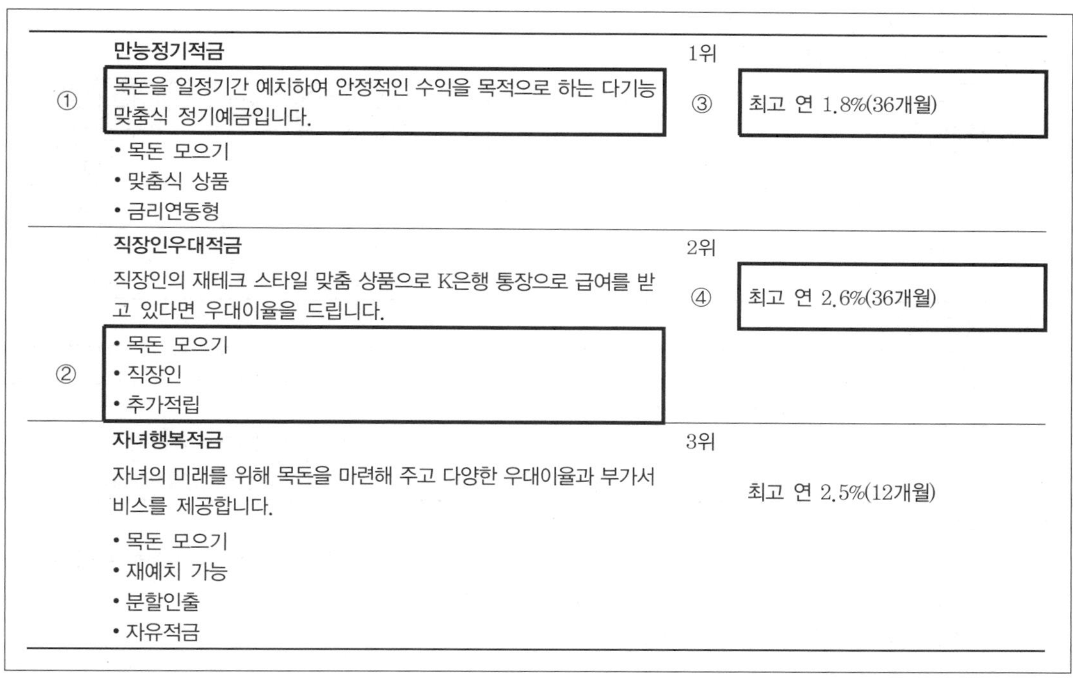

만능정기적금 1위

① 목돈을 일정기간 예치하여 안정적인 수익을 목적으로 하는 다기능 맞춤식 정기예금입니다.

③ 최고 연 1.8%(36개월)

• 목돈 모으기
• 맞춤식 상품
• 금리연동형

직장인우대적금 2위

직장인의 재테크 스타일 맞춤 상품으로 K은행 통장으로 급여를 받고 있다면 우대이율을 드립니다.

④ 최고 연 2.6%(36개월)

② • 목돈 모으기
• 직장인
• 추가적립

자녀행복적금 3위

자녀의 미래를 위해 목돈을 마련해 주고 다양한 우대이율과 부가서비스를 제공합니다.

최고 연 2.5%(12개월)

• 목돈 모으기
• 재예치 가능
• 분할인출
• 자유적금

22 **귀하는 직장인우대적금에 가입한 한 고객으로부터 문의를 받았다. 다음 중 고객의 질문에 대한 답변으로 옳은 것은?**

> 고객 : 안녕하세요? 6개월 전에 직장인우대적금을 가입했었는데요. 이사 때문에 자금이 부족해서 적금을 해지해야 할 것 같습니다. 가입할 때 1년 만기로 가입했었고, 우대금리 조건은 모두 충족해서 최고금리를 받을 수 있는 것으로 알고 있습니다. 제가 중도해지하게 된다면 받을 수 있는 이율이 얼마인가요?

① 0.5% 이율이 적용됩니다.
② 0.9% 이율이 적용됩니다.
③ 1.6% 이율이 적용됩니다.
④ 2.1% 이율이 적용됩니다.

※ 다음은 성실한 K대출에 대한 자료이다. 이어지는 질문에 답하시오. **[23~24]**

〈성실한 K대출〉

신용등급 4～6등급을 위한 대출상품으로, 성실히 납부할수록 대출금리가 감소하는 상품이다.

- 대출신청자격 : 가입일 기준 신용등급 4～6등급인 근로소득이 3개월 이상 있는 개인
- 대출금액 : 최소 3백만 원 이상 최대 3천만 원 이내
- 대출기간 : 최저 1년 이상 최장 10년 이내(거치기간 미포함 : 비거치 또는 1년)
- 대출방법 : 방문 또는 K뱅킹 앱을 통한 대출
- 상환방법 : 만기일시상환 또는 원금균등분할상환
- 대출금리 : 다음에 따라 산정된 금리

– 신용등급 기준금리(연 %)

등급	4	5	6
금리	2.84	4.11	8.86

– 가산금리(연 %p, 거치기간 포함)

대출기간 \ 대출금액	1천만 원 이하	1천만 원 초과 2천만 원 이하	2천만 원 초과 3천만 원 이하
1년 이내	1.31	1.45	1.91
1년 초과 3년 이내	1.58	2.12	2.98
3년 초과 5년 이내	1.84	3.02	4.11
5년 초과	2.38	3.97	5.29

– 우대금리(연 %p)

우대조건	우대금리
K뱅킹 앱을 통한 대출 신청	1.15
만기일시상환	1년 경과 시마다 0.25(최대 2)
원금균등분할상환	1년 경과 시마다 0.4(최대 4)

- 유의사항

– 이 상품은 2024년 8월 한 달간 진행하는 상품이며, 매주 수요일에 고객 250명에게만 판매하는 상품으로 기간 및 수량 경과 시 별도의 고지 없이 판매가 종료될 수 있습니다.

– 이 상품은 별도의 중도상환수수료가 없습니다.

23 **다음 중 성실한 K대출에 대해 바르게 이해한 사람은?**

① A씨 : 성실한 K대출 이용 시 첫 해 대출금리의 최솟값은 2.6%가 되겠군.
② B씨 : 대출기간은 최대 11년까지 가능하겠군.
③ C씨 : 대출기간에 관계없이 어떤 상환방법을 선택하든지 1년 후부터 매년 대출금리가 줄어들겠군.
④ D씨 : 2024년 8월 1일이 주말이라면, 최대 1,250개의 상품이 판매되겠군.

24 **A씨와 B씨는 성실한 K대출을 이용하였는데, A씨는 2,000만 원을 거치기간 1년을 포함하여 총 3년, 원금균등분할상환을 조건으로 은행을 방문하여 대출을 받았고, B씨는 3,000만 원을 거치기간 없이 5년 만기일시상환으로 K뱅킹 앱을 통해 대출을 받았다. A씨는 1년, B씨는 2년 만에 전액 중도상환하였다면, 각각 원금 외 지불한 금액은 얼마인가?(단, 두 사람은 가입일 기준 근로소득이 3개월 이상이며, 신용등급은 5등급으로 동일하다)**

	A씨	B씨
①	123.5만 원	416.7만 원
②	124.6만 원	415.8만 원
③	123.5만 원	415.8만 원
④	124.6만 원	416.7만 원

25 다음은 10년 분양전환 임대주택의 분납금에 대한 자료이다. 주택에 대한 정보를 참고할 때, 지불해야 할 총분납금은?(단, $1.05^4=1.3$, $1.05^8=2.2$으로 계산한다)

〈분납임대주택 분납금 산정 기준〉

구분	납부시기	분납금액 산출방식	분납율	비고
초기	계약 시 등	(최초주택가격)×30%	30%	계약금, 중도금, 잔금 각각 10% 납부
중기	입주일로부터 4년	① (최초주택가격)×[(1+(이자율)]^4×20% ② (감정평가금액)×20%	20%	①, ② 중 낮은 금액
	입주일로부터 8년	① (최초주택가격)×[(1+(이자율)]^8×20% ② (감정평가금액)×20%	20%	
최종	분양전환 시	(감정평가액)×30%	30%	-

〈정보〉

- 최초주택가격 : 2억 원
- 이자율 : 5%
- 감정평가금액 : 3억 원

① 245,000,000원
② 254,000,000원
③ 262,000,000원
④ 287,000,000원

26 다음은 K은행 연금저축보험과 관련된 연말정산 세액공제에 대한 자료이다. 빈칸 A ~ D에 들어갈 수치가 바르게 짝지어진 것은?

〈연금저축 연말정산 세액공제〉

연금저축은 개인이 안정적인 노후생활 준비를 위해 자발적으로 가입하는 제도로서, 최소 5년 이상 납입하고 55세 이후에 연금이나 일시금으로 수령할 수 있는 금융상품

• 세액공제 한도

– 연금저축은 1년간 총 1,800만 원까지 납부 가능하지만 세액공제는 연간 최대 __A__ 원 한도

총급여	공제한도(연간)	공제비율	최대 절세금액(연간)
5,500만 원 이하	400만 원	__B__ %	660,000원
5,500만 원 초과 12,000만 원 이하	400만 원	__C__ %	528,000원
12,000만 원 초과	300만 원	13.20%	__D__ 원

※ 총급여 : 연봉(1년 동안 받는 총급여)에서 비과세 소득을 제외한 금액

	A	B	C	D
①	3,000,000	16.5	13.2	495,000
②	4,000,000	13.2	16.5	495,000
③	4,000,000	13.2	16.5	396,000
④	4,000,000	16.5	13.2	396,000

※ 다음은 K은행의 K카드 주요 혜택에 대한 자료이다. 이어지는 질문에 답하시오. **[27~28]**

〈K카드 주요 혜택〉

1) 전 가맹점 포인트 적립 서비스 : 전월 실적 50만 원 이상 이용 시 전 가맹점 적립 서비스 제공(단, 카드 사용 등록일부터 익월 말일까지는 전월 실적 미달 시에도 정상 적립)

구분	10만 원 미만	10만 원 이상		
업종	전 가맹점	전 가맹점	온라인	해외
적립률	0.7%	1.0%	1.2%	1.5%

※ 즉시결제 서비스 이용금액은 전 가맹점 2만 원 이상 이용 건에 한해 0.2% 적립

2) 보너스 캐시백 : 매년 1회 연간 이용금액에 따라 캐시백 서비스 제공

구분	3천만 원 이상	5천만 원 이상	1억 원 이상
캐시백	5만 원	10만 원	20만 원

※ 매년 카드발급월의 익월 15일(휴일인 경우 익영업일)에 카드 결제계좌로 입금

3) 바우처 서비스 : 매년 1회씩 제공되며, 하나의 혜택만 선택 가능(단, 해당 기간 내 미신청 시 혜택 소멸)

구분	내용
쇼핑	• 백화점상품권(15만 원) • 농촌사랑상품권(15만 원) • 면세점 선불카드 교환권(16만 원)
주유	• 주유권(15만 원)
외식	• 통합 외식이용권(18만 원) • 플래티넘 외식통합이용권(17만 원)
포인트	• K포인트(15만 점)
여가	• 영화관람권 8매+통합 선불카드(8만 원)

※ 카드발급 초년도 1백만 원 이상, 2차년도부터 1천만 원 이상 이용 시 신청 가능(단, 연회비 정상 결제한 경우에 한함)
※ 바우처 신청 가능 기간 : 매년 카드발급월 익월 1일부터 12개월

4) 서비스 이용조건
- 연간 이용금액 산정 기준일 : 매년 카드발급월 포함 12개월
- 이용금액 산정은 승인 일자 기준으로 적용
- 무이자 할부, 상품권, 기프트카드 및 대학등록금, 제세공과금(국세, 지방세, 우체국우편요금), 단기카드대출(현금 서비스), 장기카드대출(카드론) 등의 이용금액은 적립 및 산정 기준에서 제외

27 **A대리는 K카드를 2024년 9월 22일에 발급을 받았다. 발급받은 당일에 카드 사용 등록을 하고 연회비도 모두 지불했을 때, A대리가 이 카드를 사용하면서 받을 수 있는 혜택으로 옳지 않은 것은?**

① A대리가 자동차를 24개월 무이자 할부로 결제하면 매달 포인트 적립이 된다.
② 가맹점에서 A대리가 12만 원을 사용했을 때, 적립된 포인트는 금액의 1%이다.
③ 카드 발급 후 처음 1년 동안 200만 원을 사용했을 시, A대리는 바우처를 신청할 수 있다.
④ 카드 발급 후 1년간 4천만 원의 사용실적이 있을 시 보너스 캐시백은 2025년 10월 15일에 5만 원을 받게 된다.

28 다음은 A대리의 11월 카드 사용내역서이다. 11월에 적립되는 A대리의 포인트는 총 몇 점인가?(단, 카드를 사용한 곳은 모두 가맹점이다)

〈11월 신용카드 사용내역서〉

구분	가맹점명	사용금액	비고
2024-11-06	○○가구	200,000원	3개월 무이자 할부
2024-11-06	A햄버거 전문점	12,000원	
2024-11-10	지방세	2,400원	
2024-11-13	현금 서비스	70,000원	
2024-11-13	C영화관	40,000원	
2024-11-20	◇◇할인점	85,000원	
2024-11-22	카드론(대출)	500,000원	
2024-11-23	M커피	27,200원	즉시결제
2024-11-25	M커피	19,000원	즉시결제
2024-11-25	△△스시	100,000원	
합계		1,055,600원	

※ 비고가 빈칸인 경우 일시불을 뜻함

① 2,013.4점
② 2,025.4점
③ 2,034.4점
④ 2,042.4점

※ 다음은 감독분담금 산정 절차에 대한 자료이다. 이어지는 질문에 답하시오. [29~30]

〈감독분담금 산정 절차〉

■ 금융기관별 감독분담금은 다음 절차에 따라 산정됩니다.

① 금융감독원 수입 및 지출예산의 확정(금융위 승인)

② 감독분담금 부과총액 결정

- 부과총액=총예산-(발행분담금+한국은행출연금+이자수입 등)

③ 영역별 감독분담금 산정

- 배분기준 : 투입인력 60%, 영업수익 40%

④ 영역별 감독분담금 분담요율 산정(매년 금융위 결정)

- 은행·비은행 : 요율=해당영역 감독분담금/해당영역 총부채
- 금융투자 : 요율1=해당영역 감독분담금 60%/해당영역 총부채
  요율2=해당영역 감독분담금 40%/해당영역 영업수익
- 보험 : 요율1=해당영역 감독분담금 70%/해당영역 총부채
  요율2=해당영역 감독분담금 30%/해당영역 보험료수입

⑤ 금융회사별 감독분담금 산정

- 은행·비은행 : 은행·비은행 총부채×영역별 분담요율
- 금융투자 : (금융회사 총부채×영역별 요율1)+(금융회사 영업수익×영역별 요율2)
- 보험 : (보험회사 총부채×영역별 요율1)+(보험회사 보험료수입×영역별 요율2)

29 다음 중 감독분담금 산정 절차에 대한 설명으로 옳은 것은?

① 은행·비은행의 감독분담금이 세 영역 중 가장 많다.
② 영업수익과 투입인력 모두 많은 영역이 감독분담금을 더 많이 산정받는다.
③ 보험영역 총부채가 증가하면 모든 보험회사의 감독분담금은 무조건 증가한다.
④ 보험회사 B의 총부채가 보험회사 C의 총부채보다 많다면 감독분담금은 B가 더 많다.

30 다음은 금융기관별 요율과 총부채 및 영업수익에 대한 자료이다. 이 중 감독분담금을 가장 많이 부담할 금융기관은?(단, 요율이 영역별로 동일하게 적용되도록 적절히 변환되었다고 가정한다)

〈금융기관별 요율과 총부채 및 영업수익〉

(단위 : %, 만 원)

구분	A은행	B금융투자	C금융투자	D보험
요율1(은행의 경우 분담요율)	50	30	70	90
요율2		40	20	10
총부채	100	130	150	210
영업수익(보험의 경우 보험료수입)	50	40	20	75

① A은행
② B금융투자
③ C금융투자
④ D보험

31 다음 중 상용 소프트웨어가 출시되기 전에 미리 고객들에게 프로그램에 대한 평가를 수행하고자 제작한 소프트웨어는?

① 알파(Alpha) 버전
② 베타(Beta) 버전
③ 데모(Demo) 버전
④ 패치(Patch) 버전

32 다음 중 여러 대의 컴퓨터를 일제히 동작시켜 대량의 데이터를 한 곳의 서버 컴퓨터에 집중적으로 전송시킴으로써 특정 서버가 정상적으로 동작하지 못하게 하는 공격방식은?

① 스니핑(Sniffing)
② 스푸핑(Spoofing)
③ 백도어(Back Door)
④ 분산서비스거부(DDoS)

33 다음 중 데이터베이스에 대한 설명으로 옳지 않은 것은?

① 데이터베이스 관리시스템은 하드웨어에 속한다.
② 여러 개의 서로 연관된 파일을 데이터베이스라고 한다.
③ 데이터의 무결성을 높이기 위해 데이터베이스가 필요하다.
④ 데이터베이스 관리시스템은 데이터와 파일 간의 관계 등을 생성한다.

34 다음에서 설명하고 있는 기술은?

이 장치는 병렬성(Parallelism)이 뛰어나다는 점에서 인간의 뇌 구조와 유사하여, 인공지능이 인간의 뇌와 같이 사고할 수 있도록 하는 일종의 비(非)지도 기계학습인 딥 러닝(Deep Learning)에 많이 활용되고 있다.

① CPU
② AI
③ HDD
④ GPU

35 다음 중 교착상태의 예방 기법이 아닌 것은?

① 비선점 부정 ② 환형 대기 부정
③ 은행원 알고리즘 ④ 점유 및 대기 부정

36 다음 중 스케줄링 알고리즘을 평가하는 기준으로 옳지 않은 것은?

① 처리량(Throughput) ② 대기 시간(Waiting Time)
③ 바인딩 시간(Binding Time) ④ 반환 시간(Turn Around Time)

37 다음 중 단편화 현상에 대한 설명으로 옳지 않은 것은?

① 페이징 기법에서는 외부 단편화가 발생할 수 있다.
② 외부 단편화는 압축(Compaction)으로 해결할 수 있다.
③ 단편화의 종류에는 내부 단편화와 외부 단편화가 있다.
④ 파일이 커서 메모리에 기억시킬 수 없기 때문에 발생하는 단편화는 외부 단편화이다.

38 다음 중 모든 컴퓨터 기기를 하나의 초고속 네트워크로 연결해 집중적으로 사용할 수 있게 하는 기술은?

① 빅데이터
② 그리드락
③ 멀티태스킹
④ 그리드 컴퓨팅

39 다음 중 페이지 교체 알고리즘 중에서 특정 프로세스에 더 많은 페이지 프레임을 할당해도 페이지 부재율이 증가하는 현상이 나타나는 알고리즘은?

① Second Chance
② FIFO(First In First Out)
③ LRU(Least Recently Used)
④ LFU(Least Frequently Used)

40 다음 중 블록체인의 특성으로 옳지 않은 것은?

① 승인된 블록들을 되돌리기가 무척 어려우며 모든 변경 기록을 추적할 수 있다.
② 소스가 폐쇄되어 있기 때문에 네트워크에 참여하는 누구나 안전하게 거래가 가능하다.
③ 분산화된 네트워크 노드가 마이닝을 통해 거래를 검증하기 때문에 중개자가 필요 없다.
④ 블록체인 데이터는 수천 개의 분산화된 네트워크 노드에 저장되기 때문에 기술적 실패 또는 악의적 공격에 대한 저항력을 갖고 있다.

01 다음 중 미국 연방준비제도가 발표하는 미국 경제 동향 보고서의 명칭은?

① 그린북
② 베이지북
③ 블랙북
④ 화이트북

02 다음 중 중산층 소비자가 값이 저렴하면서도 만족감을 얻는 명품을 소비하는 경향은?

① 메세나
② 매스티지
③ 프라브족
④ 앰비슈머

03 다음 중 소비자가 선호하는 것에 깊이 파고드는 행동이 관련 제품의 소비로 이어지는 현상은?

① 디깅 소비
② 보복 소비
③ 윤리적 소비
④ 클라우드 소비

04 다음 중 빈칸 ㉠, ㉡에 들어갈 내용을 바르게 짝지은 것은?

> 한국은행은 ___㉠___에 있어서 명시적인 ___㉡___를 설정하지 않고, 일정기간 또는 장기적으로 달성해야 할 목표치를 미리 정해 이에 따른 통화정책을 운영한다.

	㉠	㉡
①	통화량목표제	최종목표
②	통화량목표제	중간목표
③	물가안정목표제	최종목표
④	물가안정목표제	중간목표

05 A기업의 사적 생산비용 $TC=2Q^2+20Q$이다. 그러나 이 기업은 생산 과정에서 공해 물질을 배출하고 있으며, 공해 물질 배출에 따른 외부불경제를 비용으로 추산하면 추가로 $10Q$의 사회적 비용이 발생한다. 이 제품에 대한 시장수요가 $Q=60-P$일 때 사회적 최적 생산량은?(단, Q는 생산량, P는 가격이다)

① 3
② 4
③ 5
④ 6

06 다음 중 죄수의 딜레마(Prisoner's Dilemma) 모형에 대한 설명으로 옳은 것은?

① 내쉬균형이 존재하지 않는다.
② 게임 참가자 간의 자유로운 의사소통이 가능하다.
③ 완전경쟁시장에서 기업 간 관계를 잘 설명할 수 있다.
④ 과점기업들이 공동행위를 통한 독점이윤을 누리기 어려운 이유를 잘 설명할 수 있다.

07 다음 중 소비자잉여와 생산자잉여에 대한 설명으로 옳지 않은 것은?

① 소비자잉여는 소비자의 선호 체계에 의존한다.
② 완전경쟁일 때보다 기업이 가격차별을 실시할 경우 소비자잉여가 줄어든다.
③ 완전경쟁시장에서는 소비자잉여와 생산자잉여의 합인 전체 잉여가 극대화 된다.
④ 독점시장의 시장가격은 완전경쟁시장의 가격보다 높게 형성되지만 소비자잉여는 줄어들지 않는다.

08 다음에서 설명하고 있는 효과는?

물가하락은 민간이 보유하고 있는 금융자산의 실질가치를 증가시켜 소비지출의 증대를 가져온다.

① 피구효과(Pigou Effect)
② 톱니효과(Ratchet Effect)
③ 구축효과(Crowding-out Effect)
④ 전시효과(Demonstration Effect)

09 다음 중 당기순이익을 감소시키는 거래가 아닌 것은?

① 판매사원용 피복 구입 후 즉시 배분
② 토지(유형자산)에 대한 취득세 지출
③ 거래처 직원 접대 후 즉시 현금 지출
④ 영업용 건물에 대한 감가상각비 인식

10 A회사는 단일제품 8,000단위를 생산 및 판매하고 있다. 제품의 단위당 판매가격은 ₩500, 단위당 변동원가는 ₩300이다. A회사는 B회사로부터 단위당 ₩450에 1,500단위의 특별주문을 받았다. 이 특별주문을 수락하는 경우, 별도의 포장 작업이 추가로 필요하여 단위당 변동원가가 ₩20 증가하게 된다. A회사의 연간 최대생산능력이 9,000단위라면, 이 특별주문을 수락하는 경우의 증분손익은?

① 손실 ₩105,000
② 손실 ₩75,000
③ 손실 ₩55,000
④ 이익 ₩95,000

11 NFT(Non-Fungible Token)에 대한 설명으로 옳은 것을 〈보기〉에서 모두 고르면?

〈보기〉

㉠ 개개의 NFT에는 고유한 인식값이 부여되어 서로 대체할 수 없는 가치가 있기 때문에 교환할 수 없다.
㉡ 블록체인에 저장된 NFT는 최초 발행자, 소유권 이전 등 거래내역이 공개되기 때문에 위조가 불가능하다.
㉢ NFT는 소유권 거래가 가능하고 고유성·희소성이 있는 디지털 자산이므로 투자 대상으로 주목을 받고 있다.
㉣ 원저작자만이 원본이 되는 저작물을 NFT화할 수 있기 때문에 저작권·소유권 침해를 둘러싼 법적 분쟁 우려가 전혀 없다.
㉤ NFT 소유자는 NFT에 대한 소유권과 저작권을 모두 가지므로 저작권 침해 신고를 할 수 있다.

① ㉠, ㉡, ㉢
② ㉠, ㉡, ㉣
③ ㉡, ㉢, ㉣
④ ㉢, ㉣, ㉤

12 미국의 경제학자인 밀턴 프리드먼은 '공짜 점심은 없다(There is no such thing as a free lunch).'라는 말을 즐겨했다고 한다. 다음 중 이 말을 설명할 수 있는 경제 원리는?

① 기회비용
② 규모의 경제
③ 긍정적 외부성
④ 수요공급의 원리

13 다음 중 미래에 현금을 수취할 계약상 권리에 해당하는 금융자산과 이에 대응하여 미래에 현금을 지급할 계약상 의무에 해당하는 금융부채로 옳지 않은 것은?

① 대여금과 차입금
② 매출채권과 매입채무
③ 선급금과 선수금
④ 받을어음과 지급어음

14 다음 중 자국 통화의 가치를 상승시키는 사례가 아닌 것은?

① 수출의 증가
② 해외 투자에서 배당수익 발생
③ 국외 여행객의 국내 방문 증가
④ 외환보유액을 늘리기 위한 중앙은행의 시장 개입

15 다음 중 프로젝트 파이낸싱(Project Financing)에 대한 설명으로 옳지 않은 것은?

① SOC 개발, 부동산 개발 등 프로젝트 파이낸싱의 대상이 되는 사업은 대개는 규모가 방대해 거대한 소요자금이 요구될 뿐만 아니라 계획사업에 내재하는 위험이 매우 크다.
② 프로젝트 파이낸싱의 담보는 프로젝트의 미래 현금수지의 총화이기 때문에 프로젝트의 영업이 부진한 경우에도 프로젝트 자체 자산의 처분 외에는 다른 회수 수단이 없다.
③ 프로젝트 파이낸싱은 사업주 자신과는 법적 · 경제적으로 독립된 프로젝트 회사가 자금을 공여받아 프로젝트를 수행하게 되므로 사업주의 재무상태표에 관련 대출금이 계상되지 않아 사업주의 재무제표에 영향을 주지 않는 부외금융의 성격이 있다.
④ 프로젝트 파이낸싱은 특정한 프로젝트로부터 미래에 발생하는 현금흐름(Cash Flow)을 담보로 하여 당해 프로젝트의 수행에 필요한 자금을 조달하는 금융 기법을 총칭하는 개념으로, 금융비용이 낮다는 특징이 있다.

16 **다음 중 유형자산의 재평가에 대한 설명으로 옳은 것은?**

① 특정 유형자산을 재평가할 때, 해당 자산이 포함되는 유형자산 분류 전체를 재평가한다.
② 감가상각대상 유형자산을 재평가할 때, 그 자산의 최초원가를 재평가금액으로 조정하여야 한다.
③ 자산의 장부금액이 재평가로 인하여 감소된 경우에 그 자산에 대한 재평가잉여금의 잔액이 있더라도 재평가감소액 전부를 당기손익으로 인식한다.
④ 재평가가 단기간에 수행되며 계속적으로 갱신된다면, 동일한 분류에 속하는 자산이라 하더라도 순차적으로 재평가할 수 없다.

17 **다음 중 재고자산의 회계처리에 대한 설명으로 옳은 것은?**

① 선입선출법은 기말재고자산의 평가관점에서 현행원가를 적절히 반영하지 못한다.
② 선입선출법은 먼저 매입 또는 생산된 재고자산이 기말에 재고로 남아 있고 가장 최근에 매입 또는 생산된 재고자산이 판매되는 것을 가정한다.
③ 완성될 제품이 원가 이상으로 판매될 것으로 예상하는 경우에는 그 생산에 투입하기 위해 보유하는 원재료 및 기타 소모품을 감액하지 아니한다.
④ 통상적으로 상호 교환될 수 없는 재고자산 항목의 원가와 특정 프로젝트별로 생산되고 분리되는 재화 또는 용역의 원가는 총평균법을 사용하여 결정한다.

18 **원자재가격 상승으로 물가수준이 상승하여 중앙은행이 기준금리를 인상하기로 결정하였다. 원자재가격 상승과 기준금리 인상의 경제적 효과를 단기 총수요 – 총공급 모형을 이용하여 분석한 내용으로 옳은 것을 〈보기〉에서 모두 고르면?**

〈보기〉

㉠ 총수요곡선은 왼쪽으로 이동한다.
㉡ 총공급곡선은 왼쪽으로 이동한다.
㉢ 총생산량은 크게 감소한다.
㉣ 물가는 크게 감소한다.

① ㉠, ㉡ ② ㉡, ㉢
③ ㉠, ㉡, ㉢ ④ ㉡, ㉢, ㉣

19 다음 중 비대칭 정보하에서 발생하는 현상에 대한 설명으로 옳지 않은 것은?

① 기업이 우수한 인재를 채용하기 위해서 입사 시험을 치른다.
② 성과급 제도가 없는 회사의 경우 일부 직원들이 태만하게 근무한다.
③ 은행이 대출이자율을 높이면 위험한 사업에 투자하는 기업들이 자금을 차입하려고 한다.
④ 정보를 많이 갖고 있는 사람은 정보를 덜 갖고 있는 사람에 비해 항상 피해의 규모가 작다.

20 다음 중 자기자본비용에 대한 설명으로 옳은 것은?

① 새로운 투자안의 선택에 있어서도 투자수익률이 자기자본비용을 넘어서는 안 된다.
② 위험프리미엄을 포함한 자기자본비용 계산 시 보통 자본자산가격결정모형(CAPM)을 이용한다.
③ 자기자본비용은 기업이 조달한 자기자본의 가치를 유지하기 위해 최대한 벌어들어야 하는 수익률이다.
④ 기업이 주식발생을 통해 자금조달을 할 경우 자본이용의 대가로 얼마의 이용 지급료를 산정해야 하는지가 명확하다.

www.sdedu.co.kr

4권

제4회
KB국민은행 필기전형

제1영역 직업기초능력
제2영역 직무심화지식
제3영역 상식

〈문항 수 및 시험시간〉

NCS 기반 객관식 필기시험 : 총 100문항(100분)

구분(문항 수)	출제범위	배점	모바일 OMR 답안채점 / 성적분석
직업기초능력(40)	의사소통능력, 문제해결능력, 수리능력	40	
직무심화지식(40)	금융영업(30), 디지털 부문 활용능력(10)	40	
상식(20)	경제 / 금융 / 일반 상식	20	

※ 문항 수 및 시험시간은 2024년 하반기 채용공고문을 참고하여 구성하였습니다.

※ 직무심화지식의 금융영업 영역은 직업기초능력과 유사하게 출제되므로, 직업기초능력의 금융상품 문제로 구성하였습니다.

KB국민은행 필기전형

제4회 모의고사

문항 수 : 100문항
시험시간 : 100분

제 1 영역 직업기초능력

01 다음 글의 (가)와 (나)에 대해 추론한 내용으로 가장 적절한 것은?

> 최근 경제신문에는 기업의 사회적 책임을 반영한 마케팅 용어들이 등장하고 있다. 그중 하나인 코즈 마케팅(Cause Marketing)은 기업이 환경, 보건, 빈곤 등과 같은 사회적인 이슈, 즉 코즈(Cause)를 기업의 이익 추구를 위해 활용하는 마케팅 기법으로, 기업이 추구하는 사익과 사회가 추구하는 공익을 동시에 얻는 것을 목표로 한다. 소비자는 사회적인 문제들을 해결하려는 기업의 노력에 호의적인 반응을 보이게 되고, 결국 기업의 선한 이미지가 제품 구매에 영향을 미치는 것이다.
>
> 미국의 카드 회사인 ㉠ 아메리칸 익스프레스는 1850년 설립 이후 전 세계에 걸쳐 개인 및 기업에 대한 여행이나 금융 서비스를 제공하고 있다. 1983년 아메리칸 익스프레스사는 기존 고객이 자사의 신용카드로 소비할 때마다 1센트씩, 신규 고객이 가입할 때마다 1달러씩 '자유의 여신상' 보수 공사를 위해 기부하기로 하였다. 해당 기간 동안 기존 고객의 카드 사용률은 전년 동기 대비 28% 증가하였고, 신규 카드의 발급 규모는 45% 증가하였다.
>
> 현재 코즈 마케팅을 활발하게 펼치고 있는 대표적인 사회적 기업으로 미국의 신발 회사인 ㉡ 탐스(TOMS)가 있다. 탐스의 창업자는 여행을 하던 중 가난한 아이들이 신발을 신지도 못한 채로 거친 땅을 밟으면서 각종 감염에 노출되는 것을 보고 그들을 돕기 위해 신발을 만들었고, 신발 하나를 구매하면 아프리카 아이들에게도 신발 하나를 선물한다는 'One for One' 마케팅을 시도했다. 이를 통해 백만 켤레가 넘는 신발이 기부되었고, 소비자는 만족감을 얻는 동시에 어려운 아이들을 도왔다는 충족감을 얻게 되었다. 전 세계의 많은 소비자들이 동참하면서 탐스는 3년 만에 4,000%의 매출을 올렸다.

① ㉠은 기업의 사익보다 공익을 우위에 둔 마케팅을 펼침으로써 신규 고객을 확보할 수 있었다.
② ㉠이 큰 이익을 얻을 수 있었던 이유는 소비자의 니즈(Needs)를 정확히 파악했기 때문이다.
③ ㉡은 기업의 설립 목적과 어울리는 코즈(Cause)를 연계시킴으로써 높은 매출을 올릴 수 있었다.
④ ㉡은 높은 매출을 올렸으나, 기업의 일방적인 기부 활동으로 인해 소비자의 공감을 이끌어 내는 데 실패하였다.

02 다음은 한국은행의 통화신용정책 운영의 일반원칙이다. 이를 읽고 추론한 내용으로 적절하지 않은 것을 〈보기〉에서 모두 고르면?

〈통화신용정책 운영의 일반원칙〉

한국은행법은 통화신용정책의 목적으로 '물가안정을 도모함으로써 국민경제의 건전한 발전에 이바지'하며, '정책을 수행함에 있어 금융안정에 유의'하여야 함을 명시하고 있다. 한국은행은 이러한 목적에 부합하는 구체적인 목표와 기본방향하에서 통화신용정책을 수행함으로써, 정책 투명성과 예측가능성 및 유효성을 제고하고자 한다.

- (물가안정목표제) 한국은행은 통화신용정책의 핵심 목적인 물가안정의 효율적 달성을 위해 신축적 물가안정목표제를 운영하며, 현재 물가안정목표는 소비자물가 상승률(전년 동기 대비) 기준 2.0%이다.
  - (중기적 운영 시계) 소비자물가 상승률은 통화신용정책 외에도 다양한 대내외 경제・금융 요인의 영향을 받으므로, 물가안정목표는 일시적・불규칙적 요인에 따른 물가변동과 통화신용정책의 파급시차 등을 고려하여 중기적 시계에서 달성하고자 하는 목표이다.
  - (미래지향적 운영) 물가상승률이 중기적 시계에서 목표수준에 안정적으로 수렴하도록 통화신용정책을 미래지향적으로 운영하되, 물가상승률이 목표수준을 지속적으로 상회하거나 하회할 위험을 균형 있게 고려한다. 물가안정목표 수준으로의 수렴 가능성은 물가 및 성장 전망과 더불어 전망경로상의 불확실성과 위험요인 및 금융안정 상황 등에 대한 종합적인 평가에 기초하여 판단한다.
  - (신축적 운영) 중기적 시계에서의 물가안정목표 달성을 저해하지 않는 범위 내에서 실물경제의 성장이 뒷받침될 수 있도록 통화신용정책을 운영한다.

- (금융안정에 대한 고려) 한편 중기적 시계에서 물가안정목표를 달성함에 있어 통화신용정책 운영이 금융안정에 미치는 영향을 신중히 고려한다.
  - (물가안정목표제와의 관계) 지속적인 금융불균형은 궁극적으로 거시경제의 안정을 저해하는 위험요인이라는 점에서 통화신용정책을 운영함에 있어 금융안정에 유의하는 것은 신축적 물가안정목표제의 취지에 부합한다.
  - (금융안정 점검) 한국은행은 금융안정 상황을 정기적으로 점검・평가・공표하여 통화신용정책 운영이 금융불균형의 과도한 누적을 초래하지 않도록 유의한다.
  - (거시건전성 정책과의 조화) 경제 전반에 무차별적인 영향을 미치는 통화신용정책만으로 금융안정을 추구하는 데에는 한계가 있으므로, 금융불균형 누적 억제를 위해서는 통화신용정책과 거시건전성 정책이 조화롭게 운영되는 것이 필요하다.

〈보기〉

㉠ 통화신용정책 운영 시 정책의 파급시차에 따라 예상치 못한 물가변동이 발생할 수 있다.
㉡ 물가안정목표의 중기적 달성을 위해 통화신용정책을 엄격히 운영하여 경제기조의 일관성을 강화하여야 한다.
㉢ 거시적인 금융불균형을 해소하기 위해서는 통화신용정책보다 거시건전성 정책을 강조하여야 한다.
㉣ 정기적인 금융안정 상황 공표는 금융불균형의 해소에 기여한다.

① ㉠, ㉡　　② ㉠, ㉢
③ ㉡, ㉢　　④ ㉡, ㉣

03 다음은 공공기관 갑질 근절 가이드라인이다. 이에 따라 갑질 유형과 그에 해당하는 사례를 바르게 연결한 것은?

> 〈공공기관 갑질 근절 가이드라인〉
>
> • 갑질이란?
> 사회·경제적 관계에서 우월적 지위에 있는 사람이 권한을 남용하거나, 우월적 지위에서 비롯되는 사실상의 영향력을 행사하여 상대방에게 행하는 부당한 요구나 처우를 의미한다.
>
> • 목적 : 공공분야에서 발생하는 갑질에 대한 최소한의 판단 기준, 갑질 행위에 대한 처리 절차, 갑질 예방대책 추진에 관한 사항 등을 제시하여 갑질을 근절하고, 상호 존중하는 사회적 풍토 조성을 목적으로 한다.
>
> • 적용 범위 : 중앙행정기관, 지방자치단체, 공공기관의 운영에 대한 법률에 따른 공공기관, 지방공기업법에 따른 지방공기업, 지방자치단체 출자·출연기관의 운영에 관한 법률에 따른 지방자치단체 출자·출연기관과 중앙행정기관, 지방자치단체, 공공기관 등으로부터 공무를 위탁받아 행하는 기관·개인 또는 법인과 공무원으로 의제 적용되는 사람
>
> • 주요 유형별 갑질 판단 기준
> – 법령 등 위반 : 법령, 규칙, 조례 등을 위반하여 자기 또는 타인의 부당한 이익을 추구하거나 불이익을 주었는지 여부
> – 사적 이익 요구 : 우월적 지위를 이용하여 금품 또는 향응 제공 등을 강요·유도하는지, 사적으로 이익을 추구하였는지 여부
> – 부당한 인사 : 특정인의 채용·승진·인사 등을 배려하기 위해 유·불리한 업무를 지시하였는지 여부
> – 비인격적 대우 : 외모와 신체를 비하하는 발언, 욕설·폭언·폭행 등 비인격적인 언행을 하였는지 여부
> – 업무 불이익 : 정당한 사유 없이 불필요한 휴일근무·근무시간 외 업무지시, 부당한 업무 배제 등을 하였는지 여부
> – 기타 : 의사에 반한 모임 참여를 강요하였는지, 부당한 차별행위를 하였는지 여부 등

① 법령 등 위반 : 공단에 막대한 손실을 입히고, 반성하는 태도조차 보이지 않는 김대리에게 A부장은 절차에 따라 해고를 통보하였다.

② 사적 이익 요구 : 공단에서 하청업체와의 계약을 담당하는 B대리는 하청업체 직원에게 계약을 하기 위한 조건으로 본인이 사용할 목적의 50만 원 상당의 금품을 요구하였다.

③ 부당한 인사 : 11월에는 업무량이 많아 휴가 통제 권고가 있었지만, C부장은 어머니의 병세가 악화된 이사원의 휴가를 승인해 주었고, 해외여행을 계획하고 있던 한사원의 휴가는 승인해 주지 않았다.

④ 업무 불이익 : 오후 6시에 퇴근하려던 D차장은 전산시스템에 오류가 발생했다는 보고를 받고, 주대리에게 업무 협조를 요청하여 오후 11시가 다 되어 오류를 해결하였다.

04 다음은 K공단의 임직원행동강령 제25조의 일부이다. 이에 대해 바르게 말한 사람을 〈보기〉에서 모두 고르면?

〈임직원행동강령〉

제25조 금품 등의 수수(收受) 금지

① 임직원은 직무 관련 여부 및 기부·후원·증여 등 그 명목에 관계없이 동일인으로부터 1회에 100만 원 또는 매 회계연도에 300만 원을 초과하는 금품 등을 받거나 요구 또는 약속해서는 아니 된다.

② 임직원은 직무와 관련하여 대가성 여부를 불문하고 제1항에서 정한 금액 이하의 금품 등을 받거나 요구 또는 약속해서는 아니 된다.

③ 제37조의 외부강의 등에 관한 사례금 또는 다음 각호의 어느 하나에 해당하는 금품 등은 제1항 또는 제2항에서 수수(收受)를 금지하는 금품 등에 해당하지 아니한다.

1. 공공기관의 장이 소속 임직원이나 파견 임직원에게 지급하거나 상급자가 위로·격려·포상 등의 목적으로 하급자에게 제공하는 금품 등
2. 원활한 직무수행 또는 사교·의례 또는 부조의 목적으로 제공되는 음식물·경조사비·선물 등으로서 별표 2-2에서 정하는 가액 범위 안의 금품 등
3. 사적 거래(증여는 제외한다)로 인한 채무의 이행 등 정당한 권원(權原)에 의하여 제공되는 금품 등
4. 임직원의 친족(민법 제777조에 따른 친족을 말한다)이 제공하는 금품 등
5. 임직원과 관련된 직원상조회·동호인회·동창회·향우회·친목회·종교단체·사회단체 등이 정하는 기준에 따라 구성원에게 제공하는 금품 등 및 그 소속 구성원 등 임직원과 특별히 장기적·지속적인 친분관계를 맺고 있는 자가 질병·재난 등으로 어려운 처지에 있는 임직원에게 제공하는 금품 등
6. 임직원의 직무와 관련된 공식적인 행사에서 주최자가 참석자에게 통상적인 범위에서 일률적으로 제공하는 교통, 숙박, 음식물 등의 금품 등
7. 불특정 다수인에게 배포하기 위한 기념품 또는 홍보용품 등이나 경연·추첨을 통하여 받는 보상 또는 상품 등
8. 그 밖에 사회상규(社會常規)에 따라 허용되는 금품 등

④ 임직원은 제3항 제5호에도 불구하고 같은 호에 따라 특별히 장기적·지속적인 친분관계를 맺고 있는 자가 직무관련자 또는 직무관련임직원으로서 금품 등을 제공한 경우에는 그 수수 사실을 별지 제10호 서식에 따라 소속기관의 장에게 신고하여야 한다.

〈보기〉

A : 대가성 여부나 직무와 상관없이 매년 300만 원을 초과하는 금품을 받을 수 없어.

B : 장기적·지속적으로 친분관계를 맺고 있고, 같은 공단에 근무하는 친우로부터 개인 질병에 대한 지원금 400만 원을 받은 경우는 신고하지 않아도 돼.

C : 상업자 G씨에게 1년 동안 단 한 번, 150만 원을 받은 경우에는 문제가 되지 않아.

D : 작년에 같은 공단에 근무하는 사촌을 금전적으로 도와주었고, 지난달 사촌으로부터 200만 원을 받았어. 그러나 직무와 상관없어 신고하지는 않았어.

① A, B　　② A, D
③ B, D　　④ C, D

05 다음은 국민행복카드에 대한 자료이다. 이에 대한 설명으로 옳지 않은 것을 〈보기〉에서 모두 고르면?

〈국민행복카드〉

• 카드안내

'보육료', '유아학비', '건강보험 임신 · 출산 진료비 지원', '청소년산모 임신 · 출산 의료비 지원' 및 '사회서비스 전자바우처' 등 정부의 여러 바우처 지원을 공동으로 이용할 수 있는 통합카드입니다. 국민행복카드로 어린이집 · 유치원 어디서나 사용이 가능합니다.

• 발급방법

[온라인]

– 보조금 신청 : 정부 보조금을 신청하면 어린이집 보육료와 유치원 유아학비 인증이 가능합니다.
– 보조금 신청서 작성 및 제출 : 복지로 홈페이지
– 카드 발급 : 5개 카드사 중 원하시는 카드사를 선택해 발급받으시면 됩니다.
  ※ 연회비 무료
– 카드 발급처 : 복지로 홈페이지, 임신육아종합포털 아이사랑, 5개 제휴카드사 홈페이지

[오프라인]

– 보조금 신청 : 정부 보조금을 신청하면 어린이집 보육료와 유치원 유아학비 인증이 가능합니다.
– 보조금 신청서 작성 및 제출 : 읍면동 주민센터
– 카드 발급 : 5개 제휴카드사
  ※ 연회비 무료
– 카드 발급처 : 읍면동 주민센터, 해당 카드사 지점
  ※ 어린이집 ↔ 유치원으로 기관 변경 시에는 복지로 또는 읍면동 주민센터에서 반드시 보육료 · 유아학비 자격변경 신청이 필요함

〈보기〉

㉠ 국민행복카드 신청을 위한 보육료 및 학비 인증을 위해서는 별도 절차 없이 정부 보조금 신청을 하면 된다.
㉡ 온라인이나 오프라인 둘 중 어떤 발급경로를 선택하더라도 연회비는 무료이다.
㉢ 국민행복카드 신청을 위한 보조금 신청서는 읍면동 주민센터, 복지로 혹은 카드사의 홈페이지에서 작성할 수 있으며 작성처에 제출하면 된다.
㉣ 오프라인으로 신청한 경우, 카드를 발급받기 위해서는 읍면동 주민센터 혹은 전국 은행 지점을 방문하여야 한다.

① ㉠, ㉡
② ㉠, ㉢
③ ㉡, ㉢
④ ㉢, ㉣

06 다음은 개인정보보호법의 일부이다. 상법상 공공기관에 속하지 않는 기업에서 근무하는 개인정보처리자의 행위로 적법하다고 보기 어려운 것은?

〈개인정보보호법〉

제15조(개인정보의 수집 · 이용)

① 개인정보처리자는 다음 각호의 어느 하나에 해당하는 경우에는 개인정보를 수집할 수 있으며 그 수집 목적의 범위에서 이용할 수 있다.

1. 정보주체의 동의를 받은 경우
2. 법률에 특별한 규정이 있거나 법령상 의무를 준수하기 위하여 불가피한 경우
3. 공공기관이 법령 등에서 정하는 소관 업무의 수행을 위하여 불가피한 경우
4. 정보주체와 체결한 계약을 이행하거나 계약을 체결하는 과정에서 정보주체의 요청에 따른 조치를 이행하기 위하여 필요한 경우
5. 명백히 정보주체 또는 제3자의 급박한 생명, 신체, 재산의 이익을 위하여 필요하다고 인정되는 경우
6. 개인정보처리자의 정당한 이익을 달성하기 위하여 필요한 경우로서 명백하게 정보주체의 권리보다 우선하는 경우. 이 경우 개인정보처리자의 정당한 이익과 상당한 관련이 있고 합리적인 범위를 초과하지 아니하는 경우에 한한다.
7. 공중위생 등 공공의 안전과 안녕을 위하여 긴급히 필요한 경우

② 개인정보처리자는 제1항 제1호에 따른 동의를 받을 때는 다음 각호의 사항을 정보주체에게 알려야 한다. 다음 각호의 어느 하나의 사항을 변경하는 경우에도 이를 알리고 동의를 받아야 한다.

1. 개인정보의 수집 · 이용 목적
2. 수집하려는 개인정보의 항목
3. 개인정보의 보유 및 이용 기간
4. 동의를 거부할 권리가 있다는 사실 및 동의 거부에 따른 불이익이 있는 경우에는 그 불이익의 내용

③ 개인정보처리자는 당초 수집 목적과 합리적으로 관련된 범위에서 정보주체에게 불이익이 발생하는지 여부, 암호화 등 안전성 확보에 필요한 조치를 하였는지 여부 등을 고려하여 대통령령으로 정하는 바에 따라 정보주체의 동의 없이 개인정보를 이용할 수 있다.

① 정보주체의 동의를 받아 개인정보를 수집한다.
② 공중위생 등 공공의 목적과 무관하게 긴급히 필요한 경우
③ 법률에 따라 개인정보를 수집하고 이용한다.
④ 개인정보의 이용 목적이 변경된 경우 정보주체에게 알린다.

※ 다음은 허위표시 및 과대광고 관련 법조문의 일부이다. 이어지는 질문에 답하시오. [7~8]

〈허위표시 및 과대광고 관련 법조문〉

제00조

① 식품에 대한 허위표시 및 과대광고의 범위는 다음 각호의 어느 하나에 해당하는 것으로 한다.

1. 질병의 치료와 예방에 효능이 있다는 내용의 표시 · 광고
2. 각종 감사장 · 상장 또는 체험기 등을 이용하거나 '인증' · '보증' 또는 '추천'을 받았다는 내용을 사용하거나 이와 유사한 내용을 표현하는 광고. 다만 중앙행정기관 · 특별지방행정 기관 및 그 부속기관 또는 지방자치단체에서 '인증' · '보증'을 받았다는 내용의 광고는 제외한다.
3. 다른 업소의 제품을 비방하거나 비방하는 것으로 의심되는 광고나, 제품의 제조방법 · 품질 · 영양가 · 원재료 · 성분 또는 효과와 직접적인 관련이 적은 내용 또는 사용하지 않은 성분을 강조함으로써 다른 업소의 제품을 간접적으로 다르게 인식하게 하는 광고

② 제1항에도 불구하고 다음 각호에 해당하는 경우에는 허위표시나 과대광고로 보지 않는다.

1. 일반음식점과 제과점에서 조리 · 제조 · 판매하는 식품에 대한 표시 · 광고
2. 신체조직과 기능의 일반적인 증진, 인체의 건전한 성장 및 발달과 건강한 활동을 유지하는 데 도움을 준다는 표시 · 광고
3. 제품에 함유된 영양성분의 기능 및 작용에 관하여 식품영양학적으로 공인된 사실

07 **법무팀에게서 법조문을 전달받은 귀하는 회사 계열사들이 허위표시 및 과대광고를 하고 있는지 알아보기 위해 계열사별 광고 문구를 확인하였다. 허위표시 및 과대광고를 하지 않은 곳을 〈보기〉에서 모두 고르면?**

〈보기〉

㉠ (○○삼계탕 식당 광고) "고단백 식품인 닭고기와 스트레스 해소에 효과가 있는 인삼을 넣은 삼계탕은 인삼, 찹쌀, 밤, 대추 등의 유효성분이 어우러져 영양의 균형을 이룬 아주 훌륭한 보양식입니다."
㉡ (○○라면의 표시 · 광고) "우리 회사의 라면은 폐식용유를 사용하지 않습니다."
㉢ (○○두부의 표시 · 광고) "건강유지 및 영양보급에 만점인 단백질을 많이 함유한 ○○두부"
㉣ (○○녹차의 표시 · 광고) "변비와 당뇨병 예방에 탁월한 ○○녹차"
㉤ (○○소시지의 표시 · 광고) "식품의약품안전처에서 인증받은 ○○소시지"

① ㉠, ㉡
② ㉣, ㉤
③ ㉠, ㉡, ㉣
④ ㉠, ㉢, ㉤

08 **귀하는 법조문을 읽은 후, 동료들과 점심식사를 하면서 허위표시 및 과대광고에 대한 주제로 대화를 하게 되었다. 다음 중 대화 내용으로 적절하지 않은 것은?**

① 혈관성 질환에 확실히 효과가 있다고 광고하는 것도 과대광고구나.
② 얼마 전 어머니가 당뇨병에 좋다며 사온 건강식품도 허위표시로 봐야 하는구나.
③ 최근 인터넷 검색을 하면 체험후기가 많은데 그것도 모두 과대광고에 속하는 거지?
④ 어제 구매한 운동보조식품의 경우 신체의 건강한 발달에 도움이 된다고 광고한 것도 과대광고인 거지?

09 **다음 제시된 문단을 논리적 순서대로 바르게 나열한 것은?**

> (가) 이와 같이 임베디드 금융의 개선을 위해서는 효과적인 보안 시스템과 프라이버시 보호 방안을 도입하여 사용자의 개인정보를 안전하게 관리하는 것이 필요하다. 또한 디지털 기기의 접근성을 개선하고 사용자들이 편리하게 이용할 수 있는 환경을 조성해야 한다.
>
> (나) 임베디드 금융은 기업과 소비자 모두에게 이점을 제공한다. 기업은 제품과 서비스에 금융 기능을 통합함으로써 자사 플랫폼 의존도를 높이고, 수집한 고객의 정보를 통해 매출을 증대시킬 수 있으며, 고객들에게 편리한 금융 서비스를 제공할 수 있다. 소비자의 경우는 모바일 앱을 통해 간편하게 금융 거래를 할 수 있고, 스마트기기 하나만으로 다양한 금융상품에 접근할 수 있어 편의성과 접근성이 크게 향상된다.
>
> (다) 그러나 임베디드 금융은 개인정보 보호와 안전성에 대한 관리가 필요하다. 사용자의 금융 데이터와 개인정보가 디지털 플랫폼이나 기기에 저장되므로 해킹이나 데이터 유출과 같은 사고가 발생할 수 있다. 이는 사용자의 프라이버시 침해와 금융 거래 안전성에 대한 심각한 위협이 될 수 있다. 또한 모든 사람들이 안정적인 인터넷 연결과 임베디드 금융이 포함된 최신 기기를 보유하고 있지는 않기 때문에 디지털 기기에 익숙하지 않은 사람들은 임베디드 금융 서비스를 제공받는 데 제한을 받을 수 있다.
>
> (라) 임베디드 금융은 비금융 기업이 자신의 플랫폼이나 디지털 기기에 금융 서비스를 탑재하는 것을 뜻한다. 삼성페이나 애플페이 같은 결재 서비스부터 대출이나 보험까지 임베디드 금융은 제품과 서비스에 금융 기능을 통합하여 사용자에게 편의성과 접근성을 높여준다.

① (가) – (다) – (라) – (나)
② (나) – (가) – (다) – (라)
③ (나) – (라) – (다) – (가)
④ (라) – (나) – (다) – (가)

10 다음 글의 내용으로 가장 적절한 것은?

> 대통령 직속 4차 산업혁명위원회는 제1차 회의를 열어 정부가 4차 산업혁명의 선도를 통해 2030년 최대 430조 원의 경제효과를 일으키겠다는 구상이 포함된 '4차 산업혁명 대응을 위한 기본정책 방향' 안건을 논의했다. 정부는 4차 산업혁명 선도에 따른 총 경제효과를 2030년까지 460조 원으로 예상했다. 신규매출 증대가 최대 85조 원, 비용 절감이 199조 원, 소비자 후생 증가가 175조 원 규모에 이를 수 있다는 것이 정부의 기대이다.
>
> 분야별로는 2030년 기준으로 의료 60 ~ 100조 원, 제조업 50 ~ 90조 원, 금융 25 ~ 50조 원, 유통 10 ~ 30조 원, 산업 40 ~ 80조 원, 교통 10 ~ 15조 원, 도시 15 ~ 35조 원, 주거 10 ~ 26조 원의 경제효과가 있을 것이라고 정부를 설명했다. 또한 신규 일자리는 소프트웨어엔지니어, 데이터과학자 등 정보통신기술(ICT) 분야에서 약 80만 개가 창출될 것이라고 기대했다.
>
> 역기능으로는 승자 독식 구조로 인한 양극화 심화, 데이터·네트워크 활용 확대에 따른 해킹·개인정보 침해 위협 증대 등을 꼽았다. 이런 변화에 대응하기 위해 직업훈련의 강화 등을 통해 유망 신산업으로 전직을 원활히 하도록 돕고, 주요 직종별로 표준계약서를 보급하며, 특수 형태 근로자의 고용·산재 보험 적용과 실업급여를 확대하는 등 사회안전망을 강화함으로써 실직에 대한 두려움을 해소한다는 것이 정부의 계획이다.
>
> … 중략 …
>
> 4차 산업혁명으로 인한 변화는 사람에게 도움이 되어야 하며, 기술·산업 혁신과 사회정책 혁신이 함께 추진되어야 한다는 것이다.

① 4차 산업혁명으로 인한 경제효과는 금융이 가장 높다.

② 4차 산업혁명은 2030년까지 430억 원의 경제효과를 가진다.

③ 4차 산업혁명에 대한 역기능의 대비책은 사회안전망 강화이다.

④ 4차 산업혁명으로 인한 경제효과 중 신규매출 증대 규모가 가장 크다.

11 다음 글의 내용으로 적절하지 않은 것은?

아무리 튤립이 귀하다 한들 알뿌리 하나의 값이 요즈음 돈으로 쳐서 45만 원이 넘는 수준까지 치솟을 수 있을까? 엄지손가락만한 크기의 메추리알 하나의 값이 달걀 한 꾸러미 값보다도 더 비싸질 수 있을까? 이 두 물음에 대한 대답은 모두 '그렇다'이다.
역사책을 보면 1636년 네덜란드에서는 튤립 알뿌리 하나의 값이 정말로 그 수준으로 뛰어오른 적이 있었다. 그리고 그때를 기억하는 사람은 알겠지만, 실제로 1950년대 말 우리나라에서 한때 메추리알 값이 그렇게까지 비쌌던 적이 있었다.
어떤 상품의 가격은 기본적으로 수요와 공급의 힘에 의해 결정된다. 시장에 참여하고 있는 경제 주체들은 자신이 갖고 있는 정보를 기초로 하여 수요와 공급을 결정한다. 이들이 똑같은 정보를 함께 갖고 있으며 이 정보가 아주 틀린 것이 아닌 한, 상품의 가격은 어떤 기본적인 수준에서 크게 벗어나지 않을 것이라고 예상할 수 있다. 예를 들어 튤립 알뿌리 하나의 값은 수선화 알뿌리 하나의 값과 비슷하고, 메추리알 하나는 달걀 하나보다 더 쌀 것으로 짐작해도 무방하다는 말이다.
그러나 현실에서는 사람들이 서로 다른 정보를 갖고 시장에 참여하는 경우가 많다. 어떤 사람은 특정한 정보를 갖고 있는데 거래 상대방은 그 정보를 갖고 있지 못한 경우도 있다. 뿐만 아니라 거래에 참여하는 목적이나 재산 등의 측면에서 큰 차이가 존재하는 것이 보통이다. 이런 경우에는 어떤 상품의 가격이 우리의 상식으로는 도저히 이해하기 힘든 수준까지 일시적으로 뛰어오르는 현상이 나타날 가능성이 있다. 이런 현상은 특히 투기의 대상이 되는 자산의 경우에 자주 목격되는데, 우리는 이를 '거품(Bubbles)'이라고 부른다.
일반적으로 거품은 어떤 상품(특히 자산)의 가격이 지속적으로 급격히 상승하는 현상을 가리킨다. 이와 같은 지속적인 가격 상승이 일어나는 이유는 애초에 생긴 가격 상승이 추가적인 가격 상승의 기대로 이어져 투기 바람이 형성되기 때문이다. 어떤 상품의 가격이 올라 그것을 미리 사둔 사람이 재미를 보았다는 소문이 돌면 너도나도 사려고 달려들기 때문에 가격이 천정부지*로 뛰어오르게 된다. 물론 이 같은 거품이 무한정 커질 수는 없고 언젠가는 터져 정상적인 상태로 돌아올 수밖에 없다. 이때 거품이 터지는 충격으로 인해 경제에 심각한 위기가 닥칠 수도 있다.

*천정부지 : 물가 따위가 한 없이 오르기만 함을 비유적으로 이르는 말

① 거품은 투기의 대상이 되는 자산에서 자주 일어난다.
② 거품이 터지면 경제에 심각한 위기를 초래할 수 있다.
③ 거래에 참여하는 사람의 목적이나 재산에 큰 차이가 없다면 거품이 일어날 수 있다.
④ 상품의 가격이 일반적인 상식으로는 이해되지 않는 수준까지 일시적으로 상승할 수도 있다.

12 다음 글을 읽고 추론한 내용으로 가장 적절한 것은?

> 최근 사회적으로 환경에 대한 관심이 증가하면서 상표에도 '에코, 녹색' 등 '친환경'을 표방하는 상표 출원이 꾸준히 증가하는 것으로 나타났다. 특허청에 따르면, '친환경' 관련 상표 출원은 최근 10여 년간 연평균 1,200여 건이 출원돼 꾸준한 관심을 받아온 것으로 나타났다. '친환경' 관련 상표는 제품의 '친환경'을 나타내는 대표적인 문구인 '친환경, 에코, ECO, 녹색, 그린, 생태' 등의 문자를 포함하고 있는 상표이며 출원건수는 상품류를 기준으로 한다. 즉, 단류 출원은 1건, 2개류에 출원된 경우 2건으로 계산한다.
> 작년 한 해 친환경 상표가 가장 많이 출원된 제품은 화장품(79건)이었으며, 그다음으로 세제(50건), 치약(48건), 샴푸(47건) 순으로 조사됐다. 특히, 출원건수 상위 10개 제품 중 7개가 일상생활에서 흔히 사용하는 미용, 위생 등 피부와 관련된 상품인 것으로 나타나 깨끗하고 순수한 환경에 대한 관심이 친환경제품으로 확대되고 있는 것으로 분석됐다.
> 2007년부터 2017년까지의 '친환경' 관련 상표의 출원실적을 보면, 영문자 'ECO'가 4,820건으로 가장 많이 사용되어 기업이나 개인은 제품의 '친환경'을 나타내는 상표 문구로 'ECO'를 가장 선호하는 것으로 드러났다. 다음으로는 '그린'이 3,862건, 한글 '에코'가 3,156건 사용됐고 '초록', '친환경', '녹색', '생태'가 각각 766건, 687건, 536건, 184건으로 그 뒤를 이었다. 특히, '저탄소 · 녹색성장'이 국가 주요 정책으로 추진되던 2010년에는 '녹색'을 사용한 상표출원이 매우 증가한 것으로 나타났고, 친환경 · 유기농 먹거리 등에 대한 수요가 늘어나면서 2015년에는 '초록'이 포함된 상표 출원이 상대적으로 증가한 것으로 조사됐다.
> 최근 환경과 건강에 대한 관심이 증가하면서 이러한 '친환경' 관련 상표를 출원하여 등록받는 것이 소비자들의 안전한 구매를 촉진하는 길이 될 수 있다.

① 국가 주요 정책이나 환경에 대한 관심이 상표 출원에 많은 영향을 미친다.
② 친환경 상표가 가장 많이 출원된 제품인 화장품의 경우 대부분 안전하다고 믿고 사용해도 된다.
③ 환경과 건강에 대한 관심이 증가하지만 '친환경'을 강조하는 상표 출원의 증가세가 주춤할 것으로 전망된다.
④ 영문 'ECO'와 한글 '에코'의 의미가 동일하므로 한글 '에코'의 상표 문구 출원이 높아져 영문 'ECO'를 역전할 가능성이 높다.

13 다음 기사에 대한 내용으로 적절하지 않은 것은?

> 요즘은 스마트폰이 은행원의 일을 한다. 송금도 스마트폰으로 할 수 있으며, 심지어 쉽다. 예를 들어, 핀테크 간편 송금 앱 '토스(Toss)'를 사용하면 1개의 비밀번호로 3단계만 거쳐도 송금 완료다. 토스 이전에 송금의 절차에는 평균적으로 5개의 암호와 약 37회의 클릭이 필요했지만 이제 다 사라졌다. 이것이 바로 핀테크다. 핀테크(FinTech)란 금융(Finance)과 기술(Technology)의 합성어로, 금융과 IT의 결합을 통한 금융서비스를 의미한다.
> 이처럼 핀테크의 가장 강력한 장점은 지급과 결제의 간편성으로 볼 수 있다. 그냥 앱을 열고 기기에 갖다 대기만 하면 된다. 스마트폰에 저장된 신용카드나 계좌정보가 NFC 결제 기기와 자연스럽게 반응하여 처리된다. 송금 서비스는 더 쉽다. 곧 사라지겠지만 '공인인증서'가 당신에게 선사했던 절망의 시간을 떠올려 보라. 핀테크의 물결 속에서 보수적이었던 금융권 역시 오픈 뱅킹으로 속속 전환하고 있다. 외환 송금 또한 무리 없다. 심지어 수수료도 절감할 수 있다. 여기에 우리나라 핀테크의 꽃이라고 할 수 있는 인터넷 전문은행도 있다. 가입부터 개설까지 10분도 걸리지 않는다. 조만간 핀테크는 지갑 속 신분증과 카드까지도 담아낼 것이다. 100년 후에 지갑이라는 물건은 조선시대 상투처럼 사라질지도 모른다.
> 핀테크는 리스크 관리 수준 또한 끌어올리고 있다. 과거의 경우 통장을 만들기 위해서는 은행창구 방문이 필수였다. 신분증을 내밀고 본인 확인을 거쳐야만 했다. 지금은 어떤가? 비대면 실명 인증이라는 기술이 금융을 만나 핀테크로 완성되었다. 더 이상 은행에 가지 않아도 된다. 인터넷 전문은행 또한 비대면 실명 인증을 통해 실현된 핀테크다. 물론 여전히 보안 문제가 걱정이긴 하다. 개인정보를 캐내는 해킹 수법도 날이 갈수록 발전하고 있다. 하지만 핀테크는 기존의 방식을 넘어 발전하고 있다. 이미 스마트폰에는 지문 인식, 안면 인식을 통한 본인 인증 기술이 쓰이고 있다. 조만간 핀테크는 간편성을 넘어 보이스피싱과 같은 금융 범죄를 근본적으로 방지하는 형태로 발전할 것이다.
> 다음으로 핀테크는 이상적인 금융 플랫폼을 실현하고 있다. 과거에는 수수료를 당연하게 여기던 때가 있었다. 마치 문자 하나에 50원의 가격을 매기는 것처럼 말이다. 어떤 거래에 있어 은행이나 금융기관의 매개 비용은 당연한 대가였다. 이제 핀테크는 그 당연함을 지웠다. 또한 핀테크는 온라인 플랫폼을 통해 새로운 형태의 대출을 만들어냈다. 바로 P2P(Peer to Peer) 대출이다. P2P 대출은 공급자(투자)와 수요자(대출)가 금융기관의 개입 없이도 직접 자금을 주고받을 수 있게끔 만들었다. 크라우드 펀딩도 하나의 핀테크다. 크라우드 펀딩은 사업자 등이 익명의 다수(Crowd)로부터 SNS를 통해 후원을 받거나 특정 목적으로 인터넷과 같은 플랫폼을 통해 자금을 모으는 투자 방식이다. 실험적이고 번뜩이는 아이템을 가졌지만, 수익성을 이유로 투자받지 못했던 창업가에게는 기적 같은 통로가 생긴 것이다.

① 핀테크는 수수료 절감을 통해 이상적인 금융 플랫폼을 실현하고 있다.
② 핀테크의 크라우드 펀딩은 자금력이 부족한 창업자들에게 기회가 될 수 있다.
③ 핀테크는 비대면 실명 인증을 가능하게 하여, 고객들은 은행에 가지 않아도 된다.
④ 핀테크를 활용한 P2P 대출은 금융기관의 개입을 통한 투자와 대출을 가능하게 한다.

14 다음 기사를 읽고 전선업계를 비판한 내용으로 가장 적절한 것은?

> 국내 전선산업은 구릿값 변동에 밀접하게 맞물려 성장과 침체를 거듭해 왔다. 케이블 원가의 60% 이상을 전기동이 차지하고, 회사의 매출 · 이익과 연관되다 보니 전선업계는 구리 관련 이슈에 매번 민감한 반응을 보일 수밖에 없는 상황이다. 특히 올해는 전선업계에 그 어느 때보다도 구리 관련 이슈가 많았던 해로 기억될 것이다. 계속해서 하향곡선을 그리던 국제 구리 시세가 5년 만에 오름세로 반전, 전선 산업에 직간접적으로 영향을 주기 시작했고, 한국전력공사가 지중배전케이블의 구리 – 알루미늄 도체 성능 비교에 나서는 등 크고 작은 사건들이 일어났기 때문이다.
>
> 전선업계는 지난해 말, 수년간 약세를 보였던 구릿값이 강세로 돌아서자 기대감 섞인 시선을 보냈다. 수년 전의 경험을 바탕으로, 전선업계가 직면해있던 만성적인 수급 불균형과 경기침체로 인한 위기를 조금이나마 해소할 계기가 될 것이라는 장밋빛 전망이 나왔던 것이다. 2009년부터 2011년까지 구리가 전선업계의 역사적 호황을 이끌었던 사례가 있다. 2008년 톤당 2,700달러대였던 구릿값은 2011년 1만 달러를 돌파하며 끝없이 치솟았고, 전선업체들의 성장을 이끌었다.
>
> 그 이전만 해도 경제위기와 공급과잉 등으로 어려움을 겪었던 전선업계는 구릿값 상승 기류를 타고 분위기를 반전시켰다. 그러나 막상 지난해 11월 이후 상승세를 이어가고 있는 구리 시세가 시장에 적용되기 시작한 올해에 들어서자, 이 같은 업계 기대감은 산산조각 났다. 오히려 빠르게 치솟는 구릿값을 시장가격이 따라잡지 못하면서, 기업의 수익성에 부정적 영향을 미치는 등 부작용이 이어지고 있기 때문이다. 지난해 11월 1일 4,862.5달러였던 구리시세가 올해 10월 27일 7,073.50달러까지 45.5%가량 오르면서, 전선업체들의 매출도 대부분 올랐다. 반면 영업이익은 전년과 비슷한 수준이거나 반대로 줄어든 곳이 많았다.
>
> 무엇보다 불공정계약이 만연한 것도 동값 위기를 키우고 있다. 업계에 따르면 계약 체결 후 제품을 납품하고 수금하는 과정에서 전선업체와 구매자 간 불공정거래 문제가 심각한 상황이다. 전선업계는 구릿값이 상승할 경우 기존 계약금액을 동결한 상태에서 결제를 진행하고, 반대로 구릿값이 떨어지면 그만큼의 차액을 계약금에서 차감해줄 것을 요구하는 등의 불공정거래 행위가 여전히 이어지고 있다고 입을 모으고 있다.

① '달면 삼키고 쓰면 뱉는다.'더니 자기의 이익만을 생각하고 있구나.
② '소 잃고 외양간 고친다.'더니 구릿값이 올라가니깐 후회하고 있구나.
③ '등잔 밑이 어둡다.'더니 전선업계는 자신들의 문제를 이해하지 못하는군.
④ '개구리 올챙이 적 생각 못 한다.'더니 구릿값이 비쌌을 때 생각 못 하고 있네.

15 다음 글의 주제로 가장 적절한 것은?

대부분의 사람들이 주식 투자를 하는 목적은 자산을 증식하는 것이지만, 항상 이익을 낼 수는 없으며 이익에 대한 기대에는 언제나 손해에 따른 위험이 동반된다. 이러한 위험을 줄이기 위해서 일반적으로 투자자는 포트폴리오를 구성하는데, 이때 전반적인 시장 상황에 상관없이 나타나는 위험인 '비체계적 위험'과 시장 상황에 연관되어 나타나는 위험인 '체계적 위험' 두 가지를 동시에 고려해야 한다.

비체계적 위험이란 종업원의 파업, 경영 실패, 판매의 부진 등 개별 기업의 특수한 상황과 관련이 있는 것으로 '기업 고유 위험'이라고도 한다. 기업의 특수 사정으로 인한 위험은 예측하기 어려운 상황에서 돌발적으로 일어날 수 있는 것들로, 여러 주식에 분산투자함으로써 제거할 수 있다. 즉, 어느 회사의 판매 부진에 의한 투자 위험은 다른 회사의 판매 신장으로 인한 투자 수익으로 상쇄할 수가 있으므로, 서로 상관관계가 없는 종목이나 분야에 나누어 투자해야 한다. 따라서 여러 종목의 주식으로 이루어진 포트폴리오를 구성하는 경우, 그 종목 수가 증가함에 따라 비체계적 위험은 점차 감소하게 된다.

반면에 체계적 위험은 시장의 전반적인 상황과 관련한 것으로, 예를 들면 경기 변동, 인플레이션, 이자율의 변화, 정치 사회적 환경 등 여러 기업들에게 공통적으로 영향을 주는 요인들에서 기인한다. 체계적 위험은 주식 시장 전반에 관한 위험이기 때문에 비체계적 위험에 대응하는 분산투자의 방법으로도 감소시킬 수 없으므로 '분산 불능 위험'이라고도 한다.

그렇다면 체계적 위험에 대응할 수 있는 방법은 없을까? '베타 계수'를 활용한 포트폴리오 구성에 의해 투자자는 체계적 위험에 대응할 수 있다. 베타 계수란 주식 시장 전체의 수익률의 변동이 발생했을 때 이에 대해 개별 기업의 주가 수익률이 얼마나 민감하게 반응하는가를 측정하는 계수로, 종합주가지수의 수익률이 1% 변할 때 개별 주식의 수익률이 몇 % 변하는가를 나타낸다. 베타 계수는 주식 시장 전체의 변동에 대한 개별 주식 수익률의 민감도로 설명할 수 있는데, 만약 종합주가지수의 수익률이 1% 증가(또는 감소)할 때 어떤 주식 A의 수익률이 0.5% 증가(또는 감소)한다면, 주식 A의 베타 계수는 0.5가 된다. 이때, 주식 B의 수익률은 2% 증가(또는 감소)한다면 주식 B의 베타 계수는 2가 된다. 그러므로 시장 전체의 움직임에 더욱 민감하게 반응하는 것은 주식 B이다.

따라서 투자자는 주식 시장이 호황에 진입할 경우 베타 계수가 큰 종목의 투자 비율을 높이는 반면, 불황이 예상되는 경우에는 베타 계수가 작은 종목의 투자 비율을 높여 위험을 최소화할 수 있다.

① 비체계적 위험과 체계적 위험의 사례 분석
② 비체계적 위험을 활용한 경기 변동의 예측 방법
③ 비체계적 위험과 체계적 위험을 고려한 투자 전략
④ 종합주가지수 변동에 민감한 비체계적 위험의 중요성

※ 사회초년생 A씨는 가계부를 작성하던 중 신용카드 혜택을 받는 것이 유리하다는 판단을 내렸다. 다음은 A씨의 생활부문별 월 지출내역 및 신용카드별 혜택에 대한 자료이다. 이어지는 질문에 답하시오. **[16~17]**

〈A씨의 생활부문별 월 지출내역〉

생활부문	월 지출내역	비고
교통비	• 대중교통요금 : 60,000원 • 주유비 : 80,000원	–
공과금	• 수도세 : 20,000원 • 전기세 : 30,000원 • 도시가스비 : 20,000원 • 기타 공과금 : 30,000원	• K은행 계좌에서 자동이체
통신요금	• 60,000원	• R통신사 이용 • W은행 계좌에서 자동이체
보험료	• 손해보험료 : 100,000원 • 자동차보험료 : 80,000원	• K은행 계좌에서 자동이체
외식비	• 술 : 50,000원 • 커피 : 20,000원 • 식사 : 50,000원	• S커피 이용

〈신용카드별 혜택〉

신용카드	카드혜택	연회비
Q카드	• K은행 계좌에서 R통신사 통신요금 자동이체 시 통신요금 10% 청구할인 • 대중교통요금 월 5% 청구할인 • K은행 계좌에서 도시가스비 자동이체 시 10% 청구할인 • K은행 계좌에서 손해보험료 자동이체 시 15% 청구할인	월 1,000원
L카드	• K은행 계좌에서 R통신사 통신요금 자동이체 시 통신요금 5% 청구할인 • K은행 계좌에서 수도세 자동이체 시 20% 청구할인 • S커피 이용요금 3,000원 정액할인 • 외식비 20,000원 정액할인	월 6,000원
U카드	• K은행 계좌에서 자동차보험료 자동이체 시 5% 청구할인 • 주유비 10% 청구할인 • K은행 계좌에서 손해보험료 자동이체 시 10% 청구할인 • K은행 계좌에서 기타 공과금 자동이체 시 10% 청구할인	월 13,000원

16 A씨는 연회비를 고려하지 않은 월 순수 할인 금액을 기준으로 카드를 선정하려고 한다. 할인 금액이 가장 많은 카드와 그 할인된 금액이 바르게 짝지어진 것은?(단, 전월 실적이나 기타 비용은 생략한다)

① Q카드, 23,000원
② L카드, 25,000원
③ L카드, 27,000원
④ U카드, 27,000원

17 A씨는 W은행 계좌에서 자동이체하던 통신요금을 K은행 계좌에서 자동이체하는 것으로 바꾸려고 한다. 이 경우 연회비까지 고려할 때 카드와 월 혜택 금액이 바르게 짝지어진 것은?(단, 전월 실적이나 기타 비용은 생략한다)

① Q카드, 21,000원
② Q카드, 25,000원
③ L카드, 20,000원
④ U카드, 21,000원

※ 다음은 K은행의 서민형 적금상품 설명서 중 일부이다. 이어지는 질문에 답하시오. **[18~19]**

〈서민형 적금상품 설명서〉

구분	내용
상품특징	서민 재산 형성을 돕기 위한 적립식 장기저축상품
가입대상	일반 재형저축 가입 자격을 충족하고 아래 항목 중 하나에 해당하는 경우 1) 직전 과세기간 총급여액 2,500만 원 이하 거주자 2) 직전 과세기간 종합소득금액 1,600만 원 이하 거주자 3) 중소기업에 재직하는 청년으로 1), 2)에 해당하지 않는 거주자
가입기간	7년(연장 시 최대 10년)
금리	기본(고정)금리 연 3.1%
세제혜택안내	가입일로부터 의무가입기간(3년) 경과 후 해지 시 이자소득세(15%)를 비과세 처리 ※ 단, 이자소득세 감면에 따라 농어촌특별세(1.5%)가 과세, 만기일 이후 발생하는 이자에 대해서는 일반과세
가입안내	[가입서류] – 서민형 재형저축(소득형) : 소득확인증명서 – 소득확인증명서는 세무서 또는 인터넷 홈텍스에서 발급 가능하며, 청년형 재형저축 가입요건 확인서는 재직회사에서 발급 ※ 서민형 재형저축(청년형) 가입은 영업점에서 가능(인터넷뱅킹에서는 가입 불가)
특별중도해지	고객의 사망, 해외이주 또는 해지 전 6개월 이내에 다음 중 하나의 사유에 해당하여 계약기간(연장기간 포함) 만료 전에 해지하는 경우 이자소득세(15%) 면제 혜택 유지(농어촌특별세 1.5% 부과) – 천재·지변 – 저축자의 퇴직 – 사업장의 폐업, 저축자의 3개월 이상 입원치료 또는 요양을 요하는 상해·질병의 발생 – 저축취급기관의 영업정지, 영업인·허가 취소, 해산결의 또는 파산선고

18 A사원은 고객 안내를 위해 위 상품을 분석하고 메모를 하였다. A사원의 메모 내용 중 서민형 적금상품과 거리가 먼 것은?

① 예상소득이 2,500만 원 초과면 가입 불가
② 고정 확정 금리
③ 의무가입기간 있음
④ 일정 기간 이상 연장 불가

19 다음 〈조건〉을 참고하여 적금을 해지하는 H고객과 L고객에게 입금될 이자금액(세후)을 바르게 연결한 것은?

〈조건〉

• H고객
 – 가입유지기간 : 5년
 – 이자(세전) : 400,000원
 – 구분 : 중도해지
 – 해지사유 : 타 적금상품 가입
• L고객
 – 가입유지기간 : 2년
 – 이자(세전) : 200,000원
 – 구분 : 중도해지
 – 해지사유(해지 1개월 전 교통사고로 인한 입원 – 전치 16주)

※ 단, 이자는 만기 또는 중도해지 시 일시 지급하며, 적용되는 세금 역시 만기 또는 중도해지 시 발생하는 이자 총금액에 적용함

	H고객	L고객
①	340,000원	170,000원
②	340,000원	197,000원
③	394,000원	170,000원
④	394,000원	197,000원

※ 다음은 대출에 관련된 금융 용어에 대한 설명이다. 이어지는 질문에 답하시오. [20~21]

〈금융 용어〉

1) 거치기간 : 대출을 받은 후 원금을 제외하고, 이자만 납입하는 기간
2) 거치식상환 : 거치기간 동안 이자만 지불하며, 거치기간이 종료되면 원금과 이자를 원하는 방식으로 상환
3) 만기일시상환 : 약정기간 동안 이자만 부담하고 만기에 대출금을 모두 상환
4) 원금균등상환 : 대출원금을 대출기간으로 균등하게 나누어 매월 일정한 금액을 상환하고 이자는 매월 원금의 상환으로 줄어든 대출 잔액에 대해서만 지급
5) 원리금균등상환 : 대출원금과 이자를 융자기간 동안 매달 같은 금액으로 나누어 상환

20 다음은 대출상환방식에 따른 납입 원금금액과 납입 이자금액 그래프이다. 대출상환방식과 그 방식에 맞는 그래프가 바르게 연결된 것을 〈보기〉에서 모두 고르면?(단, 7회차가 만기일이다)

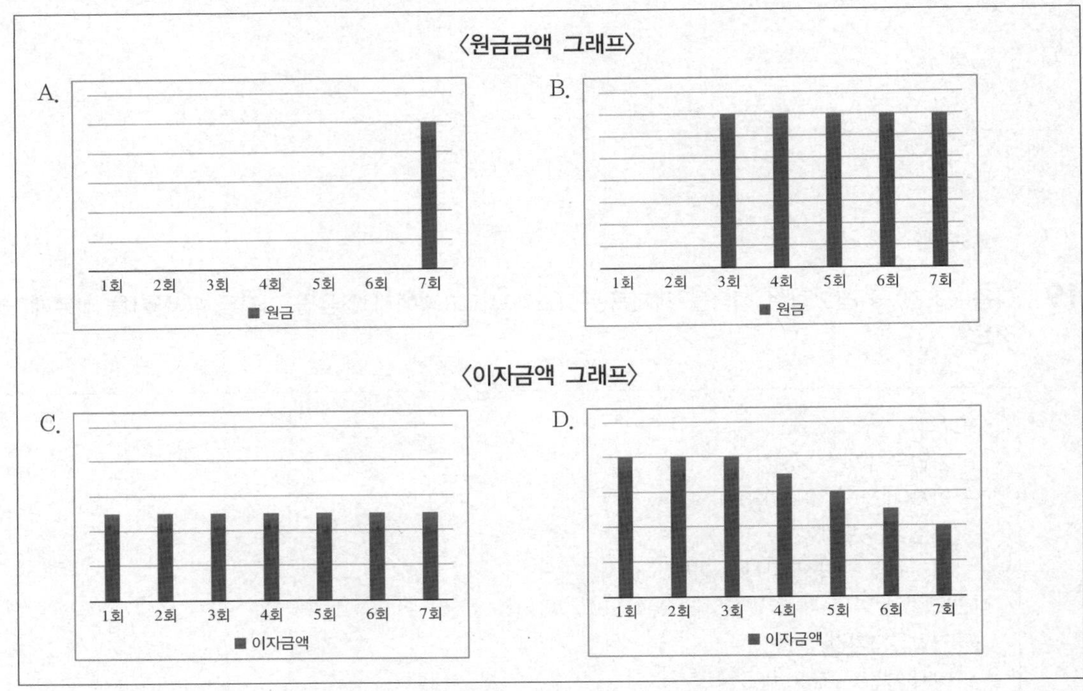

〈보기〉

㉠ A－C, 만기일시상환
㉡ A－D, 만기일시상환
㉢ B－C, 거치식원금균등상환
㉣ B－D, 거치식원금균등상환
㉤ B－D, 원금균등상환

① ㉠, ㉢
② ㉠, ㉣
③ ㉠, ㉤
④ ㉡, ㉢

21 다음은 갑～정 네 사람의 대출상환방식에 대한 요구사항이다. 이를 고려하여 대출상환방식을 정하려고 할 때, 네 사람이 각각 선택할 대출상환방식을 바르게 연결한 것은?(단, 모두 다른 대출상환방식을 택했다)

> 갑 : 저는 최대한 이자를 적게 내고 싶습니다.
> 을 : 저는 자금을 계획적으로 운영하고 있습니다. 이에 틀어지지 않도록 매달 상환금액이 동일했으면 좋겠습니다.
> 병 : 저는 전세자금 마련을 위해 큰 금액의 대출을 받아야 하기 때문에 원금과 이자를 매달 상환하는 것은 부담이 됩니다. 하지만 전세기간이 만료되면 원금 전액을 즉시 상환할 수 있습니다.
> 정 : 저는 갑작스러운 병원비로 목돈이 나가 생계가 곤란하여 대출을 받게 되었습니다. 대출은 필요하지만 현 상황에 있어서 상환은 부담이 됩니다. 하지만 매월 소득이 있기에 상황이 안정되면 매달 일정 금액의 원리금을 상환할 수 있습니다.

	거치식상환	만기일시상환	원금균등상환	원리금균등상환
①	병	정	갑	을
②	병	정	을	갑
③	병	을	갑	정
④	정	병	갑	을

22 A ~ D 네 팀이 참여하여 체육대회를 하고 있다. 다음 순위 결정 기준과 각 팀의 현재까지 득점 현황에 근거하여 판단할 때, 항상 옳은 추론을 〈보기〉에서 모두 고르면?

〈순위 결정 기준〉

- 각 종목의 1위에게는 4점, 2위에게는 3점, 3위에게는 2점, 4위에게는 1점을 준다.
- 각 종목에서 획득한 점수를 합산한 총점이 높은 순으로 종합 순위를 결정한다.
- 총점에서 동점이 나올 경우에는 1위를 한 종목이 많은 팀이 높은 순위를 차지한다.
  - 만약 1위 종목의 수가 같은 경우에는 2위 종목이 많은 팀이 높은 순위를 차지한다.
  - 만약 1위 종목의 수가 같고, 2위 종목의 수도 같은 경우에는 공동 순위로 결정한다.

〈득점 현황〉

구분	A팀	B팀	C팀	D팀
종목 가	4	3	2	1
종목 나	2	1	3	4
종목 다	3	1	2	4
종목 라	2	4	1	3
종목 마	?	?	?	?
합계	?	?	?	?

※ 종목별 순위는 반드시 결정되고, 동순위는 나오지 않음

〈보기〉

㉠ A팀이 종목 마에서 1위를 한다면 종합 순위 1위가 확정된다.
㉡ B팀이 종목 마에서 C팀보다 순위가 낮으면 종합 순위에서도 C팀보다 낮게 된다.
㉢ C팀은 종목 마의 결과와 관계없이 종합 순위에서 최하위가 확정되었다.
㉣ D팀이 종목 마에서 2위를 한다면 종합 순위 1위가 확정된다.

① ㉠　　② ㉣
③ ㉠, ㉡　　④ ㉡, ㉢

23 다음은 K은행의 서비스 이용가능시간에 대한 자료이다. 〈보기〉 중 K은행 이용이 불가능한 경우는 총 몇 가지인가?

〈K은행 서비스 이용가능시간〉

서비스명		이용가능시간		
		평일	토요일	일요일 / 공휴일
계좌이체	타행이체	00:10 ~ 23:30		
	즉시이체	24시간 (단, 00:00 ~ 00:10 사이에는 시스템 점검으로 인하여 서비스 이용 불가)		
	여러계좌이체			
	이체결과 조회			
	예정이자조회 / 입금			
	퇴직연금이체	09:00 ~ 19:00	이용 불가	이용 불가
자동 / 예약이체	자동이체 등록	00:10 ~ 24:00	이용 불가	이용 불가
	자동이체 조회 / 변경 / 해지			
	예약이체 등록	24시간 (단, 00:00 ~ 00:10 사이에는 시스템 점검으로 인하여 서비스 이용 불가)		
	예약이체 조회 / 변경 / 취소			
	이체결과 조회			
적금&펀드	적금&펀드 등록 / 해지	09:00 ~ 17:00	이용 불가	이용 불가
	적금&펀드 조회	24시간 (단, 00:00 ~ 00:10 사이에는 시스템 점검으로 인하여 서비스 이용 불가)		
증권 / 가상계좌 이체	D증권 계좌이체	08:30 ~ 21:00	08:30 ~ 13:00	이용 불가
	기타제휴증권 계좌이체	06:30 ~ 23:30		
	이체결과 조회	24시간 (단, 00:00 ~ 00:10 사이에는 시스템 점검으로 인하여 서비스 이용 불가)		
급여이체	급여이체 등록 / 실행	01:00 ~ 23:00		
	이체결과 조회	24시간 (단, 00:00 ~ 00:10 사이에는 시스템 점검으로 인하여 서비스 이용 불가)		
MMF계좌	개인 MMF 출금	09:00 ~ 17:00	이용 불가	이용 불가
	매수지정계좌 등록 / 해제	24시간 (단, 00:00 ~ 00:10 사이에는 시스템 점검으로 인하여 서비스 이용 불가)		
	매수지정계좌 조회			

〈보기〉

㉠ 토요일 오전 11시 32분에 D증권 계좌이체
㉡ 추석 오후 10시 45분에 적금&펀드 조회
㉢ 수요일 오전 8시 25분에 퇴직연금이체
㉣ 토요일 오전 11시 24분에 개인 MMF 출금
㉤ 월요일 오후 4시 05분에 적금&펀드 등록
㉥ 목요일 오후 11시 40분에 타행이체
㉦ 금요일 오전 12시 05분에 급여이체결과 조회
㉧ 일요일 오전 9시 52분에 자동이체 등록

① 2가지
② 3가지
③ 4가지
④ 5가지

24 제시된 명제가 모두 참일 때, 다음 중 항상 참인 것은?

- 커피를 마시면 치즈케이크도 먹는다.
- 마카롱을 먹으면 요거트를 먹지 않는다.
- 요거트를 먹지 않으면 커피를 마신다.
- 치즈케이크를 먹으면 초코케이크를 먹지 않는다.
- 아이스크림을 먹지 않으면 초코케이크를 먹는다.

① 마카롱을 먹으면 아이스크림을 먹는다.
② 아이스크림을 먹으면 치즈케이크를 먹는다.
③ 커피를 마시지 않으면 초코케이크를 먹는다.
④ 치즈케이크를 먹지 않으면 마카롱을 먹는다.

25 K금융그룹 직원 성우, 희성, 지영, 유진, 혜인, 재호가 다음 〈조건〉에 따라 근무할 때, 반드시 참인 것은?

〈조건〉

- 성우, 희성, 지영, 유진, 혜인, 재호는 각자 다른 곳에서 근무하고 있다.
- 근무할 수 있는 곳은 감사팀, 대외협력부, 마케팅부, 비서실, 기획팀, 회계부이다.
- 성우가 비서실에서 근무하면, 희성이는 기획팀에서 근무하지 않는다.
- 유진이와 재호 중 한 명은 감사팀에서 근무하고, 나머지 한 명은 마케팅부에서 근무한다.
- 유진이가 감사팀에서 근무하지 않으면, 지영이는 대외협력부에서 근무하지 않는다.
- 혜인이가 회계부에서 근무하지 않을 때에만 재호는 마케팅부에서 근무한다.
- 지영이는 대외협력부에서 근무한다.

① 재호는 감사팀에서 근무한다.
② 희성이는 기획팀에서 근무한다.
③ 성우는 비서실에서 근무하지 않는다.
④ 혜인이는 회계부에서 근무하지 않는다.

26 다음은 기말고사를 치르고 난 후 A ~ E 5명이 나눈 대화이다. 이 중 1명의 진술이 거짓일 때, 반드시 참인 것은?(단, 동점은 없으며, 모든 사람은 진실 또는 거짓만 말한다)

> • A : E는 1등이고, D는 C보다 성적이 높다.
> • B : B는 E보다 성적이 낮고, C는 A보다 성적이 높다.
> • C : A는 B보다 성적이 낮다.
> • D : B는 C보다 성적이 높다.
> • E : D는 B보다, A는 C보다 성적이 높다.

① A가 2등이다.
② B가 1등이다.
③ D가 3등이다.
④ E가 2등이다.

27 다음 〈조건〉에 따라 K은행 영업팀의 부장, 과장, 대리, 주임, 사원이 농구, 축구, 야구, 테니스, 자전거, 영화 동호회에 참여할 때, 직급과 성별, 동호회가 바르게 연결되지 않은 것은?(단, 모든 직원은 반드시 동호회 1곳에 참여한다)

〈조건〉

> • 남직원은 3명, 여직원은 2명이다.
> • 모든 동호회의 참여 가능 인원은 팀 내 최대 2명이다.
> • 모든 여직원은 자전거 동호회에 참여하지 않았다.
> • 여직원 중 1명은 농구, 축구, 야구, 테니스 동호회 중 하나에 참여하였다.
> • 대리, 주임, 사원은 자전거 동호회 또는 영화 동호회에 참여하지 않았다.
> • 참여 직원이 없는 동호회는 2개이다.
> • 야구, 자전거, 영화 동호회에 참여한 직원은 각각 1명이다.
> • 주임은 야구 동호회에 참여하였고, 부장은 영화 동호회에 참여하였다.
> • 축구 동호회에 참여한 직원은 남성뿐이다.

	직급	성별	참여 동호회
①	부장	여자	영화
②	과장	남자	자전거
③	대리	남자	축구
④	사원	남자	테니스

※ 다음은 국민슈퍼정기예금(개인)에 대한 자료이다. 이어지는 질문에 답하시오. **[28~30]**

〈국민슈퍼정기예금(개인)〉

가입자가 이율, 이자지급, 만기일 등을 직접 설계해 저축할 수 있는 다기능 맞춤식 정기예금

구분	내용
가입대상	제한 없음(단, 무기명으로는 가입 불가)
가입기간	• 고정금리형 : 1개월 ~ 3년 이내에서 월 또는 일 단위 • 단위기간 금리연동형 : 12 ~ 36개월 이내에서 월 단위로 정하고, 연동(회전) 단위기간은 1 ~ 6개월 이내 월 단위 또는 30 ~ 181일 이내 일 단위로 정할 수 있음
가입금액	• 신규 시 최저 100만 원 이상 원 단위로 예치 • 건별 10만 원 이상 원 단위로 추가입금 가능(신규 포함 30회까지 가능)
분할인출	• 대상계좌 : 가입일로부터 1개월 이상 경과된 고정금리형 계좌(단위기간 금리연동형은 불가) • 분할인출 횟수 : 계좌별 3회(해지 포함) 이내에서 총 15회 한도 • 적용이율 : 가입 당시 예치기간별 고정금리형 국민슈퍼정기예금 기본이율 • 인출금액 : 제한 없음. 단, 분할인출 후 계좌별 잔액은 100만 원 이상 유지
거래방법	• 신규 : 은행창구 방문, 고객센터 • 해지 : 은행창구 방문, 고객센터, 인터넷뱅킹, KB스타뱅킹 ※ 은행창구에서 신규가입한 미성년자 명의 예금의 해지는 은행창구에서만 가능 ※ 고객센터 해지 시 만기해지만 가능하며, 미성년자 명의 예금은 해지 불가
유의사항	만기 전 해지할 경우 계약에서 정한 이율보다 낮은 중도해지이율이 적용됨
기본이율	• 고정금리형(조회일 기준, 세금공제 전, 연 %) (아래 표 참조) 1. 월이자복리식은 고정금리형의 1년제 이상 가입 시 가능하며, 적용금리는 월이자지급식 금리와 같음 2. 추가입금분은 추가입금일 현재 영업점에 고시된 예치기간별 이율 적용 • 단위기간 금리연동형 적용금리(조회일 기준, 세금공제 전, 연 %) (아래 표 참조) – 보너스 금리 : 단위기간 금리연동형 가입 후 2회전(단위기간 1 ~ 2개월은 3회전) 이상 경과 후 해지 시 약정이율 외에 0.1%의 보너스 금리 추가 적용 – 단위기간 금리연동형은 KB-Star 클럽 고객 대상 우대금리 제공에 해당되지 않음
우대이율	• 고정금리형 또는 단위기간 금리연동형 신규 시(추가입금 제외) 아래에 해당하는 경우 우대이율 적용 – 비과세가계저축 및 중장기주택부금 만기계좌를 해지일로부터 2개월 이내에 본인이나 배우자 또는 직계존비속 명의로 계약기간 1년 이상 가입하는 계좌 : 연 0.1%p

• 고정금리형(조회일 기준, 세금공제 전, 연 %)

기간	만기지급식 (확정금리)	월이자지급식 (확정금리)	월이자복리식 (확정금리)
1개월 이상 3개월 미만	0.95%	–	–
3개월 이상 6개월 미만	1.35%	1.25%	1.25%
6개월 이상 1년 미만	1.60%	1.50%	1.50%
1년 이상 2년 미만	1.80%	1.70%	1.70%
2년 이상 3년 미만	1.90%	1.80%	1.80%
3년	1.95%	1.85%	1.85%

• 단위기간 금리연동형 적용금리(조회일 기준, 세금공제 전, 연 %)

연동(회전) 단위기간	1 ~ 2개월(30 ~ 90일)	3 ~ 5개월(91 ~ 180일)	6개월(181일)
이율	0.90%	1.15%	1.40%

구분	내용
최종이율	• 고정금리형(조회일 기준, 세금공제 전, 연 %) 기간 / 만기이자지급식 / 월이자지급식 / 월이자복리식 1개월 이상 3개월 미만 / 최저 0.95 ~ 최고 1.05% / – / – 3개월 이상 6개월 미만 / 최저 1.35 ~ 최고 1.45% / 최저 1.25 ~ 최고 1.35% / – 6개월 이상 1년 미만 / 최저 1.60 ~ 최고 1.70% / 최저 1.50 ~ 최고 1.60% / – 1년 이상 2년 미만 / 최저 1.80 ~ 최고 1.90% / 최저 1.70 ~ 최고 1.80% / 최저 1.70 ~ 최고 1.80% 2년 이상 3년 미만 / 최저 1.90 ~ 최고 2.00% / 최저 1.80 ~ 최고 1.90% / 최저 1.80 ~ 최고 1.90% 3년 / 최저 1.95 ~ 최고 2.05% / 최저 1.85 ~ 최고 1.95% / 최저 1.85 ~ 최고 1.95% ※ 최고이율은 우대이율 최대 0.1%p 적용 시 • 단위기간 금리연동형(조회일 기준, 세금공제 전, 연 %) 연동(회전) 단위기간 / 1 ~ 2개월(30 ~ 90일) / 3 ~ 5개월(91 ~ 180일) / 6개월(181일) 이율 / 1.00% / 1.25% / 1.50% ※ 금리 변경 시 기존 가입계좌에 대해서는 다음 단위기간부터 변경된 금리 적용 ※ 최고이율은 우대이율 최대 0.1%p 적용 시

구분		내용
고정금리형	만기이자지급식	만기 시 이자를 단리 계산, 원금과 함께 지급
	월이자지급식	이자를 매월 단리 계산, 매월 약정일에 지급
	월이자복리식	이자를 매월 복리 계산, 만기 시 원금과 함께 지급
단위기간 금리연동형	이자지급식	연동 단위기간별로 이자를 단리 계산해 지급
	이자복리식	연동 단위기간별 이자를 복리로 계산해 만기 시 원금과 함께 지급

(이자지급 시기)

만기 후 이율

• 고정금리형(조회일 기준, 세금공제 전, 연 %)

경과기간	이율
만기 후 1개월 이내	(약정이율)×50%
만기 후 1개월 초과 3개월 이내	(약정이율)×30%
만기 후 3개월 초과	0.1%

1. 약정이율 : 신규가입일 당시 영업점에 고시된 가입기간별 이율(우대이율 제외)
2. 이율은 소수점 둘째 자리까지 표시(소수점 셋째 자리에서 절사)

• 단위기간 금리연동형(조회일 기준, 세금공제 전, 연 %)
– 경과기간 3개월 이내 : 0.2%
– 경과기간 3개월 초과 : 0.1%

28 국민슈퍼정기예금을 바르게 이해한 사람을 〈보기〉에서 모두 고르면?

〈보기〉

A씨 : 고정금리형 계좌의 가입일로부터 2개월이 지났다면 분할인출이 가능하지만, 이때 잔액을 100만 원 이상 유지해야 해.

B씨 : 신규가입 시에는 최저 150만 원 이상 예치해야 하며, 건별로 20만 원 이상 추가입금이 가능해.

C씨 : 미성년자의 명의로 은행창구에서 신규가입한 계좌는 은행창구뿐만 아니라 고객센터에서도 해지할 수 있어.

D씨 : 고정금리형 계좌의 계약기간은 12 ~ 36개월 이내에서 월 단위로 정할 수 있어.

E씨 : 고정금리형과 단위기간 금리연동형 모두 일 단위 또는 월 단위 중 하나를 선택할 수 있어.

① A씨, B씨
② A씨, C씨
③ A씨, E씨
④ B씨, D씨

29 K씨(만 30세)는 단위기간 금리연동형으로 국민슈퍼정기예금에 가입하려고 은행창구에서 상담을 받고 있다. 이때 은행 직원이 안내할 사항으로 옳은 것은?

① 고객님께서 원하신다면 최대 15회까지 분할인출을 하실 수 있습니다.
② KB-Star 클럽 고객을 대상으로 하는 우대금리 적용 혜택을 받으실 수 있습니다.
③ 만기 후 이율은 경과기간이 3개월 이내인지 또는 초과인지를 불문하고 연 0.2%로 같습니다.
④ 연동(회전) 단위기간이 6개월인 경우에는 가입 후 2회전이 지나고 나서 해지하실 때 0.1%의 보너스 금리를 추가로 적용받으실 수 있습니다.

30 고정금리형 계좌에 만기지급식(확정금리)으로 신규가입해 100만 원을 예치한 후 3년의 만기가 지났다. 이때 우대이율을 추가 적용해 최종적으로 받게 되는 최대 이자금액은?(단, 세금공제 전을 기준으로 하며, 계산의 편리를 위해 이후 추가입금은 없었다고 가정한다)

① 59,600원
② 60,500원
③ 61,500원
④ 62,700원

31 다음은 투자규모별 외국인 직접투자의 투자건수 비율과 투자금액 비율에 대한 자료이다. 투자규모 100만 달러 이상인 투자금액 비율과 투자규모 50만 달러 미만인 투자건수 비율을 순서대로 나열한 것은?

〈외국인 직접투자 투자건수 및 투자금액 비율〉

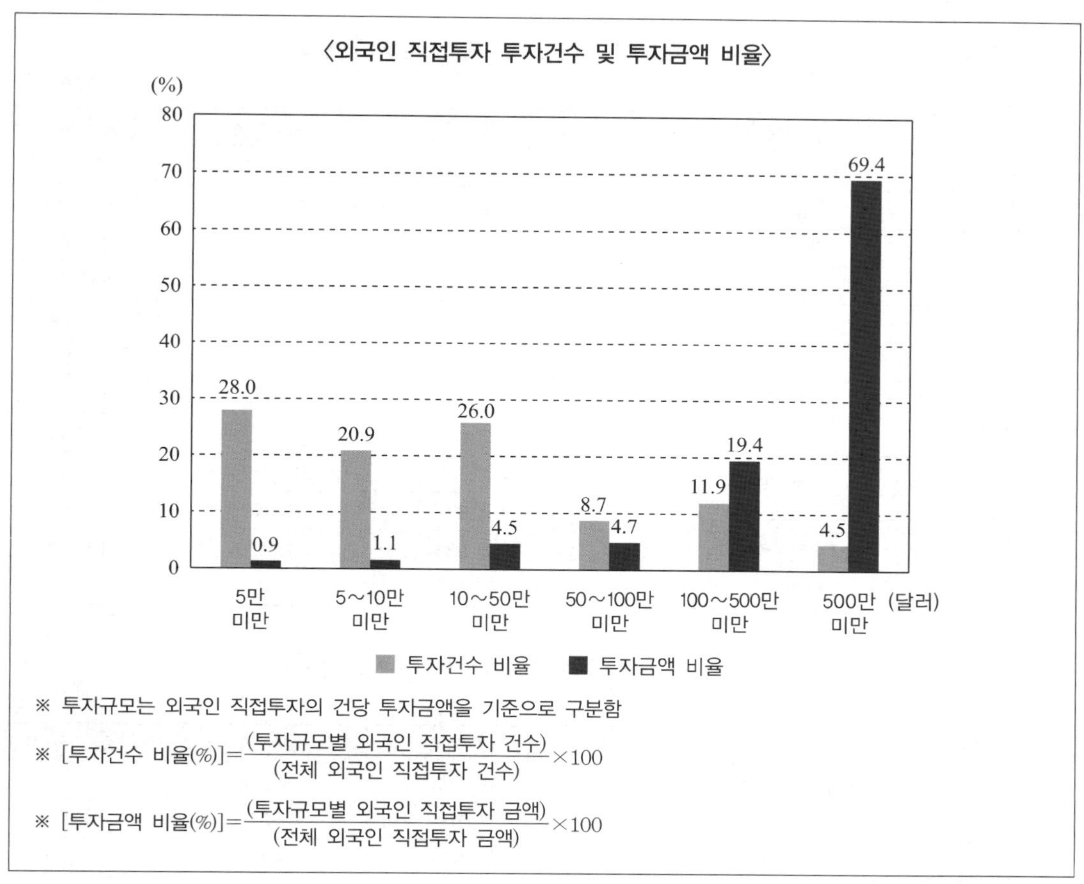

※ 투자규모는 외국인 직접투자의 건당 투자금액을 기준으로 구분함

※ [투자건수 비율(%)] $= \frac{\text{(투자규모별 외국인 직접투자 건수)}}{\text{(전체 외국인 직접투자 건수)}} \times 100$

※ [투자금액 비율(%)] $= \frac{\text{(투자규모별 외국인 직접투자 금액)}}{\text{(전체 외국인 직접투자 금액)}} \times 100$

① 66.6%, 62.8%　　② 77.7%, 68.6%

③ 88.8%, 74.9%　　④ 88.8%, 76.2%

32 다음은 지난해 월 소득 200만 원대와 300만 원대 가구의 항목별 소비 지출 현황에 대한 자료이다. 이에 대한 설명으로 옳은 것은?

〈200만 원대 소득 가구 소비 지출 현황〉

(단위 : 만 원)

구분	전체 가구	근로자 가구	근로자 외 가구
식료품・비주류음료	491,020	207,890	283,130
주류・담배	64,064	35,383	28,681
의류・신발	164,583	81,586	82,997
주거・수도・광열	544,583	257,368	287,215
가정용품・가사서비스	137,250	66,614	70,636
보건	310,915	129,011	181,904
교통	350,677	170,898	179,779
통신	204,965	95,477	109,488
오락・문화	214,559	102,668	111,891
교육	155,301	72,379	82,922
음식・숙박	437,522	247,429	190,093
기타상품・서비스	255,140	121,947	133,193

〈300만 원대 소득 가구 소비 지출 현황〉

(단위 : 만 원)

구분	전체 가구	근로자 가구	근로자 외 가구
식료품・비주류음료	602,563	278,595	323,968
주류・담배	85,012	42,579	42,433
의류・신발	242,353	126,049	116,304
주거・수도・광열	586,090	260,655	325,435
가정용품・가사서비스	187,957	84,877	103,080
보건	379,972	170,230	209,742
교통	498,309	290,484	207,825
통신	258,345	132,191	126,154
오락・문화	295,122	146,620	148,502
교육	223,689	128,967	94,722
음식・숙박	581,430	320,855	260,575
기타상품・서비스	351,993	179,583	172,410

① 200만 원대와 300만 원대의 소득 가구에서 근로자 외 가구는 근로자 가구보다 주류 품목에 소비가 더 많다.

② 300만 원대 소득 전체 가구는 200만 원대 소득 전체 가구보다 의류·신발 대비 교육 지출액 비율이 더 크다.

③ 200만 원대 소득 가구 대비 300만 원대 소득 가구의 음식·숙박 소비 지출 증가액은 근로자 가구가 근로자 외 가구보다 적다.

④ 항목 중 근로자 외 가구에서 지출 금액이 10억 원 미만인 항목 개수는 200만 원대 소득 가구가 300만 원대 소득 가구보다 2개 많다.

33 **K은행의 주택담보대출에 가입한 고객이 중도상환을 하고 대출금액을 정산하려고 한다. 고객의 가입 정보가 다음과 같을 때 고객에게 안내해야 할 중도상환수수료는 얼마인가?[단, 중도상환수수료는 (중도상환금액)×(중도상환수수료율)×(잔여기간)÷(대출기간)이고, 주어진 정보 외의 것은 무시한다]**

〈가입 정보〉

- 상품특징 : 금리상승기에 고객의 이자부담 완화와 안정적인 부채상환을 위해 일정 시점까지 대출금리가 고정되는 주택담보대출
- 대출금액 : 1억 원
- 중도상환금액 : 5천만 원
- 대출기간 : 5년
- 가입기간 : 3년
- 대출이율 : 4%
- 중도상환수수료율 : 2%

① 200,000원

② 300,000원

③ 400,000원

④ 500,000원

※ 다음은 K은행 인터넷뱅킹 및 스마트뱅킹을 이용하여 가입 가능한 e금리우대예금 상품설명서이다. 이어지는 질문에 답하시오. **[34~35]**

〈e금리우대예금〉

- 상품특징 : 영업점 창구에서 가입시 보다 높은 금리가 제공되는 인터넷 및 스마트 뱅킹 전용 적금상품
- 상품과목 : 정기예금
- 가입금액 : 50만 원 이상, 2억 원 이내(1인당)
- 적립방법 : 일시거치
- 이자과세 : 15.4%
- 우대금리 : 최고 0.4%p

1) 카드이용실적 : 이 예금의 가입일 해당 월로부터 만기일 전월 말까지 당행 K채움 신용·체크카드 이용실적의 합이 150만 원 이상(이용실적은 매출승인 기준이며 현금서비스를 제외) 0.1%p
2) 고객추천 : 이 예금의 가입고객이 타인에게 이 상품을 추천하고 그 타인이 이 상품에 신규 가입하여 중도해지를 하지 않은 경우
   - 추천계좌와 피추천계좌에 각각 0.1%p, 최대 0.3%p까지 우대금리를 제공
   - 추천 및 피추천 횟수는 중도해지를 포함하여 통합 5회까지 가능

- 가입기간별 기본금리

가입기간	12개월 이상 24개월 미만	24개월 이상 36개월 미만	36개월 이상
기본금리(%)	1.75	1.85	1.92

※ 우대조건 충족 시 (기본금리)+(우대금리) 제공

34 A씨는 K은행 스마트뱅킹으로 e금리우대예금 상품에 가입하여 가입기간을 2년으로 하고 1,500만 원을 예치하였다. A씨의 K은행 이용실적이 다음과 같을 때, A씨가 가입기간이 만료된 후 받을 수 있는 총수령액은 얼마인가?(단, 총수령액은 세후금액이다)

〈A씨의 K은행 이용실적 내역〉

기간 : 2022. 3. 14 ~ 2024. 3. 14

- 2021년 12월 8일에 K사랑 체크카드를 발급
  - 2021년 12월부터 2023년 5월까지 월 평균 15만 원씩 사용
- 2022년 6월 2일에 K채움 신용카드를 발급
  - 2023년 7월부터 2024년 2월까지 월 평균 17만 원씩 이용
  - 2023년 8월 현금서비스 15만 원 이용

① 15,315,300원
② 15,423,840원
③ 15,469,530원
④ 15,515,150원

35 A씨의 동료인 B씨가 A씨가 가입한 상품을 듣고는 A씨가 가입한 지 한 달 뒤인 2022년 4월 15일에 동일한 금액인 1,500만 원을 예치하였으며, 이때 A씨를 추천인으로 등록하였다. 다음 제시된 B씨의 K은행 이용실적을 통해 A씨와의 총수령액의 차이를 구하면?(단, A씨의 우대금리를 적용한 총수령액과 비교한다)

〈B씨의 K은행 이용실적 내역〉

기간 : 2022. 4. 15 ~ 2024. 4. 15

- 2022년 10월 24일에 교통카드 가능한 K채움 체크카드를 발급
  - 2022년 11월부터 2023년 12월까지 월 평균 6만 원씩 사용
- 2022년 12월 10일에 K채움 신용카드를 발급
  - 2023년 2월에 24만 원, 9월에 10만 원, 10월에 38만 원 사용

① 24,210원
② 25,380원
③ 26,510원
④ 27,540원

36 다음은 K씨의 외국환 거래 계산서의 내용이다. K씨가 지불한 현금수수료는 원화로 얼마인가?

〈K씨의 외국환 거래 계산서〉

(단위 : 원)

계좌번호	거래명		외화로 대체한 금액	입금한 원화 합계
123-456-789102	외화보통예금 출금		–	–
구분	통화명	외화금액	환율	원화금액
출금 외화보통예금 출금 외화대체금액	USD USD	2,000 2,000	–	–

내는 금액

외화현금금액 : 2,000.00 현금수수료 : (   )

수수료대상금액 : 1,800.00 수수료적용환율 : 1,198.00 수수료율 : 1%

① 18,000원
② 18,154원
③ 21,564원
④ 23,960원

※ 다음은 주요통화 환율 및 국내 은행별 인터넷 환전수수료 우대율에 대한 자료이다. 이어지는 질문에 답하시오. **[37~38]**

• 통화별 매매기준율과 현찰 살 때의 환율은 다음과 같다.

구분	매매기준율	현찰 살 때 환율
USD 1	₩1,120	₩1,100
JPY 100	₩1,020	₩1,030
EUR 1	₩1,300	₩1,330

• USD

구분	기본 우대율	환전금액에 따른 추가우대			기타 우대사항
		USD 300 이상	USD 1,000 이상	USD 2,000 이상	
A은행	40%	5%p	7%p	15%p	당행 계좌출금 시 10%p 추가우대
B은행	40%	10%p	15%p	25%p	10%p 추가우대(2025.10.19.까지)
C은행	50%	5%p	10%p	20%p	–
D은행	50%	10%p	15%p	20%p	5%p 추가우대(2025.10.27.까지)

• JPY

구분	기본 우대율	환전금액에 따른 추가우대			기타 우대사항
		JPY 100 이상	JPY 300 이상	JPY 500 이상	
A은행	45%	–	5%p	10%p	당행 계좌출금 시 10%p 추가우대
B은행	50%	5%p	15%p	20%p	5%p 추가우대(2025.10.19.까지)
C은행	50%	–	5%p	10%p	–
D은행	40%	5%p	10%p	20%p	–

• EUR

구분	기본 우대율	환전금액에 따른 추가우대			기타 우대사항
		EUR 200 이상	EUR 500 이상	EUR 1,000 이상	
A은행	30%	5%p	10%p	15%p	당행 계좌출금 시 10%p 추가우대
B은행	40%	5%p	10%p	20%p	5%p 추가우대(2025.10.19.까지)
C은행	45%	–	5%p	15%p	15%p 추가우대(2025.10.05.까지)
D은행	50%	–	10%p	20%p	–

37 김대리는 2025년 11월 1일부터 11월 24일까지 해외출장을 갈 예정이다. 그는 2025년 10월 15일에 예상 필요경비인 USD 1,200, JPY 400을 국내 은행의 인터넷 환전을 통해 준비하고자 한다. 김대리가 환전금액을 A은행의 계좌에서 출금한다고 할 때, 다음 중 통화별로 김대리가 환전수수료를 가장 많이 절약할 수 있는 은행을 바르게 연결한 것은?

	USD	JPY
①	A은행	B은행
②	B은행	B은행
③	B은행	C은행
④	D은행	B은행

38 이팀장과 최연구원은 함께 해외출장을 가게 되었다. 이팀장은 2025년 10월 3일에 국내 은행의 인터넷 환전을 통해 EUR 3,900을 준비하고자 하고, 최연구원은 2025년 10월 22일에 국내 은행의 인터넷 환전을 통해 USD 2,100과 JPY 200을 준비하고자 한다. 이팀장만 환전금액을 A은행의 계좌에서 출금한다고 할 때, 다음 중 이팀장과 최연구원이 인터넷 환전 시 각자 지불한 환전수수료를 바르게 연결한 것은?(단, 이팀장과 최연구원은 환전수수료를 최소화하고자 한다)

	이팀장	최연구원
①	29,250원	10,509원
②	29,250원	18,909원
③	35,100원	10,509원
④	35,100원	18,909원

39 다음은 K기업의 마케팅부 직원 40명을 대상으로 1년 동안 이수한 마케팅 교육의 이수시간을 조사한 도수분포표이다. 직원들 중 임의로 1명을 뽑을 때, 뽑힌 직원의 1년 동안의 교육 이수시간이 40시간 이상일 확률은?

〈마케팅 교육 이수시간〉

교육 이수시간	도수
20시간 미만	3
20시간 이상 30시간 미만	4
30시간 이상 40시간 미만	9
40시간 이상 50시간 미만	12
50시간 이상 60시간 미만	a
합계	40

① $\frac{2}{5}$

② $\frac{3}{5}$

③ $\frac{3}{10}$

④ $\frac{7}{10}$

40 다음은 지난해 10월 K국의 자동차 매출에 대한 자료이다. 이에 대한 설명으로 옳은 것은?

〈10월 K국 월매출액 상위 10개 자동차의 매출 현황〉

(단위 : 억 원, %)

구분	순위	월매출액		
			시장점유율	전월 대비 증가율
A자동차	1	1,139	34.3	60
B자동차	2	1,097	33.0	40
C자동차	3	285	8.6	50
D자동차	4	196	5.9	50
E자동차	5	154	4.6	40
F자동차	6	149	4.5	20
G자동차	7	138	4.2	50
H자동차	8	40	1.2	30
I자동차	9	30	0.9	150
J자동차	10	27	0.8	40

※ $(\text{시장점유율})=\frac{(\text{해당 자동차 월매출액})}{(\text{전체 자동차 월매출 총액})}\times 100$

〈지난해 I자동차 누적매출액〉

(단위 : 억 원)

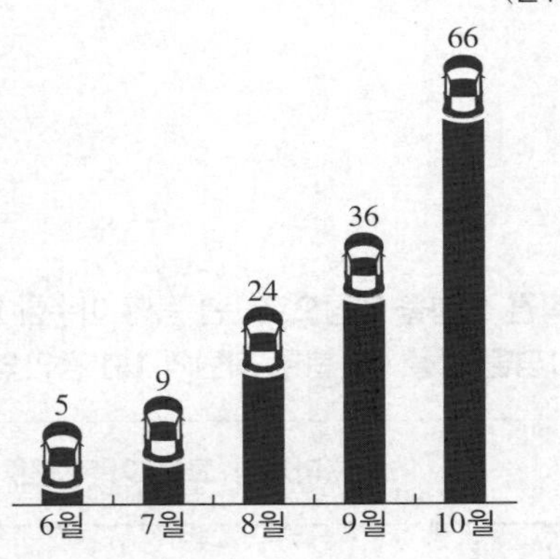

※ 월매출액은 해당 월 말에 집계됨

① 9월 C자동차의 월매출액은 200억 원 이상이다.

② 10월 월매출액 상위 6개 자동차의 순위는 전월과 동일하다.

③ 6월부터 9월 중 I자동차의 월매출액이 가장 큰 달은 9월이다.

④ 10월 K국의 전체 자동차 월매출액 총액은 4,000억 원 미만이다.

※ 다음은 각국 외화의 매매기준율 및 환전수수료에 대한 자료이다. 이어지는 질문에 답하시오(단, 우대환율은 적용하지 않는다). **[1~3]**

〈각국 외화의 매매기준율 및 환전수수료〉

구분	미국	영국	스위스	베트남
매매기준율	1,310원/달러	1,670원/파운드	1,550원/프랑	6원/100동
환전수수료	1.75%	2%	2%	10%

※ 환전수수료는 외화를 사고 팔 때 모두 같은 비율로 적용함

01 대한민국 원화 600,000원으로 영국 파운드를 살 때, 최대 얼마를 구매할 수 있는가?

① 약 203.54파운드
② 약 259.73파운드
③ 약 301.17파운드
④ 약 352.24파운드

02 스위스 3,000프랑을 대한민국 원화로 팔 때, 받을 수 있는 금액은 얼마인가?

① 3,875,000원
② 4,557,000원
③ 5,325,000원
④ 6,028,000원

03 미국 달러를 베트남 동으로 환전하고자 한다. 외화를 다른 외화로 환전하려면 먼저 외화를 원화로 환전한 후 그 원화를 다른 외화로 환전해야 한다고 할 때, 500달러를 베트남 동으로 교환하면 얼마인가?

① 약 6,335,776동
② 약 7,756,287동
③ 약 8,266,098동
④ 약 9,750,568동

04 다음은 K은행의 직원 전용 대출 상품인 K대출에 대한 세부사항이다. 이 대출상품을 이용 중인 K은행 행원 A에 대한 정보는 다음과 같다. A가 2년 만에 중도상환을 하고자 할 때, 지불해야 할 원금 외 금액은?

〈K대출〉

<table>
<tr><td>상품특징</td><td>대출일 기준 K은행에 재직 중인 정직원을 대상으로 한 대출 상품</td></tr>
<tr><td>가입대상</td><td>대출일 기준 K은행에 재직 중이며 재직기간이 2년 이상인 자</td></tr>
<tr><td>대출기간</td><td>최저 1년에서 최장 10년(1년 단위로 가능)</td></tr>
<tr><td>대출한도</td><td>• 재직기간 3년 미만 : 3,000만 원
• 재직기간 3년 이상 5년 미만 : 7,000만 원
• 재직기간 5년 이상 7년 미만 : 12,000만 원
• 재직기간 7년 이상 : 15,000만 원
※ 단, 연속하여 1개월 이상 휴직할 경우, 재직기간에 그 휴직기간은 포함하지 않는다.</td></tr>
<tr><td>대출금리</td><td>• 적용금리 : 기준금리+대출기간에 따른 금리(1년마다 0.5%p 인상)
• 기준금리(%)
<table>
<tr><th>재직기간
대출금액</th><th>4년 미만</th><th>4년 이상
5년 미만</th><th>5년 이상</th></tr>
<tr><td>2천만 원 미만</td><td>7.4</td><td>5.9</td><td>4.6</td></tr>
<tr><td>2천만 원 이상
5천만 원 미만</td><td>9.2</td><td>8.1</td><td>6.2</td></tr>
<tr><td>5천만 원 이상
10천만 원 미만</td><td>12.4</td><td>10.2</td><td>8.4</td></tr>
<tr><td>10천만 원 이상</td><td>–</td><td>–</td><td>11.1</td></tr>
</table>
• 금리감면 : 1년 경과 시마다 1.0%p 자동 감면
※ 예시 : 재직기간 3년, 3,000만 원 대출, 대출기간 3년 시
첫 1년간 적용금리 : 9.2+1.5=10.7%
다음 1년간 적용금리 : 10.7−1=9.7%
마지막 1년간 적용금리 : 9.7−1=8.7%</td></tr>
<tr><td>상환방식</td><td>만기일시상환</td></tr>
<tr><td>중도상환
수수료</td><td>대출일로부터 면제기간 이내에 상환하는 경우 발생
• 면제기간* : (대출기간)$\times\frac{1}{2}$
• 수수료율 : 6%
• 계산방법 : (대출금액)×(수수료율)×$\frac{(\text{면제기간})-(\text{경과기간})}{(\text{면제기간})}$
※ 예시 : 대출금액 1,000만 원, 대출기간 6년, 면제기간 $\left(6\times\frac{1}{2}=\right)$3년 시
1년 만에 대출금 전액을 상환할 경우 2년에 해당하는 중도상환수수료를 납부해야 한다.
$1{,}000\times0.06\times\frac{3-1}{3}$=40만 원</td></tr>
</table>

*면제기간 : 수수료를 내지 않는 대출 경과기간

〈정보〉

- A의 입사일은 2019년 1월 1일이며, 대출일은 2024년 8월 1일이다.
- A는 2022년 4월 1일부터 2023년 2월 1일까지 육아휴직기간을 가졌다.
- A는 가능한 한 최대 금액으로 대출을 받았다.
- A는 대출받을 당시 타 상품에서 연이율 13.5%로 대출이 가능했으며, 이보다 낮은 이율로 대출을 받을 수 있는 최대 대출기간을 선택하였다.

① 1,918만 원
② 1,922만 원
③ 1,925만 원
④ 2,002만 원

05 K씨는 해외여행을 가기 위해 은행에서 인터넷 환전을 신청하려고 한다. A, B은행의 환율 우대 조건이 다음과 같을 때, K씨는 어느 은행에서 몇 %의 환율 우대를 받는 것이 이득이겠는가?

〈은행별 환율 우대 조건〉

구분	추가 환율 우대율	
	A은행	B은행
신청금액 600유로 이상	–	+5%p
신청금액 1,200유로 이상	+5%p	+10%p
과거 6개월 이내에 환전 신청한 내역이 있는 경우	+15%p	+10%p
과거 1년 이내에 환전 신청한 내역이 있는 경우	+5%p	+5%p
각 은행 계좌에서 출금하는 경우	+10%p	+15%p
각 은행 전용 앱에서 신청	+10%p	+10%p
여행자 보험 적용 여부	신청 가능	–

〈보기〉

- K씨는 유로를 신청할 예정이며, A, B은행 모두 현재 환율은 동일하다.
- A은행은 기본 환율 우대율이 30%이며, 최대 70%까지 가능하다.
- B은행은 기본 환율 우대율이 25%이며, 최대 80%까지 가능하다.
- 만약 환율 우대율이 같을 경우, 여행자 보험이 가능한 은행을 택한다.
- K씨는 총 850유로를 환전할 계획이며, 과거 8개월 전에 환전을 신청한 내역이 있고 각 은행 앱을 통해 신청할 예정이며 각 은행 계좌에서 출금할 계획이다.

① A은행, 60%
② B은행, 60%
③ A은행, 65%
④ B은행, 70%

06 다음은 영희가 4월 동안 사용한 국민카드 사용내역에 대한 자료이다. 현재 영희가 국민카드 골드멤버일 때, 4월 동안 영희가 국민카드 멤버십 혜택을 받은 금액은 총 얼마인가?(단, 최대 혜택을 받는다)

〈영희의 4월 국민카드 사용내역〉

날짜	내용	금액
4.1	B미디어 이용	200,000원
4.3	B피자 구매	35,000원
4.7	A마트 이용	72,000원
4.9	B영화관(VIP석) 이용	20,000원
4.11	자몽주스 1잔(A카페) 구매	6,000원
4.14	커피 2잔(B카페) 구매	10,000원
4.20	B마트 이용	53,000원
4.22	영화표 2매(A영화관) 구매	18,000원
4.25	도서(A교육) 구매	30,000원
4.28	동영상 과정(A교육) 구매	150,000원
4.30	A피자 구매	22,000원

〈국민카드 멤버십 혜택〉

내용	구분	할인	내용	구분	할인
A영화관	전 고객	영화 1매당 2천원 할인	A피자	VIP	전체 30% 할인
B영화관	VIP	영화 1매당 20% 할인		골드	전체 20% 할인
	골드	영화 1매당 15% 할인(일반석만 해당)		실버	전체 15% 할인
	실버	영화 1매당 10% 할인(일반석만 해당)	B피자	VIP	전체 20% 할인
A마트	VIP	최대 10% 할인		골드	전체 10% 할인
	골드	최대 5% 할인		실버	전체 5% 할인
	실버	최대 5% 할인	A미디어	전 고객	30% 할인
B마트	VIP	천 원당 100원 할인	B미디어	VIP	20% 할인
	골드	천 원당 50원 할인		골드	15% 할인
	실버	천 원당 50원 할인	A교육	VIP	전체 50% 할인
A카페	전 고객	15% 할인(음료만 해당)		골드	50% 할인(동영상 과정만 해당)
B카페	VIP	전체 20% 할인	B교육	VIP	전체 30% 할인
	골드	전체 10% 할인		골드	전체 20% 할인
	실버	전체 10% 할인		실버	전체 10% 할인

① 125,050원 ② 126,050원
③ 127,050원 ④ 128,050원

※ 다음은 K공사의 보험료 과오납의 처리 규정에 대한 자료이다. 이어지는 질문에 답하시오. **[7~8]**

> ○ 과오납의 처리
> - 금융기관이 보험료(특별기여금 포함)를 과납한 경우 증빙자료를 첨부하여 공사에 환급을 요청할 수 있으며, 이때 공사는 사실 확인을 하여 정당하다고 판단될 경우 과납한 보험료에 환급이자를 가산하여 환급합니다.
>   - 환급이자는 과납금액에 납부일 다음 날부터 환급일까지의 일수만큼 국세기본법시행령 제43조의 3의 환급이자율을 곱하여 산정
> - 금융기관은 보험료 및 특별기여금을 납부기한까지 납부하지 아니하거나 부족하게 납부한 경우, 동 미납액에 연체료를 합산한 금액을 공사에 즉시 납부하여야 합니다.
>   - 연체료는 미납액에 납부 지연일수만큼 연체이자율(납부기일의 일반은행 일반자금대출 시 평균연체이자율)을 곱하여 산정

07 **금융회사인 A사는 2024년 4월 7일에 K공사에 1,000,000원의 보험료를 과납하였다. A사는 즉시 증빙자료를 첨부하여 K공사에 환급 요청을 하였으며, K공사는 이를 정당하다고 판단하였다. K공사가 2024년 4월 11일에 A사에게 환급하였다고 할 때, K공사가 A사에 환급한 금액은 얼마인가?(단, 환급이자율은 1.2%이며, $1.012^4 = 1.04$로 계산한다)**

① 1,010,000원
② 1,025,000원
③ 1,040,000원
④ 1,075,000원

08 **금융회사인 B사는 2024년 7월 2일에 K공사에 1,200,000원의 보험료를 미납하였다. B사가 2024년 7월 5일에 미납액과 연체료를 합산한 금액을 모두 납부하였다고 할 때, 그 금액은 얼마인가?(단, 연체이자율은 2.0%이며, $1.02^3 = 1.06$으로 계산한다)**

① 1,258,000원
② 1,261,000원
③ 1,272,000원
④ 1,278,000원

09 다음은 K카드의 프라임서비스에 대한 자료이다. K카드를 사용 중인 고객 A ~ D씨 4명의 카드 · 금융이용실적과 거래기간에 따른 프라임서비스 등급으로 옳지 않은 것은?

〈K카드 프라임서비스〉

• K카드 프라임서비스란?
  – 이용실적과 신용도가 우수한 고객을 매년 2월 선정하여 2 ~ 3개월 무이자 할부 등의 금융서비스, ○○ 콘도 회원가 서비스 등의 여행서비스, 쇼핑서비스, 골프서비스 등을 제공하는 우수고객 우대서비스로 노블, 프리미엄, 클래식 등급이 있습니다.

• 프라임 고객 선정기준
  – 전년도 카드이용실적과 금융이용실적을 합산한 프라임 마일리지로 산출합니다. 프라임 1마일리지는 신용카드 실적 1만 원과 같습니다.

클래식(Classic) (2,400마일리지 이상)	프리미엄(Premium) (6,000마일리지 이상)	노블(Noble) (10,000마일리지 이상)
연간 신용카드 실적 2,400만 원 이상	연간 신용카드 실적 6,000만 원 이상	연간 신용카드 실적 1억 원 이상

• 프라임 마일리지 산정방식(실적산정기간 동안 이용실적 합계)

구분	평가항목	마일리지 산출
카드이용실적	일시불 연간 이용금액	1만 원당 1점
	무이자할부 연간 이용금액	1만 원당 1점
	유이자할부 연간 이용금액	2만 원당 1점
	체크카드 연간 이용금액	1만 원당 1점
금융이용실적	단기카드대출(현금서비스) 연 환산 평균잔액	3.5천 원당 1점
	장기카드대출(카드론) 연 환산 평균잔액	2만 원당 1점

• 장기거래고객 우대
  – 10년 미만 거래하신 고객님이 노블 등급이 되시려면 실적산정기간 동안 10,000마일리지를 달성해야 하지만 30년 이상 거래하신 고객님은 6,000마일리지 이상을 달성하시면 노블 등급이 됩니다.

구분	마일리지 달성률	노블 (마일리지)	프리미엄 (마일리지)	클래식 (마일리지)
10년 미만	100%	10,000	6,000	2,400
10년 이상	80%	8,000	4,800	1,920
20년 이상	70%	7,000	4,200	1,680
30년 이상	60%	6,000	3,600	1,440

구분	카드 · 금융이용실적	거래기간	등급
A씨	• 무이자할부 연간 이용금액 5천 5백만 원 • 장기카드대출(카드론) 연 환산 평균잔액 3천 2백만 원	23년	노블
B씨	• 유이자할부 연간 이용금액 7천만 원 • 장기카드대출(카드론) 연 환산 평균잔액 3천만 원	17년	노블
C씨	• 체크카드 연간 이용금액 3천 2백만 원 • 단기카드대출(현금서비스) 연 환산 평균잔액 7천만 원	22년	프리미엄
D씨	• 유이자할부 연간 이용금액 1억 원 • 단기카드대출(현금서비스) 연 환산 평균잔액 3천 5백만 원	34년	노블

① A씨
② B씨
③ C씨
④ D씨

10 **사회초년생인 A씨는 집을 구매하기 위해 매년 말에 1,000만 원씩 저축을 하였다. 그런데 가입 후 6년 초에 사정이 생겨 목돈이 필요하게 되어 저축한 돈을 찾으려고 한다. 이 상품이 연이율 8%, 단리로 계산된다면 A씨가 일시에 받을 수 있는 금액은 얼마인가?**

① 5,200만 원
② 5,400만 원
③ 5,800만 원
④ 6,400만 원

11 **A과장은 K은행의 신용대출상품에 가입하려고 한다. 가입 정보가 다음과 같을 때, A과장이 첫 달에 지불해야 하는 월 상환액은 얼마인가?**

〈가입 정보〉

- 상품명 : K은행 신용대출
- 가입자 : 본인
- 대출금액 : 1억 원
- 대출기간 : 1년
- 상환방법 : 만기일 일시상환
- 대출이율 : 4.5%

① 335,000원
② 375,000원
③ 390,000원
④ 400,000원

※ 다음은 K은행의 고객 등급에 대한 자료이다. 이어지는 질문에 답하시오. **[12~13]**

〈개인 VIP CLASS 등급 구분〉

• 매년 1월 1일에는 개인고객들의 VIP 등급이 갱신된다.

등급	DIAMOND	PLATINUM	GOLD	SILVER	FAMILY
포인트	30,000P 이상	15,000P 이상	5,000P 이상	2,000P 이상	700P 이상

※ 단, 3개월 총수신평잔 30만 원 미만 고객, 연체 및 신용 불량 정보 보유 고객은 선정에서 제외됨

〈거래실적별 포인트 산정〉

• 거래실적별 포인트의 총합을 기준으로 VIP 등급이 부여된다.

구분	평가항목		평가방식	실적기준	배점	비고
기본점수 (A)	총수신		3개월 평잔	100만 원당	100점	–
	총여신	가계	3개월 평잔	500만 원당	100점	최대 1만점
		중소개인	3개월 평잔	1,000만 원당	100점	
	외환(무역외)		3개월 누계	미화 1,000불당	100점	최대 1만점
기본점수 (B)	입출식		3개월 평잔	30만 원 이상	100점	–
	적립식		잔액	30만 원 이상	100점	–
	수익증권		잔액	30만 원 이상	100점	–
	신탁		잔액	30만 원 이상	100점	–
	퇴직연금		잔액	30만 원 이상	100점	–
	방카슈랑스		월납보험료	30만 원 이상	100점	2년 이내
	거치식		잔액	300만 원 이상	100점	–
	신용(체크)카드		3개월 이용대금	30만 원 이상	100점	–
	스마트뱅킹		3개월 이체거래	이체 1회 이상	100점	–
	거래기간		실명등록일	10년 이상	100점	–
	합계				1,000점	–

〈VIP 등급별 수수료 우대 정보〉

수수료 항목 \ 등급	DIAMOND	PLATINUM	GOLD	SILVER	FAMILY
인터넷(스마트)·텔레뱅킹 수수료	○	○	○	○	10회/월
SMART 현금카드발급 수수료	○	○	○	○	50% 감면
통장(증서) 재발행 수수료	○	○	○	○	○
제증명서발급 장당 초과수수료	○	○	–	–	○
납부자(타행) 자동이체 수수료	○	○	–	–	–

〈VIP 신용대출 한도〉

구분	DIAMOND	PLATINUM	GOLD	SILVER	FAMILY
VIP 신용대출 최대한도	5천만 원	3천만 원	2천만 원	1천만 원	–

12 K은행을 이용하고 있는 박과장의 거래 정보가 다음과 같을 때, 박과장이 부여받을 VIP 등급은?

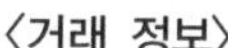

- 2023년 1월 1일 현재, 박과장은 K은행과 거래한 지 12년이 되었다.
- 박과장의 총수신액은 15,000만 원이다.
- 5년 전 방카슈랑스에 가입을 하였으나, 3년 전에 중도해지하였다.
- 박과장은 수익증권을 3,000만 원 갖고 있다.
- 최근 6개월 동안 스마트뱅킹을 이용해 약 50회의 이체거래를 하였다.

① DIAMOND
② PLATINUM
③ GOLD
④ SILVER

13 K은행을 이용하고 있는 박과장의 거래 정보가 12번과 같을 때, 다음 중 박과장이 이용 가능한 서비스에 대한 설명으로 옳지 않은 것을 〈보기〉에서 모두 고르면?

〈보기〉

㉠ 4,500만 원의 신용대출을 받을 수 있다.
㉡ 텔레뱅킹 수수료를 면제받을 수 있다.
㉢ 납부자(타행) 자동이체 수수료를 면제받을 수 있다.
㉣ 제증명서발급 장당 초과수수료는 면제받지 못한다.

① ㉠, ㉡
② ㉠, ㉣
③ ㉡, ㉢
④ ㉡, ㉣

※ 다음은 KB맑은하늘적금에 대한 자료이다. 이어지는 질문에 답하시오. [14~15]

〈KB맑은하늘적금〉

맑은하늘을 위한 생활 속 작은 실천에 대해 우대금리를 제공하고, 대중교통 / 자전거상해 관련 무료 보험서비스(최대 2억 원 보장)를 제공하는 친환경 특화 상품

<table>
<tr><th>구분</th><th>내용</th></tr>
<tr><td>상품유형</td><td>• 자유적립식 예금
– 매월(1일 ~ 말일) 자유롭게 저축(만기일 전일까지 저축 가능)</td></tr>
<tr><td>가입대상</td><td>• 실명의 개인
– 1인 3계좌까지 가입 가능
– 개인사업자 및 서류 미제출 임의단체 가입 가능, 공동명의 가입 불가</td></tr>
<tr><td>저축금액</td><td>월 1만 원 ~ 1백만 원(원 단위)</td></tr>
<tr><td>가입기간</td><td>1년, 2년, 3년 중 선택</td></tr>
<tr><td>이자지급시기</td><td>만기일시지급</td></tr>
<tr><td>기본금리</td><td>(단위 : 연 %)
<table><tr><th>가입기간</th><th>금리</th></tr><tr><td>12개월</td><td>1.8</td></tr><tr><td>24개월</td><td>1.9</td></tr><tr><td>36개월</td><td>2.0</td></tr></table></td></tr>
<tr><td>우대금리</td><td>• 우대금리 제공조건 달성 시 신규가입일 당시 영업점 및 홈페이지에 게시한 미션별 우대금리 적용
※ 우대금리 미션은 계좌별로 달성해야 하며, 모든 우대금리는 만기해지하는 계좌에 대하여 계약기간 동안 적용합니다.
<table><tr><th>구분</th><th>우대금리</th><th>제공조건(계좌별)</th></tr><tr><td>종이통장 줄이기 미션</td><td>연 0.1%p</td><td>만기해지할 때까지 이 예금을 종이통장으로 발행한 이력이 없는 경우</td></tr><tr><td>종이서식 줄이기 미션</td><td>연 0.2%p</td><td>영업점의 디지털창구 및 KB태블릿브랜치, 비대면채널(인터넷뱅킹 / KB스타뱅킹 / 스마트상담부)을 통해 이 적금을 가입한 경우</td></tr><tr><td>대중교통 미션</td><td>연 0.4%p</td><td>이 적금의 신규일이 포함된 월의 1일부터 만기일이 포함된 월을 기준으로 전전월 말일까지, 본인 명의 KB국민(신용 / 체크)카드(KB국민비씨카드 제외) 대중교통 이용실적(주) 발생월수가 계약기간의 1/2 이상인 경우
※ 예시 : 19.3.15에 1년제 가입한 경우 19.3.1 ~ 20.1.31 기간 중 이용실적 발생월수가 6번 이상인 경우</td></tr><tr><td>퀴즈 미션</td><td>연 0.1%p</td><td>만기해지할 때까지 이 적금 전용화면을 통해 미세먼지 관련 퀴즈(총 3문항)를 모두 맞춘 경우</td></tr></table>
※ 대중교통 미션 우대금리의 경우 신규 가입할 때 '상품별 선택 개인(신용)정보 수집 · 이용 · 제공'에 동의하는 경우에 한하여 제공되며, 신규 가입 이후 동의 여부는 변경 불가합니다.</td></tr>
</table>

<table>
<tr><td>거래방법</td><td>• 신규 및 해지 : KB스타뱅킹, 인터넷뱅킹, 은행창구 방문, 고객센터
※ 단, 영업점에서 신규한 미성년자 명의의 예금 해지는 영업점에서만 가능
※ 고객센터 해지 시 만기해지만 가능하며 미성년자 예금 해지 불가</td></tr>
<tr><td>KB맑은하늘적금 전용 화면 안내</td><td>• KB스타뱅킹 > (전체)계좌조회 > KB맑은하늘적금 선택 > 전용화면
• KB국민은행 홈페이지(www.kbstar.com) > (전체)계좌조회 > KB맑은하늘적금 조회 > 전용화면 바로가기</td></tr>
<tr><td>무료 보험가입서비스</td><td>• 보험서비스 내용 : '대중교통상해 및 자전거상해' 관련 (주)KB손해보험 단체보험
<table>
<tr><th>담보위험</th><th>보장금액</th><th>보상내용</th></tr>
<tr><td>대중교통상해
사망 / 후유장해
(미세먼지 오염경보일)</td><td>최대 2억 원</td><td>미세먼지 오염경보가 발생한 날*에 승객으로서 대중교통 이용 중 교통사고로 인한 상해로 사망 또는 후유장해가 발생한 경우</td></tr>
<tr><td>대중교통상해
사망 / 후유장해
(미세먼지 오염경보일 外)</td><td>최대 1억 원</td><td>대중교통 이용 중 교통사고로 인한 상해로 사망 또는 후유장해가 발생한 경우</td></tr>
<tr><td>자전거상해 입원위로금</td><td>30만 원</td><td>자전거사고로 인한 상해의 직접적인 결과로 6일 이상 계속 입원하여 치료를 받은 경우</td></tr>
</table>
• 가입대상 : 신규 시 보험가입 및 개인(신용)정보의 제3자 제공에 동의한 고객
• 보장기간 : 보험개시일(이 적금 신규 다음 날)로부터 1년(1년 단위 갱신)
※ 보장기간은 적금 계약기간을 초과할 수 없으며, 적금의 중도해지 시에는 보험가입 서비스 제공 중단</td></tr>
</table>

*미세먼지 오염경보가 발생한 날 : 대기환경보전법 관련 법령에 따라 미세먼지(PM-10 또는 PM-2.5) 오염경보가 발령된 날의 00시부터 해제일의 24시까지

14 **다음 중 KB맑은하늘적금에 대한 설명으로 옳은 것은?**

① 총저축액에 대한 제한은 없다.

② 모든 가입자에게 기본금리는 동일하게 적용되는 상품이다.

③ 별도의 절차없이 가입과 동시에 대중교통, 자전거상해 관련 보험에도 자동 가입되는 상품이다.

④ 가입기간 내 모든 월에 대중교통 이용실적이 발생하지는 않아도 관련 우대금리를 받을 수 있다.

15 **A씨가 KB맑은하늘적금에 가입한 후, 우대금리를 받기 위해 취한 행동 중 적용금리를 올리는 데 실제로 효과를 발휘한 것은?**

① KB국민은행의 적금 계좌 1개를 추가로 개설하였다.

② KB스타뱅킹을 활용하여 매월 1회 이상 전용화면에 접속하였다.

③ 이 적금의 적립상황 조회 시에 인터넷뱅킹이나 KB스타뱅킹만을 이용하였다.

④ 가입 후 6개월이 지난 시점부터 직장의 차량5부제에 참여하게 되어 주 1회는 KB국민카드를 이용하여 대중교통으로 출퇴근하였다.

※ 다음은 김대리가 가입하고자 하는 K은행의 새로운 적금상품인 직장인기둥적금에 대한 자료이다. 이어지는 질문에 답하시오. **[16~17]**

〈직장인기둥적금〉

- 가입대상 : 실명의 개인
- 가입기간 : 24개월 이상 48개월 이하
- 가입금액 : 매월 1일 150,000원 이상 220,000원 이하
- 적용금리 : 기본금리(연 2.1%)+우대금리(최대 연 0.8%p)
- 저축방법 : 정기적립식
- 이자지급방식 : 만기일시지급, 단리식

〈우대금리 조건〉

- K은행 적금상품 신규 고객 : 연 0.2%p
- 월 납입액 180,000원 이상 : 연 0.1%p
- 가입기간 30개월 이상 : 연 0.2%p
- 직장인기둥적금 가입 시점에 K은행 주택청약종합저축 보유 고객 : 연 0.3%p

16 다음은 김대리의 직장인기둥적금 가입계획이다. 김대리는 K은행의 적금상품에 가입한 적이 없고, 주택청약종합저축도 보유하고 있지 않다고 할 때, 김대리가 만기 시 지급받을 이자액은?

〈김대리의 직장인기둥적금 가입계획〉

- 가입자명 : 김○○
- 가입기간 : 32개월
- 가입금액 : 월 175,000원

① 158,950원　　② 177,100원
③ 181,400원　　④ 192,500원

17 김대리는 적금상품 가입을 위해 준비하던 중 자신이 5년 전에 K은행의 든든희망적금에 가입했던 사실을 알게 되었다. 이에 따라 김대리가 다음과 같이 계획을 수정하여 직장인기둥적금에 가입한다고 할 때, 김대리가 적용받을 금리와 만기 시에 지급받는 만기환급금은?

〈김대리의 직장인기둥적금 가입계획(수정)〉

- 가입자명 : 김○○
- 가입기간 : 24개월
- 가입금액 : 월 200,000원
- 직장인기둥적금에 가입하기 전날 K은행 주택청약종합저축에 가입

	금리	만기환급금
①	2.4%	4,980,500원
②	2.4%	5,120,000원
③	2.5%	4,790,200원
④	2.5%	4,925,000원

18 K은행에서 근무하는 A행원은 B고객에게 적금 만기를 통보하고자 한다. B고객의 가입 정보가 다음과 같을 때, A행원이 B고객에게 안내할 만기 시 원리금 수령액은?

〈가입 정보〉

- 상품명 : K은행 희망적금
- 가입자 : B(본인)
- 가입기간 : 24개월
- 가입금액 : 매월 초 200,000원 납입
- 적용금리 : 연 2.0%
- 저축방법 : 정기적립식
- 이자지급방식 : 만기일시지급, 단리식

① 4,225,000원
② 4,500,000원
③ 4,725,000원
④ 4,900,000원

※ 다음은 A대리가 가입하고자 하는 K은행의 신상 단리 적금상품인 별빛적금에 대한 자료이다. 이어지는 질문에 답하시오. **[19~20]**

〈별빛적금〉

• 가입대상
  - 실명의 개인
• 가입기간
  - 24개월, 36개월, 48개월 중 선택(해당 기간 외 임의 선택 불가)
• 적립방법 및 저축금액
  - 정액적립 : 매월 1만 원 이상 250만 원 이하
  - 추가적립 : 월 정액적립금액을 초과한 금액으로 최대 50만 원 이하
• 기본금리

가입기간	금리
24개월	연 1.20%
36개월	연 1.50%
48개월	연 2.00%

• 우대금리

우대조건	적용금리	내용
월급이체 우대	연 0.20%p	월급통장에서 해당 적금 계좌로 정기 이체할 경우
제휴통신사 우대	연 0.10%p 또는 연 0.15%p	- 해당 적금 가입일 현재 L통신사 고객이며 K은행 계좌에서 통신요금을 자동 이체 중인 경우 : 연 0.10%p - 해당 적금 가입일 현재 P통신사 고객이며 K은행 계좌에서 통신요금을 자동 이체 중인 경우 : 연 0.15%p
제휴보험사 보험상품 가입 우대	연 0.20%p	해당 적금 가입일 현재 T보험사의 자동차보험 혹은 생명보험에 가입한 경우
우수거래 고객 우대	연 0.20%p	해당 적금 가입일 기준 예금주의 K은행 거래기간이 2년 이상인 경우(K은행 계좌 최초개설일을 거래기간의 기산점으로 한다)

※ 우대금리는 최대 연 0.4%p까지 적용
※ 만기 전 해지 시 우대금리 미적용

19 A대리는 2025년 2월 1일에 별빛적금에 가입하고자 한다. A대리에 대한 정보가 다음과 같을 때, A대리의 만기수령액은?

〈정보〉

- 가입기간을 36개월로 하여 본인 명의로 가입하고자 한다.
- 월급통장에서 별빛적금통장으로 매월 1일 100만 원을 납입할 계획이다.
- L통신사 고객이며, 타 은행 계좌에서 통신요금을 자동이체 중이다.
- 2023년 8월부터 T보험사의 생명보험에 가입 중이다.
- 별빛적금 가입이 K은행과의 최초거래이다.

① 36,150,700원
② 36,940,200원
③ 37,054,500원
④ 37,505,000원

20 A대리의 상황에 대한 정보가 다음과 같이 바뀌었다. A대리가 2025년 4월 1일에 별빛적금에 가입하고자 할 때, A대리에게 적용되는 금리와 만기 시 수령할 이자액은?

〈정보〉

- 가입기간을 24개월로 하여 본인 명의로 가입하고자 한다.
- 월급통장이 아닌 통장에서 매월 1일 150만 원을 납입할 계획이다.
- P통신사 고객이며 K은행 계좌에서 통신요금을 자동이체 중이다.
- 2023년 12월부터 Q보험사의 자동차보험에 가입 중이다.
- 2021년 1월에 K은행 계좌를 처음으로 개설하였다.

	적용금리	만기수령 이자액
①	연 1.40%	525,000원
②	연 1.55%	581,250원
③	연 1.55%	637,500원
④	연 1.70%	581,250원

※ 다음은 A가 가입하고자 하는 K은행의 신상 적금상품인 직장인응원적금에 대한 자료이다. 이어지는 질문에 답하시오. **[21~22]**

〈직장인응원적금〉

- 상품명 : 직장인응원적금
- 가입자 : 본인
- 가입기간 : 12개월
- 가입금액 : 매월 초 100,000원 납입
- 적용금리 : 기본금리(연 2.0%)+우대금리(최대 연 1.2%p)
- 저축방법 : 정기적립식
- 이자지급방식 : 만기일시지급

〈우대금리 조건〉

- K은행 적금상품 신규 고객 : 연 0.4%p
- 가입일 기준 최근 1년간 K은행 거래액 800만 원 이상 : 연 0.6%p
- 월 납입액 150,000원 이상 : 연 0.2%p

21 우대금리 없이 기본금리로 이자지급방식이 단리식과 월복리식일 때, A가 만기 시 수령할 이자액은?[단, $\left(1+\frac{0.02}{12}\right)^{13}=1.022$로 계산한다]

	단리식	월복리식
①	13,000원	18,000원
②	13,000원	20,000원
③	14,200원	18,000원
④	14,200원	20,000원

22 A는 2025년 3월 2일에 직장인응원적금에 가입하고자 한다. A는 K은행 계좌를 2024년 2월 7일에 개설하여 2025년 2월 20일까지 당해 계좌로 총 921만 원을 거래하였으며, K은행 적금상품 가입은 처음이다. 직장인응원적금의 이자지급방식이 단리식이라고 할 때, A가 만기 시 수령할 금액은?

① 1,170,000원 ② 1,175,400원
③ 1,204,500원 ④ 1,219,500원

※ 다음은 甲의 생활부문별 월 지출 내역과 K은행의 카드별 혜택에 대한 자료이다. 이어지는 질문에 답하시오(단, 甲은 K은행의 계좌만을 이용한다). **[23~24]**

〈甲의 생활부문별 월 지출 내역〉

- 교통 : 대중교통 8만 원, 택시 2만 원
- 공과금 : 24만 원(자동이체)
- 도서 : 4만 원
- 식비(커피 제외) : 42만 원
- 통신 : 6만 원(A통신사, 자동이체)
- 보험료 : 14만 원(자동이체)
- 커피 : 7만 원

〈K은행 카드별 혜택〉

구분	혜택
청춘카드	• 대중교통요금 10% 청구 할인(택시 미포함) • 통신요금 자동이체 30% 청구 할인(A통신사) • 도서 구입비 30% 즉시 할인
희망카드	• 통신요금 자동이체 20% 청구 할인(B통신사) • K은행 계좌에서 공과금 자동이체 시 10% 청구 할인 • 커피 월 1만 원 즉시 할인
열정카드	• 대중교통요금 10% 청구 할인(택시 포함) • K은행 계좌에서 보험료 자동이체 시 20% 청구 할인 • 커피 10% 청구 할인

23 매월 총할인금액 및 전월 실적에 대한 조건이 없다고 할 때, 甲이 받는 할인혜택이 큰 순으로 K은행 카드를 나열한 것은?

① 청춘카드 – 희망카드 – 열정카드
② 청춘카드 – 열정카드 – 희망카드
③ 희망카드 – 열정카드 – 청춘카드
④ 열정카드 – 청춘카드 – 희망카드

24 甲이 이동통신요금제를 B통신사의 8만 원짜리 요금제로 변경하고, 자동이체 방식은 유지하였다. 또한 자기 계발을 위해 도서 구입을 2배로 늘리고, 커피에 대한 지출은 4만 원으로 줄였다. 이때 甲이 받는 할인혜택이 최대인 카드와 최소인 카드는?

	할인혜택이 최대인 카드	할인혜택이 최소인 카드
①	청춘카드	희망카드
②	희망카드	청춘카드
③	희망카드	열정카드
④	열정카드	청춘카드

25 행원 A는 K은행에서 금융상품 상담을 담당하고 있다. K은행에 방문한 고객 B가 다음 네 가지 상품 중 수익이 가장 높은 상품을 선택하고자 할 때, 행원 A가 추천해 줄 상품으로 가장 적절한 것은?[단, $\left(1+\frac{0.03}{12}\right)^{24}=1.06$, $\left(1+\frac{0.02}{12}\right)^{12}=1.02$, $\left(1+\frac{0.02}{12}\right)^{36}=1.06$으로 계산한다]

〈K은행 금융상품〉

구분	가입금액(만 원)	가입기간	금리
햇살예금	200	2년	연 3%(연복리)
별빛예금	120	2년	연 3%(월복리)
새싹예금	220	1년	연 3%(연복리)
이슬예금	200	1년	연 2%(월복리)

※ 모든 상품은 이자지급방식으로 만기이자지급식을 채택함

※ 상품 선택에 있어서 이자소득세는 고려하지 않음

① 햇살예금 ② 별빛예금

③ 새싹예금 ④ 이슬예금

26 다음은 심사등급별 이자율에 대한 자료이다. 심사등급별 이자율에 관한 정보를 따를 때, A, B형 4등급 이자율의 합은?

〈심사등급별 이자율〉

(단위 : %)

구분	A형	B형
1등급	0.625	
2등급		
3등급		
4등급		
5등급		

〈심사등급별 이자율에 관한 정보〉

- 1등급 이자율의 B형은 A형보다 0.347%p 더 낮다.
- A형의 경우, 5등급 이자율은 1등급 이자율의 3배이다.
- A형의 경우, 2등급 이자율은 4등급 이자율의 1/2배이다.
- A형의 경우, 3등급 이자율은 1등급과 5등급 이자율의 평균이다.
- A형의 경우, 4등급 이자율은 3등급과 5등급 이자율의 평균이다.
- 4등급 이자율의 B형은 A형보다 0.412%p 더 낮다.

① 2.424% ② 2.663%

③ 2.713% ④ 2.925%

27 K은행에서는 다음과 같은 조건으로 적금을 판매하고 있다. 주부 A씨가 이 적금을 들려고 할 때, A씨의 만기환급금은?(단, 이자 계산 시 천 원 단위에서 반올림하고, 이자 소득세는 15%로 천 원 단위까지 계산하며, 다른 세금은 고려하지 않는다)

〈K은행 적금〉

- 가입조건 : 없음
- 가입기간 : 36개월
- 가입금액 : 월 초 30만 원씩 납입
- 적용금리 : 연 2.5%
- 저축방식 : 정기적금
- 이자계산방식 : 단리형, 만기일시지급

① 1,115.7만 원
② 1,118.3만 원
③ 1,120만 원
④ 1,122만 원

28 A대리는 부모님에게 드릴 선물을 구입하려 한다. A대리가 사용한 신용카드의 혜택과 할부수수료율 그리고 A대리의 구매방식과 구매상품이 다음과 같을 때, A대리가 지불할 총금액은?(단, A대리의 구매상품 모두 신용카드 가맹점에서 구매하였으며, 포인트는 할인금액에서 차감된다)

- **신용카드 혜택**
  - 가맹점에서 구매 시 10% 할인된다.
  - 결제금액 1만 원마다 1천 포인트가 적립된다.
  - 포인트는 1점당 1원이며, 만 원 단위로 이용금액에서 차감된다.
- **신용카드 할부수수료율**

할부기간	1～3개월	4～6개월	7개월 이상
수수료율(연)	6%	12%	20%

- **A대리의 구매방식**
  - 5개월 할부
  - 이용원금 상환금액 균등
  - 포인트 모두 사용(보유 포인트 25,764점)
- **A대리의 구매상품**
  - 화장품 90,000원
  - 등산복 170,000원

※ (할부수수료)=(할부잔액)×[(할부수수료율)÷12]
※ (할부잔액)=(이용원금)−(기결제원금)

① 200,000원
② 220,420원
③ 248,570원
④ 251,120원

29 다음 글의 밑줄 친 현상이 지속될 때의 모습으로 가장 적절한 것은?

> 5월 15일 서울 외환시장에서 원/달러 환율은 전일 대비 3.8원 내린(원화 강세) 1,123.6원에 마감했다. 역외 달러 약세로 전일 대비 3.4원 내린 1,124원에 출발한 <u>원/달러 환율은 오전 중 1,127.1원에 고점을 기록한 뒤 하락해 오후 내내 1,124 ~ 1,125원대에서 좁은 움직임을 보였다. 이후 장 마감 직전 1,123원대까지 내린 뒤</u> 장을 마쳤다. 미국의 경제지표가 부진했던 영향으로 역외 시장에서 달러가치는 하락했다. 이를 반영해 원/달러 환율도 하락 출발했다.
> 5월 12일(현지시간) 미국의 4월 소매판매는 전월 대비 0.4% 증가한 것으로 나타났다. 이는 시장전망치 0.6%를 하회한 것이다. 소비자물가지수(CPI) 또한 전년 대비 2.2% 상승하면서 시장전망치였던 2.3%를 밑돌았다.
> 오전 중 절상 고시된 위안화 환율도 원/달러 환율 하락에 영향을 미쳤다. 중국 인민은행은 위안화 환율을 전일 대비 0.0096위안 하락한 달러당 6.8852위안으로 고시했다. 위안화 가치를 달러화에 비해 0.14% 올린 것으로 나흘 연속 절상됐다.

	농산물 수출	수입 축산물 가격	외채 상환 부담	해외 투자비
①	감소	하락	증가	증가
②	증가	하락	감소	감소
③	감소	하락	감소	감소
④	증가	하락	감소	증가

30 다음의 고객 정보를 토대로 귀하가 해당 고객에게 안내해야 할 중도상환수수료는?

〈고객 정보〉

• 2023년 6월, 담보대출 실행
  – 대출원금 : 12,000,000원
  – 대출이자 : 4%(원금균등상환)
  – 대출기간 : 60개월

• 2024년 6월, 중도상환
  – [중도상환수수료]=(중도상환원금)×(중도상환수수료율)×$\frac{(36개월)-(대출경과월수)}{(36개월)}$
  – (중도상환원금)=(대출원금)−(월 원금상환액)×(대출경과월수)
  – 중도상환수수료율(%)

대출상환기간	3 ~ 14개월	15 ~ 24개월	25 ~ 36개월
수수료율	3.8	2.8	2.0

※ 3년 초과 중도상환 시 면제

① 128,000원
② 179,200원
③ 243,200원
④ 274,400원

31 다음 중 전송 효율과 신뢰성이 높고, 정보 전송 단위가 프레임인 전송 제어 방식은?

① BSC ② SDLC
③ HDLC ④ 비동기

32 다음 중 악성코드의 일종인 트로이 목마(Trojan Horse)에 대한 설명으로 옳지 않은 것은?

① 자기 복제 능력과 감염 능력이 있다.
② 개인정보 유출이나 자료 파괴 같은 피해를 입을 수 있다.
③ 정상적인 유틸리티 프로그램에 내장되어 배포될 수 있다.
④ 트로이 목마 피해를 예방하기 위해 최신 바이러스 백신 상태를 유지한다.

33 다음 중 로보어드바이저(Robo-advisor)에 대한 설명으로 옳지 않은 것은?

① 인간의 판단을 확인하고 검수하는 역할을 한다.
② 로봇(Robot)과 투자전문가(Advisor)의 합성어다.
③ 국내에서는 'DNA'라는 회사에서 최초로 로보어드바이저 기술을 개발했다.
④ 인간 프라이빗 뱅커(PB)를 대신하여 모바일 기기나 PC를 통해 포트폴리오 관리를 수행하는 온라인 자산관리 서비스를 말한다.

34 **다음 중 토글 또는 보수 플립플롭으로서 JK 플립플롭의 J와 K를 묶어서 입력이 구성되며, 입력이 0일 경우에는 상태가 불변이고, 입력이 1인 경우에는 보수가 출력되는 것은?**

① D 플립플롭
② RS 플립플롭
③ T 플립플롭
④ JK 플립플롭

35 **다음 중 세그먼테이션 기법에 대한 설명으로 옳지 않은 것은?**

① 기억장치 보호키가 필요하다.
② 세그먼트 맵 테이블이 필요하다.
③ 각 세그먼트는 고유한 이름과 크기를 갖는다.
④ 프로그램을 일정한 크기로 나눈 단위를 세그먼트(Segment)라고 한다.

36 **다음 중 회선 교환 방식에 대한 설명으로 옳지 않은 것은?**

① 송수신자 간의 실시간 데이터 전송에 적합하지 않다.
② 데이터 전송 전에 먼저 통신망을 통한 연결이 필요하다.
③ 일정한 데이터 전송률을 제공하므로 두 가입자가 동일한 전송 속도로 운영된다.
④ 전송된 데이터에 있어서의 에러 제어나 흐름 제어는 사용자에 의해 수행되어야 한다.

37 다음 중 5G 이동통신의 특성이 아닌 것은?

① 초망박(超網箔)
② 초연결(超連結)
③ 초고속(超高速)
④ 초저지연(超低遲延)

38 다음 중 가상화폐 제작자가 특정 가상화폐를 소유한 사람에게 새로운 코인을 무료로 배분하는 것을 의미하는 것은?

① 스냅샷
② 에어드랍
③ 이더리움
④ 가상화폐공개

39 다음 중 로봇의 보험 상담 업무 대행, 블록체인을 이용한 안전 결제 시스템 등 IT 기술을 활용한 혁신적 보험 서비스를 의미하는 것은?

① I-테크
② 블랙테크
③ 사이버테크
④ 인슈어테크

40 다음 중 랜섬웨어(Ransomware) 공격에 대한 설명으로 옳지 않은 것은?

① 랜섬웨어는 이메일, 웹사이트, P2P 서비스 등을 통해 주로 퍼진다.
② 랜섬웨어에 걸렸을 경우 컴퓨터 포맷은 가능하나 파일을 열거나 복구하기가 힘들다.
③ 랜섬웨어 예방법으로는 컴퓨터를 켜기 전에 랜선을 뽑아 두거나 와이파이를 꺼두는 방법이 효과적이다.
④ 랜섬웨어 예방을 위해서는 랜섬웨어가 생기기 전의 오래된 윈도우가 효과적이므로 오래된 운영체계로 변경하도록 한다.

제3영역 상식

01 다음 중 국민복지 증진을 위해 없애야 할 다섯 가지로 빈곤, 나태, 질병, 무지, 불결을 뽑은 영국의 문서는?

① 골디락스
② 워크아웃
③ 슈퍼사이클
④ 베버리지 보고서

02 다음 중 금리 인하를 통한 경기 부양 효과가 한계에 봉착했을 때, 중앙은행이 국채 매입 등을 통해 유동성을 시중에 직접 공급함으로써 신용경색을 해소하고 경기를 부양시키는 통화 정책은?

① 양적완화
② 출구전략
③ 테이퍼링
④ 오퍼레이션 트위스트

03 다음 중 채권가격이 상승하는 조건으로 옳지 않은 것은?

① 시중금리가 높아지면 채권가격도 상승한다.
② 채권의 만기일이 가까워지면 채권가격이 상승한다.
③ 채권의 현재가치가 높아지면 채권가격도 상승한다.
④ 주식 투자를 통한 수익이 작아지면 상대적으로 채권가격이 상승한다.

04 다음에서 설명하고 있는 경제 용어는?

> 전자상거래 기업 등의 비금융 회사가 온라인 제품 판매, 서비스를 수행하면서, 이와 관련하여 입출금 계좌 서비스, 전자지갑 및 결제, 대출 등의 금융상품 및 서비스를 함께 제공하여 상품 판매 수익 외에 금융 수익을 추구하는 금융 형태

① 테크핀
② 임베디드 금융
③ D-테스트베드
④ 프로젝트 파이낸싱

05 다음 중 사채로 발행되었지만 일정한 기간이 지난 뒤 사채권자(소유자)의 청구가 있을 때 미리 결정된 조건대로 발행회사 주식(보통주식)으로 전환할 수 있는 특약이 있는 사채는?

① CB
② EPS
③ BPS
④ MOR

06 CMA 통장이란 일반 예금 통장과 달리 단기간에 자금을 모을 수 있는 통장으로, 은행이 아닌 증권사나 종합금융회사에서 만들 수 있는 상품이다. 다음 중 이러한 CMA 통장에 해당하지 않는 것은?

① RP형
② MMF형
③ MMW형
④ MMDA형

07 메타버스(Metaverse)에 대한 설명으로 옳은 것을 〈보기〉에서 모두 고르면?

〈보기〉

㉠ 메타버스는 웹상에서 아바타를 이용해 현실세계에서처럼 사회·경제적 활동을 하는 등 가상세계와 현실세계가 혼재된 세계이다.
㉡ 메타버스가 보다 발전하려면 가상융합(XR) 기술과 사물인터넷·5G·클라우드 등 4차 산업혁명 기술의 발전이 필요하다.
㉢ 향후 여러 메타버스들이 상호 연결됨으로써 다중가상세계 시대가 출현할 가능성이 예상되기도 한다.
㉣ 현실의 법령으로 통제할 수 없는 신종 범죄의 출현 가능성, 과몰입으로 인한 높은 중독성 등은 메타버스의 확산에 앞서 해결해야 할 문제점으로 꼽힌다.

① ㉠, ㉢
② ㉡, ㉢
③ ㉡, ㉢, ㉣
④ ㉠, ㉡, ㉢, ㉣

08 다음 중 신제품 개발 문제에 자신의 의견을 내놓으며 적극적으로 참여하는 소비자를 일컫는 용어는?

① 크리슈머
② 아트슈머
③ 트랜슈머
④ 모디슈머

09 다음 중 국가가 인접한 다른 국가나 보편적인 세계 경제의 흐름과 달리 독자적인 경제 흐름을 보이는 현상을 일컫는 것은?

① 디커플링
② 윔블던 효과
③ 디드로 효과
④ 파노플리 효과

10 다음에서 설명하고 있는 법칙을 순서대로 나열한 것은?

- 상위 20%의 사람들이 전체 부(富)의 80%를 차지하고 있다는 것, 즉 '핵심 소수'와 '사소한 다수' 이론은 이미 사회학과 경제학에서 유명한 논리이다. 이는 기업의 매출에도 적용되어 상위 20%의 고객이 기업 이윤의 80%를 창출한다는 결론을 가져온다. 이 법칙은 대인관계에서도 통한다고 할 수 있는데, 자신의 인맥 중에 결정적 역할을 하는 이들은 '핵심적 소수'이며, 그 외 80%는 그다지 중요하지 않은 사람들이라는 것이다. 따라서 우리는 '핵심적 소수'에 시간과 노력을 들여야 한다는 것이다.
- S온라인 서점에서 올해 매출을 분석해 본 결과 수익의 80%를 차지하는 것은 잘 나가는 베스트셀러 몇 권이 아니라 그 밖의 나머지 책들이었다. 이는 인터넷의 발달로 구매 방법 및 소비문화가 바뀌면서 나타난 현상으로 보인다. 오프라인 서점에서는 공간의 한정성으로 진열할 수 있는 책의 양에 한계가 있었고, 따라서 사람들의 눈에 띌 수 있게 배치할 수 있었던 것은 기존의 인기도서 몇 권뿐이었다. 하지만 온라인 서점의 경우 이러한 공간적 제한을 극복할 수 있었고, 사람들이 자신의 취향을 살려 어떠한 책이든 검색을 통해 접할 수 있게 됨으로써 수많은 '비주류 도서'들이 도서 매출액에 일조할 수 있게 된 것이다.

① 하인리히 법칙, 파레토 법칙
② 파레토 법칙, 하인리히 법칙
③ 롱테일 법칙, 파레토 법칙
④ 파레토 법칙, 롱테일 법칙

11 다음 중 지급준비율에 대한 설명으로 옳지 않은 것은?

① 지급준비율 정책은 중앙은행의 주된 통화정책수단 중 하나이다.
② 시중은행에 대한 지급준비율 인하는 통화량의 감소를 야기한다.
③ 시중은행에 대한 지급준비율 인상은 시중은행의 대출 감소를 야기한다.
④ 지급준비율이란 시중은행이 중앙은행에 의무적으로 받아들인 예금을 적립해야 하는 비율이다.

12 달러 대비 원화 환율이 상승했을 때, 다음 중 빈칸 ㉠~㉢에 들어갈 단어를 바르게 짝지은 것은?

- 부모님이 미국에 유학 중인 아들에게 송금하는 것은 ㉠ 하다.
- 외국인이 한국에 여행 오는 것은 ㉡ 하다.
- 한국의 원화 가치는 ㉢ 한다.

	㉠	㉡	㉢
①	불리	유리	상승
②	불리	유리	하락
③	불리	불리	상승
④	유리	유리	하락

13 다음 글에 대한 설명으로 옳지 않은 것은?

옵션거래는 주식, 채권, 주가지수 등 특정 자산을 장래의 일정 시점에 미리 정한 가격으로 살 수 있는 권리와 팔 수 있는 권리를 매매하는 거래를 말한다. 시장에서 당일 형성된 가격으로 물건을 사고파는 현물거래나 미래의 가격을 매매하는 선물거래와는 달리 사고팔 수 있는 '권리'를 거래하는 것이 옵션 거래의 특징이다.

① 콜옵션은 가격이 예상보다 올랐으면 권리를 행사하고 값이 떨어지면 포기하면 된다.
② 풋옵션은 해당 상품의 시장 가격이 사전에 정한 가격보다 높은 경우는 권리를 행사하지 않을 권리도 있다.
③ 풋옵션은 거래 당사자들이 미리 정한 가격으로 장래의 특정 시점 또는 그 이전에 특정 대상물을 팔 수 있는 권리를 매매하는 계약이다.
④ 풋옵션을 매수한 사람은 시장에서 해당 상품이 사전에 정한 가격보다 낮은 가격에서 거래될 경우, 비싼 값에 상품을 팔 수 없다.

14 환율 상승에 따른 변화로 옳은 것을 〈보기〉에서 모두 고르면?

〈보기〉

㉠ 우리나라에서 판매 중인 수입품의 가격이 하락한다.
㉡ 외국에 수출하고 있는 우리나라 제품의 가격이 하락한다.
㉢ 국내 여행을 오는 외국인 관광객이 증가한다.
㉣ 내국인의 외국 여행이 증가한다.

① ㉠, ㉡
② ㉠, ㉢
③ ㉡, ㉢
④ ㉡, ㉣

15 정부실패의 원인이 되는 것을 〈보기〉에서 모두 고르면?

〈보기〉

㉠ 이익집단의 개입
㉡ 정책 당국의 제한된 정보
㉢ 정책 당국의 인지시차 존재
㉣ 민간 부문의 통제 불가능성
㉤ 정책 실행 시차의 부재

① ㉠, ㉡, ㉣
② ㉡, ㉢, ㉤
③ ㉠, ㉡, ㉢, ㉣
④ ㉠, ㉡, ㉣, ㉤

16 금융 · 경제에 대한 설명으로 옳지 않은 것을 〈보기〉에서 모두 고르면?

〈보기〉

㉠ '클린빌'은 담보가 확실해 은행에서 매입할 가능성이 높은 외국환을 뜻한다.
㉡ '눔프족(族)'은 젊었을 때 극단적으로 절약한 후 노후자금을 빨리 모아 일찍 퇴직하려는 사람들을 뜻한다.
㉢ '모노컬처 경제'는 정부에서 경기를 부양하려고 어떠한 정책을 내놓아도 경제 주체들의 반응이 거의 없는 경제 상황을 뜻한다.
㉣ '자원의 저주'는 자연 자원이 풍부한 국가일수록 경제 성장이 둔해지고 1인당 국민소득이 낮아지는 현상을 뜻한다.
㉤ '달러쇼크'는 1970년대 미국 경제의 재건과 달러 가치의 회복을 위해 닉슨 대통령이 발표한 신경제 정책에 대해 각국이 받은 충격을 뜻한다.

① ㉠, ㉤
② ㉠, ㉡, ㉢
③ ㉡, ㉢, ㉣
④ ㉢, ㉣, ㉤

17 다음 중 빈칸 ㉠ ~ ㉢에 들어갈 단어를 바르게 짝지은 것은?

> • 우리나라 기업의 수출이 늘어나면 외화 공급이 ___㉠___ 한다.
> • 외국에서 긴축재정정책을 실시하면 외화 공급이 ___㉡___ 한다.
> • 해외여행을 떠나는 사람이 늘어나면 외화 수요가 ___㉢___ 한다.

	㉠	㉡	㉢
①	증가	증가	증가
②	증가	감소	증가
③	감소	증가	증가
④	감소	증가	감소

18 다음은 베이비붐 세대에 대한 기사이다. 밑줄 친 '이 상품'은?

> 베이비붐 세대는 전쟁 후 혹독한 불경기를 겪은 후 사회적·경제적 안정 속에서 태어난 세대로 우리나라의 경우 6·25 전쟁 이후인 1955 ~ 1963년에 태어난 세대를 말한다. 통계청에 따르면 우리나라에서 은퇴를 앞둔 이 세대의 부동산 비중은 71.3%이다. 구체적인 생활비를 마련할 방도가 없는 베이비붐 세대는 주택을 담보로 사망할 때까지 자택에 거주하면서 노후 생활자금을 연금형태로 지급받을 수 있는 이 상품에 높은 관심을 보이고 있다. <u>이 상품</u>은 주택 보유자가 사망하면 금융기관이 주택을 처분하여 그동안의 대출금 및 이자를 상환받는 방식이다. 경제활동을 하지 못하는 고령자가 노후 자금 등 매월 일정액의 돈이 필요할 때 신청할 수 있는 상품으로, 대출 대상은 주택 보유자에 한하며 기간은 최대 15 ~ 20년까지 가능하다.

① 역모기지론
② 주택저당증권
③ 보금자리론
④ 서브프라임 모기지론

19 **다음 중 제조업을 영위하는 A회사의 현금흐름표에 대한 설명으로 옳지 않은 것은?**

① 차입금의 상환에 따른 현금유출은 재무활동현금흐름으로 분류한다.

② 유형자산 또는 무형자산 처분에 따른 현금유입은 투자활동현금흐름으로 분류한다.

③ 현금흐름표는 회계기간 동안 발생한 현금흐름을 영업활동, 투자활동 및 재무활동으로 분류하여 보고한다.

④ 단기매매목적으로 보유하는 유가증권의 취득과 판매에 따른 현금흐름은 재무활동현금흐름으로 분류한다.

20 **(주)한국의 유동비율은 150%, 당좌비율은 70%이다. (주)한국이 은행으로부터 자금대출을 받기 위해서는 유동비율이 120% 이상이고 당좌비율이 100% 이상이어야 한다. (주)한국이 자금대출을 받기 위해 취해야 할 전략으로 옳은 것은?**

① 기계장치를 현금으로 매입한다.

② 장기차입금을 단기차입금으로 전환한다.

③ 외상거래처의 협조를 구해 매출채권을 적극적으로 현금화한다.

④ 재고자산 판매를 통해 현금을 조기 확보하고 재고자산을 줄인다.

합격의공식
시대
에듀

특별부록
TOPCIT 테스트

〈문항 수 및 시험시간〉

TOPCIT 테스트 : 총 30문항(30분)

구분	출제범위
기술영역	• 데이터 이해와 활용
비즈니스영역	• IT비즈니스와 윤리 • 프로젝트관리와 테크니컬 커뮤니케이션

※ TOPCIT 테스트는 2024년 하반기 채용공고문을 참고하여 구성하였습니다.

KB국민은행 필기전형

TOPCIT 테스트

문항 수 : 30문항
시험시간 : 30분

※ 정답 및 해설은 TOPCIT 테스트 바로 뒤 p.012에 있습니다.

01 다음 중 프레젠테이션의 발표 자료 작성 과정에서 고려해야 할 사항으로 옳지 않은 것은?

① 발표 자료를 작성하기 전 전체적인 스토리보드를 정리한다.
② 작성할 템플릿은 시각적으로 주제가 잘 나타날 수 있도록 구성한다.
③ 1페이지의 헤드메시지는 하단의 내용을 설명하는 2개의 주제로 작성한다.
④ 본문에는 청중을 위한 내용을 담아야 하며, 일반적으로 사용되는 도식을 사용한다.

02 다음에서 설명하고 있는 6시그마 계층은?

> 기업의 임원으로 지도력을 갖춘 사람으로서 6시그마의 철학과 비전을 제시하고, 실행을 진두지휘하며, 자원을 제공한다.

① 챔피언
② 마스터 블랙벨트
③ 블랙벨트
④ 그린벨트

03 IT 비즈니스 도입 방식 중 인하우스(In House) 개발 방식의 장점을 〈보기〉에서 모두 고르면?

〈보기〉

> ㉠ 도입에 따른 사용자 요구사항을 충분히 만족시킬 수 있다.
> ㉡ 사내정보 및 업무프로세스에 대한 주요 정보보호가 가능하다.
> ㉢ 선진 경영 프로세스를 접목할 수 있다.
> ㉣ 구축기간과 비용이 상대적으로 적게 든다.

① ㉠, ㉡
② ㉡, ㉢
③ ㉡, ㉣
④ ㉢, ㉣

04 **다음 중 엔티티(Entity)의 특징으로 옳지 않은 것은?**

① 반드시 속성이 있지 않아도 된다.
② 업무 프로세스에 의해 이용되어야 한다.
③ 유일한 식별자에 의해 식별이 가능해야 한다.
④ 영속적으로 존재하는 인스턴스의 집합이어야 한다.

05 **다음에서 설명하고 있는 분산 데이터베이스 관리 시스템의 데이터 투명성은?**

다수의 트랜잭션이 동시에 수행되어도 결과의 일관성은 유지되어야 한다.

① 분할 투명성
② 중복 투명성
③ 장애 투명성
④ 병행 투명성

06 **다음은 IT 비즈니스 환경 변화와 관련된 기업의 대응기법 중 IT 비즈니스 혁신 활동에 대한 설명이다. 빈칸 ㉠ ~ ㉢에 들어갈 단어를 바르게 짝지은 것은?**

- ___㉠___이란 기존의 시장을 파괴하고 새로운 시장을 창출하는 기법이다.
- ___㉡___은 기업 활동의 전 과정에 대중을 참여시키는 방법이다.
- ___㉢___은 기업이 필요한 기술과 아이디어를 외부에서 조달하면서 내부자원을 외부와 공유하는 방법이다.

	㉠	㉡	㉢
①	파괴적 혁신	크라우드 소싱	오픈 이노베이션
②	파괴적 혁신	오픈 이노베이션	크라우드 소싱
③	크라우드 소싱	파괴적 혁신	오픈 이노베이션
④	크라우드 소싱	오픈 이노베이션	파괴적 혁신

07 다음 중 IT 지원시스템의 하나로 제품 설계도부터 최종 제품 생산에 이르는 전체 과정을 관리하여 부가가치는 높이고 원가는 줄이는 생산 프로세스는?

① ERP
② SCM
③ ITSM
④ PLM

08 다음 중 스키마(Schema)에 대한 설명으로 옳지 않은 것은?

① 데이터베이스 하나를 기술한 것이다.
② 자료를 처리할 응용 프로그램 구조를 표현한 것이다.
③ 데이터베이스 내에 있는 데이터의 논리적 단위 사이의 관계성을 표현한다.
④ 레코드 형태와 릴레이션 같은 모든 데이터의 논리적 단위에 명칭을 부여하고 의미를 기술한 것이다.

09 초연결사회를 실현하는 핵심기술인 ICBM의 내용으로 옳은 것을 〈보기〉에서 모두 고르면?

〈보기〉

㉠ I : IoT	㉡ C : Computer
㉢ B : Big Data	㉣ M : Mail

① ㉠, ㉡
② ㉠, ㉢
③ ㉡, ㉢
④ ㉡, ㉣

10 IT 비즈니스 환경 분석은 외부 환경 분석, 내부 환경 분석, 내부 및 외부 통합 환경 분석으로 나눌 수 있다. 다음 중 내부 환경 분석에 속하는 것은?

① 7S 분석
② SWOT 분석
③ PEST 분석
④ 5 Forces 분석

11 다음 중 자연어처리(NLP; Natural Language Processing)의 특징으로 옳지 않은 것은?

① 인간이 이해할 수 있는 언어로 표현하는 제반 기술이다.
② 전처리 – 형태소분석 – 구문분석 – 의미분석 – 담화분석의 순서로 전개된다.
③ 분석을 통한 기업의 마케팅 정책 혹은 사회여론 분석에 효율적으로 사용된다.
④ 컴퓨터를 이용하여 사람 언어의 이해, 생성, 및 분석을 다루는 인공지능 기술이다.

12 다음에서 설명하고 있는 결합도는?

- 모듈 간의 인터페이스가 자료 요소로만 구성될 때의 결합도이다.
- 어떤 모듈이 다른 모듈을 호출하면서 매개 변수나 인수로 데이터를 넘겨주고, 호출받은 모듈은 받은 데이터에 대한 처리결과를 다시 돌려주는 것이다.
- 모듈 간의 내용을 전혀 알 필요가 없는 상태로써 한 모듈의 내용을 변경하더라도 다른 모듈에는 전혀 영향을 미치지 않는 가장 바람직한 결합도이다.

① 자료 결합도
② 외부 결합도
③ 제어 결합도
④ 스탬프 결합도

13 다음 중 창의적 사고기법의 하나로 독특한 아이디어가 나올 때까지 다양한 언어들을 제시하고, 그중 무작위로 단어를 선택 및 조합하여 단어의 유추를 통해 강제로 과제와 연결시켜 새로운 발상을 유도하는 기법은?

① TRIZ
② 스캠퍼
③ 랜덤 워드
④ 브레인스토밍

14 다음 중 정규화 과정에서 발생하는 이상(Anomaly)에 대한 설명으로 옳지 않은 것은?

① 이상에는 삽입이상, 삭제이상, 갱신이상 등이 있다.
② 정규화는 이상을 제거하기 위해서 중복성 및 종속성을 배제시키는 방법으로 사용된다.
③ 속성들 간의 종속 관계를 분석하여 여러 개의 릴레이션을 하나로 결합하여 이상을 해결한다.
④ 이상은 속성들 간에 존재하는 여러 종류의 종속 관계를 하나의 릴레이션에 표현할 때 발생한다.

15 다음 설명을 모두 만족하는 정규형은?

- 테이블 R에서 모든 결정자가 후보키인 정규형이다.
- 일반적으로 후보키가 여러 개 존재하고, 이러한 후보키들이 서로 중첩되어 나타나는 경우에 적용 가능하다.

① 제1정규형
② 제2정규형
③ 제3정규형
④ BCNF

16 **다음 중 데이터 제어어(DCL)의 역할로 옳지 않은 것은?**

① 회복
② 병행 수행 제어
③ 무결성
④ 권한 부여 / 회수

17 **다음에서 설명하고 있는 주식별자의 특징은?**

주식별자가 한 번 특정 엔티티(Entity)에 지정되면 그 식별자의 값은 변하지 않아야 한다.

① 유일성
② 최소성
③ 불변성
④ 존재성

18 **다음 대화의 빈칸에 공통으로 들어갈 용어는?**

이과장 : ______은/는 핵심 성과지표입니다. 최부장 : 네, ______은/는 조직의 핵심 성공요소인 CSF를 반영하여 정량화한 것이지요. 오대리 : 그래서 ______은/는 조직의 목표를 정확하게 반영할 수 있어야 합니다.

① KPI
② MBO
③ BSC
④ VOC

19 다음 빅데이터 시각화 방법 중 공간의 넓이, 음영 등을 직관적으로 보여주는 시각화 방법은?

① 공간 시각화
② 비교 시각화
③ 관계 시각화
④ 분포 시각화

20 다음 프로젝트 수행과 관련된 조직구조 중 기업의 전통적인 조직으로 업무나 기능별로 조직이 구성되고, 다른 조직과 독립성을 유지하면서 프로젝트 관리자가 별도로 존재하지 않는 조직구조는?

① 라인 조직
② 기능 조직
③ 매트릭스 조직
④ 프로젝트 중심 조직

21 일반적으로 비즈니스 문제해결 프로세스는 문제정의, 원인 분석, 대안 개발 및 평가, 해결안 적용 및 피드백의 단계를 거친다. 다음 중 각 단계에 대한 설명으로 옳지 않은 것은?

① 문제정의 단계에서는 문제의 근본적인 해결이 가능한지 확인해야 한다.
② 원인 분석 단계에서는 식별된 문제 원인의 우선순위를 정하여 중요하지 않은 것들은 덜어내야 한다.
③ 대안 개발 및 평가 단계에서는 가장 큰 문제점부터 논리적인 순서에 따라 작은 단위로 분해하여 트리 형태로 정리하는 이슈 트리(로직 트리)를 사용한다.
④ 해결안 적용 및 피드백 단계에서는 수립된 대안을 효율적으로 검증할 수 있는 테스트베드와 방법을 찾고 이를 실행할 준비를 한다.

22 **다음 중 저작권에 대한 설명으로 옳지 않은 것은?**

① 저작권은 저작물의 창작과 동시에 발생한다.

② 법원의 판결·결정·명령 및 심판은 저작물로 보호받지 못한다.

③ 공동저작물의 저작권 만료기간은 최후 저작자가 사망한 다음 해부터 산정된다.

④ 단독저작물의 저작권 보호기간은 저작자가 생존하는 동안과 사망한 후 50년간이다.

23 **다음 중 링크드 데이터(Linked Data)에 대한 설명으로 옳지 않은 것은?**

① RDF 같은 트리플 모형으로 구조화된 데이터를 사용한다.

② 개별 URI로 데이터를 식별하고, 각 URI에 링크 정보를 부여한다.

③ 링크드 데이터는 재사용이 가능하고, 데이터 중복을 감소시킬 수 있다.

④ Open Data는 누구나 자유롭게 사용할 수 있으나, 재배포는 할 수 없다.

24 **다음은 일반적인 IT 비즈니스 전략 수립에서 기업 모델인 As－Is 모델과 To－Be 모델에 대한 설명이다. 다음 중 옳지 않은 것은?**

• 현재 상태(As－Is) 모델 : 사명, 기본 이념, 조력자, 방해자 • 미래 상태(To－Be) 모델 : 비전, 목표, 목적, 성과지표

① 목적은 목표 달성을 나타내는 정량화된 낮은 수준의 목표이다.

② 조력자는 기업의 능력을 촉진하는 외부 환경과 기업의 강점이다.

③ 기본 이념은 기업의 핵심가치로 기업의 전략을 형성하는 데 이용된다.

④ 사명은 기업이 추구하는 이상적인 모습으로 기업의 능력을 확장시킨다.

25 다음 중 SCM(공급망 관리)과 ERP(전사적 자원관리)를 비교한 내용으로 옳지 않은 것은?

① ERP는 주로 대기업 위주로 운영된다.

② SCM은 프로세스를 중심으로 데이터를 처리한다.

③ ERP의 주요 기능에는 구매, 생산, 자재, 회계, 영업, 인사 등이 있다.

④ SCM을 도입할 경우 업무 프로세스 단축과 인건비 감소의 효과를 얻을 수 있다.

26 다음 중 EA(Enterprise Architecture)에 대한 설명으로 옳지 않은 것은?

① 기업 비즈니스 전략과 IT 전략이 융합하여 탄생한 결과물이다.

② IT 거버넌스의 통제체계를 위임 또는 상속받아 IT 거버넌스를 통제하는 수단이 된다.

③ EA 프레임워크의 자크만 프레임워크는 기업 간 상호운용성에 초점을 맞추어 개발한 개방형 프레임워크이다.

④ 업무나 시스템을 지속적으로 개선하기 위해 조직의 업무 프로세스와 정보 시스템을 가시화한 정보화 종합 설계도이다.

27 다음 중 IT 거버넌스의 5대 주요 관심 영역에 대한 설명으로 옳지 않은 것은?

① 전략연계 – 기업의 전략에 대한 연계와 최적의 의사결정 방향성을 제시한다.

② 자원관리 – IT 비즈니스 요구사항에 빠르게 대응하기 위해 IT 자원을 체계적으로 관리한다.

③ IT 가치 제공 – 개별 비즈니스 프로세스와 IT의 접목 최적화를 통한 IT 비즈니스 목표 달성을 지원한다.

④ 리스크 관리 – IT 비즈니스 연속성 확보를 위한 리스크 요소를 관리하며, 주요 연계기법으로 Enterprise Architecture가 있다.

28 **다음 중 비즈니스 문서와 이에 대한 설명으로 옳지 않은 것은?**

① 보고서 – 제품 등에 대한 상세 내용을 설명하는 문서
② 계획서 – 제품 등에 대한 승인 후, 사업화 계획을 작성하는 문서
③ 의견서 – 제품이나 아이디어 등에 대한 가치를 평가하기 위해 작성하는 문서
④ 기획서 – 제품이나 아이디어에 대한 사업 추진 승인을 받기 위해 작성하는 문서

29 **다음 중 프로젝트 관리 도구 및 평가에 대한 설명으로 옳지 않은 것은?**

① 프로젝트는 분기, 반기 연차별로 정기적인 사전 평가를 실시해야 한다.
② 프로젝트 관리시스템을 통해 전체적인 프로젝트 진행에 대한 가시성을 확보할 수 있다.
③ 프로젝트 관리자는 위험관리도구(RMS)를 통해 프로젝트 착수에서 종료까지 감시 및 통제를 수행해야 한다.
④ 형상관리도구(CNS)는 여러 명이 동시에 작업하는 환경에서 산출물을 체계적으로 관리하여 중복수정이나 내용 소실을 방지한다.

30 **다음에서 설명하고 있는 품질 통제 기법은?**

직장에서 발생하는 작업 환경 불량이나 고장, 재해 등의 내용을 분류하고 그 건수와 금액을 크기순으로 나열하여 작성한 그래프로 상대적 빈도수가 많은 원인이 문제나 결함을 초래한다는 원칙을 바탕으로 한다.

① 관리도
② 인과관계도
③ 산점도
④ 파레토 차트

KB국민은행 필기전형

TOPCIT 테스트 정답 및 해설

01	02	03	04	05	06	07	08	09	10
③	①	①	①	④	①	④	②	②	①
11	12	13	14	15	16	17	18	19	20
③	①	③	③	④	④	③	①	②	②
21	22	23	24	25	26	27	28	29	30
③	④	④	④	④	③	④	①	①	④

01

정답 ③

헤드메시지는 2개의 주제가 하나의 문장에 들어가면 산만해지기 때문에 1개의 주제로 작성한다.

헤드메시지 작성 방법
- 한 페이지에 하나의 주제로 작성한다.
- 짧지도 길지도 않은 적당한 길이의 1 ~ 2줄로 작성한다.
- 구체적인 내용을 반영한다.

02

정답 ①

6시그마는 미국 모토로라가 1987년에 개발한 품질혁신 운동으로 경영의 비효율성의 원인을 분석하고, 수치화하여 6시그마 수준의 품질을 목표로 하는 경영혁신 활동이다. 6시그마는 자격과 역할에 따라 다음과 같이 계층을 나눈다.

구분	자격 및 역할
챔피언 (Champion)	• 자격 : 기업의 임원으로 지도력을 갖춘 사람 • 역할 : 6시그마의 철학과 비전 제시, 개념 전파, 실행 진두지휘, 자원 제공
마스터 블랙벨트 (Master Black Belt)	• 자격 : 실무와 지식을 겸비한 사람 • 역할 : 블랙·그린벨트의 교육, 6시그마 개념과 기법 전파
블랙벨트 (Black Belt)	• 자격 : 과장 및 대리급으로 통계적 지식 및 활용이 가능한 사람 • 역할 : 6시그마 프로젝트 운영, 그린벨트 이하 교육
그린벨트 (Green Belt)	• 자격 : 업무지식과 경험이 충분한 사람 • 역할 : 6시그마 프로젝트 활용요원, 6시그마 기법의 실무 적용

따라서 제시문이 설명하는 6시그마 계층은 챔피언 계층이다.

03

정답 ①

IT 비즈니스를 도입하는 방식은 다음과 같이 인하우스 개발과 패키지 도입으로 구분할 수 있다.

구분	인하우스 개발	패키지 도입
개념	• 기업 내부의 요구사항에 적합한 정보시스템을 자체인력으로 구축 및 개발	• 많은 테스트와 도입검증을 거친 선진 IT 비즈니스 시스템을 도입
장점	• 도입에 따른 사용자 요구사항을 충분히 만족시킬 수 있음 • 사내정보 및 업무프로세스에 대한 주요 정보보호가 가능 • 도입범위를 손쉽게 조절 가능	• 구축기간과 비용이 상대적으로 적게 듦 • 표준화된 프로세스 도입으로 자연스러운 업무프로세스 혁신이 가능 • 선진 경영 프로세스를 접목할 수 있음
단점	• 상대적으로 구축비용이 많이 듦 • 상대적으로 업무개선의 폭이 좁음	• 사내의 주요 정보가 외부에 노출될 가능성이 있음 • 요구사항과 별개로 사내 업무프로세스의 변경이 필요

따라서 인하우스 개발 방식의 장점은 ㉠, ㉡이다.

오답분석

㉢·㉣ 패키지 도입 방식의 장점이다.

04

정답 ①

엔티티는 반드시 속성이 있어야 한다.

엔티티(Entity)의 특징
- 유일한 식별자에 의해 식별이 가능해야 한다.
- 영속적으로 존재하는 인스턴스의 집합이어야 한다.
- 엔티티는 반드시 속성이 있어야한다.
- 엔티티는 다른 엔티티와 최소 한 개 이상의 관계가 있어야 한다.
- 엔티티는 업무 프로세스에 의해 이용되어야 한다.
- 반드시 해당 업무에서 필요하고 관리하고자 하는 정보여야 한다.

05

정답 ④

분산 데이터베이스는 데이터베이스가 네트워크상에서 여러 컴퓨터에 물리적으로 분산되어 있지만, 사용자가 하나의 데이터베이스처럼 인식할 수 있도록 논리적으로 통합되어 공유되는 데이터베이스를 의미한다. 이때, 여러 개의 물리적 데이터베이스를 논리적인 단일 데이터베이스로 인식하려면 사용자들이 데이터가 물리적으로 어디에 배치되어 있고, 어떻게 접근해야 하는지 알 필요가 없어야 하는데, 이를 데이터 투명성이라고 한다.
제시문이 설명하는 데이터 투명성은 병행 투명성에 해당한다.

데이터베이스 관리 시스템의 데이터 투명성

- 분할 투명성 : 사용자가 입력한 전역 질의를 여러 개의 단편 질의로 변환해 주므로 사용자는 전역 스키마가 어떻게 분할되어 있는지 알 필요가 없다.
- 위치 투명성 : 사용자나 애플리케이션에서 분산 데이터베이스상에 존재하는 데이터의 물리적인 위치를 알 필요가 없다.
- 중복 투명성 : 어떤 데이터가 중복되었는지, 또는 어디에 중복 데이터를 보관하고 있는지 사용자가 알 필요가 없다.
- 장애 투명성 : 분산되어 있는 각 컴퓨터 시스템이나 네트워크에 장애가 발생하더라도 데이터의 무결성이 보장되어야 한다.
- 병행 투명성 : 다수 트랜잭션이 동시에 수행되어도 결과의 일관성이 유지되어야 한다.

06

정답 ①

㉠ 파괴적 혁신 : 기존의 시장을 파괴하고 새로운 시장을 창출하는 기법으로, '스마트폰'이 대표적 사례에 해당한다.
㉡ 크라우드 소싱 : 기업 활동의 전 과정에 대중을 참여시키는 방법으로, 대중의 참여로 수익 등이 향상되면 그 수익을 대중과 공유한다.
㉢ 오픈 이노베이션 : 기업이 필요한 기술과 아이디어를 외부에서 조달하면서 내부자원을 외부와 공유하여 새로운 제품 또는 서비스를 만들어 내는 방법이다.

07

정답 ④

PLM(Product Lifecycle Management)는 제품수명주기관리로, 제품 설계도부터 최종 제품 생산에 이르는 전체 과정을 일괄적으로 관리하는 생산 프로세스이다.

오답분석

① ERP(Enterprise Resource Planning) : 전사적 자원관리로, 기업 내 물류, 재무, 생산 등 경영 활동의 통합정보시스템
② SCM(Supply Chain Management) : 공급망 관리로, 제품 생산을 위한 프로세스인 부품조달과 생산 계획, 납품, 재고관리 등을 효율적으로 처리할 수 있는 관리 솔루션
③ ITSM(Information Technology Service Management) : IT 서비스 관리로 정보 시스템 사용자가 만족할 수 있는 서비스를 제공하고, 지속적인 관리를 통해 서비스의 품질을 유지·증진하기 위한 일련의 활동

08

정답 ②

스키마(Schema)는 데이터베이스의 구조와 제약 조건에 관한 전반적인 명세를 기술한 메타데이터의 집합이다. 스키마에 자료를 처리할 응용 프로그램 구조를 표현하지는 않는다.

09

정답 ②

오답분석

㉡ C : Cloud
㉣ M : Mobile

10

정답 ①

7S 분석은 맥킨지(McKinsey)사에서 만든 내부 환경 분석 기법으로 공유가치, 전략, 시스템, 조직구조, 구성원, 스타일, 관리기술 등 기업의 하드웨어적인 요소와 소프트웨어적인 요소를 함께 분석하는 것이다.

오답분석

② SWOT 분석 : 외부 시장 환경의 기회요인과 위협요인, 내부의 장점과 약점을 동시에 분석하는 내부 및 외부 통합 환경 분석
③ PEST 분석 : 정치, 경제, 사회, 기술의 기회요인과 위협요인의 영향을 분석하는 외부 환경 분석
④ 5 Forces 분석 : 신규 진입자, 구매자, 대체재, 공급자, 기존 경쟁자 관점에서 해당 산업의 구조를 분석하는 외부 환경 분석

11

정답 ③

Opinion Mining에 해당하는 특징이다. Opinion Mining은 SNS, 댓글 등에서 대량의 비정형 리뷰로부터 사용자가 원하는 정보를 빠르게 분석해 주고, 유의미한 정보를 지능적으로 유추해 내는 기술이다.

12

정답 ①

결합도는 모듈 사이의 상호 연관성의 복잡도를 의미하며, 제시된 설명은 자료 결합도에 대한 것이다. 소프트웨어 설계 시 최대한 결합도를 낮추는 것이 필요하며, 자료 결합도, 스탬프 결합도, 제어 결합도, 외부 결합도, 공통 결합도, 내용 결합도 순으로 결합도가 약하다.

13

정답 ③

오답분석

① TRIZ : 문제 상황에 관한 최선의 결과를 상정하고 그러한 결과를 얻는 데 방해가 되는 모순을 탐색하여 그것을 해결할 수 있는 방안을 생각하는 방법
② 스캠퍼(SCAMPER) : 대체, 결합, 응용, 변형(확대), 다르게 활용, 제거, 재배열(뒤집기) 등의 질문으로 새로운 아이디어를 떠올리는 방법
④ 브레인스토밍(Brainstorming) : 구성원의 자유 발언을 통한 아이디어의 제시를 요구하여 발상을 찾아내려는 방법

14

정답 ③

정규화는 하나의 종속성이 하나의 릴레이션에 표현될 수 있도록 분해하는 과정이다. 정규화에서는 속성들 간의 종속 관계를 분석하여 하나의 릴레이션을 여러 개의 릴레이션으로 분해하여 이상을 해결한다.

15

정답 ④

BCNF에 대한 설명이다.

정규형의 종류

- 제1정규형 : 도메인이 원자값
- 제2정규형 : 부분적 함수 종속 제거
- 제3정규형 : 이행적 함수 종속 제거
- BCNF : 결정자이면서 후보키가 아닌 것 제거
- 제4정규형 : 다치 종속
- 제5정규형 : 조인 종속성 이용

16

정답 ④

권한 부여 / 회수는 데이터 제어어의 종류인 GRANT와 REVOKE의 기능이다.

데이터 제어어(DCL)의 역할

- 회복 : 시스템 장애에 대비
- 병행 수행 제어 : 여러 사용자가 DB에 동시 접근 가능
- 무결성 : 데이터의 정확성 유지
- 데이터 보안 : 불법적인 사용자로부터 데이터를 보호

17

정답 ③

제시문은 불변성에 대한 설명이다.

오답분석

① 유일성 : 주식별자에 의해 엔티티 내의 모든 인스턴스는 유일하게 구분되어야 한다.
② 최소성 : 주식별자를 구성하는 속성의 수는 유일성을 만족하는 최소의 수가 되어야 한다.
④ 존재성 : 주식별자가 지정되면 반드시 데이터 값이 존재해야 한다.

18

정답 ①

KPI(Key Performance Indicator)는 핵심 성과지표로 조직의 핵심 성공요소인 CSF(Critical Success Factor)를 반영하여 정량화한 지표이다. KPI에 따라 조직 구성원의 행동 양식이 달라질 수 있으므로 조직의 목표를 정확하게 반영할 수 있어야 한다.

오답분석

② MBO(Management By Objective) : 기업의 구성원이 목표를 결정한 후 목표가 달성된 정도를 측정하고 평가하는 경영관리 기법
③ BSC(Balanced Score Card) : 재무, 고객, 내부 프로세스, 학습과 성장 4가지 관점에서 균형적인 성과를 관리하는 기법
④ VOC(Voice of Customer) : 접수되는 고객 불만 사항을 접수부터 처리가 완료될 때까지 처리상황을 실시간으로 관리하고, 처리 결과를 관서별로 지표화하여 관리·평가함으로써 고객의 체감서비스를 향상시키는 고객관리시스템

19

정답 ②

비교 시각화는 공간의 넓이, 음영 등을 직관적으로 보여준다.

오답분석

① 공간 시각화 : 지도상에 정보를 매핑하여 보여준다.
③ 관계 시각화 : 2개 이상의 변수 간 관계를 보여준다.
④ 분포 시각화 : 전체와 부분의 관계, 비율을 보여준다.

20

정답 ②

오답분석

① 라인 조직 : 기업의 관리 조직의 하나로, 각 종업원은 자기가 속한 명령 계통에서 바로 위의 한 사람으로부터 명령을 받는 조직구조
③ 매트릭스 조직 : 기존 기능 부서 상태를 유지하면서 특정한 프로젝트를 위해 서로 다른 부서의 인력이 함께 일하는 조직구조
④ 프로젝트 중심 조직 : 프로젝트 관리자가 프로젝트 수행의 전체 권한과 의사결정 권한을 가지는 조직구조

21

정답 ③

가장 큰 문제점부터 논리적인 순서에 따라 작은 단위로 분해하여 트리 형태로 정리하는 이슈 트리(로직 트리)는 원인 분석 단계에서 사용한다. 대안 개발 및 평가 단계에서는 원인 분석 단계에서 최종 도출된 문제의 원인을 해결하기 위한 다양한 측면의 대안을 개발한다.

22

정답 ④

단독저작물의 경우 저작자가 생존하는 동안과 사망한 후 70년간 저작권이 보호된다.

23

정답 ④

Open Data는 누구나 자유롭게 사용할 수 있으며, 재배포도 할 수 있다(단, 상업적, 비상업적 이용에 대한 제한 등이 없어야 한다).

24

정답 ④

기업이 추구하는 이상적인 미래 모습으로, 기업의 능력을 확장시키는 것은 미래 상태 모델 중 비전이다. 사명은 기업의 목적 또는 주요 사업으로 시간적으로 제한되지 않는 목표이다.

25

정답 ④

SCM을 도입할 경우 생산 수요 예측이 가능하고 재고를 효과적으로 관리할 수 있다. 반면, ERP를 도입할 경우 업무 프로세스 단축과 인건비 감소의 효과를 얻을 수 있다.

오답분석

① SCM의 도입은 영세 제조업체의 경우에도 효과적이지만, ERP는 주로 대기업 위주로 운영되며 중소기업의 경우 도입 시 효과를 고려해야 한다.
② SCM은 프로세스를 중심으로, ERP는 트랜잭션을 중심으로 데이터를 처리한다.
③ SCM의 주요 기능에는 수요 예측, 주문 관리 및 계획, 물류 관리 등이 있고, ERP의 주요 기능에는 구매, 생산, 자재, 회계, 영업 등이 있다.

26

정답 ③

자크만 프레임워크는 EA 수립 시 가장 많이 사용하는 프레임워크로 VIEW와 관점을 이용하여 매트릭스 형태로 정의한다. 기업 간 상호 운용성에 초점을 맞추어 개발한 개방형 프레임워크는 TOGAF(The Open Group Architecture Framework)이다.

27

정답 ④

리스크 관리의 연계기법으로는 DRS, BCP 등이 있으며, Enterprise Architecture는 전략연계의 연계기법으로 사용된다.

28

정답 ①

제품 등에 대한 상세 내용을 설명하는 문서는 설명서이다. 보고서는 제품이나 아이디어에 대한 사업성 또는 그와 관련한 비즈니스 환경 등에 대한 보고를 위해 작성하는 문서이다.

29

정답 ①

분기, 반기 연차별 정기적인 평가는 프로젝트 평가 단계 중 사전 평가가 아닌 사후 평가에 해당한다.

프로젝트 평가 단계

- 사전 평가 : 프로젝트의 사전 타당성을 분석하고, 프로젝트의 우선순위를 결정
- 중간 평가 : 프로젝트 진행 중에 이루어지는 평가로, 감리 및 점검 등의 형식으로 실시
- 사후 평가 : 프로젝트 종료 후 일정 기간이 경과한 뒤 수행하는 평가로 분기, 반기, 연차별 정기적으로 실시

30

정답 ④

파레토 차트는 문제의 우선순위를 파악하기 위해 원인, 문제의 발생 빈도, 점유율 등을 표시하여 정렬한 히스토그램이다.

오답분석

① 관리도 : 품질 관리를 위한 도식 방법의 하나로, 제조 공정이 안정된 상태인지를 조사하기 위해 사용한다.
② 인과관계도 : 원인과 결과의 관계를 알 수 있도록 만든 다이어그램으로 제품 설계 및 품질 결함 방지 목적으로 사용한다.
③ 산점도 : 두 개 변수 간의 관계를 파악하기 위해 사용한다.

합격의공식
시대
에듀
www.sdedu.co.kr

6권

KB국민은행 필기전형 정답 및 해설

온라인 모의고사 무료쿠폰

4회분 | ATHP-00000-C974D

[쿠폰 사용 안내]

1. **합격시대 홈페이지**(www.sdedu.co.kr/pass_sidae_new)에 접속합니다.
2. 회원가입 후 로그인합니다.
3. 홈페이지 우측 상단 '쿠폰 입력하고 모의고사 받자' 배너를 클릭합니다.
4. 쿠폰번호를 등록합니다.
5. 내강의실 > 모의고사 > 합격시대 모의고사 클릭 후 응시합니다.

※ 본 쿠폰은 등록 후 30일간 이용 가능합니다.
※ iOS / macOS 운영체제에서는 서비스되지 않습니다.

KB국민은행 필기전형

제1회 모의고사 정답 및 해설

제 1 영역 직업기초능력

01	02	03	04	05	06	07	08	09	10
④	④	④	③	④	③	②	④	②	②
11	12	13	14	15	16	17	18	19	20
④	③	④	②	④	②	③	④	④	③
21	22	23	24	25	26	27	28	29	30
③	①	④	③	④	②	④	④	④	③
31	32	33	34	35	36	37	38	39	40
①	④	③	①	②	④	②	③	②	④

01

정답 ④

계약심의위원회에서 심의를 필하지 못한 경우에는 계약부서의 장은 해당사유를 명시하여 계약심의 종료일로부터 5일 이내에 해당 요청 건을 구매요구부서로 반송하여야 한다.

오답분석

① 중소기업 제품을 우선적으로 검토해야 하지만 부득이한 사유가 있을 경우 대기업 제품도 구입할 수 있다.
② 납품장소 및 납품기한은 10일 이내에 검토하여야 한다.
③ 구매요구부서장은 계약심의위원회 심의요청서를 계약심의위원회에 제출하여야 한다.

02

정답 ④

구체적 발행 액수가 나와 있지 않고, 신규종목 발행만으로는 알 수 없는 내용이다.

오답분석

① 통합발행제도를 보면 발행 기준일 이후부터 다음 발행일까지 발행되는 국고채는 통합발행제도에 근거하여 전차 기준일자 국채로 간주됨을 알 수 있다.
② 국채의 발행 절차 1번을 보면 국채법에 따라 작성된 계획안을 국회가 발행 한도를 심의하고 정하는 것임을 알 수 있다.
③ (연간 국채 발행 규모)=(적자국채용 발행)+(만기상환용 국채 발행)+(조기상환용 국채 발행)이다. 여기서 연간 국채 규모도 정해지고 적자국채용 발행액도 규모가 한정되어있다고 나와 있으므로 만기상환용과 조기상환용 발행의 합은 일정하기 때문에 조기 상환액이 높아지면 만기상환용 국채 발행액은 적어질 수밖에 없다.

03

정답 ④

제13조 내용에 따르면 모든 임직원은 고객의 자산, 지적재산권, 영업비밀, 고객 정보 등을 보호해야 하고, 고객이 알아야 하거나 고객에게 마땅히 알려야 하는 사실은 정확하고 신속하게 제공해야 한다.

04

정답 ③

제시문의 세 번째 문단에 따르면 오히려 마이데이터 사업자와의 협력과 직접진출 등이 활발하게 나타남으로써 금융업 간 경쟁심화는 필연적일 것으로 전망된다.

오답분석

① 모바일(Mobile), SNS(Social Network Service), 빅데이터(Big Data) 등을 활용하여 기존의 금융기법과 차별화된 서비스를 제공하는 것이 대표적인 핀테크 사례이다.
② 금융위원회는 핀테크 산업 발전을 위해 규제완화와 이용자 보호 장치마련에 대한 디지털금융의 종합혁신방안을 발표하였다.
④ 데이터 3법 개정에 따라 핀테크 산업 진출이 활발해지면 그만큼 금융권 클라우드나 바이오 정보에 대한 공격이 증가한다. 이를 막기 위해서는 반드시 보안기술 시스템을 구축해야 한다.

05

정답 ④

비트코인의 거래 조작이 불가능한 이유는 연결된 모든 블록을 조작하기 위한 컴퓨팅 비용을 감당하고 모든 조작을 10분 안에 끝내는 것이 이론적으로 불가능하기 때문이다. 이는 조작하기 위한 비용을 개인이 감당하기 어려운 것과는 다른 문제라고 할 수 있다.

오답분석

① 첫 번째 문단에서 일반적인 가상화폐는 중앙관리기관이 발행 및 통제한다고 하였고, 두 번째 문단에서 비트코인의 발행은 사용자들의 채굴을 통해 이루어진다고 하였다.
② 두 번째 문단의 마지막 문장을 통해 알 수 있다.
③ 마지막 문단의 두 번째~네 번째 문장을 통해 알 수 있다.

06

정답 ③

제시문은 세계 대공황의 원인으로 작용한 '보이지 않는 손'과 그에 대한 해결책으로 새롭게 등장한 케인스의 '유효수요이론'을 설명하고 있다. 따라서 글의 주제로 가장 적절한 것은 세계 대공황의 원인과 해결책이다.

오답분석

① · ② 유효수요이론은 해결책 중 하나로 언급되었으며, 일부에 지나지 않으므로 글 전체의 주제가 될 수 없다.

④ 고전학파 경제학자들이 주장한 '보이지 않는 손'은 세계 대공황의 원인에 해당하는 부분이므로 글 전체의 주제가 될 수 없다.

07

정답 ②

제시문은 인공생명론에 대해 설명하는 글이다. 따라서 (가) 생명체를 '하나의 복잡한 기계'가 아닌 '비교적 단순한 기계의 복잡한 집단'으로 보는 인공생명론 – (마) 생명은 이러한 집단 구성요소 사이의 상호 작용에 의한 것 – (다) 생체 분자는 살아 있지 않지만 그들의 집합체인 생물체는 살아 있음 – (바) 창발적 행동(Emergent Behavior)의 의미 – (라) 생명은 생물체를 조직하는 물질 자체의 특성이 아닌 물질의 상호 작용으로부터 출현하는 특성 – (나) 생체 분자들이 생명을 갖기 위한 방법 순으로 나열되어야 한다.

08

정답 ④

고전적 귀납주의에 따르면 여러 가설 사이에서 관련된 경험적 증거 전체를 고려하여 경험적 증거가 많은 가설을 선택할 수 있다. 즉, 가설에 부합하는 경험적 증거가 많을수록 가설의 신뢰도가 더 높아진다고 본 것이다. 따라서 이러한 주장에 대한 반박으로는 경험적 증거로 인해 높아지는 가설의 신뢰도를 정량적으로 판단할 수 없다는 ④가 가장 적절하다.

09

정답 ②

기술이 내적인 발전 경로를 가지고 있다는 통념을 비판하기 위해 다양한 사례 연구를 논거로 인용하고 있다. 따라서 인용하고 있는 연구 결과를 반박할 수 있는 자료가 있다면 제시문의 주장은 설득력을 잃게 된다.

10

정답 ②

세 번째 문단의 첫 문장에서 '전자 감시는 파놉티콘의 감시 능력을 전 사회로 확장'했다고 말하고 있으므로, 정보 파놉티콘은 발전된 감시 체계라고 할 수 있다. 따라서 종국에는 감시 체계 자체를 소멸시킬 것이라는 추론은 적절하지 않다.

11

정답 ④

'휴리스틱'의 개념 설명을 시작으로 휴리스틱을 이용하는 방법인 '이용가능성 휴리스틱'에 대한 설명과 휴리스틱의 문제점인 '바이어스'의 개념을 연이어서 설명하며 '휴리스틱'에 대한 정보의 폭을 넓혀가고 있다.

12

정답 ③

첫 번째 문단에서 엔테크랩이 개발한 감정인식 기술은 모스크바시 경찰 당국에 공급할 계획이라고 하였으므로 아직 도입되어 활용되고 있는 것은 아니다.

13

정답 ④

빈칸의 앞에서는 감정인식 기술을 수사기관에 도입할 경우 새로운 차원의 수사가 가능하다고 하였고, 빈칸의 뒤에서는 이 기술이 어느 부서에서 어떻게 이용될 것인지 밝히지 않았고 결정된 것이 없다고 하였다. 따라서 빈칸에는 앞의 내용과 뒤의 내용이 상반될 때 쓰는 접속부사인 '그러나'가 오는 것이 가장 적절하다.

14

정답 ②

우리가 지구환경 속에서 쾌적하게 살아갈 수 있는 이유는 대기 중 이산화탄소 등의 온실가스가 온실의 유리처럼 작용하여 지구표면의 온도를 일정하게 유지하기 때문이다. 지난 100년에 걸쳐 이 온실가스가 계속적으로 증가하여 기후변화라는 문제에 직면하게 되었다.

15

정답 ④

온실효과 매커니즘을 순서대로 나열해보면, '태양 → 빛에너지 → 지구(빛에너지 44% 도달) → 적외선으로 방출 → 온실가스(적외선 파장의 일부 흡수) → 안정상태 유지 위해 에너지 방출 → 에너지를 통해 지구가 따뜻해짐'의 순서이다. 따라서 '온실효과 메커니즘'에서 흡수하는 에너지의 종류를 바르게 짝지은 것은 ④이다.

16

정답 ②

고객은 Zgm · 고향으로카드를 해외에서 이용할 때보다 국내에서 이용할 때 더 많은 포인트가 적립되는지의 여부 및 우대서비스를 적용받기 위한 전월실적의 필요 여부에 대해 문의하고 있다.

첫 번째 문의는 평일에는 적립률이 국내와 해외 모두 동일하고, 주말에는 국내에서 이용하는 경우가 해외에서 이용하는 경우보다 0.3%p 더 많이 적립됨을 안내하면 된다.

두 번째 문의는 우대서비스를 적용받으려면 전월실적 40만 원 이상이 필요하지만, 카드 사용 등록일로부터 그다음 달 말일까지는 전월실적을 충족하지 않아도 서비스가 제공됨을 안내하면 된다.

17

정답 ③

1천만 원을 1년 만기로 최고 금액을 구하려고 하므로, 적용금리는 기본이율(1.2%)과 최대 우대금리(0.4%)를 합한 1.6로 계산한다. 총금액(세전)은 10,160,000원이고, 세율이 1%이므로 세금은 10,160,000×0.01=101,600원이 된다.

따라서 1년 만기 시 고객이 받을 수 있는 최고 금액은 10,160,000−101,600=10,058,400원이다.

오답분석

① 예금자보호는 1인당 최고 5천만 원으로 전액 예금자보호에 해당한다.

② 가입과 해지는 '스마트폰 또는 인터넷뱅킹(창구거래, 통장발행 불가)'을 이용해야 한다.

④ 40대가 38%, 30대가 34%로 가장 많은 사람들이 신청하였고, 1천만 원 이하 금액을 예금하는 사람들이 43%로 가장 높은 비율을 차지하고 있다.

18

정답 ④

신용카드별 김대리가 받을 수 있는 할인 혜택 금액은 각각 다음과 같다.

- A카드 : 외식 부문에서 할인을 적용받고, 페이 결제분에 대한 할인은 제외되므로 적용받는 할인 금액은 540,000−350,000=190,000원이다. 이때, 총결제액이 100만 원을 초과했으므로 할인율은 15%이다. 그러므로 할인 혜택 금액은 190,000×0.15=28,500원이지만, 할인한도가 28,000원이므로 총 28,000원을 할인받는다.
- B카드 : 쇼핑 부문에서 할인을 적용받고, N사 페이 결제에 대하여 5% 추가 할인이 적용된다. 이때, 총결제액이 100만 원을 초과했으므로 기본으로 적용되는 할인율은 15%이고, N사 페이 결제금액에 적용되는 할인율은 15+5=20%이다. 그러므로 할인 혜택 금액은 150,000×0.2+(290,000−150,000)×0.15=30,000+21,000=51,000원이지만, 할인한도가 25,000원이므로 총 25,000원을 할인받는다.
- C카드 : 공과금 부문에서 할인을 적용받는다. 이때, 총결제액이 100만 원을 초과했으므로 기본으로 적용되는 할인율은 15%이고 공과금을 자동이체로 설정하였으므로 3% 추가 할인이 적용되므로 할인율은 15+3=18%이다. 그러므로 할인 혜택 금액은 150,000×0.18=27,000원이다.
- D카드 : 총결제액의 3%를 할인받는다. 그러므로 할인 혜택 금액은 1,210,000×0.03=36,300원이지만, 할인한도가 30,000원이므로 총 30,000원을 할인받는다.

따라서 김대리가 신청할 신용카드로 가장 적절한 것은 할인 혜택 금액이 가장 큰 D카드이다.

19

정답 ④

예산이 가장 많이 드는 B사업과 E사업은 사업기간이 3년이므로 최소 1년은 겹쳐야 한다는 것을 기반으로 연도별 가용예산을 참고하여 다음과 같이 정리할 수 있다.

(단위 : 조 원)

구분	1년	2년	3년	4년	5년
	20조	24조	28.8조	34.5조	41.5조
A사업	−	1	4	−	−
B사업	−	15	18	21	−
C사업	−	−	−	−	15
D사업	15	8	−	−	−
E사업	−	−	6	12	24
실질사용예산 합계	15	24	28	33	39

따라서 연도별 가용예산에 맞는 D사업을 첫해에 시작한다.

20

정답 ③

- 적극적임 → 활동량이 많음 → 잘 다침
- 적극적임 → 활동량이 많음 → 면역력이 강화됨
- 활동량이 많지 않음 → 적극적이지 않음 → 영양제를 챙겨먹음

따라서 ③은 추론할 수 없다.

오답분석

① 첫 번째 명제와 두 번째 명제의 대우를 통해 추론할 수 있다.

② 첫 번째 명제와 세 번째 명제를 통해 추론할 수 있다.

④ 두 번째 명제와 첫 번째 명제의 대우 그리고 네 번째 명제를 통해 추론할 수 있다.

21

정답 ③

두 번째 조건에 의해 B는 6층에 입주해야 하고, 세 번째 조건에 의해 F−D−E 순으로 높은 층에 입주해야 한다.

A와 C는 1 ~ 3층에 거주해야 하므로 E는 3층부터, D는 4층부터 입주가 가능하다. 이를 정리하면 다음과 같다.

구분	1	2	3	4	5	6
A				×	×	×
B	×	×	×	×	×	○
C				×	×	×
D	×	×	×	○	×	×
E				×	×	×
F	×	×	×	×	○	×

따라서 A, C, E가 입주할 경우의 수는 3×2×1=6가지이다.

22

정답 ①

C, D, E의 진술이 연관되어 있고 2명만 진실을 말하고 있다고 하였으므로 C, D, E의 진술은 거짓이고 A, B의 진술이 참이다.

오답분석

②·③·④ 서로 진실을 말하고 있다는 C와 D의 진술은 동시에 참이 되거나 거짓이 되어야 한다.

23

정답 ④

진실을 말하는 사람이 1명뿐인데, 만약 E의 말이 거짓이라면 5명 중에 먹은 사과의 개수가 겹치는 사람은 없어야 한다. 그런데 먹은 사과의 개수가 겹치지 않고 5명이서 12개의 사과를 나누어 먹는 것은 불가능하다. 따라서 E의 말은 참이고, A, B, C, D의 말은 거짓이므로 이를 정리하면 다음과 같다.

- A보다 사과를 적게 먹은 사람이 있다.
- B는 사과를 3개 이상 먹었다.
- C는 D보다 사과를 많이 먹었고, B보다 사과를 적게 먹었다.
- 사과를 가장 많이 먹은 사람은 A가 아니다.
- E는 사과를 4개 먹었고, 먹은 사과의 개수가 같은 사람이 있다.

E가 먹은 개수를 제외한 나머지 사과의 개수는 모두 8개이고, D<C<B(3개 이상)이며, 이 중에서 A보다 사과를 적게 먹은 사람이 있어야 한다. 이를 모두 충족시키는 사과 개수는 A : 2개, B : 3개, C : 2개, D : 1개이다.

따라서 사과를 가장 많이 먹은 사람은 E, 가장 적게 먹은 사람은 D이다.

24

정답 ③

C업체 정보가 참일 경우 나머지 미국과 서부지역 설비를 다른 업체가 맡아야 한다. 이때, 두 번째 정보에서 B업체의 설비 구축지역은 거짓이 되고, 첫 번째 정보와 같이 A업체가 맡게 되면 4개의 설비를 구축해야 하므로 A업체의 설비 구축계획은 참이 된다. 따라서 '장대리'의 말은 참이 됨을 알 수 있다.

오답분석

- 이사원 : A업체 정보가 참일 경우에 A업체가 설비를 3개만 맡는다고 하면, B나 C업체가 5개의 설비를 맡아야 하므로 나머지 정보는 거짓이 된다. 하지만 A업체가 B업체와 같은 곳의 설비 4개를 맡는다고 할 때, B업체 정보는 참이 될 수 있어 옳지 않다.
- 김주임 : B업체 정보가 거짓일 경우에 만약 6개의 설비를 맡는다고 하면, A업체는 나머지 2개를 맡게 되므로 거짓이 될 수 있다. 또한 B업체 정보가 참일 경우 똑같은 곳의 설비 하나씩 4개를 A업체가 구축해야 하므로 참이 된다.

25

정답 ④

i) 창업을 할 경우

- 예상매출 : 3,500원×180개×25일×12개월
  =1억 8천 9백만 원(연 매출)
- 예상비용 : (이자비용)+(월세)+(매출원가)
  =1억 7천 4백만 원(연 비용)
  1) 이자비용 : 6천만 원×대출이율 0.05=300만 원
  2) 월세 : 1,200만 원×12개월=1억 4천 4백만 원
  3) 매출원가 : 500원×180개×25일×12개월
  =2,700만 원

∴ (예상매출)−(예상비용)
=1억 8천 9백만−1억 7천 4백만=1,500만 원

ii) 회사를 다닐 경우

∴ 연봉 3,600만+180만(∵ 저축 이자수익)=3,780만 원

따라서 기존 회사를 다니는 것이 연간 2,280만 원 더 이익이다.

26

정답 ②

부서별로 배치 가능한 인력들을 살펴보면 다음과 같다.

- 총무부의 경우, 경영 전공자인 갑, 기 중 인턴 경험이 있는 갑이 배치된다.
- 투자전략부의 경우, 재무분석이 가능한 병, 정, 기 중 석사 이상의 학위를 보유한 기가 배치된다.
- 대외협력부의 경우, 제2외국어가 가능한 갑, 정 중 총무부로 배치되어야 하는 갑을 제외한 정이 배치된다.
- 품질관리부의 요건을 부합하는 직원은 을뿐이므로 을이 배치된다.
- 나머지 인력인 병, 무 중, 인턴 경험이 있는 병은 인사부로 배치되며, 데이터분석이 가능한 무는 기술개발부로 배치된다.

이를 정리하면 다음과 같다.

신입사원	부서
갑	총무부
기	투자전략부
병	인사부
정	대외협력부
을	품질관리부
무	기술개발부

따라서 신입사원과 배치될 부서가 잘못 연결된 것은 ②이다.

27

정답 ④

다섯 번째 조건에 의해 나타날 수 있는 경우는 다음과 같다.

구분	1순위	2순위	3순위
경우 1	A	B	C
경우 2	B	A	C
경우 3	A	C	B
경우 4	B	C	A

- 두 번째 조건 : 경우 1+경우 3=11
- 세 번째 조건 : 경우 1+경우 2+경우 4=14
- 네 번째 조건 : 경우 4=6

따라서 C에 3순위를 부여한 사람의 수는 14−6=8명이다.

28

정답 ④

현재 아르바이트생의 월 급여는 평일+주말=(3×9×4×9,000)+(2×9×4×12,000)=1,836,000원이므로, 월급여는 정직원>아르바이트생>계약직원 순서이다. 따라서 전체인원을 줄일 수 없으므로 현 상황에서 인건비를 가장 많이 줄일 수 있는 방법은 아르바이트생을 계약직원으로 전환하는 것이다.

29

정답 ④

표준편차는 변량의 분산 정도를 표시하는 척도이다. 부가서비스별로 선호하는 비중은 남성의 경우 7 ~ 19% 사이에 위치하고, 여성의 경우 6 ~ 21%에 위치하고 있다. 평균이 약 11.1%(=100%÷9항목)인 것을 감안했을 때, 여성의 비중이 평균에 비해 더 멀리 떨어져 있으므로 표준편차의 값은 남성보다 여성이 더 큰 것을 알 수 있다.

오답분석

① 성별 비율이 각각 50%라면, 포인트 적립 항목의 경우 전체 비율이 $19\times0.5+21\times0.5=20\%$가 나와야 한다. 하지만 제시된 자료에서는 19.8%라고 하였으므로 P대리가 설명한 내용은 틀렸다. 올바르게 설명하려면 남성의 비율은 60%, 여성은 40%라고 언급해야 한다.

② 무응답한 비율은 전체 8.4%이므로 $1{,}000\times0.084=84$명이 맞다. 하지만 남녀 비율이 6 : 4이므로 남성은 $600\times0.1=60$명, 여성은 $400\times0.06=24$명이라고 언급해야 한다.

③ 남성이 두 번째로 선호하는 부가서비스는 무이자 할부(17%)이다.

30

정답 ③

원화를 기준으로 국가별 환율을 적용한 농구화 가격은 각각 다음과 같다.

- 미국 : 210달러×1,100원=231,000원
- 중국 : 1,300위안×160원=208,000원
- 일본 : 21,000엔×960원÷100=201,600원
- 프랑스 : 200유로×1,200원=240,000원

따라서 일본에서 농구화를 구입하는 것이 가장 저렴하다.

31

정답 ①

철수는 이번 달 ○○체크카드의 할인 혜택을 받지 않은 상태이며, 전월 실적은 32만 원이기 때문에 최대 1만 원까지 할인 혜택을 받을 수 있다. 철수의 혜택 금액을 살펴보면 다음과 같다.

- 5,000원 금액의 액세서리 결제(카카오페이를 통해 모바일 앱 이용) → 1만 원 이상 결제 시 할인되므로 할인되지 않는다.
- 온라인으로 TOEIC 시험 응시료 결제 → 2천 원 할인
- 온라인으로 메가박스에서 영화 예매 → CGV일 때 할인되므로 할인되지 않는다.
- 20,000원 티셔츠 결제(네이버페이를 통해 모바일 앱 이용) → 1천 원 할인

따라서 철수는 ○○체크카드로 3,000원을 할인받을 수 있다.

32

정답 ④

월복리 적금상품의 연 이율이 2.4%이므로 월 이율은 $\frac{0.024}{12}=0.002=0.2\%$이다. 그러므로 연 이율 2.4%인 3년 만기 월복리 적금상품에 매월 초 100만 원씩 36개월간 납입할 때의 만기 시 원리합계에 대해 다음과 같은 식이 성립한다.

$$\frac{100\times1.002\times(1.002^{36}-1)}{1.002-1}$$

$$\rightarrow \frac{100\times1.002\times(1.075-1)}{0.002}=3{,}757.5\text{만 원}$$

3년 만기 단리 예금상품의 연 이율을 $r\%$라고 하면, 3,600만 원을 예치할 때 만기 시 원리합계에 대해 다음과 같은 식이 성립한다.

$$3{,}600(1+36\times\frac{r}{12})>3{,}757.5$$

$$\rightarrow 10{,}800r>157.5$$

$$\therefore r>\frac{157.5}{10{,}800}\fallingdotseq 0.0146$$

따라서 단리 예금상품의 연 이율은 약 1.5% 이상이어야 한다.

33

정답 ③

1) 단리 예금에 가입할 경우

이자는 원금에 대해서만 붙으므로 3년 후, $1{,}000\times0.1\times3=300$만 원이 되며, 원리합계는 $1{,}000+300=1{,}300$만 원이다.

2) 연복리 예금에 가입할 경우

원리합계는 $1{,}000\times(1.1)^3=1{,}000\times1.331=1{,}331$만 원이다.

따라서 두 가지 경우의 원리합계의 합은 $1{,}300+1{,}331=2{,}631$만 원이다.

34

정답 ①

현찰을 팔 때의 환율은 (매매기준율)−(환전수수료)이고, 송금을 할 때의 환율은 (매매기준율)+(환전수수료)이다.

이를 적용하여 계산하면 다음과 같다.

1) 12월 31일 K은행에서 현찰을 팔 때

- 매매기준율 : 1월 2일의 매매기준율은 전일 대비 6.5원/달러 증가했으므로 12월 31일의 매매기준율은 1,222.5−6.5=1,216.0원/달러이다.
- 환전수수료 : 1,216.0−1,106.0=110원이고, A씨의 경우 50% 할인을 받으므로 110×0.5=55원/달러가 적용된다.

그러므로 1,216.0−55=1,161.0원/달러의 판매 환율이 적용되어 A씨는 1,000×1,161.0=1,161,000원을 받았다.

2) 1월 2일 K은행에서 송금할 때

- 매매준율 : 1,222.50원/달러
- 환전수수료 : 매매기준율과 송금 환율이 동일하므로 환전수수료는 0원이다.

그러므로 A씨가 1,000달러를 보낼 때는 1,222원/달러(∵ 소수점 이하에서 버림)의 송금 환율이 적용되어 1,000×1,222=1,222,000원의 금액이 필요하다.

따라서 1)과 2)에 따라 A씨가 지인에게 송금할 때 추가로 필요한 금액은 1,222,000−1,161,000=61,000원이다.

35

정답 ②

A씨가 원화로 환전했다고 했으므로 현찰을 팔 때의 환율로 계산해야 한다. 엔화 환율 차이로 얻은 수익은 다음과 같다.

$(1,004.02-998)\times800,000\times\frac{1}{100}=6.02\times8,000=48,160$원

미국 USD 달러도 똑같은 수익이 났다고 했으므로, 2주 전 현찰을 살 때의 환율(x)에 대해 다음과 같은 식이 성립한다.

$(1,110.90-x)\times7,000=48,160$

$\rightarrow 1,110.90-x=6.88$

$\therefore\ x=1,104.02$원/달러

따라서 2주 전 미국 USD 환율은 1,104.02원/달러이다.

36

정답 ④

2023년 K시 전체 회계 예산액에서 특별회계 예산액의 비중은 $\frac{325,007}{1,410,393}\times100\fallingdotseq23.0\%$이므로 25% 미만이다.

오답분석

① 두 도시의 전체 회계 예산액은 매년 증가하고 있으므로 L시의 전체 회계 예산액이 증가한 시기에는 K시의 전체 회계 예산액도 증가했다.

② 연도별 K시 일반회계 예산액의 1.5배는 각각 다음과 같다.
- 2020년 : 984,446×1.5=1,476,669백만 원
- 2021년 : 1,094,510×1.5=1,641,765백만 원
- 2022년 : 1,134,229×1.5=1,701,343.5백만 원
- 2023년 : 1,085,386×1.5=1,628,079백만 원
- 2024년 : 1,222,957×1.5=1,834,435.5백만 원

따라서 L시의 일반회계 예산액은 항상 K시의 일반회계 예산액보다 1.5배 이상 더 많다.

③ 2022년 L시 특별회계 예산액 대비 K시 특별회계 예산액의 비중은 $\frac{264,336}{486,577}\times100\fallingdotseq54.3\%$이므로 50% 이상이다.

37

정답 ②

O은행의 5~6등급, P은행의 3~4등급, 5~6등급, 7~8등급, R은행의 7~8등급, 9~10등급, T은행의 모든 등급, U은행의 5~6등급, 7~8등급은 전 등급보다 기준금리가 낮다.

또한, O은행의 7~8등급, Q은행의 5~6등급, 9~10등급, R은행의 3~4등급은 전 등급과 기준금리가 같다.

따라서 등급이 하락할수록 모든 금리가 증가하는 것은 아니다.

오답분석

① Q은행의 3~4등급과 5~6등급 기준금리는 2.07%로 동일하다.

③ U은행이 5.9%로 가장 높은 가산금리인데 이것의 절반은 약 3%이다. P은행은 2.25%로 이보다 작다.

④ O은행이 대출금리 기준 3.44%로 가장 저렴하다.

38

정답 ③

국가유공자 손자는 할인 해당이 안 된다. 따라서 5,400(공인인증서)+80×5(전화승인서비스 5건)=5,800원으로 가장 많은 수수료를 지불한다.

오답분석

① 창구송금 100만 원 이하 금액이 3,000원이다. 여기서 50% 할인이 되므로 1,500원의 수수료를 지불한다.

② 월 정액형 SMS통지서비스 800원과 5만 원 이하 K은행 ATM에서 현금 인출 시 250원에 18세 미만 50% 할인을 적용하여 125원이므로 총 800+125=925원의 수수료를 지불한다.

④ 창구송금 타행 간 가운데 10만 원 이하는 건당 600원으로 두 번 타 은행으로 송금했으므로 총 600+600=1,200원의 수수료를 지불한다.

39

정답 ②

임대보증금 전환은 연 1회 가능하므로 다음 해에 전환할 수 있다. 1년 동안 A대학생이 내는 월 임대료는 500,000×12=6,000,000원이고, 이 금액에서 최대 56%까지 보증금으로 전환이 가능하므로 6,000,000×0.56=3,360,000원을 보증금으로 전환할 수 있다. 보증금에 전환이율 6.72%를 적용하여 환산한 환산보증금은 3,360,000÷0.0672=50,000,000원이 된다.

따라서 월세를 최대로 낮췄을 때의 월세는 500,000×(1−0.56)=220,000원이며, 보증금은 환산보증금 5천만 원을 추가한 8천만 원이다.

40

정답 ④

A~Q은행 중 1~3등급의 금리가 가장 높은 은행은 M은행이며, M은행은 4등급(6.03%), 7~10등급(12.57%)의 금리도 가장 높다.

오답분석

① 7~10등급의 경우 E은행보다 G은행이 더 금리가 낮음을 알 수 있다.

② E은행과 H은행의 4등급 금리는 4.53%, 4.60%이다.

③ 5등급의 금리가 6.3% 이상인 은행의 수는 6개이며, 6등급의 금리가 7.3% 이상인 은행의 수는 7개이다.

제2영역 직무심화지식

01	02	03	04	05	06	07	08	09	10
②	③	①	①	③	④	②	②	③	②
11	12	13	14	15	16	17	18	19	20
②	③	④	④	③	④	②	③	③	③
21	22	23	24	25	26	27	28	29	30
④	①	④	④	④	③	③	④	④	①
31	32	33	34	35	36	37	38	39	40
③	②	③	②	②	②	④	④	④	④

01

정답 ②

적금가입 기간이 24개월이므로 기본금리는 1.3%이다. 여기에 3개월 전부터 급여통장 당행 계좌를 이용 중이고, 스마트뱅킹으로 적금에 가입하였으므로 우대금리(0.2+0.1=0.3%p)를 가산하면 적용금리는 1.6%가 된다.
따라서 해당 고객이 만기해지 시 받을 수 있는 이자는 $200,000\times0.016\times\frac{1}{12}\times\frac{24\times25}{2}=80,000$원이다.

단리식 적금의 만기 시 이자 수령액
(월 납입액)×(연이율)× $\frac{1}{12}\times\frac{n(n+1)}{2}$ (n : 가입 기간)

02

정답 ③

계약기간 1년 동안 이자는 총 두 번 지급된다.

- 6개월 후 지급 이자 : $100,000\times0.1\times\frac{6}{12}=5,000$원
- 1년 후 지급 이자 : $105,000\times0.1\times\frac{6}{12}=5,250$원

따라서 만기 시 A고객이 받을 이자금액은 총 5,000+5,250=10,250원이다.

03

정답 ①

적금상품별 만기환급금을 계산하면 다음과 같다.

구분	기본금리	만기환급금
KS적금	연 2% (연 복리)	$25\times\frac{(1.02)^{\frac{25}{12}}-(1.02)^{\frac{1}{12}}}{(1.02)^{\frac{1}{12}}-1}$ $=25\times\frac{1.04-1.001}{0.001}=975$만 원
PR적금	연 2% (단리)	$16\times30+16\times\frac{30\times31}{2}\times\frac{0.02}{12}$ $=480+12.4=492.4$만 원
AD적금	연 4% (단리)	$30\times12+30\times\frac{12\times13}{2}\times\frac{0.04}{12}$ $=360+7.8=367.8$만 원
LU적금	연 3% (연 복리)	$22\times\frac{(1.03)^{\frac{25}{12}}-(1.03)^{\frac{1}{12}}}{(1.03)^{\frac{1}{12}}-1}$ $=22\times\frac{1.06-1.002}{0.002}=638$만 원

따라서 A주임이 가입할 적금상품은 KS적금이다.

04

정답 ①

A주임은 PR적금의 K은행 주택청약저축 보유로 우대금리 연 0.5%p를 적용받으며, AD적금의 T보험사의 화재보험 가입 및 매월 화재보험료 15만 원 납부로 우대금리 연 1.0%p를 적용받는다. 우대금리를 고려하여 PR적금과 AD적금의 만기환급금을 구하면 다음과 같다.

구분	적용금리	만기환급금
KS적금	연 2% (연 복리)	$25\times\frac{(1.02)^{\frac{25}{12}}-(1.02)^{\frac{1}{12}}}{(1.02)^{\frac{1}{12}}-1}$ $=25\times\frac{1.04-1.001}{0.001}=975$만 원
PR적금	연 2.5% (단리)	$16\times30+16\times\frac{30\times31}{2}\times\frac{0.025}{12}$ $=480+15.5=495.5$만 원
AD적금	연 5% (단리)	$30\times12+30\times\frac{12\times13}{2}\times\frac{0.05}{12}$ $=360+9.75=369.75$만 원
LU적금	연 3% (연 복리)	$22\times\frac{(1.03)^{\frac{25}{12}}-(1.03)^{\frac{1}{12}}}{(1.03)^{\frac{1}{12}}-1}$ $=22\times\frac{1.06-1.002}{0.002}=638$만 원

PR적금과 AD적금의 우대금리를 적용받아도 KS적금의 만기환급금이 가장 크다. 따라서 A주임이 가입할 적금상품은 KS적금이다.

05

정답 ③

산정산식에 따른 금융기관별 특별기여금은 각각 다음과 같다.

- A종합금융회사 : 42.9×1/1,000억 원
- B신용협동조합 : 79.5×5/10,000=39.75×1/1,000억 원
- C상호저축은행 : 51.2×1/1,000억 원
- D신용협동조합 : 89.4×5/10,000=44.7×1/1,000억 원

따라서 연간 특별기여금이 가장 많은 곳은 C상호저축은행이다.

06

정답 ④

예치기간이 12개월이므로 KB Star 정기예금의 최종 적용금리와 KB 국민Up 정기예금 적용금리의 차이는 3.68−2.42=1.26%p이다.

오답분석

① 예치기간이 3개월이므로 KB Star 정기예금의 최종 적용금리와 KB 국민Up 정기예금 적용금리의 차이는 3.51−1.85=1.66%p이다.
② 예치기간이 6개월이므로 KB Star 정기예금의 최종 적용금리와 KB 국민Up 정기예금 적용금리의 차이는 3.65−2.10=1.55%p이다.
③ 예치기간이 9개월이므로 KB Star 정기예금의 최종 적용금리와 KB 국민Up 정기예금 적용금리의 차이는 3.65−2.30=1.35%p이다.

07

정답 ②

직장인 A씨가 K은행 베스트 적금상품 3종에서 우대금리까지 고려하여 가입 시 적용되는 금리는 다음과 같다.

구분	적용되는 우대금리	최종 적용금리
K직장인 월복리적금	• 급여이체 여성 연계상품 : 0.3%p • 당행 적립식 펀드 1개 이상 가입 : 0.2%p	1.8+0.3+0.2 =2.3%
e금리우대 적금	• 급여이체 여성 연계상품 : 0.1%p • 당행 신용 또는 체크카드 사용 중 : 0.1%p • 당행 적립식 펀드 1개 이상 가입 : 0.2%p	2.2+0.1+0.1 +0.2=2.6%
K쏠쏠적금	• 급여이체 여성 연계상품 : 0.1%p • K쏠쏠 신용카드 실적 월 30만 원 이상 50만 원 미만 : 0.1%p	1.8+0.1+0.1 =2.0%

e금리우대적금과 K쏠쏠적금은 같은 연복리적금이고, 가입기간과 금액이 같으므로 최종 적용금리가 더 높은 e금리우대적금의 이자와 K직장인 월복리적금의 이자금액만 비교해 보면 다음과 같다.

구분	이자금액
K직장인 월복리 적금	$300,000\times\frac{\left(1+\frac{0.023}{12}\right)\left\{\left(1+\frac{0.023}{12}\right)^{24}-1\right\}}{\frac{0.023}{12}}-300,000\times24$ $=300,000\times\frac{1.0019\times0.047}{0.0019}-7,200,000$ $\fallingdotseq 300,000\times24.78-7,200,000=234,000$원
e금리우대 적금	$300,000\times\frac{(1+0.026)^{\frac{1}{12}}\left\{(1+0.026)^{\frac{24}{12}}-1\right\}}{(1+0.026)^{\frac{1}{12}}-1}-300,000\times24$ $=300,000\times\frac{1.002\times(1.05-1)}{0.002}-7,200,000$ $=300,000\times25.05-7,200,000=315,000$원

따라서 e금리우대적금이 315,000원으로 가장 많은 이자를 받을 수 있다.

08

정답 ②

담보가 되는 건물의 전용면적 1/2 이상이 주거용이면 KB주택담보대출 상품으로 대출이 가능하다.

오답분석

① 담보물이 주택이면 현재 거주 중이든 새로 구입하는 주택이든 관계없이 대출이 가능하다.
③ 주택의 가격뿐 아니라 소득 역시 대출한도에 영향을 미친다. 대출한도는 담보가격, 소득금액, 담보물건지 지역에 따라 결정된다.
④ 대출실행일로부터 3년이 경과한 후에는 중도상환수수료가 부과되지 않는다.

09

정답 ③

KB국민은행 계좌가 결제계좌로 지정된 카드실적에 기반한 우대금리는 KB국민카드사의 신용카드를 이용하는 경우에만 해당된다. 체크카드는 해당이 없다.

오답분석

① KB스타뱅킹 이용자에게 최대 연 0.3%의 우대금리가 적용된다.
② KB국민은행 계좌에 설정된 자동이체가 3건 이상인 경우 연 0.1%의 우대금리가 적용된다.
④ 월 30만 원 이상 납입되는 적립식예금 계좌가 있을 경우 연 0.1%의 우대금리가 적용된다.

10

정답 ②

기준금리 4.11%에 가산금리 0.94%를 더해 연 5.05%의 기본금리를 적용받는다. 각각의 금리우대조건을 따져보면 다음과 같다. 신용카드 이용실적 조건을 만족하여 0.3% 우대, 자동이체 실적 조건은 3건을 채우지 못하여 미충족, 급여이체 조건 미충족, 예금 관련 실적 미충족, 대출을 KB스타뱅킹으로 신청했으므로 KB스타뱅킹 이용우대 0.1%, 부동산 전자계약 우대 0.2%이다. 그러므로 총 0.6%의 금리 우대를 받아 A씨의 대출금리는 연 4.45%이다.

- 2년간 지불한 이자 : 5억 원×4.45%×2년=44,500,000원
- 중도상환수수료 : 2억 원×1.2%×28년÷30년=2,240,000원

따라서 2년 동안 A씨가 지불한 이자와 중도상환수수료의 합은 46,740,000원이다.

11

정답 ②

오답분석

① 월간 최고한도는 5,000만 원이다.
③ 매월 세 번째 일요일 00:00 ~ 06:00에는 체크카드 이용이 제한될 수 있다.
④ 외국인의 경우 보증금 3만 원이 필요하다.

12

정답 ③

K은행 체크카드 후불교통 이용대금 출금일은 15일+3영업일, 말일+3영업일이다. 9월 16일부터 말일(30일)까지 사용한 이용대금은 개천절인 공휴일을 제외하여 10월 4일에 출금되며, 10월 1일부터 10월 15일까지 사용한 이용대금은 10월 18일에 출금된다.

13

정답 ④

거래우대금리를 적용받기 위해서는 실적인정기준에 부합하여야 한다. 실적인정기준은 신규 가입월 이후 3개월이 되는 해당 월의 말일까지 1회 이상 이체하면 조건에 부합하므로, 그다음 달부터 3개월까지 유지하지 못하면 우대금리를 적용받지 못한다는 설명은 적절하지 않다.

14

정답 ④

A고객의 적용금리는 2.0(기본금리)+0.4(실적인정기준 두 가지 이상 충족 시 거래우대금리)+0.3(5백만 원 이상 시 평균잔액 우대금리)=2.7%이다.

따라서 A고객에게 안내할 이자금액은 5,000,000×0.027=135,000원이다.

15

정답 ③

- 총경과기간별 차등률 : 6÷12=0.5 → 40%
- 중도해지금리 : 0.02×0.4×100=0.8%

따라서 A고객이 받은 인출금액은 총 3,000,000×(1+0.008)=3,024,000원이다.

16

정답 ④

가입기간이 24개월이기 때문에 '폰 적금'은 제외된다. 또한 현재 군 복무 중이 아니기 때문에 '나라지킴이 적금'도 될 수 없다. '우리 아이 정기예금'의 경우 처음 예치할 때 1,000만 원 이상부터 가능하지만 통장에 500만 원 정도가 있다고 했으므로 불가능하다. 따라서 K은행 계열사 카드 전월 실적 30만 원 이상과 은행신규고객에 속하며, 통장에 300만 원 이상 보유한 조건을 갖춰 우대금리를 적용받을 수 있고, 가입기간을 24개월로 할 수 있는 '우리 집 만들기 예금'을 추천하는 것이 가장 적절하다.

17

정답 ②

단리 적금의 경우, 가입기간 개월 수 n과 연 이자율 r을 이자 계산 공식인 (월 납입액)$\times\frac{n\times(n+1)}{2}\times\frac{r}{12}$에 대입하여 구한다.

즉, 이자는 $400,000\times\frac{36\times37}{2}\times\frac{0.022}{12}=488,400$원이고, 적금 원금은 400,000×36=14,400,000원이다.

따라서 만기환급금은 14,400,000+488,400=14,888,400원이다.

18

정답 ③

(1,142−1,109)×300=9,900원

19

정답 ③

T사원이 일본 현지에서 사용한 돈은 JPY 66,000이므로, 2023년 9월 7일에 JPY 66,000을 환전하는 데 들어간 원화는 1,093×66,000÷100=721,380원이다.

2024년 3월 8일에 JPY 34,000을 원화로 바꾸면 991×34,000÷100=336,940원이고, 이를 CNY로 송금하면 336,940÷164=2,054.5⋯≒CNY 2,054이다.

20

정답 ③

고객 A는 최대 한도금액인 1천만 원을 대출하였고, 전화로 신청하여 비대면 가산금리가 적용되며, 우대금리는 모두 적용받아 최대 연 1%p이다. 그러므로 고객 A의 금리는 다음과 같다.

기준금리(A)		가산금리(B)	기본금리(C=A+B)	우대금리(D)	최저금리(C−D)
3개월 KORIBOR	연 1.4%	연 2.6%	연 4%	연 1%p	연 3%

따라서 가입기간은 2년이므로 만기 시 대출이자는 $10,000,000\times0.03\times\frac{24}{12}=600,000$원이다.

21

정답 ④

1년이 되던 날 대출을 상환하기 때문에 중도상환해약금이 발생한다. 따라서 1년 이내 상환 시 중도상환해약금은 (중도상환금액)×0.7%×[(만기까지 남아있는 기간)÷(대출기간)]이므로

$10,000,000\times0.007\times\frac{12}{24}=35,000$원이다.

22

정답 ①

행복예금, 차곡적금, 가득예금의 이자는 각각 다음과 같다.

- 행복예금 이자 : $1,200,000(1+0.06)^1-1,200,000=72,000$원
- 차곡적금 이자

$$: 100,000\times\frac{\left(1+\frac{0.06}{12}\right)\left\{\left(1+\frac{0.06}{12}\right)^{12}-1\right\}}{\frac{0.06}{12}}-100,000\times12$$

$=100,000\times12.4-1,200,000=40,000$원

- 가득예금 이자 : $1,200,000\times0.03=36,000$원

따라서 세 가지 상품을 수익이 높은 순으로 나열하면 '행복예금 – 차곡적금 – 가득예금'이다.

23

정답 ④

가입기간이 12개월 이상일 경우 적용되는 기본금리는 1.50%로 6개월 이상의 1.45%보다 높지만, 상품의 가입기간은 6개월부터 24개월까지이므로 24개월을 초과하여 계약할 수 없다.

오답분석

① 만 19 ~ 34세의 청년고객을 대상으로 한 상품이므로 창업을 계획 중이더라도 연령이 높은 중장년층에게는 적합하지 않다.
② 매월 1 ~ 50만 원 이내의 자유적립 상품이므로 월초에 10만 원을 입금하였더라도 한 달 내 40만 원 이하의 금액을 추가로 입금할 수 있다.
③ 월복리상품은 매월 입금하는 금액마다 입금일부터 만기일 전까지의 기간에 대하여 월별로 이자를 원금에 가산하여 이자를 정산한다.

24

정답 ④

먼저 해당 고객의 경우 24개월의 기간으로 상품에 가입하였으므로 기본금리는 12개월 이상의 1.5%가 적용된다. 다음으로 보유하고 있는 개인사업자계좌의 잔액은 변동 없이 500만 원을 유지하고 있으므로 개인사업자계좌 실적의 우대조건을 만족하고, 상품에 가입할 때 개인정보 수집 및 이용에 있어 전체 동의하였으므로 마케팅 동의의 우대조건도 만족한다. 그러나 인터넷뱅킹이나 앱 등의 비대면 채널에서의 이체 실적이 없으므로 비대면 채널 이체 실적의 우대조건은 만족하지 않는다. 한편, 농업계고 졸업자가 졸업증명서를 제출할 경우 추가 우대금리 2.0%p가 제공되므로 해당 고객은 기본금리 1.5%에 1.0+0.2+2.0=3.2%p의 우대금리를 적용받을 수 있다. 따라서 고객이 적용받을 수 있는 총금리는 1.5+3.2=4.7%이다.

- 기본금리 : 1.5%
- 우대금리 : 1.0(개인사업자계좌 실적)+0.2(마케팅 동의)+2.0(농업계고 졸업자)=3.2%p
- 총금리 : 1.5+3.2=4.7%

25

정답 ④

고객 B가 가입기간 동안 납입한 적립 원금과 만기 시 수령하는 이자액은 각각 다음과 같다.

- 원금 : $150,000\times36=5,400,000$원
- 이자액 : $150,000\times\frac{36\times37}{2}\times\frac{0.02}{12}=166,500$원

따라서 행원 A가 고객 B에게 안내할 금액은 5,400,000+166,500=5,566,500원이다.

26

정답 ③

- A : 교사는 재직기간에 관계없이 대출자격이 주어지고 재직기간이 1년 미만이므로 최대 5천만 원까지 대출이 가능하다. 또한 최종금리는 적용 기준금리 CD 91물인 3.69%에 가산금리 2.36%를 합산하고 우대금리 0.1+0.1=0.2%p를 감한 3.69+2.36−0.2=5.85%이다.
- B : 무직은 KB 직장인든든 신용대출의 자격이 주어지지 않는다.
- C : 재직기간이 1년 미만이므로 최대 5천만 원까지 대출이 가능하다. 또한 최종금리는 적용 기준금리 CD 91물인 3.69%에 가산금리 2.36%를 합산하고 우대금리 0.2+0.3+0.1=0.6%p를 감한 3.69+2.36−0.6=5.45%이다.
- D : 재직기간이 1년 이상이므로 최대 3억 원까지 대출이 가능하다. 또한 최종금리는 적용 기준금리 금융채 12개월인 3.88%에 가산금리 2.29%를 합산하고 우대금리 0.3+0.3+0.1+0.1=0.8%p를 감한 3.88+2.29−0.8=5.37%이다.

따라서 A ~ D의 대출한도와 최종금리를 바르게 짝지은 것은 ③이다.

27

정답 ③

- 환급이자 : $100,000\times\left(\frac{26\times27}{2}\right)\times\left(\frac{0.02}{12}\right)=58,500$원
- 원금 : $100,000\times26=2,600,000$원

따라서 A가 만기 시 받을 환급금액은 2,658,500원이다.

28

정답 ④

A가 적용받는 우대사항은 '장기거래'와 '첫 거래', '주택청약종합저축'이다.

- A는 총 12회를 자동이체를 통해 납입하였는데, 이는 20개월의 2/3 이상인 14회에 미달되므로, '자동이체 저축' 우대이율은 적용받지 못한다.
- 우대사항에 '인터넷뱅킹 거래'에 대한 우대사항은 없기 때문에 우대이율을 적용하지 않는다.
- 2018년부터 5년 이상 거래하였으므로 '장기거래' 우대이율을 적용받는다.

- 2023년 1월에 가입한 K적금상품은 2024년 10월 5일 이전에 만기이므로 '첫 거래' 우대이율을 적용받는다.
- 2024년 12월 31일 이전에 주택청약종합저축에 가입하였으므로 '주택청약종합저축' 우대이율을 적용받는다.

그러므로 적용금리는 기본금리 연 1.8%p에 우대금리 연 0.6%p를 더한 연 2.4%이다.

- 환급이자 : $100,000\times\left(\frac{20\times21}{2}\right)\times\left(\frac{0.024}{12}\right)=42,000$원
- 원금 : $100,000\times20=2,000,000$원

따라서 A가 받을 적용금리는 2.4%, 만기환급금액은 2,042,000원이다.

29

정답 ④

A적금과 B적금의 만기환급금은 각각 다음과 같다.

- A적금 : $30\times\frac{(1.025)^{\frac{25}{12}}-(1.025)^{\frac{1}{12}}}{(1.025)^{\frac{1}{12}}-1}=30\times\frac{1.05-1.002}{0.002}$
  $=720$만 원
- B적금 : $30\times24+30\times\frac{24\times25}{2}\times\frac{0.04}{12}=750$만 원

따라서 만기 시 받을 수 있는 만기환급금은 A적금 720만 원, B적금 750만 원이다.

30

정답 ①

A씨가 예금할 만기환급금은 B적금의 750만 원이며, C예금과 D예금의 만기환급금은 각각 다음과 같다.

- C예금 : $750+750\times0.03\times5=862.5$만 원
- D예금 : $750\times(1+0.02)^5=828$만 원

따라서 C예금과 D예금의 만기 시 받는 금액의 차이는 $862.5-828=34.5$만 원이다.

31

정답 ③

에지 컴퓨팅(Edge Computing)은 분산 컴퓨팅 모델에 적합하다.

오답분석

① 데이터를 중앙으로 보내지 않고 데이터가 생긴 곳 또는 근거리에서 처리하기 때문에 데이터 처리 시간이 단축되고, 인터넷 대역폭 사용량이 감소한다.

② 데이터를 실시간으로 빠르게 대응하는 점 등을 이용하여 자율주행자동차 등에 사용된다.

④ 클라우드 환경의 일부로 보기 때문에 클라우드렛, 중앙이 아닌 주변에서 처리되기 때문에 포그 컴퓨팅이라고도 불린다.

32

정답 ②

로킹 단위(Locking Granularity)는 잠금(Locking) 연산의 대상으로, 전체 데이터베이스로부터 데이터베이스를 구성하는 최소 단위 속성(필드)까지 다양하다. 로킹의 단위가 작을수록 구현이 복잡(로킹 오버헤드가 증가)한 반면, 강력한 동시성(병행성, 공유도 증가)이 이루어진다.

33

정답 ③

- 인트라넷 : 기업 내부의 정보망을 인터넷에 흡수하여 경영의 합리화와 효율성 증대를 추구한다.
- 엑스트라넷 : 인트라넷의 적용 범위를 확대해서 기업 대 기업을 대상으로 하는 정보 시스템이다.
- VPN(가상 사설망) : 인터넷과 같은 공중망을 마치 전용선으로 사설망을 구축한 것처럼 사용하는 방식이다.

34

정답 ②

카드 결제 시스템에 특수 장치를 설치하여 불법으로 카드 정보를 복사하는 방식은 스키밍(Skimming)이다. 폼재킹은 사용자의 결제 정보 양식을 중간에서 납치한다는 의미의 합성어로, 해커들이 온라인 쇼핑몰 등의 웹 사이트를 악성코드로 미리 감염시키고, 구매자가 물건을 구입할 때 신용카드 등의 금융정보를 입력하면 이를 탈취하는 것이다.

35

정답 ②

분산 컴퓨팅이란 여러 대의 컴퓨터를 연결하여 상호 협력하게 함으로써 컴퓨터의 성능과 효율을 높이는 것을 말한다. 데이터의 증가에 따라 이를 저장하고 처리하기 위해 컴퓨터 용량이 지속적으로 확대되어야 한다. 시스템의 확장성과 가용성을 제공하는 기술인 분산 컴퓨팅 기술의 기본적인 목적은 성능확대와 높은 가용성으로, 빅데이터 활용을 지원하기 위한 가장 중요한 기반 기술이다. 또한 컴퓨터의 성능을 확대시키기 위한 방식에는 수직적 성능확대와 수평적 성능확대가 있다.

36

정답 ②

㉠ 블록체인이란 다수의 거래 데이터를 묶어 블록을 구성하고, 여러 블록들을 체인처럼 연결한 뒤, 모든 참여자가 복사하여 분산 저장하는 알고리즘을 말한다. 기존의 금융거래가 은행 등 중간 매개자의 존재를 필요로 했다면, 블록체인 기술은 정보를 모든 참여자가 나누어 저장하므로 중앙 관리자가 필요하지 않다.

㉢ 다수의 참여자들이 동일한 데이터를 분산하여 저장하는 방식이므로, 모든 네트워크가 동시에 공격받지 않는 한 해킹으로부터 안전하다. 그리고 블록체인에 참여하는 전 세계 모든 네트워크를 일시에 공격하는 것은 매우 큰 전력과 연산처리능력이 필요하므로 사실상 불가능한 일이다.

오답분석

㉡ 블록에 저장된 거래내역은 모든 참여자가 열람할 수 있도록 설계되어 있다. 또한 누락된 정보 등을 검사하기 위해 모든 사용자가 소지하는 거래내역을 비교하고, 오류가 발견되면 정상적인 거래내역을 복제하여 대체하는 방식이다. 이를테면, 블록체인 기술을 이용하는 대표적인 암호화폐인 비트코인은 10분에 한 번씩 블록을 구성하고 거래내역을 검사한다.

㉣ 블록에 기록되는 거래내역은 해시함수(다양한 데이터를 고정된 길이의 데이터로 변환하는 함수)에 의해 암호화되어 저장된다. 만일 해커가 해당 내역을 변조하려고 한다면, 해시값이 변경되어 곧바로 변조 여부를 파악할 수 있다.

㉤ 기존의 거래방식인 서버 – 클라이언트 구조에서는 서버로 데이터가 집중되기 때문에 서버가 의사결정권한을 가지는 형태였다. 블록체인은 중앙 관리자가 존재하지 않으므로 의사결정에 있어서도 모든 사용자가 참여한다. 특정 거래의 진위여부, 유효성 등을 판별함에 있어 '작업증명'이라는 방식이 사용되기도 한다. 작업증명이란, 특정한 일련의 연산을 계속 반복함으로서 해당 작업에 참여했음을 증명하는 방식이다. 참여자는 이 대가로 암호화폐를 받게 되고, 이것을 '채굴'이라고 한다.

37

정답 ④

EVRC(Enhanced Variable Rate Codec)는 음성의 정보량에 따라 가변적으로 음성 정보를 부호화하는 방식이다. 따라서 클라우드 서버 내에 고객 정보, 문서 등이 유출되지 않도록 막는 클라우드 보안과는 거리가 멀다.

오답분석

① CASB(Cloud Access Security Broker) : 기업이 이용하는 클라우드 및 애플리케이션에 대해 가시화, 데이터 보호 및 거버넌스를 실현하는 서비스

② CWPP(Cloud Workload Protection Platform) : 클라우드 서버 워크로드 중심의 보안 방어를 위해 특별히 설계된 제품

③ CSPM(Cloud Security Posture Management) : 클라우드 서비스의 구성 위험 평가 및 관리

38

정답 ④

마이데이터(Mydata)산업은 일명 신용정보관리업으로, 금융데이터의 주인을 금융회사가 아니라 개인으로 정의해, 각종 기관과 기업에 산재하는 신용정보 등 개인정보를 직접 관리하고 활용할 수 있는 서비스이다. 데이터 3법(개인정보보호법 · 신용정보법 · 정보통신망법) 개정으로 2020년 8월부터 사업자들이 개인의 동의를 받아 금융정보를 통합관리해주는 마이데이터산업이 가능해졌다.

39

정답 ④

문제 속 '개발 언어에 대한 개발자들의 이해도와 활용도가 높아야 한다'는 기준은 친밀성에 해당한다.

개발 언어의 선정 기준

- 적정성 : 개발하려는 소프트웨어의 목적에 적합해야 함
- 효율성 : 코드의 작성 및 구현이 효율적이어야 함
- 이식성 : 다양한 시스템 및 환경에 적용이 가능해야 함
- 친밀성 : 개발 언어에 대한 개발자들의 이해도와 활용도가 높아야 함

40

정답 ④

㉠ 제로 트러스트 모델(Zero Trust Model)이란 '아무도 신뢰하지 않는다.'는 뜻으로 내 · 외부를 막론하고 적절한 인증 절차 없이는 그 누구도 신뢰하지 않는다는 원칙을 적용한 보안 모델이다.

㉢ 기업 내부에서 IT 인프라 시스템에 대한 접근 권한이 있는 내부인에 의해 보안 사고가 발생함에 따라 만들어진 IT 보안 모델이다.

㉣ MFA(Multi–Factor Authentication)란 사용자 다중 인증으로, 패스워드 강화 및 추가적인 인증 절차를 통해 접근 권한을 부여하는 것이다. IAM(Identity and Access Management)은 식별과 접근 관리를 말하는 것으로, ID와 패스워드를 종합적으로 관리해 주는 역할 기반의 사용자 계정 관리 솔루션이다.

오답분석

㉡ 네트워크 설계의 방향은 내부에서 외부로 설정한다.

제3영역 상식

01	02	03	04	05	06	07	08	09	10
①	②	④	②	①	④	④	③	④	③
11	12	13	14	15	16	17	18	19	20
②	③	③	④	③	③	②	③	①	④

01
정답 ①

피딩족(FEEDing族)은 경제적(Financial)으로 여유가 있고, 육아를 즐기며(Enjoy), 활동적(Energetic)이고, 헌신적(Devoted)인 장년층 이상을 가리키는 용어이다. 손자와 손녀를 위해 서슴없이 비싼 선물을 사주는 경제력 있는 노년층을 뜻하기도 한다.

오답분석

② 노노족(No老族) : 나이는 노년층이지만 건강을 유지하며 젊은 이들처럼 왕성하게 활동을 하는 사람들을 가리키는 용어. 의학의 발전, 평균수명의 연장, 건강에 대한 사회적 관심의 증가 등으로 인한 노노족의 증가는 이들을 겨냥한 실버산업의 호재로 이어진다.

③ 코쿤족(Cocoon族) : 외부 세계로 나가기보다는 자신만의 안락한 공간에서 자신의 생활을 즐기려는 사람들을 가리키는 용어

④ 슬로비족(Slobbie族) : 'Slower but Better working people', 즉 천천히 그러나 훌륭하게 일하는 사람들을 가리키는 용어. 급변하는 현대 생활의 속도를 조금 늦춰 여유롭게 살아가려는 사람들로, 물질보다는 마음을, 출세보다는 자녀를 중시하는 경향이 있다.

02
정답 ②

다보스포럼의 정확한 명칭은 세계경제포럼(WEF: World Economic Forum)이다. 본부는 스위스 제네바에 있다. 1971년 비영리재단으로 창설되어 '유럽인 경영 심포지엄'으로 출발했으나, 1973년에 전 세계로 넓혀져 정치인으로까지 참여가 확대됐다. 독립된 비영리단체로 세계 각국의 정상과 장관, 재계 및 금융계 최고경영자들이 모여 각종 정보를 교환하고, 세계경제 발전 방안 등에 대해 논의한다.

03
정답 ④

프로토콜 경제(Protocol Economy)는 블록체인 기술을 핵심으로 탈중앙화·탈독점화를 통해 여러 경제주체를 연결하는 새로운 형태의 경제 모델이다. 플랫폼 경제가 정보를 가진 플랫폼(중개업자)이 주도하는 경제라면, 프로토콜 경제는 블록에 분산된 데이터 기술을 체인 형태로 연결해 수많은 컴퓨터에 복제·저장해 여러 상품을 빠르고 안전하게 연결한다. 즉, 경제 참여자들이 일정 규칙(프로토콜)을 통해 공정하게 참여 가능한 체제이다.

04
정답 ②

국제금융시장을 이동하는 단기자금을 핫머니(Hot Money)라고 한다. 각국의 단기금리 차이와 환율 차이에 의한 투기적 이익을 목적으로 하는 것과 국내통화 불안을 피하기 위한 자본도피 등 2가지가 있다.

05
정답 ①

유동성 함정이란 가계나 기업 등의 경제 주체들이 돈을 시장에 내놓지 않는 상황, 즉 시장에 현금이 많은데도 기업의 생산, 투자와 가계의 소비가 늘지 않아 경기가 나아지지 않고 마치 경제가 함정(Trap)에 빠진 것처럼 보이는 상황을 의미한다.

06
정답 ④

변동환율제도에서는 중앙은행이 외환시장에 개입하여 환율을 유지할 필요가 없고, 외환시장의 수급 상황이 국내 통화량에 영향을 미치지 않으므로 독자적인 통화정책의 운용이 가능하다.

07
정답 ④

공리주의 관점에서 가장 바람직한 소득분배상태는 사회구성원 전체의 효용의 곱이 아닌 합이 최대가 되는 것이다.

08
정답 ③

오답분석

① 코커스(Caucus) : 미국의 공화·민주 양당이 대통령 후보를 지명하는 전당대회에 보낼 각 주(州) 대의원을 뽑는 일종의 지구당 대회이다.

② 아그레망(Agrement) : 파견국이 특명전권대사 등의 외교사절단의 장을 파견하기 위해 사전에 얻어야 하는 접수국의 동의를 뜻한다.

④ 서브프라임 모기지(Subprime Mortgage) : 우리말로는 '비우량주택담보대출'이라고 하며, 신용등급이 낮은 저소득층을 대상으로 주택자금을 빌려주는 미국의 주택담보대출상품을 말한다.

09
정답 ④

광공업 생산지수는 경기동행지수에 속하는 변수이다.

10
정답 ③

레임덕(Lame Duck)이란 현직에 있던 대통령의 임기 만료를 앞두고 나타나는 일종의 권력누수 현상이다. 즉, 대통령의 권위나 명령이 제대로 시행되지 않거나 먹혀들지 않아서 국정 수행에 차질이 생기는 현상을 말한다. 절름발이 오리라는 뜻이며, 레임덕(Lame Duck)이란 표현이 처음 등장한 곳은 18세기 영국 런던이었다. 이 당시 레임덕은 주식 투자 실패로 파산한 증권 투자자를 가리키는

말로 쓰였다. 레임덕을 증권시장이 아니라 정치 용어로 쓰기 시작한 것은 미국 남북전쟁 무렵이었다.

오답분석

① 소진 증후군(Burn-out Syndrome) 현상에 대한 설명이다.
② 필리버스터(Filibuster) 현상에 대한 설명이다.
④ 게리맨더링(Gerrymandering) 현상에 대한 설명이다.

11

정답 ②

배당평가모형은 영속적인 미래의 배당 흐름을 요구수익률로 할인하여 현재 가치로 나타낸 모형이다.

12

정답 ③

오답분석

① 투자가치가 증대되는 효과를 낸다.
② 가중치가 동일하지 않기 때문에 두 연평균수익률 모두 시간가중수익률이라고 한다.
④ 해당 투자안의 현재가치를 '0'으로 만드는 할인율이다.

13

정답 ③

화폐의 가장 본원적인 기능은 재화 간의 교환을 활성화시키는 교환매개의 기능이다. 이외에도 구매력을 이전시키는 가치저장의 기능과 재화 간의 가격단위를 통일시켜 거래를 원활하게 하는 회계단위의 기능이 있다.

14

정답 ④

통화승수(m)란 중앙은행이 늘려 공급한 본원통화와 은행의 예금창조 과정을 거쳐 궁극적으로 증가한 통화량 사이의 비율을 나타낸다. 민간에서는 현금을 모두 예금하고 은행은 법정지급준비율만큼 지급준비금을 보유한다고 가정한다면, 통화승수는 법정지급준비율의 역수가 된다. 따라서 중앙은행이 지급준비율을 낮추면 본원통화량의 변화가 없어도 통화승수 상승으로 인해 시중 통화량이 증가한다.

15

정답 ③

㉠ 사전적으로 '4'를 뜻하는 쿼드(Quad)는 미국, 인도, 호주, 일본 등의 4개국이 2007년에 시작한 4자 안보 대화(Quadrilateral Security Dialogue)를 가리킨다. 영문 첫 글자를 따서 'QSD'라고 표현하기도 한다.
㉡ 쿼드는 2004년 동남아시아 쓰나미 발생 이후 복구·원조를 논의하기 위해 미국, 인도, 호주, 일본이 결성한 쓰나미 코어 그룹에서 비롯되었다.
㉢ 2017년 미국 트럼프 정부가 인도–태평양 지역 내에서 중국의 영향력을 억제하기 위해 인도–태평양 전략을 본격적으로 추진하면서 쿼드가 재결성된 것은 쿼드에 참여하는 4개국 모두 중국의 세력 확장으로 인해 군사적·경제적으로 큰 위기의식을 느꼈기 때문인 것으로 분석된다.

오답분석

㉣ 비공식 안보회의체였던 쿼드는 2020년 군사적 다자 안보 동맹으로 공식화되었으며, 2021년부터 국가 정상회담으로 격상되었다.

16

정답 ③

총수요의 구성요인으로서 투자에는 새로운 생산설비와 건축물에 대한 지출, 상품재고의 증가, 신축주택의 구입 등이 포함되지만 기업의 부동산 매입은 GDP 증가에 기여하지 않으므로 포함되지 않는다.

17

정답 ②

물가상승이 통제를 벗어난 상태에서 수백퍼센트의 인플레이션율을 기록하는 상황을 말하는 경제용어는 하이퍼인플레이션이다. 하이퍼인플레이션이 일어나는 시기는 대부분 전쟁이나 혁명 등 사회가 크게 혼란한 상황 또는 정부가 재정을 지나치게 방만하게 운용해 통화량을 대규모로 공급할 때 등이다.

인플레이션의 종류

- 하이퍼인플레이션 : 인플레이션의 범위를 초과하여 경제학적 통제를 벗어난 인플레이션으로, 최근 짐바브웨의 사례가 해당
- 스태그플레이션 : 경기침체기에서의 인플레이션으로, 저성장 고물가의 상태
- 애그플레이션 : 농산물 상품의 가격 급등으로 일반 물가도 덩달아 상승하는 현상
- 디노미네이션 : 화폐 가치에 대한 변동 없이 화폐 액면단위를 낮추는 것
- 보틀넥인플레이션 : 생산요소(노동·토지·자본)의 일부가 부족하여, 생산의 증가속도가 수요의 증가속도를 따르지 못해 발생하는 물가상승
- 디맨드풀인플레이션 : 초과수요로 인하여 일어나는 인플레이션
- 디스인플레이션 : 인플레이션을 극복하기 위해 통화증발을 억제하고 재정·금융긴축을 주축으로 하는 경제조정정책

18

정답 ③

이자비용

현금유출액	(1,000)	기 초	4,000
기 말	6,000	당기분	3,000
	7,000원		7,000원

	자본금유입	10,000
+	주식발행초과금유입	10,000
−	차입금유출	5,000
−	이자비용유출 (현금유출액)	1,000
=	재무활동으로 인한 현금유입분	14,000원

19

정답 ①

기회비용이란 하나의 재화를 선택했을 때, 그로 인해 포기한 다른 재화의 가치를 말한다. 자동차를 구입할 돈이 부족한 경우에는 자동차를 선택할 수가 없는 상황이므로 구입 포기한 자동차는 기회비용이라고 할 수 없다.

20

정답 ④

시 · 도지사는 투표권자 총수의 10%, 시장 · 군수 · 구청장은 투표권자 총수의 15%, 지방의원은 20% 이상이 연대 서명해야 한다.

KB국민은행 필기전형

제2회 모의고사 정답 및 해설

제 1 영역 직업기초능력

01	02	03	04	05	06	07	08	09	10
④	③	②	③	④	③	④	①	②	④
11	12	13	14	15	16	17	18	19	20
④	②	③	④	③	④	③	②	④	①
21	22	23	24	25	26	27	28	29	30
④	④	③	④	②	③	④	①	②	④
31	32	33	34	35	36	37	38	39	40
②	②	①	④	②	④	④	②	②	②

01 정답 ④

최초고객은 0.4%p, 기존 거래고객은 0.2%p의 우대금리를 제공받는다.

오답분석

① 자동재예치를 신청하면 최장 10년까지 1년 단위로 자동연장 가능하다.
② 상조 서비스는 최대 48만 원 할인 혜택이 제공된다.
③ 자녀가 부모 명의로 가입하면 0.15%p 우대금리를 제공한다.

02 정답 ③

민원처리기간은 접수일로부터 7일 내로 하고, 처리기간 내에 민원서류를 처리하기 곤란한 경우에는 1회에 한해서 처리기간을 연장할 수 있다. 이 경우 민원인에게 처리지연 사유와 처리예정 기간을 통보해야 한다.

오답분석

① 민원은 당해 민원사무 처리가 종결되기 전에 철회할 수 있다.
② 2회 이상 처리결과를 통지한 후에는 더 이상 답변을 생략하고 내부적으로 종결할 수 있다.
④ 민원접수 사실 통지 → 민원 사실 조사 및 검토 → 민원 회신 순서로 절차가 진행된다.

03 정답 ②

훈련시간은 훈련 실시 신고 변경 불가사항에 해당하므로 변경예정일과 관계없이 승인 요청이나 신고를 통한 변경이 불가능하다.

오답분석

① 변경예정일 4일 전까지 변경 승인을 요청할 수 있다.
③ 변경예정일 전일까지 변경 신고를 할 수 있다.
④ 변경예정일 전일까지 변경 승인을 요청할 수 있다.

04 정답 ③

제5조 제1항에 제시되어 있다.

오답분석

① 인지세는 본인과 은행이 50%씩 부담한다.
② 원금의 일부 또는 전액상환 시 은행에 직접 납입해야 한다.
④ 이자를 기일에 상환하지 아니한 때에는 납입해야 할 금액에 대하여 즉시 지연배상금(연체이자)을 납입해야 한다.

05 정답 ④

'결제 비밀번호'란 서비스 부정사용 및 부정 접근을 방지하기 위하여 사용되는 회원 인증 암호로 '서비스' 이용을 위하여 '가입 고객'이 별도로 설정한 서비스 비밀번호(숫자 6자리)를 말한다는 제2조 제7항을 통해 결제 비밀번호는 숫자 6자리로 구성된다는 것을 알 수 있다.

06 정답 ③

국제학생증 체크카드는 수령 후 카드사용 등록을 해야 서비스 이용이 가능하다.

07 정답 ④

소셜 커머스 시장이 빠르게 성장하고 있고 이전과는 다른 형태의 시장이라고는 나와 있지만, 그렇다고 다른 상거래 시장을 붕괴시켰다는 내용은 제시문에 나타나 있지 않다.

오답분석

① 마지막 문단에서 확인할 수 있다.
②·③ 첫 번째 문단에서 확인할 수 있다.

08

정답 ①

제시문에 언급되어 있는 수출가격을 구하는 계산식을 통해 확인할 수 있다. 환율이 1,000원/$일 때 국내 시장에서 가격이 1만 원인 국산품의 수출가격이 $10라면, 환율이 상승한 2,000원/$일 경우, 수출가격은 $5가 된다.

오답분석

② 제시문에 제시되어 있는 수입가격을 구하는 계산식을 통해 확인 할 수 있다. 환율이 1,000원/$일 때 국제 시장에서 가격이 $100인 수입품의 수입가격이 100,000원이라면, 환율이 900원/$일 때 90,000원이 된다.
③ 수입 증가는 환율 상승의 원인으로 볼 수 있다.
④ 외국인들의 한국 여행은 환율 하락의 원인으로 작용한다.

09

정답 ②

제시된 문단은 신탁 원리의 탄생 배경인 12세기 영국의 상황에 대해 이야기하고 있다. 따라서 (가) 신탁 제도의 형성과 위탁자, 수익자, 수탁자의 관계 등장 – (다) 불안정한 지위의 수익자 – (나) 적극적인 권리 행사가 허용되지 않는 연금 제도에 기반한 신탁 원리 – (라) 연금 운용 권리를 현저히 약화시키는 신탁 원리와 그 대신 부여된 수탁자 책임의 문제점 순으로 나열되어야 한다.

10

정답 ④

네 번째 문단에 따르면 공장식 축산의 문제를 개선하기 위한 동물 복지 운동은 1960년대 영국을 중심으로 시작되었으며, 한국에서도 2012년부터 '동물 복지 축산농장 인증제'를 시행하고 있다고 하였다. 즉, 동물 복지 축산농장 인증제는 영국이 아닌 한국에서 시행하고 있는 제도이다.

11

정답 ④

제시문에서는 에너지와 엔지니어 분야에 관련된 다양한 사례들을 언급하고 있으며, 이외에 다른 분야에 관한 사례는 설명하지 않고 있다. 따라서 사보 담당자가 할 피드백으로 ④는 적절하지 않다.

12

정답 ②

원자력 발전소에서 설비에 이상신호가 발생하면 스스로 위험을 판단하고 작동을 멈추는 등 에너지 설비 운영 부문에는 이미 다양한 4차 산업혁명 기술이 사용되고 있다.

13

정답 ③

- (가) : 빈칸 앞 문장은 어려워질 경제 상황이 특정인들에게는 새로운 기회가 될 수도 있다는 내용, 뒤 문장은 특정인에게만 유리한 상황이 비효율적이라는 부정적인 내용이 위치하고 있다. 따라서 ㉡이 가장 적절하다.
- (나) : 빈칸이 위치한 문단은 집단 차원에서의 다양성 확보의 중요성을 주장하고, 그 근거로 반대 경우의 피해 사례를 제시하고 있으므로 ㉠이 가장 적절하다.
- (다) : 빈칸이 위치한 문단은 유전자 다양성 확보 시의 단점에 대한 내용이므로, '그럼에도 불구하고 다양성 확보가 중요한 이유'로 글을 마무리하는 ㉢이 가장 적절하다.

14

정답 ④

(가)는 한(恨)이 체념적 정서의 부정적 측면과 '밝음'이나 '간절한 소망'과 연결된 긍정적인 측면을 내포하고 있음을 설명하고 있으나, 부정적인 측면을 지양할 것을 강조하고 있지는 않다.

15

정답 ③

C의 위원 임기는 2026년 4월 20일까지이고 부총재로 선임되면 3년의 임기를 더 가지므로 C의 임기는 2029년 4월 20일까지이다.

오답분석

① A가 한 번 더 연임한다면 A는 최대 8년의 임기를 유지할 수 있으므로 2028년 3월 31일까지이다.
② B가 일반위원으로 이미 연임했다면 B의 임기는 2026년 4월 20일까지이다.
④ F가 연임하지 않는다면 F는 부총재로서 3년의 임기를 가지므로 2026년 8월 20일까지이다.

16

정답 ④

오답분석

① 송금 가능 시간은 03:00 ~ 23:00이다.
② 05:00은 영업시간 외로 건당 미화 5만 불 상당액 이하만 송금이 가능하다.
③ 외국인 또는 비거주자 급여 송금은 연간 5만 불 상당액 이하만 가능하다.

17

정답 ③

해외취업연수 프로그램의 참여기준에 따르면 대학교 이하의 최종학교 휴학생은 프로그램 참여가 불가능하므로 ③은 적절하지 않다.

18

정답 ②

경제성장 부분에 따르면 선진국에서는 유가하락 등으로 인해 인플레이션이 하락했다는 것을 알 수 있다. 신흥국에서는 통화가치 절하로 인해 인플레이션이 상승하였으므로, 반대로 인플레이션이 하락한 선진국의 경우 통화가치가 절상되었음을 알 수 있다.

오답분석

① 물가안정 부분에 따르면 2025년 이후 물가안정목표는 2.0%로 종전과 같은 수준이므로 적절하지 않은 설명이다.

③ 경제성장 부분에 따르면 중국 성장세 둔화가 성장경로상 하방요인으로 작용한다고 설명되어 있으므로 적절하지 않은 설명이다.

④ 경제성장 부분에 따르면 설비투자는 증가 전환될 것이나, 건설투자는 계속 부진할 것으로 예상되므로 적절하지 않은 설명이다.

19

정답 ④

건물별 항목마다 적용되는 환산 점수 합은 각각 다음과 같다.

(단위 : 점)

구분	A건물	B건물	C건물	D건물
층수	3×10 =30	2×10 =20	1×10 =10	2×10 =20
면적 (건물+ 주차장)	40×1×3 +5×3 =120+15	50×1×2 +10×3 =100+30	90×1×1 +15×3 =90+45	55×1×2 +20×3 =110+60
거리	10 (6km)	10 (10km)	20 (4km)	10 (8km)
시설	–	–	–	−10 (엘리베이터 없음)
임대료	300÷100 ×(−10) =−30	500÷100 ×(−10) =−50	400÷100 ×(−10) =−40	400÷100 ×(−10) =−40

- A건물 : 30+(120+15)+10+(−30)=145점
- B건물 : 20+(100+30)+10+(−50)=110점
- C건물 : 10+(90+45)+20+(−40)=125점
- D건물 : 20+(110+60)+10+(−10)+(−40)=150점

따라서 K은행은 점수가 가장 높은 D건물로 사무실을 이전할 것이다.

20

정답 ①

2층 이상의 건물이어야 하므로 1층인 C건물은 제외되고, 엘리베이터가 없는 D건물도 조건에 맞지 않아 K은행은 A, B건물 중에 계약해야 한다. 두 건물은 마트와의 거리도 모두 10km 이하이므로 환산 점수 합을 비교하면 다음과 같다.

- A건물 : 30+(120+15)+10+(−30)=145점
- B건물 : 20+(100+30)+10+(−50)=110점

따라서 A건물이 145점으로 B건물의 110점보다 높으므로 K은행은 A건물로 사무실을 이전할 것이다.

21

정답 ④

통화 수수료를 제외한 수수료는 C은행이 3,500+7,000=10,500원으로 가장 비싼 것은 맞지만 통화 수수료를 고려하지 않은 금액이기 때문에 옳지 않다. C은행의 총수수료는 30,500원이다.

오답분석

① D은행과 F은행에서 창구에서 송금할 경우 최댓값이 나온다. D은행과 F은행 모두 3만 원의 송금 수수료, 6천원의 전신료, 2만 원의 통화 수수료를 합치면 56,000원이 나온다.

② 두 개 은행 모두 면제로 가장 저렴하다.

③ 통화 수수료를 고려하지 않을 때 다른 은행의 송금 수수료는 2 ~ 3만 원이며, C은행이 1.5만으로 가장 저렴하다. 전신료는 차이가 최대 1,000원이므로 C은행이 가장 저렴하다.

22

정답 ④

각 은행의 카드를 사용하여 7,000달러를 창구 송금할 경우 은행별 총수수료는 각각 다음과 같다.

(단위 : 만 원)

구분	A은행	B은행	C은행	D은행	E은행	F은행
송금 수수료	2	2	1.5	3	1.5	1.5
전신료	0.7	0.7	0.7	0.6	0.7	0.6
통화 수수료	2	2	2	2	2	2
할인액	−0.60	–	−1	−0.12	−2	−0.4
총 수수료	4.1	4.7	3.2	5.48	2.2	3.7

따라서 D은행이 가장 비싸고 E은행이 가장 저렴하다.

23

정답 ③

A과장이 회의 장소까지 대중교통을 이용해 이동할 수 있는 경우는 각각 버스·지하철·택시만 이용하는 경우와, 버스－지하철을 이용하는 경우, 버스－택시를 이용하는 경우 총 5가지이다.

- 버스만 이용할 경우
  - 교통비 : 1,000원
  - 대기요금(5분) : 200×5=1,000원
  - ∴ 1,000+1,000=2,000원
- 택시만 이용할 경우
  - 교통비 : 2,000+400=2,400원
  - 대기요금(15분) : 200×15=3,000원
  - ∴ 2,400+3,000=5,400원
- 지하철만 이용할 경우
  - 교통비 : 1,000원
  - 대기요금(10분) : 200×10=2,000원
  - ∴ 1,000+2,000=3,000원
- 버스와 지하철을 환승하여 이동할 경우
  - 교통비 : 1,000원
  - 환승요금(2분) : 450×2=900원
  - 대기요금(4분) : 200×4=800원
  - ∴ 1,000+900+800=2,700원
- 버스와 택시를 환승하여 이동할 경우
  - 교통비 : 1,000+2,000=3,000원
  - 환승요금(2분) : 450×2=900원
  - 대기요금(5분) : 200×5=1,000원
  - ∴ 3,000+900+1,000=4,900원

따라서 버스와 택시를 환승하여 이동하는 경우가 두 번째로 많은 비용이 든다.

24

정답 ④

단 1명이 거짓말을 하고 있으므로 C와 D 중 1명은 반드시 거짓을 말하고 있다. 즉, C의 말이 거짓일 경우 D의 말은 참이 되며, D의 말이 참일 경우 C의 말은 거짓이 된다.

i) D의 말이 거짓일 경우 : C와 B의 진술에 따라 A와 D가 모두 1등이 되므로 모순이다.

ii) C의 말이 거짓일 경우 : A는 1등 당첨자가 되지 않으며, 나머지 진술에 따라 D가 1등 당첨자가 된다.

따라서 거짓을 말하는 사람은 C이며, 1등 당첨자는 D이다.

25

정답 ②

여섯 번째 조건에 의해 E는 1층에서 살고, C가 살 수 있는 층에 따른 A～D의 위치는 다음과 같다.

- C가 1층에 살 때
  첫 번째 조건에 의해 C와 E가 같은 층에 살 수 있으며, 다섯 번째 조건에 의해 D는 2층에 산다. 세 번째, 네 번째 조건에 의해 A는 4층에 살고, B는 3층 또는 5층에 산다. 이때, 빈 층은 홀수 번째 층이므로 두 번째 조건을 만족한다.
- C가 2층에 살 때
  다섯 번째 조건에 의해 D는 3층에 살고, 세 번째, 네 번째 조건에 의해 A는 4층에 산다. B는 두 번째 조건에 의해 5층에 살 수 없고, 첫 번째 조건에 의해 B는 1층 또는 3층에 산다.
- C가 3층에 살 때
  다섯 번째 조건에 의해 D는 4층에 살고, 세 번째, 네 번째 조건에 의해 A는 2층에 산다. B는 두 번째 조건에 의해 5층에 살 수 없고, 첫 번째 조건에 의해 B는 1층 또는 3층에 산다.
- C가 4층에 살 때
  일곱 번째 조건에 의해 D는 5층에 살 수 없으므로 불가능하다.

따라서 B가 5층에 산다면 C는 E와 같이 1층에 산다.

오답분석

① A가 2층에 산다면 B는 E와 같이 1층에 살 수 있다.
③ C가 2층에 산다면 B와 E는 같이 1층에 살 수 있다.
④ D가 4층에 산다면 B와 C는 같이 3층에 살 수 있다.

26

정답 ③

우선 이 문제는 일반 논리 문제들과 다르게 각 명제가 길다. 하지만 자세히 보면, 각 직원에 대한 명제들에서 모두 기존부서와 이동부서가 동일하다. 즉, 직원의 이름을 기준으로 하나의 명제로 보면 되는 것이지, 굳이 기존부서, 이동부서까지 나눌 필요가 없음을 알아차려야 한다.

따라서 각 직원이 '○부서에서 □부서로 이동하였다.'는 것을 '이동하였다.'라고 줄여서 생각하면 된다.

네 번째 정보에 따르면 C는 이동하며, 첫 번째 정보의 대우 명제에 따라 A는 이동하지 않는다.

그러면 세 번째 정보의 대우 명제에 따라 B도 이동하지 않는다.

여섯 번째 정보에 따라 E, G는 이동한다.

두 번째 정보의 경우, '□하는 경우에만 ○한다.'는 명제의 경우, '○ → □'으로 기호화할 수 있으므로 D는 이동하지 않음을 알 수 있다.

그리고 다섯 번째 정보에 따라 F는 이동한다.

따라서 이동하는 직원은 C, E, F, G이고, E는 기획재무본부가 아닌 도시재생본부로 이동한다.

27

정답 ④

다섯 번째와 여섯 번째 조건을 통해 실용성 영역과 효율성 영역에서는 모든 제품이 같은 등급을 받지 않았음을 알 수 있으므로 두 번째 조건에 나타난 영역은 내구성 영역이다.

구분	A제품	B제품	C제품	D제품	E제품
내구성	3	3	3	3	3
효율성			2	2	
실용성		3			

내구성과 효율성 영역에서 서로 다른 등급을 받은 C, D제품과 내구성 영역에서만 3등급을 받은 A제품, 1개의 영역에서만 2등급을 받은 E제품은 두 번째 조건에 나타난 제품에 해당하지 않으므로 결국 모든 영역에서 3등급을 받은 제품은 B제품임을 알 수 있다. 여섯 번째 조건에 따르면 효율성 영역에서 2등급을 받은 제품은 C, D제품뿐이므로 E제품은 실용성 영역에서 2등급을 받았음을 알 수 있다. 또한 A제품은 효율성 영역에서 2등급과 3등급을 받을 수 없으므로 1등급을 받았음을 알 수 있다.

구분	A제품	B제품	C제품	D제품	E제품
내구성	3	3	3	3	3
효율성	1	3	2	2	
실용성		3			2

이때, A와 C제품이 받은 등급의 총합은 서로 같으므로 결국 A와 C제품은 실용성 영역에서 각각 2등급과 1등급을 받았음을 알 수 있다.

구분	A제품	B제품	C제품	D제품	E제품
내구성	3	3	3	3	3
효율성	1	3	2	2	1 또는 3
실용성	2	3	1	1 또는 2	2
총합	6	9	6	6 또는 7	6 또는 8

따라서 D제품은 실용성 영역에서 1등급 또는 2등급을 받을 수 있으므로 참이 아닌 것은 ④이다.

28

정답 ①

i) ㉠의 경우

B, C의 진술이 모두 참이거나 거짓일 때 영업팀과 홍보팀이 같은 층에서 회의를 할 수 있다. 그러나 B, C의 진술은 동시에 참이 될 수 없으므로, A·B·C 진술 모두 거짓이 되어야 한다. 따라서 기획팀은 5층, 영업팀과 홍보팀은 3층에서 회의를 진행하고, E는 5층에서 회의를 하는 기획팀에 속하게 되므로 ㉠은 항상 참이 된다.

ii) ㉡의 경우

기획팀이 3층에서 회의를 한다면 A의 진술은 항상 참이 되어야 한다. 이 때 B와 C의 진술은 동시에 거짓이 될 수 없으므로, 둘 중 하나는 반드시 참이어야 한다. 또한 2명만 진실을 말하므로 D와 E의 진술은 거짓이 된다. 따라서 D와 E는 같은 팀이 될 수 없으므로 ㉡은 참이 될 수 없다.

iii) ㉢의 경우

1) 두 팀이 5층에서 회의를 하는 경우
: (A·B 거짓, C 참), (A·C 거짓, B 참)

2) 두 팀이 3층에서 회의를 하는 경우
: (A·B 참, C 거짓), (A·C 참, B 거짓), (A·B·C 거짓)

두 팀이 5층보다 3층에서 회의를 하는 경우가 더 많으므로 ㉢은 참이 될 수 없다.

따라서 반드시 참인 것은 ㉠이다.

29

정답 ②

마지막 11번째 자리는 체크기호로 난수이다. 따라서 ③은 신용산 지점에서 432번째 개설된 당좌예금이다.

30

정답 ④

게임 규칙과 결과를 토대로 경우의 수를 따져보면 다음과 같다.

라운드	벌칙 제외	총 퀴즈 개수
3	A	15
4	B	19
5	C	21
	D	
	C	22
	E	
	D	22
	E	

㉡ 총 22개의 퀴즈가 출제되었다면, E는 정답을 맞혀 벌칙에서 제외된 것이다.

㉢ 게임이 종료될 때까지 총 21개의 퀴즈가 출제되었다면 C, D가 벌칙에서 제외된 경우로 5라운드에서 E에게는 정답을 맞힐 기회가 주어지지 않았다. 따라서 퀴즈를 푸는 순서가 벌칙을 받을 사람 선정에 영향을 미친다.

오답분석

㉠ 5라운드까지 4명의 참가자가 벌칙에서 제외되었으므로 정답을 맞힌 퀴즈는 8개, 벌칙을 받을 사람은 5라운드까지 정답을 맞힌 퀴즈는 0개나 1개이므로 총 정답을 맞힌 퀴즈는 8개나 9개이다.

31

정답 ②

2년 만기, 연이율 0.3%인 연복리 예금상품에 1,200만 원을 예치할 때 만기 시 받는 금액은 $1,200\times(1.003)^2=1,207.2$만 원이고, 2년 만기, 연이율 3.6%인 월복리 적금상품에 매월 50만 원씩 납입할 때 만기 시 받는 금액은 다음과 같다.

$$\frac{50\times(1+\frac{0.036}{12})\times\left\{(1+\frac{0.036}{12})^{24}-1\right\}}{\frac{0.036}{12}}$$

$$=\frac{50\times1.003\times(1.003^{24}-1)}{0.003}$$

$$=\frac{50\times1.003\times(1.075-1)}{0.003}$$

≒1,253.7만원

따라서 받을 수 있는 금액의 차이는 $1,253.7-1,207.2=46.5$만 원이다.

32

정답 ②

파운드화를 유로화로 환전할 때 이중환전을 해야 하므로 파운드화에서 원화, 원화에서 유로화로 두 번 환전해야 한다.

- 파운드화를 원화로 환전 : $1,400\times1,500=2,100,000$원
- 원화를 유로화로 환전 : $2,100,000\div1,200=1,750$유로

따라서 A씨가 환전한 유로화는 1,750유로이다.

33

정답 ①

A씨의 월 급여는 $3,480\div12=290$만 원이다.

- 국민연금, 건강보험료, 고용보험료를 제외한 금액
  : $2,900,000-[2,900,000\times(0.045+0.0312+0.0065)]$
  $=2,900,000-(2,900,000\times0.0827)$
  $=2,900,000-239,830=2,660,170$원
- 장기요양보험료 : $(2,900,000\times0.0312)\times0.0738≒6,670$원
  (∵ 십 원 단위 미만 절사)
- 지방세 : $68,000\times0.1=6,800$원

따라서 A씨의 월 실수령액은 $2,660,170-(6,670+68,000+6,800)=2,578,700$원, 연 실수령액은 $2,578,700\times12=30,944,400$원이다.

34

정답 ④

(수수료금액)=(중도상환금액)×(요율)×(잔존기간)÷(대출기간)이고, 문제에서 A씨는 신용담보(가계)로 대출을 받았기 때문에 해당 요율은 0.7%가 된다.

중도상환금액은 3천만 원, 요율은 0.7%, 잔존기간은 3년, 대출기간은 4년을 제시된 식에 대입하면 수수료를 구할 수 있다.

따라서 A씨가 K은행에 내야 할 중도상환수수료는

$30,000,000\times0.007\times\frac{3}{4}=157,500$원이다.

35

정답 ②

- 오늘 전액을 송금할 경우 원화기준 숙박비용
  : $13,000\times2\times(1-0.1)\times1,120\div100=262,080$원
- 한 달 뒤 전액을 현찰로 지불할 경우 원화기준 숙박비용
  : $13,000\times2\times1,010\div100=262,600$원

따라서 오늘 전액을 송금하는 것이 520원 더 저렴하다.

36

정답 ④

i) 출금 : K은행 자동화기기 이용 · 영업시간 외 10만 원 이하 → 500원

ii) 이체 : K은행 자동화기기 이용 · 타행으로 송금 · 영업시간 외 10만 원 이하 → 800원

iii) 현금 입금 : K은행 자동화기기 이용 · 영업시간 외 타행카드 현금입금 → 1,000원

따라서 A씨가 지불해야 하는 총수수료는 2,300원이다.

37

정답 ④

X상품은 신용등급 5등급 이상(1 ~ 5등급)일 경우 대출 가능한 상품이다. 따라서 고객 D의 신용등급 또는 대출상품 정보가 잘못 입력되었을 것이다.

38

정답 ②

고객별 대출기간이 $\frac{1}{2}$이 지났을 때 날짜는 다음과 같다.

- A고객 : 2021년 8월부터 5년 대출이므로 2년 6개월 경과 후 날짜는 2024년 2월이다.
- B고객 : 2023년 5월부터 3년 대출이므로 1년 6개월 경과 후 날짜는 2024년 11월이다.
- C고객 : 2022년 12월부터 3년 대출이므로 1년 6개월 경과 후 날짜는 2024년 6월이다.
- D고객 : 2022년 4월부터 4년 대출이므로 2년 경과 후 날짜는 2024년 4월이다.

따라서 중도상환을 하지 않는 고객은 B고객이다.

39

정답 ②

X상품의 경우 중도상환수수료가 없으므로 A, D고객은 중도상환수수료가 없다.

Y상품의 경우 총 대출기간이 1년 미만이거나 남은 대출기간이 1년 미만일 경우 중도상환수수료를 면제받는다. B고객은 2026년 4월이 최종 대출상환월로 남은 기간이 1년 이상이고, C고객도 2025년 11월이 최종 대출상환월로 남은 기간이 1년 이상이므로 중도상환수수료를 내야 한다. B, C고객의 중도상환수수료를 계산하면 다음과 같다.

- B고객 : $7,000\times\frac{20}{36}\times0.158\fallingdotseq614$만 원
- C고객 : $3,000\times\frac{15}{36}\times0.158\fallingdotseq197$만 원

따라서 모든 고객의 중도상환수수료는 총 811만 원이다.

40

정답 ②

K은행 주요 고객이 뽑은 중요 항목 순위에 따른 상품별 평점과 김사원이 잘못 기록한 평점 순위는 다음과 같다.

- 중요 항목 순위에 따른 평점

구분	총점	상품 순위
A적금	(4×50+2×30+3×15+2×5)÷100 =3.15점	2
B적금	(2×50+4×30+2×15+3×5)÷100 =2.65점	4
C펀드	(5×50+3×30+1×15+2×5)÷100 =3.65점	1
D펀드	(3×50+3×30+4×15+2×5)÷100 =3.1점	3
E적금	(2×50+3×30+1×15+4×5)÷100 =2.25점	5

- 1순위와 3순위가 바뀐 항목 순위에 따른 평점

구분	총점	상품 순위
A적금	(3×50+2×30+4×15+2×5)÷100 =2.8점	2
B적금	(2×50+4×30+2×15+3×5)÷100 =2.65점	3
C펀드	(1×50+3×30+5×15+2×5)÷100 =2.25점	4
D펀드	(4×50+3×30+3×15+2×5)÷100 =3.45점	1
E적금	(1×50+3×30+2×15+4×5)÷100 =1.9점	5

따라서 주요 고객이 뽑은 중요 항목 순위에 따른 상품 순위보다 김사원이 잘못 기록한 순위에 따른 상품 순위에서 순위가 상승한 상품은 B적금과 D펀드이다.

제2영역 직무심화지식

01	02	03	04	05	06	07	08	09	10
③	④	①	②	②	④	②	④	④	④
11	12	13	14	15	16	17	18	19	20
④	①	②	①	②	②	③	①	④	③
21	22	23	24	25	26	27	28	29	30
①	③	④	④	③	③	②	④	①	④
31	32	33	34	35	36	37	38	39	40
③	②	②	②	④	①	②	③	③	④

01

정답 ③

해당 고객은 시골에서 농사를 짓고 있으며 관련된 보험을 알아보고 있다. 처음에는 기상이변으로 인한 피해를 보장하는 보험에 부정적인 반응이었지만, 농기계종합보험은 이미 가입되어 있으므로 기상이변에 대비할 수 있는 보험 중에서 농작물재배시설 피해를 보상받을 수 있는 보험에 가입하려고 한다. 따라서 풍수해 등으로 발생한 재산피해[주택, 온실(비닐하우스 포함), 상가・공장]에 따른 손해를 보상하기 위해 국가에서 시행하는 '풍수해보험'에 가입하는 것이 적절하다.

02

정답 ④

고객은 풍수해보험에 가입했고 월 보험료는 325,000원이다. 보험료는 정부에서 52 ~ 92%를 지원하고 있으므로 지원 범위 내에서 최대인 92%를 지원해 준다고 가정한다.

325,000×(1−0.92)=325,000×0.08=26,000원이므로, 고객이 지불해야 하는 보험료는 26,000원이다.

03

정답 ①

보험별 납입해야 하는 보험금을 계산하면 각각 다음과 같다.

- 풍수해보험 : 325,000×(1−0.92)
  =325,000×0.08
  =26,000원
- 농기계종합보험 : 123,600×(1−0.5−0.375)
  =123,600×0.125
  =15,450원

따라서 납입해야 하는 월 보험금은 총 26,000+15,450=41,450원이다.

04

정답 ②

금리가 1 ~ 3%대로 큰 차이를 보이지 않고 있기 때문에 원금이 많으면 만기환급금도 많을 가능성이 크다.

구분	예치금액	가입기간	원금	적용금리
A은행 적금	매월 초 200만 원	12개월	2,400만 원	연 3% (연 복리)
B은행 예금	3,000만 원	24개월	3,000만 원	연 1% (연 복리)
C은행 적금	매월 180만 원	15개월	2,700만 원	연 3% (단리)
D은행 예금	2,500만 원	30개월	2,500만 원	연 2% (연 복리)

우선 A은행 적금과 D은행 예금은 원금의 크기가 너무 작으므로, 원금이 비교적 큰 B은행 예금과 C은행 적금의 만기환급금을 계산하면 다음과 같다.

- B은행 예금

  : $3,000\times(1.01)^{\frac{24}{12}}=3,000\times(1.01)^2=3,000\times1.02$
  $=3,060$만 원
- C은행 적금

  : 단리 이자가 $180\times\frac{15\times16}{2}\times\frac{0.03}{12}=54$만 원이므로

  만기환급금은 $2,700+54=2,754$만 원이다.

따라서 K씨는 만기환급금이 3,060만 원으로 가장 큰 B은행 예금을 선택할 것이다.

05

정답 ②

금리가 변동되는 은행은 A, C, D은행이다.

K씨는 A은행 보유자산이 3억 원이고 A은행 카드사 전월 이용실적이 30만 원이다. 이에 따라 2.5%p가 가산되어야 하지만, 최대 2.3%p까지 가산되므로 3+2.3=5.3% 이자율이 적용된다.

C은행은 입출금계좌를 보유하고 있기 때문에 0.1%p 가산되어 적용되는 이자율은 3+0.1=3.1%이다.

D은행에 2억 원의 보유자산이 있기 때문에 2.0%p 가산되어 적용되는 이자율은 2+2=4%이다.

구분	예치금액	가입기간	원금	적용금리
A은행 적금	매월 초 200만 원	12개월	2,400만 원	연 5.3% (연 복리)
B은행 예금	3,000만 원	24개월	3,000만 원	연 1% (연 복리)
C은행 적금	매월 180만 원	15개월	2,700만 원	연 3.1% (단리)
D은행 예금	2,500만 원	30개월	2,500만 원	연 4% (연 복리)

B은행 예금의 경우 변동이 없기 때문에 만기환급금은 3,060만 원이다.

연 복리가 4 ~ 5%대로 오른 A은행 적금과 D은행 예금의 만기환급금을 계산하면 다음과 같다.

- A은행 적금

  : $200\times\frac{(1.053)^{\frac{13}{12}}-(1.053)^{\frac{1}{12}}}{(1.053)^{\frac{1}{12}}-1}=200\times\frac{1.058-1.004}{0.004}$
  $=200\times13.5=2,700$만 원
- D은행 예금

  : $2,500\times(1.04)^{\frac{30}{12}}=2,500\times1.1=2,750$만 원

따라서 금리가 변동되어도 B은행 예금의 만기환급금이 가장 크다.

06

정답 ④

확정기여형 퇴직연금유형은 근로자가 선택하는 운용 상품의 운용 결과에 따라 급여가 지급된다.

오답분석

① 확정급여형에서는 기업부담금이 산출기초율로 정해지며 이는 자산운용 수익률과 퇴직률 변경 시 변동되는 사항이다.

② 확정급여형은 직장이동 시 합산이 어렵기 때문에 직장이동이 잦은 근로자들은 확정기여형을 선호할 것이라고 유추할 수 있다.

③ 확정급여형과 확정기여형은 운영방법의 차이로 인해 퇴직연금 수준이 달라질 수 있다.

07

정답 ②

운용 현황에 관심이 많은 근로자는 확정기여형 퇴직연금유형에 적합하다.

08

정답 ④

- 우대금리 : ⓐ+ⓑ=0.7%p
- 만기 시 적용되는 금리 : 2.3+0.7=3.0%
- 만기 시 이자수령액(단리적용)

  : $100,000\times\frac{24\times25}{2}\times\frac{0.03}{12}=75,000$원
- 만기 시 원리금수령액

  : $100,000\times24+75,000=2,475,000$원

따라서 A행원이 B고객에게 안내할 만기 시 수령액은 2,475,000원이다.

09

정답 ④

(보증료)=(보증금액)×(보증료율)×(보증기간에 해당하는 일수)÷365이다. 그러므로 회사별 보증료는 각각 다음과 같다.

- A사 : 1.5억 원×0.122%×365÷365=18.3만 원
- B사 : 3억 원×0.244%×730÷365=146.4만 원
- C사 : 3억 원×0.908%×1,095÷365=817.2만 원
- D사 : 5억 원×0.488%×1,460÷365=976만 원

따라서 보증료를 가장 많이 내는 회사는 D사이다.

10

정답 ④

예금 가입기간이 6개월이므로 기본이자율은 연 0.1%(6개월)가 적용되고, 최대우대금리인 0.3%p가 가산된다.

따라서 만기 시 적용되는 금리는 0.1+0.3=0.4%이다. 단, 단리식으로 적용된다고 하였으므로 만기 시 이자는 $10{,}000{,}000\times 0.004\times\frac{6}{12}=20{,}000$원이다.

11

정답 ④

예금 가입기간이 20개월이므로 기본이자율은 연 1.30%(12개월 이상)가 적용된다. 그리고 우대금리 중 첫 번째와 세 번째 항목을 충족하였으므로 0.2%p가 가산된다. 그러므로 만기 시 적용되는 금리는 1.30+0.2=1.50%이다. 단, 단리식으로 적용된다고 하였으므로 만기 시 이자는 $1{,}000{,}000\times 0.015\times\frac{20}{12}=25{,}000$원이고, 이자금액에 대한 세금을 제외하고 나면 25,000×(1−0.154)=21,150원이다.

따라서 C고객이 만기에 받을 금액은 1,000,000+21,150=1,021,150원이다.

12

정답 ①

간부 A ~ D의 만기 시 월 이자 금액은 다음과 같다.

- A : 30×(0.031+0.03+0.002)/12=(1.89/12)만 원
- B : 50×0.031=(1.55/12)만 원
- C : 20×(0.031+0.002+0.002+0.002)/12=(0.74/12)만 원
- D : 40×(0.031+0.03+0.001+0.002+0.002)/12 =(2.64/12)만 원

따라서 월 이자 금액이 가장 적은 사람부터 순서대로 나열하면 C−B−A−D이다.

13

정답 ②

간부 A ~ D의 만기 시 원리합계는 각각 다음과 같다.

- A : 매월 30만 원씩 입금하였고 만기 시 연 이율이 6.3%이므로

$$\frac{30\times\left(1+\frac{0.063}{12}\right)\times\left\{\left(1+\frac{0.063}{12}\right)^{24}-1\right\}}{\left(1+\frac{0.063}{12}\right)-1}$$

$$=\frac{30\times(12+0.063)\times(1.133-1)}{0.063}\fallingdotseq 763.99\text{만 원}$$

- B : 매월 50만 원씩 입금하였고 만기 시 연 이율이 3.1%이므로

$$\frac{50\times\left(1+\frac{0.031}{12}\right)\times\left\{\left(1+\frac{0.031}{12}\right)^{24}-1\right\}}{\left(1+\frac{0.031}{12}\right)-1}$$

$$=\frac{50\times(12+0.031)\times(1.064-1)}{0.031}\fallingdotseq 1{,}241.91\text{만 원}$$

- C : 매월 20만 원씩 입금하였고 만기 시 연 이율이 3.7%이므로

$$\frac{20\times\left(1+\frac{0.037}{12}\right)\times\left\{\left(1+\frac{0.037}{12}\right)^{24}-1\right\}}{\left(1+\frac{0.037}{12}\right)-1}$$

$$=\frac{20\times(12+0.037)\times(1.077-1)}{0.037}\fallingdotseq 501\text{만 원}$$

- D : 매월 40만 원씩 입금하였고 만기 시 연 이율이 6.6%이므로

$$\frac{40\times\left(1+\frac{0.066}{12}\right)\times\left\{\left(1+\frac{0.066}{12}\right)^{24}-1\right\}}{\left(1+\frac{0.066}{12}\right)-1}$$

$$=\frac{40\times(12+0.066)\times(1.141-1)}{0.066}\fallingdotseq 1{,}031.09\text{만 원}$$

따라서 간부 A ~ D의 만기 원리합계 금액을 바르게 짝지은 것은 ②이다.

14

정답 ①

2024년 3월 대비 2024년 6월의 증감률을 구하면 다음과 같다.

(단위 : 십억 원)

구분	2024.03.	2024.06.	증감액	증감률(%)
중앙은행	157,861.0	162,721.4	4,860.4	$\frac{4{,}860.4}{157{,}861.0}\times 100\fallingdotseq 3.08$
예금은행	1,479,902.7	1,579,116.8	99,214.1	$\frac{99{,}214.1}{1{,}479{,}902.7}\times 100\fallingdotseq 6.70$
종합금융회사	54,633.0	49,693.8	−4,939.2	$\frac{-4{,}939.2}{54{,}633.0}\times 100\fallingdotseq -9.04$
자산운용회사	339,650.7	392,797.0	53,146.3	$\frac{53{,}146.3}{339{,}650.7}\times 100\fallingdotseq 15.65$
신탁회사	371,881.1	400,706.4	28,825.3	$\frac{28{,}825.3}{371{,}881.1}\times 100\fallingdotseq 7.75$
상호저축은행	47,673.4	52,780.8	5,107.4	$\frac{5{,}107.4}{47{,}673.4}\times 100\fallingdotseq 10.71$
신용협동조합	70,774.3	78,131.8	7,357.5	$\frac{7{,}357.5}{70{,}774.3}\times 100\fallingdotseq 10.40$
상호금융	318,432.4	335,992.7	17,560.3	$\frac{17{,}560.3}{318{,}432.4}\times 100\fallingdotseq 5.51$
새마을금고	130,616.3	140,305.4	9,689.1	$\frac{9{,}689.1}{130{,}616.3}\times 100\fallingdotseq 7.42$

우체국 예금	61,075.5	69,339.6	8,264.1	$\frac{8,264.1}{61,075.5} \times 100 ≒ 13.53$
생명보험회사	609,271.8	636,904.8	27,633.0	$\frac{27,633.0}{609,271.8} \times 100 ≒ 4.54$
기타	−169,730.7	−182,010.1	−12,279.4	$\frac{-12,279.4}{169,730.7} \times 100 ≒ -7.23$

따라서 증감액이 가장 높은 기관은 99,214.1십억 원인 '예금은행'이며, 증감률이 가장 높은 기관은 15.65%인 '자산운용회사'임을 알 수 있다.

15

정답 ②

- 지속적으로 감소하는 기관 : 종합금융회사, 기타
- 지속적으로 증가하는 기관 : 중앙은행, 예금은행, 상호저축은행, 신용협동조합, 상호금융, 새마을금고, 생명보험회사
- 감소－증가－증가 : 자산운용회사, 신탁회사, 우체국예금

16

정답 ②

(단위 : 만 원)

날짜	5월 1일	5월 2일	5월 3일	5월 4일	5월 5일
총비용	6,100	6,115	6,130	6,100	6,150
날짜	5월 6일	5월 7일	5월 8일	5월 9일	5월 10일
총비용	6,220	6,000	6,025	6,050	6,200
날짜	5월 11일	5월 12일	5월 13일	5월 14일	5월 15일
총비용	6,250	6,200	6,100	6,050	6,075

따라서 5월 7일에 가장 적은 비용으로 대금과 수송비를 해결할 수 있다.

17

정답 ③

A씨의 평가 점수를 구해보면, 고객으로 등록한 2007년 3월부터 17년 2개월이 지났으므로 5×17=85점, 입출식 예금 평균잔액이 152만 원이므로 7×15=105점, 적립식 예금이 200만 원이므로 1×20=20점, 최근 3개월 연속 급여가 이체되었고 급여액 평균이 300만 원이 넘으므로 200점, 신용카드 자동이체는 1개당 40점이지만 최대 50점이므로 신용카드 2개 자동이체는 50점, 고객 정보 중 6개를 등록했으므로 2×6=12점, 지난달 $500를 환전했으므로 2×5=10점이다. 가계대출은 최근 3개월에 포함되지 않으므로 제외한다.

따라서 평가점수는 85+105+20+200+50+12+10=482점이고, 금융자산은 152+200=352만 원이므로, A씨는 실버 등급에 해당한다.

18

정답 ①

A씨의 등급은 실버이므로(**17**번 해설 참조) 최대 2천만 원의 무보증 대출과 송금 수수료 면제, 신용카드 연회비 면제, 환율 우대 50%를 혜택으로 받을 수 있다.

19

정답 ④

채권에 투자하는 금액을 x억 원이라고 하면, 예금에 투자하는 금액은 $(100-x)$억 원이다.

- 예금 이익 : $(100-x)\times 0.1=(10-0.1x)$원
- 채권 이익 : $0.14x$원

이때 예금과 채권 이익의 합은 $10-0.1x+0.14x=10+0.04x$이다. 세금으로 20%를 낸 후의 이익은 10억 원이므로 다음과 같은 식이 성립한다.

$(10+0.04x)\times 0.8=10$

$\rightarrow 0.032x=2$

$\therefore\ x=62.5$

따라서 채권에 투자해야 하는 금액은 62억 5천만 원이다.

20

정답 ③

각 금융기관의 연간보험료 산정산식에 따라 보험료를 계산하면 다음과 같다.

(단위 : 원)

구분	연간보험료
A사	(25.2억+13.6억)÷2×15÷10,000=291억÷10,000
B사	21.5억×15÷10,000=322.5억÷10,000
C사	12.9억×15÷10,000=193.5억÷10,000
D사	5.2억×40÷10,000=208억÷10,000

따라서 A～D사 중 연간보험료가 가장 낮은 곳은 C사이다.

21

정답 ①

- 스타 적금의 만기환급금

$: 40\times 40+40\times \frac{40\times 41}{2}\times \frac{0.03}{12}=1,682$만 원

- 부자 적금의 만기환급금

$: 40\times \frac{(1.03)^{\frac{49}{12}}-(1.03)^{\frac{1}{12}}}{(1.03)^{\frac{1}{12}}-1}=40\times \frac{1.128-1.002}{0.002}$

$=1,890$만 원

따라서 만기환급금의 차이는 1,890−1,682=208만 원이다.

22

정답 ③

중도해지 시 이율은 중도해지이율이 적용되고, 현재 가입기간은 18개월이기 때문에 중도해지이율은 24개월 미만인 [약정금리(1%)]×50%가 적용된다. 따라서 해지환급금은

$3,000,000\times\left(1+0.01\times0.50\times\frac{18}{12}\right)=3,022,500$원이다.

23

정답 ④

A기업의 가입기간은 1년, 대출금액은 5천만 원, 대출금리는 연 3%이다. 원금만기일 일시상환이기 때문에 이자는 $50,000,000\times0.03\times\frac{12}{12}\div12=125,000$원이다.

A기업은 마지막 달에 원금과 함께 이자를 납입해야 한다. 따라서 A기업이 마지막 달에 내야 하는 비용은 50,000,000+125,000=50,125,000원이다.

24

정답 ④

㉠ 예금 가입 후 2주 뒤 본인 명의의 B카드 결제실적이 있는 갑은 기본금리 1.9%에 0.2%p를 더한 2.1%의 금리를 적용받는다.

㉡ 비대면 채널을 통해 예금에 가입한 을은 기본금리 1.9%에 0.1%p를 더한 2.0%의 금리를 적용받는다.

㉢ 예금 가입 후 8개월 차에 해지한 만 70세인 병은 기본금리의 1/2인 0.95%의 금리를 적용받는다.

㉣ 비대면 채널을 통해 예금에 가입한 직후 A카드로 결제하고 4개월 뒤에 해지한 정은 0.5%의 금리를 적용받는다.

따라서 적용금리가 낮은 순서대로 가입자들을 나열하면 ㉣, ㉢, ㉡, ㉠이다.

25

정답 ③

(다) : 1,500,000×0.05÷12=6,250

오답분석

① 2회차 대출이자 : 2,750,000×0.05÷12≒11,458원

∴ (가) : 250,000+11,458=261,458

② 5회차 대출이자 : 2,000,000×0.05÷12≒8,333원

∴ (나) : 250,000+8,333=258,333

④ 9회차 대출이자 : 1,000,000×0.05÷12≒4,167원

∴ (라) : 250,000+4,167=254,167

26

정답 ③

'계약기간 3/4 경과 후 적립할 수 있는 금액은 이전 적립누계액의 1/2 이내'라고 했기 때문에 12개월의 3/4이 경과하지 않은 8개월째에는 조건에 해당하지 않는다.

27

정답 ②

항목별 환산점수 방법에 따라 점수를 부여하면 다음과 같다.

(단위 : 점)

구분	ⓐ 대상 연령	ⓑ 입금가능 금액	ⓒ 만기 이자율	ⓓ 이자율 차이	ⓔ 만기 기간	ⓕ 만족도
A상품	4	2	4	4−1 =3	2	2
B상품	5	5	1	2.5−1 =1.5	3	2
C상품	1	1	5	5−2 =3	3	3
D상품	2	3	3	3.5−0.5 =3	2	1
E상품	3	4	2	3−1 =2	3	3

- A상품 : 4+2+4+3+2+2=17점
- B상품 : 5+5+1+1.5+3+2=17.5점
- C상품 : 1+1+5+3+3+3=16점
- D상품 : 2+3+3+3+2+1=14점
- E상품 : 3+4+2+2+3+3=17점

따라서 환산점수 합이 가장 높은 상품은 B상품이다.

28

정답 ④

만 35세이므로 C상품은 제외되고, 만기기간이 짧은 상품은 2년 만기인 B, E상품이며 두 상품 모두 만족도는 보통 이상이다. 따라서 두 상품 중 만기이자율이 더 높은 E상품(3%)을 추천하는 것이 가장 적절하다.

29

정답 ①

1월에 가입한 고객은 을과 정이며, 2월에 가입한 고객은 병이다. 을과 정은 1.2%p 우대금리가 적용되고, 병에게는 0.5%p가 적용된다. 또한 모든 고객이 2024년에 가입했으므로 0.3%p가 추가로 우대금리로 적용된다. 가입자별 기존금리와 우대금리를 더한 연 이자율에 따른 단기적금의 만기 시 이자를 구하면 다음과 같다. 적립식 예금의 단리 이자는 다음 식을 이용해 구한다.

이자(단리) : (월 납입금)$\times\frac{n(n+1)}{2}\times\frac{r}{12}$ (n은 개월 수, r은 이자율)

- 갑 : $50,000\times\frac{60\times61}{2}\times\frac{0.028+0.003}{12}=236,375$원
- 을 : $80,000\times\frac{36\times37}{2}\times\frac{0.02+0.012+0.003}{12}=155,400$원
- 병 : $100,000\times\frac{24\times25}{2}\times\frac{0.029+0.005+0.003}{12}=92,500$원
- 정 : $60,000\times\frac{48\times49}{2}\times\frac{0.018+0.012+0.003}{12}=194,040$원

따라서 만기 시 가장 많은 이자를 받는 고객은 갑이다.

30

정답 ④

고객별 원하는 시점에 중도해지 시 적용되는 이자율(기존금리의 50%)에 대한 이자금액은 각각 다음과 같다.

- 갑 : $50,000\times\frac{40\times41}{2}\times\frac{0.028\times0.5}{12}\fallingdotseq47,833$원
- 을 : $80,000\times\frac{25\times26}{2}\times\frac{0.02\times0.5}{12}\fallingdotseq21,667$원
- 병 : $100,000\times\frac{20\times21}{2}\times\frac{0.029\times0.5}{12}=25,375$원
- 정 : $60,000\times\frac{40\times41}{2}\times\frac{0.018\times0.5}{12}=36,900$원

따라서 이자를 가장 많이 받는 고객은 갑이고, 두 번째로 많이 받는 고객은 정이다.

31

정답 ③

화재가 발생했을 때 불이 번지지 않게 하기 위해서 차단막을 만드는 것처럼, 네트워크 환경에서도 기업의 네트워크를 보호해주는 시스템을 방화벽이라 한다.

32

정답 ②

페이징 기법을 사용하게 되면 레지스터나 메모리에 접근하는 횟수가 증가될 수밖에 없기 때문에 페이지 크기가 작을수록 입/출력 전송이 늘어나게 되므로 비효율적이다.

33

정답 ②

원낸드(One NAND)는 메모리와 로직의 융합을 통해 기존 메모리 기능의 한계를 극복함으로써 모바일 기기에 주로 사용되고 있는 퓨전 메모리 반도체이다.

34

정답 ②

딥러닝은 컴퓨터가 마치 사람처럼 학습하는 기술로, 이를 활용한 기술 중 딥페이크는 영상에 특정 인물을 합성한 편집물이다. 최근 딥페이크를 악용한 범죄로 인해 피해자들이 생기면서 사회적 문제가 되고 있다.

오답분석

① GIS : 지리정보를 디지털화해 분석과 가공을 할 수 있는 기술
③ 혼합현실 : 증강현실(AR)과 가상현실(VR)의 장점을 이용한 기술로, 현실세계와 가상의 정보를 결합하였음
④ 메타버스 : 3차원에서 실제 생활과 법적으로 인정되는 활동인 직업, 금융, 학습 등이 연결된 가상 세계

35

정답 ④

유비쿼터스에 대한 설명이다. 유비쿼터스는 사용자를 중심으로 네트워크나 컴퓨터를 의식하지 않고 장소에 상관없이 자유롭게 네트워크에 접속할 수 있는 정보통신 환경을 말한다.

36

정답 ①

마이데이터 산업에 대한 설명이다. 마이데이터를 이용하면 각종 기관과 기업 등에 분산돼 있는 자신의 정보를 한꺼번에 확인할 수 있으며, 업체에 자신의 정보를 제공해 맞춤 상품이나 서비스를 추천받을 수 있다.

37

정답 ②

클라우드 컴퓨팅(Cloud Computing)은 정보처리를 자신의 컴퓨터가 아닌 인터넷으로 연결된 다른 컴퓨터로 처리하는 기술로, 하드웨어나 소프트웨어와 같은 컴퓨터 자산을 구매하는 대신 빌려 쓰는 개념이다. 어떤 요소를 빌리느냐에 따라 소프트웨어 서비스, 플랫폼 서비스, 인프라 서비스 등으로 구분한다.

오답분석

① 그린 컴퓨팅(Green Computing) : 컴퓨팅에 이용되는 에너지를 절약하자는 운동
③ 임베디드 컴퓨팅(Embedded Computing) : 일반 PC가 아닌 여러 가지 화경에서의 컴퓨팅 환경으로, 항공기, 냉장고, 세탁기, 휴대폰 등 다양한 부분에 임베디드 프로세서가 사용됨
④ 유비쿼터스 컴퓨팅(Ubiquitous Computing) : 언제, 어디서나 무슨 기기를 통해서도 컴퓨터를 이용할 수 있는 것을 의미하는 용어

38

정답 ③

DES의 특징이다.

DES(대칭키)
- 암호키와 복호키 값이 서로 동일하며, 암호문 작성과 해독 과정에서 개인키를 사용한다.
- 여러 사람과 정보 교환 시 다수의 키를 유지하며, 사용자 증가에 따른 키의 수가 많다.
- 알고리즘이 간단하여 암호화 속도가 빠르고, 파일의 크기가 작아 경제적이다.

39

정답 ③

전자상거래는 종이에 의한 문서를 사용하지 않고 표준 전자문서를 컴퓨터 간에 교환해 즉시 업무에 활용하도록 하는 전자문서교환 팩시밀리 전자게시판, 전자우편(E-mail), 전자자금이체 등과 같이 전자 매체를 이용한 상거래이다.

40

정답 ④

오픈뱅킹은 하나의 어플리케이션만으로 여러 은행의 계좌를 관리할 수 있도록 제공하는 서비스이다.

오답분석

① 섭테크(SupTech) : 금융감독(Supervision)과 기술(Technology)의 합성어로, 최신기술을 활용하여 금융감독 업무를 효율적으로 수행하기 위한 기법
② 레크테크(RegTech) : 레귤레이션(Regulation)과 기술(Technology)의 합성어로, 최신기술을 활용하여 기업들이 금융규제를 쉽고 효율적으로 수행하기 위한 기법
③ 테크핀(Techfin) : 중국 알리바바의 마윈 회장이 고안한 개념으로 IT 기술을 기반으로 새로운 금융 서비스를 제공하는 것. 금융사가 IT 서비스를 제공하는 핀테크와는 차이가 있음

제3영역 상식

01	02	03	04	05	06	07	08	09	10
③	②	③	①	②	②	②	④	①	④
11	12	13	14	15	16	17	18	19	20
④	③	②	②	③	②	①	④	④	③

01

정답 ③

공적연금은 국민이 소득상실 또는 저하로 생활의 위기에 빠질 가능성을 해소하기 위해 국가가 지급하는 연금이다. 우리나라의 공적연금으로는 국민연금, 공무원연금, 군인연금, 사립학교교직원연금(사학연금)이 운영되고 있다.

02

정답 ②

신종자본증권은 주식과 채권의 성격을 동시에 가진 증권으로, 만기가 없거나 만기에 재연장이 가능하여 안정적인 자금 운용이 가능하다. 그러나 자본조달 비용이 일반 회사채보다 높고, 상대적으로 신용등급이 높은 기업만 발행이 가능하며, 채권보다 이자가 높은 단점이 있다.

03

정답 ③

인구절벽은 한 국가의 미래 성장을 예측하게 하는 인구 지표에서 생산가능인구인 만 15 ~ 64세 비율이 줄어들어 경기가 둔화하는 현상을 가리킨다. 이는 경제 예측 전문가인 해리 덴트의 저서 『인구절벽(Demographic Cliff)』에서 처음 사용됐다. 인구절벽이 발생하면 의료 서비스의 수요가 늘어나며 개인의 공공지출 부담이 증가한다. 또한 국가 차원에서는 노동력 감소, 소비 위축, 생산 감소 등의 현상이 동반돼 경제에 큰 타격을 받는다.

04

정답 ①

우리나라의 ○○버거 가격 2,500원을 시장 환율 1,250원으로 나누면 2달러가 나온다. 이는 우리나라의 ○○버거 가격이 미국의 ○○버거 가격보다 0.5달러 싸다는 것을 의미한다. 즉, 원화가 저평가되어 있어 구매력 지수가 상대적으로 낮음을 의미한다.

05
정답 ②

랩어카운트(Wrap Account)는 고객이 예탁한 재산에 대해 증권회사의 금융자산관리사가 고객의 투자 성향에 따라 적절한 운용 배분과 투자종목 추천 등의 서비스를 제공하고 그 대가로 일정률의 수수료를 받는 상품이다.

오답분석

① CMA(Cash Management Account) : 고객이 맡긴 예금을 어음이나 채권에 투자하여 그 수익을 고객에게 돌려주는 실적배당 금융상품
③ ETF(Exchange Traded Funds) : 상장지수펀드로 특정지수를 모방한 포트폴리오를 구성하여 산출된 가격을 상장시킴으로써 주식처럼 자유롭게 거래되도록 설계된 지수상품
④ 사모펀드(Private Equity Fund) : 투자자로부터 모은 자금을 주식·채권 등에 운용하는 펀드

06
정답 ②

- 영업이익 : 2,500,000×10%=250,000원
- 잔여이익 : 250,000−2,500,000×(최저필수수익률)=25,000원
- 최저필수수익률 : 9%

07
정답 ②

오답분석

① 브리지론 : 자금이 급히 필요할 때 일시적으로 조달하기 위해 도입되는 자금
③ 비소구금융 : 사업주의 모기업과 법적으로 별개인 독립적인 사업으로 프로젝트를 운영, 프로젝트로부터의 현금흐름을 모기업의 그것과 완전히 분리시켜서 프로젝트의 소요 자금을 조달하는 기법
④ 금융중개기관 : 저축자 일반으로부터 자금을 예입받아 그 자금을 차용인에게 대부하는 금융기관

08
정답 ④

오답분석

ⓔ 세뇨리지 효과 : 중앙은행이 화폐를 발행함으로써 얻는 이익 또는 국제통화를 보유한 국가가 누리는 경제적 이익

09
정답 ①

경제고통지수(Misery Index)란 국민들이 느끼는 경제적 삶의 어려움을 계량화해서 수치로 나타낸 것이다. 특정 기간 동안의 물가상승률과 실업률의 합에서 소득증가율을 빼서 나타낸다. 수치가 높다는 것은 국민이 느끼는 경제적 어려움도 그만큼 크다는 것이며, 수치가 낮다는 것은 경제적 어려움이 적다는 의미다.

10
정답 ④

- 유동비율(감소) $=\frac{\text{유동자산(감소)}}{\text{유동부채}}$
- 총자산순이익률(감소) $=\frac{\text{순이익}}{\text{총자산(증가)}}$
- 2024년 말 회계처리

(차) 토지 (비유동자산)	1,000	(대) 현금 (유동자산)	500
		미지급금 (유동부채)	500

11
정답 ④

오답분석

① 매출채권회전율이 아닌 총자산회전율에 대한 설명이다.
② 활동성비율은 자본이 아닌 자산을 얼마나 효율적으로 사용하고 있는지 나타내는 지표이다.
③ 총자산회전율이 아닌 매출채권회전율에 대한 설명이다.

12
정답 ③

양적완화는 중앙은행이 시중에 통화를 풀어 경기를 부양하는 정책이다. 통화량이 늘어나면 통화가치가 떨어지고, 원자재 가격이 상승하면서 물가도 상승한다.

오답분석

① 양적완화를 '하늘에서 돈을 흩뿌린다.'라는 의미로 '헬리콥터 머니'라고도 한다.
② 통화가치가 하락한 ○○국의 수출경쟁력은 상승하고, 반대로 ○○국과 거래하는 △△국의 통화가치는 평가절상된다.
④ 금리가 너무 낮아 더 내리는 것이 불가능한 비상 상황에서 중앙은행이 직접 국채나 금융자산을 매입하여 통화를 푼다.

13
정답 ②

오답분석

① 불특정 다수인으로부터 주식을 장외에서 매수하는 형태이다.
③ 대상기업의 주식 수, 매수기간, 매수가격 및 방법 등을 공개하고, 이에 허락하는 주주에 한해 대상회사의 주식을 취득하게 된다.
④ 현재의 시장가격보다 대부분 높게 요구되는 것이 특징이다.

14
정답 ②

- 웹루밍(Webrooming) : 온라인에서 얻은 정보를 바탕으로 저렴한 오프라인 매장을 찾아 제품을 구매하는 소비 형태
- 역직구 : 해외 소비자가 국내 인터넷 쇼핑몰에서 상품을 구입하는 형태로, 한국에서만 구입할 수 있는 상품들이 주요 구매 대상임

오답분석

- 쇼루밍(Showrooming) : 오프라인 매장에서 제품을 구경하고 실제 구매는 온라인 등 다른 유통 경로로 하는 것
- 모루밍(Morooming) : 모바일(Mobile)과 쇼루밍을 합쳐 만든 신조어로, 쇼루밍과 같은 의미로 쓰임
- 해외직구 : 외국의 인터넷 쇼핑몰에서 제품을 직접 주문해 구매하는 것
- 해외직판 : 국내 판매자가 해외에 인터넷 쇼핑몰을 개설하여 직접 판매하는 방식
- 병행수입 : 같은 상표의 상품을 여러 업자가 수입하여 국내에서 판매할 수 있게 한 제도

15

정답 ③

제시문의 밑줄 친 '이것'은 기회비용(Opportunity Cost)이다. 기회비용은 한정된 자원을 효율적으로 사용하기 위한 선택을 하는 가운데 발생하고, 이러한 선택의 기준이 된다. 이를 설명하는 경제학 개념으로는 생산가능곡선이 있으며, 기회비용을 계산할 때에는 다른 사람들이 가진 생산요소를 사용하는 대가로 지불하는 비용인 명시적 비용(Explicit Cost)과, 자신이 선택하지 않고 포기하는 다른 기회의 잠재적 비용으로 눈에 보이지 않는 비용인 암묵적비용(Implicit Cost)이 포함된다. 그러나 이미 지출되어 회수가 불가능한 비용인 매몰비용(Sunk Cost)은 고려되지 않는다.

16

정답 ②

테이퍼링(Tapering)은 물가상승 등 양적완화(QE)로 인한 부작용을 해소하기 위해 중앙은행이 국채 등의 자산 매입 규모를 단계적·점진적으로 줄임으로써 시중에 풀리는 자금의 규모로, 유동성의 양을 감소시키는 전략이다.

오답분석

① 테이퍼링은 양적완화 정책의 효과로 금융시장 안정과 실물경제 회복 등이 나타날 때 실시되며, 이때 일정 수준의 물가상승률과 고용목표 기준을 테이퍼링의 전제 조건으로 설정한다.

③ 테이퍼링이 본격화되면 투자자들은 금리가 오른다고 예상해 자산을 매각하며, 신흥국에서 자금(달러) 유출의 증가해 외환위기를 맞을 가능성이 높아진다.

④ 실제로 2013년에 연준 벤 버냉키 의장이 테이퍼링 시행 가능성을 언급한 이후 시장이 테이퍼링에 대해 발작적으로 반응하는 테이퍼 탠트럼(Taper Tantrum)이 튀르키예와 아르헨티나, 인도 등에서 나타나 대규모 자금 유출이 일어났었다.

17

정답 ①

제시문은 FOMC(Federal Open Market Committee)에 대한 설명이다.

오답분석

② FRB(Federal Reserve Board of Governors) : 미국 연방준비제도의 중추적 기관으로, 12개 연방준비은행을 관할하는 역할 등을 한다.

③ FRS(Federal Reserve System) : 1913년에 제정된 연방준비법(Federal Reserve Act)에 의해서 창설된 미국의 중앙은행 제도를 일컫는다.

④ FDIC(Federal Deposit Insurance Corporation) : 미국연방예금보험공사로, 은행이 중대한 금융난에 빠졌을 때 예금자에 대한 예금지불을 보증하는 동시에 휴업한 국립은행이나 주법은행의 관재인이 된다.

18

정답 ④

전략적 자산분배의 실행단계는 먼저 투자자의 투자목적과 투자제약조건을 파악하는 것으로 시작되며, 이에 적합한 자산집단을 선택하게 된다. 다음으로 선택된 자산집단의 기대수익, 원금, 상관관계를 추정한 후 효율적인 최적자산의 구성이 이루어진다. 따라서 전략적 자산분배의 실행단계는 ㉢-㉠-㉡-㉣ 순서이다.

19

정답 ④

오답분석

㉠ 완전경쟁의 경우에는 항상 가격이 한계비용과 같지만(P=MC) 독점적 경쟁의 경우에는 항상 가격이 한계비용보다 높다(P>MC).

㉡ 단기에는 완전경쟁기업과 독점기업이 모두 초과이윤을 얻을 수도 있고 손실을 볼 수도 있다.

20

정답 ③

대손충당금계정

대손확정	200,000	기초잔액	100,000
기말잔액	99,000	현금회수액	80,000
		추가 설정해야 할 금액 (대손상각비)	119,000
기말잔액	299,000원		299,000원

제3회 모의고사 정답 및 해설

제 1 영역 직업기초능력

01	02	03	04	05	06	07	08	09	10
③	③	③	④	③	②	③	③	②	②
11	12	13	14	15	16	17	18	19	20
②	③	②	①	④	④	④	①	③	②
21	22	23	24	25	26	27	28	29	30
①	②	②	③	④	④	①	③	②	②
31	32	33	34	35	36	37	38	39	40
③	②	④	④	①	②	④	④	③	③

01

정답 ③

국민건강보험법 제74조 제1항에 따르면 교도소 등의 시설에 수용되어 있는 경우 보험료가 면제되나, 제60조 제1항에 따라 C씨가 대통령령으로 정하는 치료[진찰·검사, 약제(藥劑)·치료재료의 지급, 처치·수술 및 그 밖의 치료] 등을 받는다면 공단은 요양급여비용을 법무부장관으로부터 예탁받아 지급할 수 있다.

오답분석

① 제74조 제1항에 따라 적절한 내용이다.
② 제54조 제1호에 따라 적절한 내용이다.
④ 제74조 제1항에 따라 적절한 내용이다.

02

정답 ③

5주 동안 실험용 쥐에게 달걀을 먹이는 실험을 한 결과 달걀에 함유된 레시틴은 콜레스테롤 수치를 떨어뜨리는 역할을 한 것으로 확인됐다.

오답분석

① 제시된 기사의 다섯 번째 문장에서 하루에 3～4알 정도는 자유롭게 섭취해도 건강에 해가 되지 않음을 알 수 있다.
② 제시된 기사의 세 번째 문장에서 달걀 속의 루테인과 지아잔틴은 항산화 작용을 하고 노화를 막는 역할을 한다는 정보를 알 수 있다.
④ 제시된 기사의 두 번째 문장에서 달걀의 열량을 알 수 있다.

03

정답 ③

오답분석

① 두 번째 문단에서 공급유형·지역별 전세금 지원액을 알 수 있다.
② 마지막 문단에서 전세임대주택의 유형별 신청방법을 이야기하 알 수 있다.
④ 첫 번째 문단에서 전세임대주택의 정의를 알 수 있다.

04

정답 ④

제시문의 제7항을 살펴보면 ‘변경 기준일로부터 1개월간’이라고 제시되어 있다.

05

정답 ③

제9조 제1항에 따르면, 자율준수관리자는 경쟁법규 위반 가능성이 높은 분야의 임직원을 대상으로 반기당 2시간 이상의 교육을 실시하여야 한다. 따라서 반기당 4시간의 교육을 실시하는 것은 세칙에 부합한다.

오답분석

① 제6조 제2항에 따르면, 임직원은 담당 업무 수행 중 경쟁법규 위반사항 발견 시, 지체 없이 이를 자율준수관리자에게 보고하여야 한다.
② 제7조 제1항에 따르면, 자율준수관리자는 경쟁법규 자율준수를 위한 매뉴얼인 자율준수 편람을 제작 및 배포하는 의무를 지닌다.
④ 제10조 제2항과 제3항에 따르면, 자율준수관리자는 경쟁법규 위반을 행한 임직원에 대하여 관련 규정 교육이수의무를 부과할 수 있으나, 직접 징계를 할 수는 없고 징계 등의 조치를 요구할 수 있다.

06

정답 ②

제시문에서는 현대 사회의 소비 패턴이 ‘보이지 않는 손’ 아래의 합리적 소비에서 벗어나 과시 소비가 중심이 되었으며, 그 이면에는 소비를 통해 자신의 물질적 부를 표현함으로써 신분을 과시하려는 욕구가 있다고 설명하고 있다. 따라서 글의 제목으로 가장 적절한 것은 ②이다.

07

정답 ③

피부양자 대상 1번 항목인 '직장가입자에 의하여 주로 생계를 유지하는 자'의 라목에 따르면 65세 이상 또는 30세 미만이거나 장애인, 국가유공・보훈대상상이자에 해당하는 형제・자매의 경우에는 재산세 과세표준의 합이 1억 8천만 원 이하이어야 피부양자가 될 수 있다. 따라서 국가유공자이지만 재산세 과세표준의 합이 2억 원인 형은 A씨의 피부양자가 될 수 없다.

오답분석

① 피부양자 대상 1번 항목의 다목 재산세 과세표준의 합이 5억 원 이하인 경우에 해당하므로 재산세 과세표준의 합이 5억 원인 직계존속 어머니는 A씨의 피부양자가 될 수 있다.
② 피부양자 대상 2번 항목의 보수 또는 소득이 없는 자에 해당하며 어떠한 소득도 없는 미성년자 아들은 직계비속으로 A씨의 피부양자가 될 수 있다.
④ 피부양자 대상 1번 항목의 다목 재산세 과세표준의 합이 5억 4천만 원을 초과하면서 9억 원 이하인 경우는 연간소득이 1천만 원 이하이어야 하므로 연간소득이 800만 원인 직계존속 아버지는 A씨의 피부양자가 될 수 있다.

08

정답 ③

제시문은 자본주의의 발생과 한계, 그로 인한 수정자본주의의 탄생과 수정자본주의의 한계로 인한 신자유주의의 탄생에 대해 다루고 있다. 제시된 문단의 마지막 문장인 '이러한 자본주의는 어떻게 발생하였을까?'를 통해, 이어질 내용이 자본주의의 역사임을 유추할 수 있으므로, (라) 자본주의의 태동 – (나) 자본주의의 학문화를 통한 영역의 공고화 – (가) 고전적 자본주의의 문제점을 통한 수정자본주의의 탄생 – (다) 수정자본주의의 문제점을 통한 신자유주의의 탄생 순으로 나열되어야 한다.

09

정답 ②

마이크로비드는 잔류성유기오염물질을 흡착한다.

10

정답 ②

단체소송만이 공익적 성격을 지닌다.

오답분석

① 다수의 소액 피해가 발생한 사건이라도 피해자들은 개별적으로 소송을 할 수 있지만, 공동으로 변호사를 선임하거나 선정당사자 제도를 이용하여 경제적이고 효율적으로 일괄 구제할 수 있다.
③ 네 번째 문단에서 확인할 수 있다.
④ 세 번째 문단에서 확인할 수 있다.

11

정답 ②

오답분석

① 단체소송은 법률이 정한, 전문성과 경험을 갖춘 단체가 소를 제기할 수 있다.
③ 집단소송은 피해자들의 일부가 전체 피해자들의 이익을 대변하는 대표 당사자가 되어야 한다.
④ 집단소송은 기업이 회계 내용을 허위로 공시하거나 조작하는 등의 사유로 주식 투자에서 피해를 당한 사람들만 할 수 있다.

12

정답 ③

두 번째 문단에서 전통의 유지와 변화에 대한 견해 차이는 보수주의와 진보주의의 차이로 이해될 성질의 것이 아니며, 한국 사회의 근대화는 앞으로도 계속되어야 할 광범하고 심대한 '사회 구조적 변동'이라고 하였다.
또한, 마지막 문단에서 '근대화라고 하는 사회 구조적 변동이 문화 변화를 결정지을 것이기 때문'이라고 하였으므로 전통문화의 변화 문제를 사회 변동의 시각에서 다루는 것이 적절하다.

13

정답 ②

제시문을 볼 때, 펀드 가입 절차에 대한 내용은 찾아볼 수 없다.

오답분석

① 주식 투자 펀드와 채권 투자 펀드에 대한 내용으로 확인할 수 있다.
③ 마지막 문단을 통해 확인할 수 있다.
④ 펀드에 가입하면 돈을 벌 수도 손해를 볼 수 도 있다고 세 번째 문단을 통해 확인할 수 있다.

14

정답 ①

주식 투자 펀드의 수익률 차이가 심하게 나는 것은 주식이 경기 변동의 영향을 많이 받기 때문이다.

오답분석

② 채권 투자 펀드에 대한 설명이다.
③ 채권을 사서 번 이익에서 투자 기관의 수수료를 뺀 금액이 수익이 된다.
④ 주식 투자 펀드와 채권 투자 펀드 모두 투자 기관의 수수료가 존재한다.

15

정답 ④

오답분석

① KCB 점수와 NICE 점수 모두 기준 점수 미달이다.
② 신청일 기준 재직 상태가 아니다.
③ 당행에 본인 명의의 휴대폰 번호가 등록되어 있지 않다.

16

정답 ④

고산지대에 근무하는 공무원이 한 분기에 23일 이내인 14일간 저지대에서 가족동반으로 요양을 할 때 8번 지급 사유에 따라 발생한 비용 전액을 국외여비로 지급받을 수 있다.

오답분석

① 2번 지급 사유에 따라 발생한 비용의 일부만 국외여비로 받을 수 있다.
② 6번 지급 사유에 따라 발생한 비용의 일부만 국외여비로 받을 수 있다.
③ 4번 지급 사유에 따라 발생한 비용의 일부만 국외여비로 받을 수 있다.

17

정답 ④

• 12세 이상 가족 구성원의 가족 국외여비

: $\left\{\left(700,000\times2+20,000\times2\right)\times\frac{2}{3}\right\}=960,000$원

• 12세 미만 가족 구성원의 가족 국외여비

: $\left\{\left(0\times2+20,000\times2\right)\times\frac{1}{3}\right\}\fallingdotseq13,333\fallingdotseq20,000$원

∴ 총국외여비 : 960,000+20,000=980,000원

오답분석

① • 12세 이상 가족 구성원의 가족 국외여비

: $\{900,000+900,000+(900,000\times0.8)+15,000+15,000\}\times\frac{2}{3}=1,700,000$원

• 12세 미만 가족 구성원의 가족 국외여비

: $\{(900,000\times0.8)+0\}\times\frac{1}{3}=240,000$원

∴ 총국외여비 : 1,700,000+240,000=1,940,000원

② • 12세 이상 가족 구성원의 가족 국외여비

: $1,200,000\times4\times\frac{2}{3}=3,200,000$원

• 12세 미만 가족 구성원의 가족 국외여비 : 0원

∴ 총국외여비 : 3,200,000원

③ • 12세 이상 가족 구성원의 가족 국외여비

: $750,000\times2\times\frac{2}{3}=1,000,000$원

• 12세 미만 가족 구성원의 가족 국외여비 : 0원

∴ 총국외여비 : 1,000,000원

18

정답 ①

필기점수와 면접점수의 합을 바탕으로 순위를 구하면 다음과 같다. 이때, 동점자일 경우 면접점수가 높은 행원이 먼저 배정된다.

구분	필기점수	면접점수	합계	순위
A행원	70	40	110	10
B행원	90	80	170	3
C행원	60	70	130	8
D행원	100	50	150	4
E행원	80	90	170	2
F행원	80	100	180	1
G행원	50	60	110	9
H행원	60	80	140	5
I행원	70	70	140	6
J행원	90	50	140	7

5개의 부서에 각각 2명씩 배정되므로, 순위를 바탕으로 1지망을 배정하면 다음과 같다.

구분	1지망	2지망	추천부서	배정부서
F행원	개발부	영업부	홍보부	개발부
E행원	홍보부	총무부	총무부	홍보부
B행원	개발부	총무부	사업부	개발부
D행원	영업부	홍보부	개발부	영업부
H행원	총무부	사업부	영업부	총무부
I행원	홍보부	개발부	총무부	홍보부
J행원	홍보부	영업부	총무부	–
C행원	영업부	개발부	영업부	영업부
G행원	영업부	사업부	사업부	–
A행원	개발부	사업부	홍보부	–

1지망에 배정된 인원을 제외하고 2지망에 배정하면 다음과 같다.

구분	1지망	2지망	추천부서	배정부서
J행원	홍보부	영업부	총무부	–
G행원	영업부	사업부	사업부	사업부
A행원	개발부	사업부	홍보부	사업부

마지막으로 J행원은 추천부서인 총무부에 배정이 된다.
따라서 B행원이 배정되는 부서는 개발부이다.

19

정답 ③

추천부서와 배정부서를 정리하면 다음과 같다.

구분	추천부서	배정부서
A행원	홍보부	사업부
B행원	사업부	개발부
C행원	영업부	영업부
D행원	개발부	영업부
E행원	총무부	홍보부
F행원	홍보부	개발부
G행원	사업부	사업부
H행원	영업부	총무부
I행원	총무부	홍보부
J행원	총무부	총무부

따라서 추천부서와 배정부서가 동일한 행원은 C행원, G행원, J행원이다.

20

정답 ②

두배드림 적금의 가입기간은 36개월로 상품가입 3년에 해당하며, 가입금액인 월 20만 원과 우대금리 조건인 입금실적이 본 은행의 12개월 이상이어야 한다는 조건에 모두 부합되기 때문에 두배드림 적금을 추천하는 것이 가장 적절하다.

오답분석

① 스마트 적금 : 스마트 적금은 가입기간이 입금금액이 700만 원이 될 때까지이므로, 월 20만 원씩 3년 동안 가입할 고객의 조건과 부합되지 않는다.

③ 월복리 정기예금 : 적금에 가입한다고 하였으므로, 예금상품은 해당되지 않는다.

④ DREAM 적금 : 우대금리의 대상이 은행신규고객이기 때문에 기존에 20개월 동안 이용한 고객의 조건과 부합되지 않는다.

21

정답 ①

첫 번째 조건에 따라 원탁 의자에 임의로 번호를 적고 회의 참석자들을 앉혀 본다.

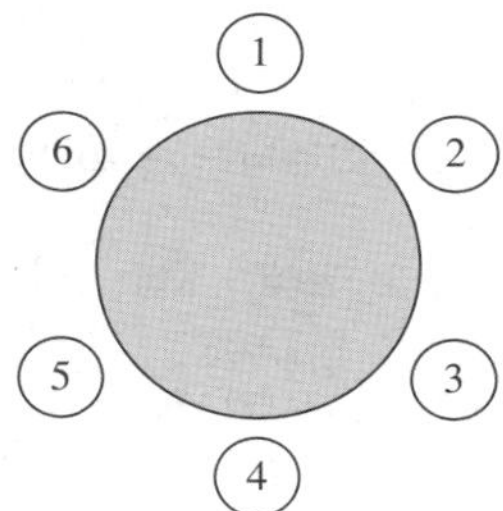

네 번째 조건에 따라 A와 B 사이에 2명이 앉으므로 임의로 1번 자리에 A가 앉으면 4번 자리에 B가 앉는다. 그리고 B자리 바로 왼쪽에 F가 앉기 때문에 F는 5번 자리에 앉는다. 만약 6번 자리에 C 또는 E가 앉게 되면 2번과 3번 자리에 D와 E 또는 D와 C가 나란히 앉게 되어 세 번째 조건에 부합하지 않는다. 그러므로 6번 자리에 D가 앉아야 하고 두 번째 조건에 따라 C가 A 옆자리에 앉아야 하므로 2번 자리에 C가, 나머지 3번 자리에는 E가 앉게 된다.

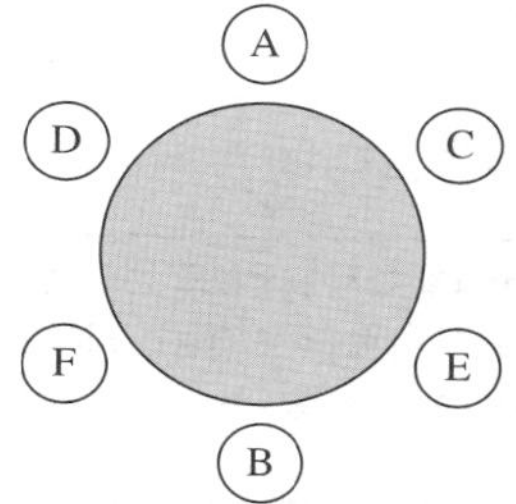

따라서 선택지 중 나란히 앉게 되는 참석자들은 A와 D이다.

22

정답 ②

가장 최근에 입행한 사람이 D이므로 D의 이름은 가장 마지막인 다섯 번째에 적혔다. C와 D의 이름은 연달아 적히지 않았으므로 C의 이름은 네 번째에 적힐 수 없다. 또한 E는 C보다 먼저 입행하였으므로 E의 이름은 C의 이름보다 앞에 적는다. 그러므로 C의 이름은 첫 번째에 적히지 않았다. 이를 정리하면 다음과 같은 세 가지의 경우가 나온다.

구분	첫 번째	두 번째	세 번째	네 번째	다섯 번째
경우 1	E	C			D
경우 2	E		C		D
경우 3		E	C		D

여기서 경우 2와 경우 3은 A와 B의 이름이 연달아서 적혔다는 조건에 위배된다. 즉, 경우 1만 성립하므로 정리하면 다음과 같다.

구분	첫 번째	두 번째	세 번째	네 번째	다섯 번째
경우 1	E	C	A	B	D
경우 2	E	C	B	A	D

E의 이름은 첫 번째에 적혔으므로 E는 가장 먼저 입행하였다. 따라서 B가 E보다 먼저 입행하였다는 ②는 항상 거짓이다.

오답분석

① A의 이름이 세 번째에 적혔으면 B의 이름은 네 번째에 적혔고, A의 이름이 네 번째에 적혔으면 B의 이름은 세 번째에 적혔다. 따라서 참일 수도, 거짓일 수도 있다.

③ C의 이름은 두 번째로 적혔고 A의 이름은 세 번째나 네 번째에 적혔으므로 항상 옳다.

④ E의 이름은 첫 번째에 적혔고 C의 이름은 두 번째로 적혔으므로 항상 옳다.

23

정답 ②

제시된 조건을 정리하면 다음과 같다.

구분	A	B	C	D
꽃꽂이	×		○	
댄스	×	×	×	
축구			×	
농구		×	×	

A, B, C는 댄스 활동을 하지 않으므로 댄스 활동은 D의 취미임을 알 수 있다. 또한 B, C, D는 농구 활동을 하지 않으므로 A가 농구 활동을 취미로 한다는 것을 알 수 있다. 이를 정리하면 다음과 같다.

구분	A	B	C	D
꽃꽂이	×	×	○	×
댄스	×	×	×	○
축구	×	○	×	×
농구	○	×	×	×

따라서 항상 참인 것은 ②이다.

오답분석

① B가 축구 활동을 하는 것은 맞지만, D는 댄스 활동을 한다.
③ D가 댄스 활동을 하는 것은 맞지만, B는 축구 활동을 한다.
④ A는 농구 활동을 하며, D는 댄스 활동을 한다.

24

정답 ③

㉡과 ㉣·㉦은 상반되며, ㉢과 ㉥·㉧·㉨ 역시 상반된다.

i) 김대리가 짬뽕을 먹은 경우
　㉥·㉧·㉨ 3개의 진술이 참이 되므로 성립하지 않는다.
ii) 박과장이 짬뽕을 먹은 경우
　㉠·㉢·㉤ 3개의 진술이 참이 되므로 성립하지 않는다.
iii) 최부장이 짬뽕을 먹은 경우
　최부장이 짬뽕을 먹었으므로 ㉠·㉤·㉧은 반드시 거짓이 된다. 이때, ㉢은 반드시 참이 되므로 상반되는 ㉥·㉨은 반드시 거짓이 되고, ㉣·㉦ 또한 반드시 거짓이 되므로 상반되는 ㉡이 참이 되는 것을 알 수 있다.

따라서 짬뽕을 먹은 사람은 최부장이고, 참인 진술은 ㉡·㉢이다.

25

정답 ④

인사팀의 직원은 12명이고 인사팀의 직원은 품질관리팀의 2배이므로 품질관리팀의 직원은 6명이다. 홍보실과 인사팀 직원 수의 차이는 5명이므로 홍보실은 17명이다. 홍보실, 인사팀, 품질관리팀의 직원을 모두 합하면 기획부의 직원 수와 같으므로 기획부는 35명이다. 따라서 총무처의 직원은 35+5=40명이다.

26

정답 ④

두 번째 조건에서 D는 A의 바로 왼쪽에 앉으며, 마지막 조건에서 B는 E의 바로 오른쪽에 앉으므로 'D－A', 'E－B'를 각각 한 묶음으로 생각할 수 있다. 세 번째 조건에서 C는 세 번째 자리에 앉아야 하며, 네 번째 조건에 의해 'D－A'는 각각 첫 번째, 두 번째 자리에 앉아야 한다. 이를 정리하면 다음과 같다.

첫 번째	두 번째	세 번째	네 번째	다섯 번째
D	A	C	E	B

따라서 반드시 참인 것은 ④이다.

오답분석

① B는 다섯 번째 자리에 앉는다.
② C는 세 번째 자리에 앉는다.
③ D는 첫 번째 자리에 앉는다.

27

정답 ①

㉡ 화장품은 할인 혜택에 포함되지 않는다.
㉢ 침구류는 가구가 아니므로 할인 혜택에 포함되지 않는다.

28

정답 ③

제시된 자료와 조건을 이용해 갑～무의 출장 여비를 구하면 다음과 같다.

• 갑의 출장 여비
　– 숙박비 : 145×3=435달러(∵ 실비 지급)
　– 식비 : 72×4=288달러(∵ 마일리지 미사용)
　∴ 갑의 출장 여비는 435+288=723달러이다.
• 을의 출장 여비
　– 숙박비 : 170×3×0.8=408달러(∵ 정액 지급)
　– 식비 : 72×4×1.2=345.6달러(∵ 마일리지 사용)
　∴ 을의 출장 여비는 408+345.6=753.6달러이다.
• 병의 출장 여비
　– 숙박비 : 110×3=330달러(∵ 실비 지급)
　– 식비 : 60×5×1.2=360달러(∵ 마일리지 사용)
　∴ 병의 출장 여비는 330+360=690달러이다.
• 정의 출장 여비
　– 숙박비 : 100×4×0.8=320달러(∵ 정액 지급)
　– 식비 : 45×6=270달러(∵ 마일리지 미사용)
　∴ 정의 출장 여비는 320+270=590달러이다.
• 무의 출장 여비
　– 숙박비 : 75×5=375달러(∵ 실비 지급)
　– 식비 : 35×6×1.2=252달러(∵ 마일리지 사용)
　∴ 무의 출장 여비는 375+252=627달러이다.

따라서 출장 여비를 많이 지급받는 출장자부터 순서대로 나열하면 을－갑－병－무－정이다.

29

정답 ②

갑 ~ 정의 할인 금액은 각각 다음과 같다.

- 갑(C체크카드) : 20,000×0.1+14,000×0.2=4,800원
- 을(B체크카드) : 40,000×0.1(주말)+20,000×0.05=5,000원
- 병(D체크카드) : 25,000×0.1+17,000×0.05=3,350원
- 정(A체크카드) : 3,000+15,000×0.1=4,500원

따라서 할인 금액이 가장 큰 사람은 을이다.

30

정답 ②

전월이용실적이 102만 원인 경우는 월간 통합할인한도가 5만 원이며, 현재까지 할인받은 금액이 4만 3천 원이므로 7천 원까지 할인받을 수 있다. H서점에서 4만 원 사용 시 6,000원(15%) 할인되므로 모두 할인을 적용받을 수 있다.

오답분석

① 현재 할인 가능 금액은 23,000원(30,000원−7,000원)이며, E놀이공원에서 5만 원 사용 시 할인 금액은 25,000원(50%)이다.

③ 현재 할인 가능 금액은 2,000원(20,000원−18,000원)이며, G편의점에서 2만 원 사용 시 할인 금액은 3,000원(15%)이다.

④ 대중교통 할인 서비스는 전월이용실적이 30만 원 이상 이어야 적용 가능하다.

31

정답 ③

은행의 연간 보험료는 분기별 보험료에 4를 곱해야 하므로 (예금등의 분기별 평균잔액)$\times\frac{32}{10,000}$ 임을 알 수 있다.

다음으로 X를 천만 원이라고 하고 회사별 비율과 보험료를 구하면 다음과 같다.

회사	비용	비율	보험료(만 원)
A종합 금융회사	24X	$\frac{15}{10,000}$	$24X\times\frac{15}{10,000}=36$
B보험 회사	22X÷2	$\frac{15}{20,000}$	$11X\times\frac{15}{10,000}=16.5$
C상호 저축은행	50X	$\frac{40}{10,000}$	$50X\times\frac{40}{10,000}=200$
D은행	5X	$\frac{32}{10,000}$	$5X\times\frac{32}{10,000}=16$
E투자 중개업자	30X	$\frac{15}{10,000}$	$30X\times\frac{15}{10,000}=45$

보험료는 C상호저축은행이 200만 원으로 가장 많은 금액을 내고, D은행이 16만 원으로 가장 적은 금액을 낸다.

따라서 두 곳이 납부할 보험료 차이는 200−16=184만 원이다.

32

정답 ②

기업의 자금난을 파악할 수 있는 사채는 차환사채로, 2022년 하반기 발행액은 202억 원이며, 2023년 하반기 발행액의 90%인 226×0.9=203.4억 원보다 적다.

오답분석

① 보증사채와 무보증사채의 2023년 하반기 대비 2024년 상반기 증감률은 각각 다음과 같다.

- 보증사채 : $\frac{1,562-1,407}{1,407}\times100\fallingdotseq11.0\%$
- 무보증사채 : $\frac{977-896}{896}\times100\fallingdotseq9.0\%$

따라서 보증사채 증가율이 무보증사채 증가율의 11÷9≒1.2배이다.

③ 물적인 보증을 통해 발행하는 사채는 담보부사채이다.

- 2023년 상반기 발행액과 2022년 하반기 발행액의 차이 : 980−880=100억 원
- 2023년 상반기 발행액과 2023년 하반기 발행액의 차이 : 1,047−980=67억 원

따라서 2023년 상반기 발행액과 2022년 하반기 발행액의 차이가 더 크다.

④ 사채별 전년 동기 대비 2024년 상반기 증감률과 전년 동기 대비 2023년 상반기 증감률은 각각 다음과 같다.

(단위 : %)

구분	전년 동기 대비 2023년 상반기 증감률	전년 동기 대비 2024년 상반기 증감률
보증사채	$\frac{1,220-1,010}{1,010}\times100\fallingdotseq20.8$	28.0
무보증사채	$\frac{740-680}{680}\times100\fallingdotseq8.8$	32.0
담보부사채	$\frac{980-810}{810}\times100\fallingdotseq21.0$	26.0
차환사채	$\frac{220-180}{180}\times100\fallingdotseq22.2$	5.0
전환사채	$\frac{510-440}{440}\times100\fallingdotseq15.9$	18.0

따라서 전년 동기 대비 2024년 상반기 증감률보다 전년 동기 대비 2023년 상반기 증감률이 더 높은 사채는 차환사채 한 가지이다.

33

정답 ④

E은행은 8월 대비 9월에 미디어지수와 참여지수가 상승했으나, 소통지수, 커뮤니티지수, 사회공헌지수의 하락으로 브랜드평판 순위가 그대로이다.

오답분석

①·② 제시된 자료를 통해 확인할 수 있다.

③ A은행의 커뮤니티지수는 8월 대비 9월에 2,291,388개에서 7,155,470개로 가장 큰 증가폭을 보였다.

34

정답 ④

B은행의 창구 이용, 자동화기기의 총수수료 평균은 약 933원으로 A ~ O은행 중 가장 크다.

오답분석

① 자동화기기 마감 전 수수료가 700원 이상인 은행은 A·B·I·K·N은행으로 총 5곳이다.
② '운영하지 않음'을 제외한 A ~ R은행의 창구 이용 수수료의 평균은 약 756원이다.
③ '면제'를 제외한 A ~ R은행의 자동화기기 마감 전 수수료 평균은 600원이며, 마감 후 수수료 평균은 770원이다.

35

정답 ①

신용카드 민원 건수를 제외한 자체민원의 전분기 민원 건수[71−(가)]를 a라고 하면, 전분기 대비 금분기 자체민원의 민원 건수 증감률에 대해 다음과 같은 식이 성립한다.

$\frac{90-a}{a}\times100=80$

$\rightarrow 9{,}000-100a=80a$

$\rightarrow 180a=9{,}000$

$\therefore a=50$

50=71−(가)이므로 (가)=21이다.

신용카드 민원 건수를 제외한 대외민원의 금분기 민원 건수[8−(나)]를 b라 할 때, 전분기와 비교하여 금분기 대외민원의 민원 건수 증감률에 대해 다음과 같은 식이 성립한다.

$\frac{b-10}{10}\times100=-40$

$\rightarrow 100b-1{,}000=-400$

$\rightarrow 100b=600$

$\therefore b=6$

6=8−(나)이므로 (나)=2이다.

따라서 (가)+(나)=23이다.

36

정답 ②

토요일 오전 8시는 영업시간 외이므로 타행 자동화기기로 5만 원 출금 시 1,000원의 수수료가 적용된다.

오답분석

① 평일 오후 8시는 영업시간 외이므로 국민은행 자동화기기로 8만원 출금 시 500원의 수수료가 적용된다.
③ 일요일은 영업시간 외이므로 타행 자동화기기로 12만 원을 이체할 경우 1,000원의 수수료가 적용된다.
④ 평일 오후 3시는 영업시간 내이므로 국민은행 자동화기기를 이용하여 국민은행계좌로 이체 시 수수료는 면제된다.

37

정답 ④

A씨의 2024년 해외송금수수료를 구하면 다음과 같다.

구분	송금 금액	이용 은행	해외송금 수수료	전신료
2024.02.03	$720	D은행	14,000원	7,500원
2024.03.06	$5,200	A은행	30,000원	10,000원
2024.04.04	$2,500	B은행	22,000원	7,000원
2024.04.27	$1,300	A은행	20,000원	10,000원
2024.05.15	$2,300	C은행	23,000원	8,000원
2024.06.09	$1,520	D은행	14,000원	7,500원
2024.07.11	$5,500	E은행	27,500원	7,000원
2024.08.20	$800	D은행	14,000원	7,500원
2024.09.04	$1,320	A은행	20,000원	10,000원
2024.10.24	$2,300	D은행	19,000원	7,500원
2024.12.12	$800	D은행	14,000원	7,500원

따라서 해외송금수수료와 전신료를 모두 합한 금액은 307,000원이다.

38

정답 ④

50만 원을 먼저 지불하였으므로 남은 금액은 250−50=200만 원이다.

매월 a만 원을 갚을 때 남은 금액은 다음과 같다.

- 1개월 후 : $(200\times1.005-a)$원
- 2개월 후 : $(200\times1.005^2-a\times1.005-a)$원
- 3개월 후 : $(200\times1.005^3-a\times1.005^2-a\times1.005-a)$원

⋮

- 12개월 후 : $(200\times1.005^{12}-a\times1.005^{11}-a\times1.005^{10}-\cdots-a)$원

12개월 후 갚아야 할 금액이 0원이므로 $200\times1.005^{12}-a\times1.005^{11}-a\times1.005^{10}-\cdots-a=0$이다.

$200\times1.005^{12}=a\times1.005^{11}+a\times1.005^{10}+\cdots+a$

$=\frac{a(1.005^{12}-1)}{1.005-1}$이므로 다음과 같은 식이 성립한다.

$$a=\frac{200\times0.005\times1.005^{12}}{1.005^{12}-1}=\frac{200\times0.005\times1.062}{1.062-1}\fallingdotseq17.13$$

따라서 K씨가 매월 내야 하는 금액은 171,300원이다.

39

정답 ③

연복리적금의 만기수령액을 구하는 식은 다음과 같다.

$$\frac{(\text{월 납입액})\times\left\{(1+r)^{\frac{n+1}{12}}-(1+r)^{\frac{1}{12}}\right\}}{(1+r)^{\frac{1}{12}}-1}$$

이를 변형하면 다음과 같다.

$$\frac{(\text{월 납입액})\times(1+r)^{\frac{1}{12}}\left\{(1+r)^{\frac{n}{12}}-1\right\}}{(1+r)^{\frac{1}{12}}-1}$$

위의 식을 이용하여 두 상품의 만기수령액을 구하면 다음과 같다.

- 연복리적금 : $\frac{(120,000)(1+0.024)^{\frac{1}{12}}\{(1+0.024)^{\frac{36}{12}}-1\}}{(1+0.024)^{\frac{1}{12}}-1}$

  $=\frac{120,000\times1.002\times(1.074-1)}{1.002-1}$

  $=4,448,880$원
- 단기예금 : $4,000,000+4,000,000\times0.028\times2$

  $=4,000,000+224,000$

  $=4,224,000$원

따라서 연복리적금이 단기예금보다 $4,448,880-4,224,000=224,880$원 더 받는다.

40

정답 ③

대리석 10kg당 가격은 달러로 $35,000\div100=350$달러이며, 원화로 바꾸면 $350\times1,160=406,000$원이다.

따라서 대리석 1톤의 수입대금은 원화로 $406,000\times1,000\div10=$ 4,060만 원이다.

제2영역 직무심화지식

01	02	03	04	05	06	07	08	09	10
④	①	④	③	④	④	②	①	④	②
11	12	13	14	15	16	17	18	19	20
④	③	③	②	③	③	②	④	①	②
21	22	23	24	25	26	27	28	29	30
①	③	②	④	③	④	①	①	②	④
31	32	33	34	35	36	37	38	39	40
②	④	①	④	③	③	①	④	②	②

01

정답 ④

스마트뱅킹에 신규가입한 다음 앱 실행 후 로그인(이벤트 1) 1매, 앱으로 금융상품마켓을 실행하여 적금 가입(이벤트 2) 1매로 총 2매를 받는다.

오답분석

① 스마트뱅킹에 신규가입하고, 앱을 실행 후 로그인을 해야 한다.
② 당첨발표는 12월 말이다.
③ 아이패드에 당첨되면 영업점에 가서 수령하는 것은 옳으나, 정보가 수탁업체에 제공되지는 않는다.

02

정답 ①

월 납입금액이 50만 원이므로, B적금은 우대금리를 적용받으며, 문제의 조건에 따라 적금상품별 만기환급금을 계산하면 다음과 같다.

구분	적용금리	만기환급금
A적금	연 2% (연복리)	$50\times\frac{(1.02)^{\frac{25}{12}}-(1.02)^{\frac{1}{12}}}{(1.02)^{\frac{1}{12}}-1}$ $=50\times\frac{1.04-1.001}{0.001}=1,950$만 원
B적금	연 3.5% (연복리)	$50\times\frac{(1.035)^{\frac{21}{12}}-(1.035)^{\frac{1}{12}}}{(1.035)^{\frac{1}{12}}-1}$ $=50\times\frac{1.06-1.003}{0.003}=950$만 원
C적금	연 4% (단리)	$50\times30+50\times\frac{30\times31}{2}\times\frac{0.04}{12}$ $=1,577.5$만 원
D적금	연 3% (단리)	$50\times32+50\times\frac{32\times33}{2}\times\frac{0.03}{12}$ $=1,666$만 원

따라서 만기환급금이 가장 큰 적금상품은 A적금이다.

03

정답 ④

주택청약과 E실비보험에 가입하면서 월 납입금액이 40만 원이므로 A, B, C적금은 우대금리를 적용받으며, 문제의 조건에 따라 적금상품별 만기환급금을 계산하면 다음과 같다.

구분	적용금리	만기환급금
A적금	연 3% (연복리)	$40\times\frac{(1.03)^{\frac{25}{12}}-(1.03)^{\frac{1}{12}}}{(1.03)^{\frac{1}{12}}-1}$ $=40\times\frac{1.06-1.002}{0.002}=1,160$만 원
B적금	연 3.5% (연복리)	$40\times\frac{(1.035)^{\frac{21}{12}}-(1.035)^{\frac{1}{12}}}{(1.035)^{\frac{1}{12}}-1}$ $=40\times\frac{1.06-1.003}{0.003}=760$만 원
C적금	연 4.5% (단리)	$40\times30+40\times\frac{30\times31}{2}\times\frac{0.045}{12}$ $=1,269.75$만 원
D적금	연 3% (단리)	$40\times32+40\times\frac{32\times33}{2}\times\frac{0.03}{12}$ $=1,332.8$만 원

따라서 만기환급금이 가장 큰 적금상품은 D적금이다.

04

정답 ③

러시아의 미국 달러 지수는 90루블/USD이므로 500루블을 미국 달러로 환전하면 $500\times\frac{1}{90}\fallingdotseq5.56$USD이다.

05

정답 ④

미국 달러의 대한민국 원화 가치가 1,250원/USD이므로 $1,000,000$원$=\frac{1,000,000}{1,250}$USD$=800$USD이다.

따라서 1,000,000원을 CAD로 환전하면 $1.3\times800=1,040$CAD이다.

06

정답 ④

분할인출하는 금액에는 제한이 없지만, 분할인출 후 계좌별 잔액은 100만 원 이상 유지되어야 한다.

오답분석

① 영업점에서는 신규가입이 불가능하며, KB스타뱅킹·인터넷뱅킹·고객센터와 같은 비대면 채널을 통해서만 가입이 가능하다.

② 추가입금은 불가능하다고 명시하고 있다.

③ 분할인출 가능 계좌는 가입일로부터 1개월 이상 경과된 계좌이며, 해지를 포함해 계좌별 3회 이내로 분할인출이 가능하다.

07

정답 ②

㉠ 계약기간은 월 단위로 1개월 이상 36개월 이하라고 명시하고 있다.

㉢ 계좌를 양도하거나 담보로 제공할 수 있으며, 이때 예금담보대출은 예금잔액의 95%까지 가능하다.

오답분석

㉡ 만기(후) 또는 중도해지 요청 시에 이자를 지급한다고 명시했으므로 계약기간 중간에는 이자를 지급하지 않음을 알 수 있다.

㉣ 만기 전 해지할 경우 계약에서 정한 이율보다 낮은 중도해지이율이 적용된다고 명시하고 있다.

08

정답 ①

이자를 계산하는 산식은 (신규금액)×(약정이율)×(약정개월수)÷12이며, 36개월 가입 시 고객적용이율은 2.87%이다. 그러므로 이자는 $2,000,000\times0.287\times36\div12=172,200$원이다.

따라서 K씨가 수령할 원리금의 합계는 $2,000,000+172,200=2,172,200$원이다.

09

정답 ④

조사대상기업 160개사 중 응답 비율이 62.5%이므로 설문조사에 응한 기업은 100개사이다. 그중 대금결제일이나 환전시점을 조정하는 적극적인 환리스크 관리 기법을 활용한 기업은 환리스크를 별도로 관리하는 기업 중에서 30%를 차지하므로 $40\times0.3=12$개사이다. 따라서 전체 응답자 100개사 중에서 12개사이므로 12%의 비중을 차지한다.

10

정답 ②

A주임이 K은행 튼튼준비적금과 S은행 탄탄대로적금에 가입하는 경우를 나누어 살펴보면 다음과 같다.

• K은행 튼튼준비적금에 가입하는 경우

– 이자액 : $100,000\times\left(\frac{36\times37}{2}\right)\times\left(\frac{0.018}{12}\right)=99,900$원

– 적립원금 : 100,000×36=3,600,000원

∴ 만기환급금은 99,900+3,600,000=3,699,900원이다.

• S은행 탄탄대로적금에 가입하는 경우

– 이자액 : $120,000\times\left(\frac{30\times31}{2}\right)\times\left(\frac{0.020}{12}\right)=93,000$원

– 적립원금 : 120,000×30=3,600,000원

∴ 만기환급금은 93,000+3,600,000=3,693,000원이다.

따라서 A주임이 가입할 적금상품은 만기환급금이 더 큰 K은행의 튼튼준비적금이고, 이때의 만기환급금은 3,699,900원이다.

11

정답 ④

K은행 튼튼준비적금과 S은행 탄탄대로적금의 경우 적립 원금은 3,600,000원으로 동일하므로 이 문제에서 계산할 필요가 없다.

• K은행 튼튼준비적금에 가입하는 경우

– 기본금리 : 1.8%

– 우대금리 : 0.10%p(급여이체)

– 적용금리 : 1.8+0.10=1.90%

∴ 이자액은 $100,000\times\left(\frac{36\times37}{2}\right)\times\left(\frac{0.019}{12}\right)=105,450$원이다.

• S은행 탄탄대로적금에 가입하는 경우

– 기본금리 : 2.0%

– 우대금리 : 0.20(우수거래고객)+0.20(가족회원)=0.40%p

– 적용금리 : 2.0+0.40=2.40%p

∴ 이자액은 $120,000\times\left(\frac{30\times31}{2}\right)\times\left(\frac{0.024}{12}\right)=111,600$원이다.

따라서 A주임이 가입할 적금상품은 이자액이 더 큰 S은행의 탄탄대로적금이고, 이때의 적용금리는 연 2.40%이다.

12

정답 ③

매년 받을 일정한 금액을 a원이라고 하면 3년 후의 원리합계에 대해 다음과 같은 식이 성립한다.

$$a+a(1+0.05)+a(1+0.05)^2=40,000,000$$

$$\rightarrow \frac{a(1.05^3-1)}{1.05-1}=\frac{a(1.16-1)}{0.05}=40,000,000$$

$$\therefore a=\frac{40,000,000\times0.05}{0.16}=12,500,000$$

따라서 매년 1,250만 원의 임대료를 받아야 한다.

13

정답 ③

A주임이 지불한 총 이용원금과 이에 따른 할부수수료를 정리하면 다음과 같다.

(단위 : 원)

회차	이용원금 상환액	할부수수료	할부잔액
1회	200,000	1,200,000×(0.14÷12) =14,000	1,000,000
2회	200,000	1,000,000×(0.14÷12) ≒11,667	800,000
3회	200,000	800,000×(0.14÷12)≒ 9,333	600,000
4회	200,000	600,000×(0.14÷12)= 7,000	400,000
5회	200,000	400,000×(0.14÷12)≒ 4,667	200,000
6회	200,000	200,000×(0.14÷12)≒ 2,333	0
합계	1,200,000	49,000	–

1,200,000+49,000=1,249,000원이므로 A주임은 6개월 할부로 산 전기자전거에 대해 총 1,249,000원을 지불한다.
따라서 A주임이 지불할 할부수수료 총액은 49,000원이다.

14

정답 ②

K기업이 2025년 2월에 진행한 수출입거래 건수를 보면 2월 3일 미국 A사 수출과 2월 5일 일본 C사 수입으로 총 두 건의 거래가 있었다.

미국 A사와의 거래에서는 수출대금이 1,000×10×10=100,000달러이며, 결제일은 인도일인 2월 16일에 3일을 더한 2월 19일이 된다. 따라서 당좌계좌에 100,000×1,225.70=122,570,000원이 입금된다.

일본 C사와의 거래에서는 수입대금이 1,000×50×50=2,500,000엔이며, 결제일은 인수일인 2월 11일에 12일을 더한 2월 23일이 된다. 따라서 당좌계좌에서 2,500,000×1,092.10÷100=27,302,500원이 인출된다.

따라서 2월 25일 기준 당좌계좌에 남아있는 금액은 10,000,000+122,570,000−27,302,500=105,267,500원이다.

15

정답 ③

청년 우대형 주택청약의 상품설명 중 대상 항목을 살펴보면 된다. 무주택자이면서 병역복무기간(최대 6년)만큼 차감 가능하기 때문에 C씨는 군대 다녀온 기간(2년)을 차감하면 34세로 요건에 해당한다.

오답분석

① 연소득 3천만 원 이하만 가입 가능하기 때문에 해당하지 않는다.
② 본인 명의의 집이 있기 때문에 해당하지 않는다.
④ 주민등록등본에 함께 등재된 본인, 배우자, 부모, 자녀 모두 무주택인 무주택세대의 세대원은 가능하나, 부모님이 집을 소유하고 있기 때문에 해당하지 않는다.

16

정답 ③

중간에 통장이 바뀌었기 때문에 기간을 나누어서 계산해야 한다. 2021년 1월～2023년 12월 동안에는 매월 20만 원씩 납입하여 원금은 20×48=960만 원이고, 이에 대한 이자율은 1.8%이므로 $20\times\frac{48\times49}{2}\times\frac{0.018}{12}\fallingdotseq35$만 원이다.

전환신규일에 전환원금과 이에 대한 이자 995만 원은 신규통장에 예치되므로 상품혜택 부문을 보면 이 원금을 37개월(2024년 1월～2027년 1월) 동안 다시 예치하기 때문에 단리예금이자로 계산하면 $995\times0.018\times\frac{37}{12}\fallingdotseq55$만 원의 이자가 붙는다.

다음으로 청년 우대형 주택청약으로 바뀐 해를 계산하면 원금은 2024년 1월～2027년 1월 동안에 매월 20만 원씩 납입하여 20×37=740만 원이며, 2024～2026년의 3년간 적용되는 이자율은 1.8%에 기본금리 부문에서 가입기간이 2년 이상이며, 무주택기간에 우대금리 1.5%p 적용시켜 총 이자율은 3.3%가 된다. 이를 적용하면 이 원금에 대한 이자는 $20\times\frac{37\times38}{2}\times\frac{0.033}{12}\fallingdotseq38$만 원이다.

따라서 P씨가 2027년 2월에 받게 될 총금액은 원금 및 이자들을 모두 더한 960+35+55+740+38=1,828만 원이다.

17

정답 ②

입사한 지 1년이 채 안 되기 때문에 소득확인증명서는 제출할 수 없고, 임금대장을 제출해야 한다.

18

정답 ④

직장인 우대이율과 제휴통신사 우대이율은 정기적립분에만 적용되는 우대이율로, 추가적립분에 대해서는 보너스저축 우대이율 0.2%p가 일괄적으로 적용된다.

오답분석

① 가입대상은 실명의 개인으로 미성년자를 제한하고 있지 않다. 미성년자에 대해 언급된 부분은 고객센터 방문을 통한 미성년자 예금 해지가 불가능하다는 내용뿐이다.
② 특별중도해지에 해당하는 경우 기본금리를 받을 수 있으며, 이 금리는 연 2%를 초과한다.
③ 급여이체 여부와 관계없이 가입할 수 있는 상품이며, 급여이체 실적이 있는 경우 우대금리를 제공하는 상품이다.

19

정답 ①

급여이체실적은 가입일 기준으로 3개월이 경과한 달의 말일까지 1회 이상 발생하면 된다. 가입일이 1월 1일일 경우 3월 31일까지를 의미하므로, 반드시 당월에 급여이체 실적이 발생해야 하는 것은 아니다.

오답분석

② 매월 동일한 날에 정액적립저축을 하는 상품이다.
③ 중도해지 시 받는 중도해지이율은 기본이율의 90% 미만이며, 특별중도해지인 경우에 기본금리 외 우대금리는 받을 수 없으므로 이율이 낮아질 가능성이 높지만, 애초에 우대금리 없이 기본금리로만 가입한 고객의 경우에는 특별중도해지로 인한 이율의 하락이 발생하지 않는다.
④ 특별중도인출은 계약기간의 1/2 이상을 경과한 계좌에 대해 주는 혜택이므로 이 상품의 최소 가입기간인 1년의 50%인 6개월 이상은 경과해야 특별중도해지에 해당할 가능성이 생긴다.

20

정답 ②

오답분석

① 직장인우대적금과 자녀행복적금의 경우 신규가입 시 일정금액을 예치하는 조건이 없다.
③ 직장인우대적금은 분기별 1회 추가적립이 가능하다.
④ 만능정기적금은 1개월 이상 3년 이내에 월 단위로 설정이 가능하고, 직장인우대적금은 1년 이상 3년 이내에 연 단위로 설정이 가능하다. 또한 자녀행복적금은 가입기간이 1년으로 정해져 있다.

21

정답 ①

적금에 대한 안내에 정기예금에 대한 안내가 표기되어 있다.

22

정답 ③

직장인우대적금 개요를 살펴보면 결혼・출산・이사 등의 이벤트를 위해 중도해지 시 기본이율을 제공하고, 우대금리는 적용되지 않는다고 하였으므로 가입기간 1년에 해당하는 금리인 1.6%가 중도해지이율이 된다.

23

정답 ②

대출기간은 최장 10년에 거치기간 1년을 포함하면 최대 11년이다.

오답분석

① 상환방법(만기일시상환 또는 원금균등분할상환)에 따른 우대금리는 1년 경과 시에 적용되므로 첫 해에는 적용되지 않는다. 신용등급 4등급, 대출금액 1천만 원 이하, 대출기간 1년 이내, K뱅킹 앱을 통한 대출을 모두 만족하는 경우의 최소 대출적용금리는 2.84+1.31−1.15=3.0%이다.

③ 만기일시상환 시, 1년 후부터 매년 0.25%p씩 금리가 줄어들지만 한도가 2%p이므로 2÷0.25=8회까지 우대금리가 적용되어 대출기간이 9년 이내일 경우 대출금리는 매년 줄어들지만 9년을 초과할 경우, 대출금리가 전년도 적용금리가 유지된다. 원금균등분할상환을 선택하면 1년 후부터 매년 0.4%p씩 금리가 줄어들지만 한도가 4%p이므로 4÷0.4=10회까지 우대금리가 적용되어 최대 대출기간인 11년 동안 매년 전년도 대비 대출금리가 줄어든다.

④ 2024년 8월 1일이 토요일이라면 수요일은 총 4번(5일, 12일, 19일, 26일)이고, 일요일일 경우에도 수요일은 총 4번(4일, 11일, 18일, 25일)이다. 따라서 최대 250×4=1,000개가 판매된다.

24

정답 ④

중도상환수수료가 없으므로 A씨와 B씨의 중도상환 전까지의 대출이자만 계산한다.

- A씨의 대출금리
  - 신용등급 5등급 : 4.11%
  - 대출금액 : 2,000만 원, 대출기간 3년 가산금리 : 2.12%p
  - 우대금리 : 1년 만에 중도상환으로 해당 없음

  거치기간 1년으로 첫 해에는 원금을 납부하지 않아 원금에 대한 이자금액을 납부한다.

  그러므로 대출적용금리는 4.11+2.12=6.23%이며, A씨의 총 이자금액은 2,000×0.0623=124.6만 원이다.
- B씨의 대출금리
  - 신용등급 5등급 : 4.11%
  - 대출금액 : 3,000만 원, 대출기간 5년 가산금리 : 4.11%p
  - 우대금리 : K뱅킹 앱을 통한 대출(1.15%p), 만기일시상환 1년경과 시마다 적용(0.25%p)

  B씨의 경우, 우대금리에 따라 매년 대출적용금리가 다르고, 만기일시지급방식으로 원금에 대한 이자가 발생한다.

구분	적용금리	이자금액
첫 번째 1년간	4.11+4.11−1.15 =7.07%	3,000×0.0707 =212.1만 원
두 번째 1년간	7.07−0.25 =6.82%	3,000×0.0682 =204.6만 원

  그러므로 B씨가 납부한 총이자금액은 212.1+204.6=416.7만 원이다.

따라서 A씨와 B씨가 원금 외 지불한 금액은 각각 124.6만 원, 416.7만 원이다.

25

정답 ③

총분납금은 초기, 중기, 최종에 해당하는 금액을 모두 더한 값이다.

- 초기 : 최초주택가격의 30%이다.
  → 200,000,000×0.3=60,000,000원
- 중기 – 입주일로부터 4년 : ①의 금액이 적용된다.
  ① (최초주택가격)×[1+(이자율)]^4×20%
  =200,000,000×1.3×0.2=52,000,000원
  ② 감정평가금액의 20%이다.
  → 300,000,000×0.2=60,000,000원
- 중기 – 입주일로부터 8년 : ②의 금액이 적용된다.
  ① (최초주택가격)×[1+(이자율)]^8×20%
  =200,000,000×2.2×0.2=88,000,000원
  ② 감정평가금액의 20%이다.
  300,000,000×0.2=60,000,000원
- 최종 : 감정평가액의 30%이다.
  → 300,000,000×0.3=90,000,000원

따라서 총분납금은 60,000,000+52,000,000+60,000,000+90,000,000=262,000,000원이다.

26

정답 ④

총 급여가 12,000만 원 이하일 때, 연간 공제한도가 최대 400만 원이므로 A는 4,000,000이다. 다음 공식에 알맞은 수를 대입하여 B, C, D에 들어갈 수를 계산한다.

$$(\text{연간 공제한도})\times\frac{(\text{공제비율})}{100}=(\text{연간 최대 절세금액})$$

$$\rightarrow (\text{공제비율})=\frac{(\text{연간 최대 절세금액})}{(\text{연간 공제한도})}\times 100$$

- $B=\frac{66}{400}\times 100=16.5$
- $C=\frac{52.8}{400}\times 100=13.2$
- $D=3{,}000{,}000\times 0.132=396{,}000$

따라서 빈칸 A, B, C, D에 들어갈 수치가 바르게 짝지어진 것은 ④이다.

27

정답 ①

'서비스 이용조건'에서 무이자 할부 등의 이용금액은 적립 및 산정 기준에서 제외되므로 자동차의 무이자 할부 구매금액은 적립을 받을 수 없다.

오답분석

② '전 가맹점 포인트 적립 서비스'에서 가맹점에서 10만 원 이상 사용했을 때, 적립 포인트는 사용금액의 1%이다.
③ '바우처 서비스'에서 카드발급 초년도 1백만 원 이상 사용 시 신청이 가능하다고 했으므로 A대리는 바우처를 신청할 수 있다.
④ '보너스 캐시백'을 보면 매년 1회 연간 이용금액에 따라 캐시백이 제공된다. 따라서 A대리가 1년간 4천만 원을 사용했을 경우 3천만 원 이상으로 5만 원을 캐시백으로 받을 수 있다. 매년 카드발급월 익월 15일에 카드 결제계좌로 입금이 되어 2025년 10월 15일에 입금이 된다.

28

정답 ①

A대리의 11월 신용카드 사용내역서에서 '서비스 이용조건'에 제시된 이용금액이 적립 및 산정 기준에서 제외되는 경우는 무이자 할부, 제세공과금(지방세), 장기카드대출(카드론), 단기카드대출(현금 서비스)이다. 이 경우를 제외하고, 전 가맹점에서 10만 원 미만 0.7%, 10만 원 이상 1%, 2만 원 이상 즉시결제 서비스 이용 시 0.2%가 적립된다.

가맹점명	사용금액	비고	포인트 적립
○○가구	200,000원	3개월 무이자 할부	무이자 할부 제외
A햄버거 전문점	12,000원		0.7%
지방세	2,400원		제세공과금 제외
현금 서비스	70,000원		현금 서비스 제외
C영화관	40,000원		0.7%
◇◇할인점	85,000원		0.7%
카드론(대출)	500,000원		카드론 제외
M커피	27,200원	즉시결제	0.2%
M커피	19,000원	즉시결제	2만 원 미만으로 적립 제외
△△스시	100,000원		1%

따라서 11월에 적립되는 A대리의 포인트는 {(12,000+40,000+85,000)×0.007}+(27,200×0.002)+(100,000×0.01)=959+54.4+1,000=2,013.4점이다.

29

정답 ②

영역별 감독분담금 산정 기준이 투입인력 60%, 영업수익 40%이므로 영업수익과 투입인력 모두 많은 영역이 감독분담금을 더 많이 산정받는다.

오답분석

① 금융회사별 총부채 정도와 영업수익 등을 모르면 알 수 없다.
③ 보험영역 총부채가 증가하더라도 개별 회사의 총부채나 영업수익에 따라 감독부담금은 달라진다.
④ 보험회사 B와 C의 영업이익을 모르면 알 수 없다.

30

정답 ④

금융회사별 감독분담금 산정에 따라 금융기관별 감독분담금을 구하면 다음과 같다.

- A은행 : 100×0.5=5만 원
- B금융투자 : (130×0.3)+(40×0.4)=55만 원
- C금융투자 : (150×0.7)+(20×0.2)=109만 원
- D보험 : (210×0.9)+(75×0.1)=196.5만 원

따라서 감독분담금을 가장 많이 부담하는 금융기관은 D보험이다.

31

정답 ②

베타 버전은 정식 프로그램을 출시하기 전, 테스트 목적으로 일반인에게 공개하는 프로그램이다.

오답분석

① 알파 버전 : 베타테스트를 하기 전, 제작 회사 내에서 테스트할 목적으로 제작하는 프로그램
③ 데모 버전 : 정식 프로그램의 기능을 홍보하기 위해 사용 기간이나 기능을 제한하여 배포하는 프로그램
④ 패치 버전 : 이미 제작하여 배포된 프로그램의 오류 수정이나 성능 향상을 위해 프로그램의 일부 파일을 변경해 주는 프로그램

32

정답 ④

오답분석

① 스니핑(Sniffing) : 특정한 호스트에서 실행되어 호스트에 전송되는 정보(계정, 패스워드 등)를 엿보는 행위
② 스푸핑(Spoofing) : 검증된 사람이 네트워크를 통해 데이터를 보낸 것처럼 데이터를 변조하여 접속을 시도하는 침입 형태
③ 백도어(Back Door) : 시스템 관리자의 편의를 위한 경우나 설계상 버그로 인해 시스템의 보안이 제거된 통로로, 트랩 도어(Trap door)라고도 함

33

정답 ①

데이터베이스 관리시스템은 소프트웨어에 속한다.

34

정답 ④

제시문은 GPU에 대한 설명이다. 딥 러닝(Deep Learning)에서 다량의 학습 데이터를 신속하게 반복 학습시키기 위해 GPU를 많이 활용하고 있다. 실제로 GPU를 활용하면서 딥 러닝의 성능 또한 크게 향상되었다.

오답분석

① CPU(Central Processing Unit) : 컴퓨터의 두뇌이자 심장부의 역할을 하는 중앙처리장치로, 다른 모든 장치의 동작을 제어한다. CPU는 프로그램 명령을 해독·실행하는 장치, 제어장치, 연산장치 및 내부 기억장치(레지스터)를 합친 것으로 가장 중요한 장치이다.

② AI(Artificial Intelligence) : 컴퓨터에서 인간과 같이 사고하고 생각하고 학습하고 판단하는 논리적인 방식을 사용하는 인간의 지능을 본뜬 고급 컴퓨터 프로그램이다.

③ HDD(Hard Disk Drive) : 자성체로 코팅된 원판형 알루미늄 기판에 자료를 저장할 수 있도록 만든 보조기억장치의 한 종류이다.

35

정답 ③

교착상태 예방 기법은 교착상태가 발생하지 않도록 사전에 시스템을 제어하는 것으로, 상호배제 부정, 점유 및 대기 부정, 비선점 부정, 환형 대기 부정 등의 방법이 있다.

은행원 알고리즘은 교착상태 회피 기법으로, 교착상태가 발생할 가능성을 배제하지 않고 교착상태가 발생하면 적절히 피해나가는 방법이다.

36

정답 ③

스케줄링의 목적(공정성, 처리율 증가, CPU 이용률 증가, 우선순위 제도, 오버헤드 최소화, 응답 시간 최소화, 반환 시간 최소화, 대기 시간 최소화, 균형 있는 자원의 사용, 무한 연기 회피) 중 CPU 이용률, 처리량, 반환 시간, 대기 시간, 응답 시간은 여러 종류의 스케줄링 성능을 비교하는 기준이 된다.

바인딩 시간은 프로그램에서 어떤 요소의 이름을 그것이 나타내는 실제의 대상물과 연결하는 시간으로, 스케줄링 알고리즘과는 무관하다.

37

정답 ①

페이징 기법(Paging Technique)은 컴퓨터가 메인 메모리에서 사용하기 위해 2차 기억 장치로부터 데이터를 저장하고 검색하는 메모리 관리 기법으로, 외부 단편화가 발생할 수 없다. 작업크기가 할당된 크기보다 크다면 작업크기를 할당된 크기에 맞춰 나눠서 할당하기 때문에 오히려 내부 단편화가 발생한다.

38

정답 ④

그리드 컴퓨팅은 네트워크를 통해 PC나 서버, PDA 등 모든 컴퓨팅 기기를 연결해 컴퓨터 처리능력을 한 곳으로 집중할 수 있는 기술이다. 빅데이터 NCS는 인터넷 등의 발달로 방대한 데이터가 쌓이는 것 그리고 데이터 처리기술의 발달로 방대한 데이터를 분석해 그 의미를 추출하고 경향을 파악하는 기술이다.

39

정답 ②

FIFO 알고리즘은 복수의 신호 혹은 잡(Job)이 처리대기로 되어 있을 경우 처리의 우선순위를 붙이지 않고 먼저 메모리에 먼저 올라온 페이지를 먼저 내보내는 방식이다. 페이지가 활동적으로 사용되는데도 불구하고 가장 먼저 들어오면 교체되기 때문에 페이지 프레임을 더 많이 할당해도 페이지 부재율이 증가하는 모순적인 현상이 나타난다.

40

정답 ②

블록체인의 확장성에 대한 설명이다. 블록체인은 소스가 공개되어 있기 때문에 네트워크에 참여하는 누구나 구축, 연결 및 확장이 가능하다.

오답분석

① 블록체인의 안정성에 대한 설명이다.

③ 과거 은행과 신용카드 회사, 결제 제공자와 같은 중개자에 의존했던 것과 달리, 블록체인 기술은 중개자를 필요로 하지 않으며, 이는 신뢰가 필요 없는 시스템이라고도 불린다.

④ 블록체인의 분산성에 대한 설명이다.

제3영역 상식

01	02	03	04	05	06	07	08	09	10
②	②	①	④	④	④	④	①	②	④
11	12	13	14	15	16	17	18	19	20
①	①	③	④	④	①	③	③	④	②

01

정답 ②

베이지북은 미국 연방준비제도이사회(FRB)가 연 8회에 걸쳐 발표하는 미국 경제 동향 종합 보고서로, 1970 ~ 1982년까지는 그 표지가 붉은색이었기 때문에 레드북이라고 불렸었다. 한편 우리나라 기획재정부가 매월 발간하는 경기 분석 보고서는 그린북이라 한다.

02

정답 ②

매스티지(Masstige)는 중산층 소비자의 소득 수준이 올라감에 따라 값이 저렴하면서도 만족감을 얻을 수 있는 명품을 소비하는 경향을 가리키는 말로, 명품의 대중화 현상이라고도 한다. 이와 유사한 개념으로 중저가의 소비만 하던 중산층이 감성적인 만족감을 위해 비교적 저렴하고 새로운 명품 브랜드를 소비하는 것을 트레이딩업(Trading up)이라고 한다.

03

정답 ①

디깅 소비는 '파다'라는 뜻의 '디깅(digging)'과 '소비'를 합친 신조어로, 청년층의 변화된 라이프스타일과 함께 나타난 새로운 소비패턴을 의미한다. 소비자가 선호하는 특정 품목이나 영역에 깊이 파고드는 행위가 소비로 이어짐에 따라 소비자들의 취향을 잘 반영한 제품들에서 나타나는 특별 수요 현상을 설명할 때 주로 사용된다. 특히 가치가 있다고 생각하는 부분에는 비용 지불을 망설이지 않는 MZ세대의 성향과 맞물려 청년층에서 크게 유행하고 있다.

04

정답 ④

물가안정목표제는 최종목표를 물가안정에 두고 중간목표 없이 통화정책수단을 통해 목표에 도달하려는 방식이다. 우리나라의 한국은행은 1998년 물가안정목표제를 도입하여 국민들에게 물가안정목표를 미리 명시적으로 제시하고 이를 달성하기 위한 다양한 통화정책을 운영하고 있다.

05

정답 ④

외부불경제가 발생할 경우 사회적 한계비용(SMC)은 사적 한계비용(PMC)에 외부 한계비용(EMC)을 합한 값으로 산출한다. 그러므로 PMC는 4Q+20이고, EMC는 10이므로 SMC=4Q+30이다. 시장수요가 P=60−Q이므로 사회적 최적 생산량이 되기 위한 조건인 사회적 한계비용과 수요곡선이 교차하는 지점이므로 P=SMC에 따라 4Q+30=60−Q이므로 Q=6이다.
따라서 사회적 최적 생산량은 6이다.

06

정답 ④

게임이론(Theory of Games)이란 한 기업의 어떤 행동에 대하여 상대방이 어떻게 대응할지를 미리 생각해야 하는 전략적인 상황(Strategic Situation)하에서 자신의 이익을 효과적으로 달성하는 의사결정과정을 분석하는 이론을 말한다. 그러므로 게임이론은 소수의 기업만 존재하는 과점시장에서 유용하다.
죄수의 딜레마에서는 게임 참가자 간 협력할 경우 서로에게 가장 이익이 되는 상황임에도 불구하고 서로 간의 의사전달이 불가능하기 때문에 개인적인 욕심으로 서로에게 불리한 상황을 선택하는 딜레마이다. 그러나 게임이 무한반복되면 노출빈도가 증가하여 서로를 배반하기보다는 협력하게 된다.

07

정답 ④

독점시장의 시장가격은 완전경쟁시장의 가격보다 높게 형성되므로 소비자잉여는 줄어든다.

08

정답 ①

피구효과란 물가가 하락하면서 민간이 보유한 화폐의 실질 구매력이 증가하게 되므로 민간의 부가 증가함에 따라 소비가 증가하는 효과이다.

09

정답 ②

토지(유형자산)에 대한 취득세 지출은 원가에 포함되므로 당기순이익을 감소시키지 않는다.

오답분석

①·③·④ 비용발생으로 당기순이익을 감소시키는 거래에 해당한다.

10

정답 ④

- 증분수익 : (450−320)×1,500단위=₩195,000
- 증분비용 : (500−300)×500단위=₩100,000

따라서 증분손익은 195,000−100,000=95,000이므로
이익 ₩95,000이다.

11

정답 ①

㉠ NFT, 즉 '대체 불가능 토큰'은 블록체인의 토큰을 다른 토큰으로 대체하는 것이 불가능한 암호 화폐로서, 각각의 NFT에 고유한 인식값이 부여되어 있기 때문에 서로 대체할 수 없는 가치와 특성이 있으므로 상호 교환할 수 없다.

㉡ 최초의 발행자와 소유권 이전 등 모든 거래 내역이 투명하게 공개되고, 블록체인으로 발행되기 때문에 원천적으로 위조 또는 복제가 불가능하다.

㉢ NFT를 적용할 수 있는 종목은 이미지 · 영상 · 텍스트 · 음원 등의 디지털 콘텐츠, 음악 · 미술 등의 예술품을 비롯해 게임 아이템, 가상 부동산, 각종 상품 등 다양하다. 이처럼 NFT 기술을 적용할 수 있는 다양한 형태의 콘텐츠는 소유권을 거래할 수 있으며 고유성 · 희소성이 있는 디지털 자산이기 때문에 투자의 대상으로도 주목받고 있다.

오답분석

㉣ 저작물을 NFT화하는 과정을 민팅이라 하며, 누구나 민팅을 할 수 있기 때문에 NFT를 생산한 사람이 원저작자인지 또는 원저작자의 허락을 얻었는지 보장할 수 없다. 따라서 NFT는 저작권 · 소유권 침해를 둘러싼 법적 분쟁 우려가 있다.

㉤ NFT 소유자는 소유권만을 가질 뿐이며 저작권은 원저작자에게 있기 때문에 제3자가 저작권을 침해했을 때 소유자는 이를 신고할 수 없다.

12

정답 ①

'공짜 점심은 없다.'라는 의미는 무엇을 얻고자 하면 보통 그 대가로 무엇인가를 포기해야 한다는 뜻으로 해석할 수 있다. 즉, 어떠한 선택에는 반드시 포기하게 되는 다른 가치가 존재한다는 의미이다. 시간이나 자금의 사용은 다른 활동에의 시간 사용, 다른 서비스나 재화의 구매를 불가능하게 만들어 '기회비용'을 유발한다. 정부의 예산배정, 여러 투자상품 중 특정 상품의 선택, 경기활성화와 물가안정 사이의 상충관계 등이 기회비용의 사례가 될 수 있다.

13

정답 ③

선급금과 선수금은 각각 비금융자산과 비금융부채에 해당한다.

금융자산과 금융부채

구분	자산	부채
금융	현금 및 현금성 자산, 매출채권, 대여금, 받을어음, 지분상품 및 채무상품 등	매입채무, 지급어음, 차입금, 사채 등
비금융	선급금, 선급비용, 재고자산, 유형자산, 무형자산 등	선수금, 선수수익, 충당부채, 미지급법인세 등

14

정답 ④

중앙은행이 시장에 개입하여 외환보유액을 늘리게 되면 외환의 수요가 증가하여 자국 통화의 가치가 하락하게 된다.

15

정답 ④

프로젝트 파이낸싱은 프로젝트별로 자금을 조달하기 때문에 투자사업의 실질적인 소유주인 모기업의 자산, 부채 등과 분리해서 프로젝트 자체의 사업성에 기초해 소요자금을 조달해야 하고, 위험이 다양하기 때문에 상대적으로 금융비용이 많이 투입되는 특징이 있다.

오답분석

① 프로젝트 파이낸싱은 도로, 항만, 철도 등과 같은 SOC 사업, 대형 플랜트 설치, 부동산 개발 등 다양하게 활용되고 있다. 또한 자금의 규모가 매우 대규모이며, 수익성이 높은 만큼 실패 위험도 상존한다.

② 사업성과 미래에 발생할 현금흐름을 담보로 삼아 그 프로젝트의 수행 과정에 필요한 자금을 조달한다. 투자가 시작되면 대출금 상환은 프로젝트에서 발생하는 수익으로 원천을 삼기 때문에 프로젝트에서 발생한 현금흐름이 유지 · 확보되어야 한다. 이처럼 프로젝트 파이낸싱은 대출 대상의 프로젝트에서 산출되는 현금수지에 크게 의존한다는 현금수지에 기초한 여신의 특징이 있다.

③ 프로젝트 파이낸싱은 부외금융으로, 사업주의 재무상태표에 부채로 기록되지 않기 때문에 사업주의 채무 능력의 제고가 가능하다. 이는 모회사와 독립적으로 프로젝트 파이낸싱이 이루어지기 때문에 모회사의 대출로 기록하지 않는 것이다.

16

정답 ①

오답분석

② 감가상각대상 유형자산을 재평가할 때, 그 자산의 장부금액을 재평가금액으로 조정한다.

③ 자산의 장부금액이 재평가로 인하여 감소된 경우에 그 감소액은 당기손익으로 인식한다. 그러나 그 자산에 대한 재평가잉여금의 잔액이 있다면 그 금액을 한도로 재평가감소액을 기타포괄손익으로 인식한다.

④ 재평가가 단기간에 수행되며 계속적으로 갱신된다면, 동일한 분류에 속하는 자산이라 하더라도 순차적으로 재평가할 수 있다.

17

정답 ③

완성될 제품이 원가 이상으로 판매될 것으로 예상하는 경우에는 그 생산에 투입하기 위해 보유하는 원재료 및 기타 소모품을 감액하지 아니한다(즉, 저가법을 적용하지 않음). 그러나 원재료 가격이 하락하여 제품의 원가가 순실현가능 가치를 초과할 것으로 예상된다면 해당 원재료를 순실현가능 가치로 감액한다. 이 경우 원재료의 현행대체원가는 순실현가능 가치에 대한 최선의 이용 가능한 측정치가 될 수 있다.

오답분석

① 선입선출법은 기말재고금액을 최근 매입가격으로 평가하므로 비교적 자산의 시가 또는 현행원가(Current Cost)가 잘 반영된다.
② 후입선출법에 대한 설명이다.
④ 통상적으로 상호 교환될 수 없는 재고자산 항목의 원가와 특정 프로젝트별로 생산되고 분리되는 재화 또는 용역의 원가는 개별법을 사용하여 결정한다.

18

정답 ③

㉠ 원자재가격 상승으로 인한 기업 생산비의 증가는 총공급곡선을 왼쪽으로 이동시킨다.
㉡ 기준금리 인상으로 이자율이 상승하면 투자와 소비가 위축되므로 총수요곡선은 왼쪽으로 이동한다.
㉢ 실질 GDP는 크게 감소하게 된다.

오답분석

㉣ 물가는 증가하는지 감소하는지 알 수 없다..

19

정답 ④

중고차 시장에서 차량의 성능을 알지 못하는 구매자들이 평균적인 품질을 기준으로 가격을 지불하려고 할 경우 좋은 차를 가진 판매자는 차를 팔 수 없거나, 굳이 팔려고 하면 자기 차의 품질에 해당하는 가격보다 더 낮은 가격을 받을 수밖에 없다. 따라서 정보를 많이 갖고 있는 사람이 정보를 덜 가진 사람에 비해 항상 피해 규모가 작은 것은 아니다.

20

정답 ②

오답분석

① 새로운 투자안의 선택에 있어서도 투자수익률이 자기자본비용을 넘어야만 한다.
③ 기업이 조달한 자기자본의 가치를 유지하기 위해 최소한 벌어들어야 하는 수익률이다.
④ 기업이 주식발생을 통해 자금조달을 할 경우 자본이용의 대가로 얼마의 이용 지급료를 산정해야 하는지는 명확하지가 않다.

KB국민은행 필기전형

제4회 모의고사 정답 및 해설

제1영역 직업기초능력

01	02	03	04	05	06	07	08	09	10
③	③	②	②	④	②	④	④	④	③
11	12	13	14	15	16	17	18	19	20
③	①	④	①	③	③	②	①	④	②
21	22	23	24	25	26	27	28	29	30
④	②	④	①	④	③	④	③	④	③
31	32	33	34	35	36	37	38	39	40
③	④	③	③	②	③	④	①	②	④

01

정답 ③

ⓒ의 설립 목적은 신발을 신지 못한 채 살아가는 아이들을 돕기 위한 것이었고, 이러한 설립 목적은 가난으로 고통받는 제3세계의 아이들이라는 코즈(Cause)와 연계되어 소비자들은 제품 구매 시 만족감과 충족감을 얻을 수 있었다.

오답분석

① 코즈 마케팅은 기업이 추구하는 사익과 사회가 추구하는 공익을 동시에 얻는 것을 목표로 하므로 기업의 실익을 얻으면서 공익과의 접점을 찾는 마케팅 기법으로 볼 수 있다.

②·④ 코즈 마케팅은 기업의 노력에 대한 소비자의 호의적인 반응과 그로 인한 기업의 이미지가 제품 구매에 영향을 미친다. 즉, 기업과 소비자의 관계가 중요한 역할을 하므로 소비자의 공감을 얻어낼 수 있어야 성공적으로 적용할 수 있다.

02

정답 ③

ⓛ 물가안정목표제 중 '신축적 운영'에 따르면 통화신용정책은 중기적 시계에서의 물가안정목표 달성을 저해하지 않는 범위 내에서 신축적으로 운영하므로 통화신용정책을 엄격히 운영하여 일관성을 강화해야 한다는 추론은 적절하지 않다.

ⓒ 금융안정에 대한 고려 중 '거시건전성 정책과의 조화'에 따르면, 금융불균형 누적 억제를 위해서는 통화신용정책과 거시건전성 정책 중 후자를 더 강조하는 것이 아니라 양자를 조화롭게 운영하는 것을 강조하고 있다.

오답분석

㉠ 물가안정목표제 중 '중기적 운영 시계'에 따르면, 소비자물가는 통화신용정책 외의 일시적, 불규칙적 요인과 함께 파급시차에 의해서도 변동이 있을 수 있다.

㉣ 금융안정에 대한 고려 중 '금융안정 점검'에 따르면, 정기적인 금융안정 상황 점검·평가·공표는 금융불균형의 과도한 누적을 방지하므로 적절한 추론이다.

03

정답 ②

B대리는 하청업체 직원에게 본인이 사용할 목적의 금품을 요구하였다. 이는 우월적 지위를 이용하여 금품 또는 향응 제공 등을 강요하는 '사적 이익 요구'의 갑질에 해당한다.

오답분석

① A부장은 법령, 규칙, 조례 등을 위반하지 않고 절차에 따라 해고를 통보하였으며, 이는 자신의 이익 추구와도 관계되지 않으므로 갑질 사례에 해당하지 않는다.

③ C부장은 특정인에게 혜택을 준 것이 아니라 개인 사정을 고려하여 한사원을 배려한 것이므로 갑질 사례에 해당하지 않는다.

④ D차장의 업무 협조 요청은 갑작스러운 전산시스템의 오류로 인한 것으로 정당한 사유 없이 불필요한 업무를 지시했다고 볼 수 없으므로 갑질 사례에 해당하지 않는다.

04

정답 ②

- A : 매 회계연도에 300만 원을 초과하는 금품 등을 받거나 요구 또는 약속해서는 아니 된다.
- D : 임직원의 친족이 제공하는 금품 등은 금품 등의 수수 금지에 해당하지 않는다.

오답분석

- B : 제25조 제4항에 따라 소속기관의 장에게 신고하여야 한다.
- C : 동일인으로부터 1회에 100만 원을 초과하는 금품 등을 받거나 요구 또는 약속해서는 아니 된다.

05

정답 ④

㉢ 온라인은 복지로 홈페이지, 오프라인은 읍면동 주민센터에서 보조금 신청서를 작성 후 제출하면 되며, 카드사의 홈페이지에서는 보조금 신청서 작성이 불가능하다.
㉣ 읍면동 주민센터 또는 해당 카드사를 방문하여 카드를 발급받을 수 있다.

오답분석

㉠ 어린이집 보육료 및 유치원 학비는 신청자가 별도로 인증하지 않아도 보조금 신청 절차에서 인증된다.
㉡ 온라인과 오프라인 신청 모두 연회비가 무료임이 명시되어 있다.

06

정답 ②

제1항 제7호를 보면 공중위생 등 공공의 안전과 안녕을 위하여 긴급히 필요한 경우 개인정보를 수집할 수 있다.

오답분석

① 제1항 제1호를 보면 정보주체의 동의를 받은 경우 개인정보를 수집할 수 있다.
③ 제1항 제2호에서 확인할 수 있다.
④ 제2항 제1호를 보면 개인정보의 수집·이용 목적이 변경된 경우 정보주체에게 알리고 동의를 받아야 한다.

07

정답 ④

오답분석

㉡ 사용하지 않은 성분을 강조함으로써 제1항 제3호에 해당한다.
㉣ 질병 예방에 효능이 있음을 나타내어 제1항 제1호에 해당한다.

08

정답 ④

신체조직과 기능의 일반적인 증진, 인체의 건전한 성장 및 발달과 건강한 활동을 유지하는 데 도움을 준다는 표시·광고는 허위표시나 과대광고로 보지 않는다는 제2항 제2호에 의해 과대광고가 아니다.

09

정답 ④

제시문은 임베디드 금융에 대한 정의와 장점 및 단점 그리고 이에 대한 개선 방안을 설명하는 글이다. 따라서 (라) 임베디드 금융의 정의 – (나) 임베디드 금융의 장점 – (다) 임베디드 금융의 단점 – (가) 단점에 대한 개선 방안 순으로 나열되어야 한다.

10

정답 ③

제시문에 '사회안전망을 강화함으로써 실직에 대한 두려움을 해소한다는 것이 정부의 계획이다.'라고 나와 있다.

오답분석

① 4차 산업혁명으로 인한 경제효과는 의료가 60 ~ 100조 원으로 가장 높다.
② 4차 산업혁명의 총 경제효과를 2030년까지 430조 원으로 예상한다.
④ 신규매출 증대 규모는 최대 85조 원, 비용 절감이 199조 원, 소비자 후생 증가가 175조 원 규모에 이를 것이라 하였다.

11

정답 ③

거래에 참여하는 사람들 간에는 목적이나 재산 등의 측면에서 큰 차이가 존재하는 것이 보통이다. 이런 경우에는 상품의 가격이 우리의 상식으로는 도저히 이해하기 힘든 수준까지 일시적으로 뛰어오르는 현상이 나타날 가능성이 있다.

오답분석

①·④ 네 번째 문단에서 확인할 수 있다.
② 마지막 문단에서 확인할 수 있다.

12

정답 ①

국가 주요 정책이나 환경에 대한 관심이 상표 출원에 많은 영향을 미치고 있음을 알 수 있다.

오답분석

② 친환경 상표가 가장 많이 출원된 제품이 화장품인 것은 맞지만 그 안전성에 대해서는 언급하고 있지 않기 때문에 유추하기 어렵다.
③ 환경과 건강에 대한 관심이 증가하면서 앞으로도 친환경 관련 상표 출원은 증가할 것으로 유추할 수 있다.
④ 2007년부터 2017년까지 영문자 ECO가 상표 출원실적이 가장 높았으며 그다음은 그린, 에코 순이다. 제시문의 내용만으로는 유추하기 어렵다.

13

정답 ④

P2P 대출은 공급자(투자)와 수요자(대출)가 금융기관의 개입 없이도 직접 자금을 주고받을 수 있다.

14

정답 ①

전선업계는 구릿값이 상승할 경우 기존 계약금액을 동결한 상태에서 결제를 진행하고, 반대로 구릿값이 떨어지면 그만큼의 차액을 계약금에서 차감해줄 것을 요구하는 불공정거래 행태를 보여주고 있다. 이는 자신의 이익만을 꾀하는 행위로, 이에 대한 비판으로는 ①이 가장 적절하다.

오답분석

② 일이 이미 잘못된 뒤에는 손을 써도 소용이 없다는 뜻이다.
③ 가까이에 있는 것을 도리어 알아보지 못한다는 뜻이다.
④ 지난 일은 생각지 못하고 처음부터 그랬던 것처럼 잘난 체한다는 뜻이다.

15

정답 ③

제시문은 주식에 투자할 때 나타나는 비체계적 위험과 체계적 위험에 대해 각각 설명하고, 이러한 위험에 대응하는 방법도 함께 설명하고 있으므로 글의 주제로 ③이 가장 적절하다.

16

정답 ③

연회비는 생략하고 할인되는 금액만 계산하면 다음과 같다.

구분	해당되는 카드혜택	할인 금액
Q카드	• 통신요금 10% 청구할인 : 할인 ×(∵ K은행 아닌 W은행에서 자동이체) • 대중교통요금 월 5% 청구할인 : 3,000원 • 도시가스비 10% 청구할인 : 2,000원 • 손해보험료 15% 청구할인 : 15,000원	3,000 +2,000 +15,000 =20,000원
L카드	• 통신요금 5% 청구할인 : 할인 ×(∵ K은행 아닌 W은행에서 자동이체) • 수도세 20% 청구할인 : 4,000원 • S커피 이용요금 3,000원 정액할인 • 외식비 20,000원 정액할인(∵ 다른 조건 없으므로 할인받음)	4,000 +3,000 +20,000 =27,000원
U카드	• 자동차보험료 5% 청구할인 : 4,000원 • 주유비 10% 청구할인 : 8,000원 • 손해보험료 10% 청구할인 : 10,000원 • 기타 공과금 10% 청구할인 : 3,000원	4,000 +8,000 +10,000 +3,000 =25,000원

따라서 할인 금액이 가장 많은 카드는 L카드이며, 할인 금액은 27,000원이다.

17

정답 ②

W은행 계좌에서 자동이체하던 통신요금을 K은행 계좌에서 자동이체하는 것으로 바꾸었다는 것은 통신요금 할인 혜택이 추가로 적용됨을 뜻한다. 할인으로 혜택받은 금액에서 연회비를 빼면, 최종 혜택 금액을 알 수 있다.

구분	카드혜택	혜택 금액
Q카드	통신요금 10% 청구할인 : 6,000원	20,000+6,000 −1,000 =25,000원
L카드	통신요금 5% 청구할인 : 3,000원	27,000+3,000 −6,000 =24,000원
U카드	−	25,000−13,000 =12,000원

따라서 통신요금 자동이체 계좌를 K은행 계좌로 바꾼 다음 연회비까지 고려할 때 혜택 금액이 가장 많은 카드는 Q카드이며, 혜택 금액은 25,000원이다.

18

정답 ①

가입대상은 예상소득이 아니라 직전 과세기간 중 총급여액 또는 종합소득을 따지게 되며, 직전 과세기간 총급여액 또는 종합소득이 일정 수준 이상이라 하더라도 중소기업에 재직하는 청년은 가입이 가능하다.

19

정답 ④

• H고객 : 의무가입기간 이상 적금에 가입했기 때문에, 이자소득세가 면제되고 대신 농어촌특별세(1.5%)가 과세된다. 따라서 400,000×(1−0.015)=394,000원이 이자(세후)로 입금된다.
• L고객 : 의무가입기간 이상 적금에 가입하지 않았지만, 해지 1개월 전 3개월 이상의 입원치료를 요하는 상해를 당했기 때문에 특별중도해지 사유에 해당하므로 이자소득세가 면제되고, 농어촌특별세만 과세된다. 따라서 200,000×(1−0.015)=197,000원이 이자(세후)로 입금된다.

20

정답 ②

원금 및 이자금액 그래프를 연결하면 4가지 경우가 나오며, 그에 대한 설명은 다음과 같다.

원금 그래프	이자금액 그래프	대출상환방식
A	C	원금을 만기에 모두 상환하고, 매월 납입하는 이자는 동일하다. 이는 '만기일시상환' 그래프에 알맞다.
B	D	원금을 3회부터 납입하고, 2회까지 원금을 납입하지 않는다. 이자금액은 1회부터 3회까지 동일하며 4회부터 이자는 감소하므로 2회까지 거치기간임을 알 수 있다. 3회 이후 납입원금이 동일하기 때문에 원금균등상환방식이 된다. 따라서 거치기간이 있는 '거치식원금균등상환' 그래프이다.
A	D	원금을 만기에 일시 상환하므로 이자는 만기까지 일정해야 한다. 따라서 두 그래프는 연결될 수 없다.
B	C	거치기간이 끝나고 매월 상환하는 원금이 같을 경우 그에 대한 이자는 줄어들어야 한다.따라서 두 그래프는 연결될 수 없다.

따라서 그래프와 대출상환방식이 바르게 연결된 것은 ㉠, ㉣이다.

21

정답 ④

- 갑 : 최대한 이자를 적게 내려면, 매월 원금과 이자를 같이 납입하여 원금을 줄여나가는 방식을 택해야 한다. 거치식상환과 만기일시상환보다 원금균등상환 또는 원리금균등상환이 원금을 더 빨리 갚아나가므로 이자가 적다. 따라서 갑에게 가장 적절한 대출상환방식은 이자가 가장 적게 나오는 '원금균등상환'이다.
- 을 : 매월 상환금액이 동일한 것은 '원리금균등상환'이다.
- 병 : 이자만 납입하다가 만기 시 원금 전액을 상환하는 '만기일시상환'이 가장 적절하다.
- 정 : 지금 상황에서는 이자만 납입하는 거치기간을 갖고 추후에 상황이 안정되면 매달 일정 금액을 상환할 수 있는 '거치식상환'이 가장 적절하다.

22

정답 ②

A ~ D팀의 종목별 득점의 합계는 다음과 같다.

팀명	A팀	B팀	C팀	D팀
합계	11	9	8	12

종목 가 ~ 라에서 팀별 1, 2위를 차지한 횟수는 다음과 같다.

순위 \ 팀명	A팀	B팀	C팀	D팀
1위	1	1	0	2
2위	1	1	1	1

A팀이 종목 마에서 1위를 차지하여 4점을 받는다면 합계는 15점이 되고 1위는 2번, 2위는 1번이 된다. 여기서 D팀이 2위를 차지한다면 합계는 15점, 1위는 2번으로 A팀과 같고 2위는 2번이 돼서 D팀이 종합 1위가 된다. 따라서 ㉣은 옳다.

오답분석

㉠ A팀이 종목 마에서 1위를 차지해도 D팀이 2위를 차지하는 이상 종합 1위는 D팀에게 돌아간다.

㉡ B팀과 C팀의 종목 가, 나, 다, 라의 득점 합계가 1 차이이고, B팀이 C팀보다 1위를 차지한 횟수가 더 많다. 따라서 B팀이 종목 마에서 C팀보다 한 등급 차이로 순위가 낮으면 득점의 합계는 같게 되지만 순위 횟수에서 B가 C보다 우수하므로 종합 순위에서 B팀이 C팀보다 높게 된다.

㉢ C팀이 2위를 하고 B팀이 4위를 하거나, C팀이 1위를 하고 B팀이 3위 이하를 했을 경우에는 B팀이 최하위가 된다.

23

정답 ④

㉢ 퇴직연금이체는 오전 9시부터 가능하다.

㉣ 개인 MMF 출금은 토요일에 이용할 수 없다.

㉥ 타행이체는 오후 11시 30분까지 가능하다.

㉦ 급여이체결과 조회는 00:00 ~ 00:10 사이 시스템 점검으로 서비스 이용이 불가능하다.

㉧ 자동이체 등록은 일요일에 이용할 수 없다.

따라서 이용이 불가능한 경우는 총 5가지이다.

24

정답 ①

'커피를 마신다.'를 A, '치즈케이크를 먹는다.'를 B, '마카롱을 먹는다.'를 C, '요거트를 먹는다.'를 D, '초코케이크를 먹는다.'를 E, '아이스크림을 먹는다.'를 F라고 하면, 'C → ~D → A → B → ~E → F'가 성립한다. 따라서 ①은 참이다.

25

정답 ④

마지막 조건에 따라 지영이는 대외협력부에서 근무하고, 다섯 번째 조건의 대우에 따라 유진이는 감사팀에서 근무한다. 그러므로 네 번째 조건에 따라 재호는 마케팅부에서 근무하며, 여섯 번째 조건에 따라 혜인이는 회계부에서 근무를 할 수 없다.

세 번째 조건에 의해 성우가 비서실에서 근무하게 되면, 희성이는 회계부에서 근무하고, 혜인이는 기획팀에서 근무하게 된다. 또한 세 번째 조건의 대우에 따라 희성이가 기획팀에서 근무하면, 성우는 회계부에서 근무하고, 혜인이는 비서실에서 근무하게 된다. 이를 정리하면 다음과 같다.

감사팀	대외협력부	마케팅부	비서실	기획팀	회계부
유진	지영	재호	성우	혜인	희성
			혜인	희성	성우

따라서 반드시 참인 명제는 '혜인이는 회계부에서 근무하지 않는다.'이다.

오답분석

① 재호는 마케팅부에서 근무한다.
② 희성이는 회계부에서 근무할 수도 있다.
③ 성우는 비서실에서 근무할 수도 있다.

26

정답 ③

A와 C의 성적 순위에 대한 B와 E의 진술이 서로 엇갈리고 있으므로, B의 진술이 참인 경우와 E의 진술이 참인 경우로 나누어 생각해 본다.

- B의 진술이 거짓이고 E의 진술이 참인 경우 : B가 거짓을 말한 것이 되어야 하므로 'B는 E보다 성적이 낮다.'도 거짓이 되어야 한다. 그러나 만약 B가 E보다 성적이 높다면 A의 진술 중 'E는 1등이다.' 역시 거짓이 되어야 하므로 거짓이 2명 이상이 되어 모순이다. 따라서 B의 진술이 참이어야 한다.
- B의 진술이 참이고 E의 진술이 거짓인 경우 : 1등은 E, 2등은 B, 3등은 D, 4등은 C, 5등은 A가 되므로 모든 조건이 성립한다.

따라서 반드시 참인 것은 'D가 3등이다.'이다.

27

정답 ④

세 번째, 일곱 번째 조건에 의해 자전거 동호회에 참여한 직원은 남직원 1명이다. 또한 다섯 번째 조건에 의해 과장과 부장은 자전거 동호회 또는 영화 동호회에 참여하게 된다. 그중에서 여덟 번째 조건에 의해 부장은 영화 동호회에 참여하므로 과장은 자전거 동호회에 참여한다. 즉, 자전거 동호회에 참여한 직원의 성은 남자이고, 직급은 과장이다.

네 번째 조건에 의해 남은 여직원 1명이 영화 동호회에 참여하므로 영화 동호회에 참여한 직원의 성은 여자이고 직급은 부장이다. 남은 동호회는 농구, 축구, 야구, 테니스 동호회이고, 여섯 번째 조건에 의해 참여 인원이 없는 동호회가 2개이므로 어떤 동호회의 참여 인원은 2명이다. 아홉 번째 조건에 의해 축구에 참여한 직원의 성은 남자이고, 여덟 번째 조건에 의해 야구 동호회에 참여한 직원의 성은 여자이며 직급은 주임이다. 또한, 일곱 번째 조건에 의해 야구 동호회에 참여한 직원 수는 1명이므로 남은 축구 동호회에 참여한 직원은 2명이고, 성은 남자이며 직급은 각각 대리와 사원이다.

따라서 참여 인원이 없는 동호회는 농구와 테니스로, ④는 적절하지 않다.

28

정답 ③

- A씨 : 계좌별 3회 이내에서 총 15회 한도로 분할인출이 가능하며, 이때 인출금액에 제한이 없다. 다만 분할인출 후 계좌별 잔액이 100만 원 이상이어야 한다.
- E씨 : 고정금리형의 계약기간은 1개월 ~ 3년 이내에서 월 또는 일 단위로 정한다. 또한 단위기간 금리연동형의 경우에는 12 ~ 36개월 이내에서 월 단위로 정하고, 연동(회전) 단위기간은 1 ~ 6개월 이내 월 단위 또는 30 ~ 181일 이내 일 단위로 정할 수 있다.

오답분석

- B씨 : 신규 시에는 최소한 100만 원 이상 예치해야 하며, 건별로 10만 원 이상 원 단위로 추가입금이 가능하다.
- C씨 : 은행창구에서 신규가입한 미성년자 명의 예금의 해지는 은행창구에서만 가능하다.
- D씨 : 고정금리형의 계약기간은 1개월 ~ 3년 이내에서 정하고, 단위기간 금리연동형의 계약기간은 12 ~ 36개월 이내에서 정한다.

29

정답 ④

단위기간 금리연동형으로 가입 후 2회전(단위기간 1 ~ 2개월은 3회전) 이상 경과 후 해지할 경우에 약정이율 외에 0.1%의 보너스 금리를 추가로 적용한다.

오답분석

① 분할인출이 가능한 계좌는 고정금리형 계좌이다. 고정금리형 계좌와 달리 단위기간 금리연동형 계좌는 분할인출이 불가능하다.
② 단위기간 금리연동형은 KB-Star 클럽 고객 대상 우대금리 제공에 해당되지 않는다.
③ 만기 후 이율은 경과기간이 3개월 이내이면 연 0.2%, 3개월 초과이면 연 0.1%이다.

30

정답 ③

고정금리형의 만기지급식(확정금리) 이율은 최대 연 1.95%이다. 여기에 우대이율 최대 연 0.1%p를 적용한 최고이율은 연 2.05%이다. 그러므로 1년이 지나면 1,000,000×0.0205=20,500원의 이자가 발생한다. 이자지급시기 내용에 따르면 만기이자지급식은 만기 시에 이자를 단리로 계산해 원금과 함께 지급한다.

따라서 3년의 만기가 지나면 20,500×3=61,500원의 이자를 받을 수 있다.

31

정답 ③

• 투자규모가 100만 달러 이상인 투자금액 비율

: 19.4+69.4=88.8%

• 투자규모가 50만 달러 미만인 투자건수 비율

: 28+20.9+26=74.9%

32

정답 ④

200만 원대 소득 가구의 근로자 외 가구에서 지출 금액이 10억 원 미만인 항목 개수는 '주류·담배, 의류·신발, 가정용품·가사서비스, 교육'으로 4개이고, 300만 원대 소득 가구에서는 '주류·담배, 교육'으로 2개이다.

따라서 지출 금액이 10억 원 미만인 항목 개수는 200만 원대 소득 가구가 300만 원대 소득 가구보다 4−2=2개 더 많다.

오답분석

① 200만 원대 소득 가구와 300만 원대 소득 가구 모두 근로자 가구가 근로자 외 가구보다 주류 품목에 소비가 더 많다.

② 소득구간별 전체 가구의 의류·신발 대비 교육 지출액 비율은 각각 다음과 같다.

• 200만 원대 소득 가구 : $\frac{155,301}{164,583}\times100 ≒ 94.4\%$

• 300만 원대 소득 가구 : $\frac{223,689}{242,353}\times100 ≒ 92.3\%$

따라서 의류·신발 대비 교육 지출액 비율은 300만 원대 소득 전체 가구가 200만 원대 소득 전체 가구보다 작다.

③ 근로자 가구와 근로자 외 가구의 200만 원대 소득 가구 대비 300만 원대 소득 가구의 음식·숙박 소비 지출 증가액은 각각 다음과 같다.

• 근로자 가구 : 320,855−247,429=73,426만 원

• 근로자 외 가구 : 260,575−190,093=70,482만 원

따라서 200만 원대 소득 가구 대비 300만 원대 소득 가구의 음식·숙박 소비 지출 증가액은 근로자 가구가 근로자 외 가구보다 많다.

33

정답 ③

중도상환이기 때문에 대출이율과 관계없이 중도상환수수료율을 대입해야 한다.

(중도상환수수료)=(중도상환금액)×(중도상환수수료율)×(잔여기간)÷(대출기간)

따라서 고객에게 안내해야 할 중도상환수수료는 다음과 같다.

$50,000,000\times0.02\times\frac{24}{60}=400,000$원

34

정답 ③

A씨의 상품 가입기간은 2년(=24개월)으로 기본금리는 1.85%이다. 받을 수 있는 우대금리가 있는지 카드이용실적을 확인해보면, K사랑 체크카드의 경우 우대금리를 받을 수 있는 카드 종류에 해당하지 않으므로 제외하고, K채움 신용카드의 경우 8개월 동안 월 평균 17만 원씩 사용하였다고 했으므로 8×17=136만 원으로 카드이용실적을 채우지 못해 우대금리를 받지 못한다. 그러므로 만기 시 적용되는 금리는 1.85%이다.

• 세전이자 : 1,500만×2×1.85%=555,000원

• 이자과세 : 555,000×15.4%=85,470원

• 세후이자 : 555,000−85,470=469,530원

따라서 세후 총수령액은 15,000,000+469,530=15,469,530원이다.

35

정답 ②

B씨의 상품 가입기간은 A씨와 동일한 2년으로 기본금리는 1.85%이며, 우대금리의 경우 K채움 체크카드의 사용실적은 14×6=84만 원, K채움 신용카드의 이용실적은 24+10+38=72만 원으로 총합이 156만 원이 되어 0.1%p의 우대금리를 받을 수 있다. 따라서 고객추천 우대금리인 0.1%p와 합하여 총 0.2%p의 금리를 받을 수 있어 만기 시 적용되는 총금리는 1.85+0.2=2.05%가 된다.

• 세전이자 : 1,500만×2×2.05%=615,000원

• 이자과세 : 615,000×15.4%=94,710원

• 세후이자 : 615,000−94,710=520,290원

∴ 세후 총수령액 : 15,000,000+520,290=15,520,290원

이때 **34**번 해설에 제시된 A씨의 총수령액은 고객추천 우대금리(0.1%p)를 받은 것이 아니므로, 이를 다시 계산하면 다음과 같다.

• 세전이자 : 1,500만×2×1.95%=585,000원

• 이자과세 : 585,000×15.4%=90,090원

• 세후이자 : 585,000−90,090=494,910원

∴ 세후 총수령액 : 15,000,000+494,910=15,494,910원

즉, A씨와 B씨가 받게 되는 총수령액의 차이는 15,520,290−15,494,910=25,380원이다.

36

정답 ③

(현금수수료)=(수수료대상금액)×(수수료적용환율)×(수수료율)

=1,800×1,198×0.01

=21,564

따라서 K씨가 지불한 현금수수료는 21,564원이다.

37

정답 ④

이 문제에서 어느 은행을 선택하느냐에 따라 달라지는 것은 우대율뿐이다. 따라서 구체적으로 환전수수료를 계산하지 않고 우대율만으로 단순 비교할 수 있다.

김대리가 적용받을 수 있는 은행별 우대율을 정리하면 다음과 같다.

통화	적용 우대율			
	A은행	B은행	C은행	D은행
USD	57%	65%	60%	70%
JPY	60%	70%	55%	50%

따라서 김대리가 환전수수료를 가장 많이 절약할 수 있는 은행, 즉 가장 높은 수수료 우대율을 적용해주는 은행은 USD는 D은행, JPY는 B은행이다.

38

정답 ①

이팀장은 C은행에서 EUR을, 최연구원은 D은행에서 USD를, B은행에서 JPY를 환전하는 것이 가장 유리하며, 이때 적용되는 수수료 우대율과 이에 따른 환전수수료는 다음과 같다(JPY의 경우 100 단위로 환율을 계산해야 함을 주의한다).

구분	통화	적용 우대율	환전수수료(₩)
이팀장	EUR	75%	$(1,330-1,300)\times0.25\times3,900$ $=29,250$
최연구원	USD	75%	$(1,120-1,100)\times0.25\times2,100$ $=10,500$
	JPY	55%	$(1,030-1,020)\times0.45\times2=9$

따라서 이팀장이 지불할 환전수수료는 29,250원이고, 최연구원이 지불할 환전수수료는 10,509원이다.

39

정답 ②

전체 도수가 40이므로 a의 값은 $40-(3+4+9+12)=40-28=12$이다.

즉, 교육 이수시간이 40시간 이상인 직원은 $12+12=24$명이다.

따라서 뽑힌 직원의 1년 동안 교육 이수시간이 40시간 이상일 확률은 $\frac{24}{40}=\frac{3}{5}$이다.

40

정답 ④

10월 K국의 전체 자동차 월매출액 총액을 x억 원이라 하고, J자동차의 10월 월매출액과 시장점유율을 이용하면 10월 전체 자동차 월매출 총액에 대해 다음과 같은 식이 성립한다.

$$\frac{27}{x}\times100=0.8$$

$\therefore\ x=2,700\div0.8=3,375$

따라서 10월 K국의 전체 자동차 월매출액 총액은 3,375억 원으로 4,000억 원 미만이다.

오답분석

① C자동차의 9월 월매출액을 a억 원(단, $a\neq0$)이라고 하면, C자동차의 10월 월매출액은 285억 원이고, 전월 대비 증가율은 50%이므로 다음과 같은 식이 성립한다.
$a(1+0.5)=285$
$\therefore\ a=190$
따라서 9월 C자동차의 월매출액은 200억 원 미만이다.

② 10월 월매출액 상위 6개 자동차의 9월 월매출액은 각각 다음과 같다.
- A자동차 : $1,139\div(1+0.6)\fallingdotseq711.88$억 원
- B자동차 : $1,097\div(1+0.4)\fallingdotseq783.57$억 원
- C자동차 : $285\div(1+0.5)=190$억 원
- D자동차 : $196\div(1+0.5)\fallingdotseq130.67$억 원
- E자동차 : $154\div(1+0.4)=110$억 원
- F자동차 : $149\div(1+0.2)\fallingdotseq124.17$억 원

즉, 9월 월매출액 상위 6개 자동차의 순위는 B자동차 – A자동차 – C자동차 – D자동차 – F자동차 – E자동차이다. 따라서 옳지 않은 설명이다.

③ I자동차 누적매출액 자료를 살펴보면 I자동차의 1월부터 5월까지 누적매출액을 알 수 없으므로 6월 월매출액은 정확히 구할 수 없다. 다만, 6월 누적매출액을 살펴보았을 때, 6월 매출액의 범위는 0원$\leq$(6월 월매출액)$\leq$5억 원임을 알 수 있다. I자동차의 7 ~ 9월 월매출액을 구하면 다음과 같다.
- 7월 월매출액 : $9-5=4$억 원
- 8월 월매출액 : $24-9=15$억 원
- 9월 월매출액 : $36-24=12$억 원

따라서 6 ~ 9월 중 I자동차의 월매출액이 가장 큰 달은 8월이다.

제2영역 직무심화지식

01	02	03	04	05	06	07	08	09	10
④	②	④	①	②	①	③	③	②	③
11	12	13	14	15	16	17	18	19	20
②	②	②	④	④	④	④	④	③	②
21	22	23	24	25	26	27	28	29	30
②	④	④	②	①	③	①	②	③	③
31	32	33	34	35	36	37	38	39	40
③	①	①	③	④	①	①	②	④	④

01

정답 ④

영국 1파운드를 구매하기 위해 필요한 원화는 1,670×1.02=1,703.4원이다.

따라서 600,000원으로 살 수 있는 영국 파운드는 $\frac{600,000}{1,703.4}$ ≒ 352.24파운드이다.

02

정답 ②

스위스 1프랑을 팔 때 받을 수 있는 금액은 1,550×(1−0.02)=1,519원이다. 따라서 3,000프랑을 원화로 팔 때 받을 수 있는 금액은 3,000×1,519=4,557,000원이다.

03

정답 ④

500달러를 원화로 환전할 때, 환전수수료는 1.75%이므로 500×1,310×(1−0.0175)=643,537.5원이다.

따라서 643,537.5원을 베트남 동으로 환전할 때, 환전수수료는 10%이므로 643,537.5×$\frac{100}{6\times1.1}$≒9,750,568동이다.

04

정답 ①

A의 입사일은 2019년 1월 1일로 대출일인 2024년 8월 1일 기준 5년 7개월 재직하였으나, 2022년 4월 1일부터 2023년 2월 1일까지 총 10개월의 육아휴직기간을 가졌으므로 재직기간은 총 4년 9개월이 된다.

따라서 A가 받은 최대 대출금액은 7,000만 원이고, 그에 따른 기준금리는 10.2%이므로 13.5%보다 낮은 이율로 대출을 받으려면 대출기간은 6년 이하여야 한다.

따라서 대출기간은 6년으로 적용금리는 10.2+3.0=13.2%이며, 중도상환 전까지 1년마다 적용되는 금리에 따른 이자는 총 924+854=1,778만 원이다.

- 첫 1년간 이자 : 7,000×0.132=924만 원
- 다음 1년간 이자 : 7,000×(0.132−0.01)=854만 원

중도상환수수료를 내지 않는 대출 경과기간인 중도상환수수료 면제기간이 6×$\frac{1}{2}$=3년이므로 2년 만에 대출금 전액을 중도상환할 경우 1년에 해당하는 중도상환수수료를 납부해야 한다.

- 중도상환수수료 : 7,000×0.06×$\frac{3-2}{3}$=140만 원

따라서 A가 2년 만에 중도상환할 시 지불해야 할 원금 외 금액은 이자와 중도상환수수료로 1,778+140=1,918만 원이다.

05

정답 ②

현재 환율은 동일하기에 환율 우대율이 높은 은행을 택하면 된다. 은행별 환율 우대율을 정리하면 다음과 같다.

구분	A은행	B은행
기본 환율 우대율	30%	25%
신청금액 600유로 이상	−	+5%p
과거 환전 신청 내역(8개월)	+5%p	+5%p
각 은행 계좌 및 앱 이용	+20%p	+25%p
합계	55%	60%

따라서 B은행을 선택하며, 환율 우대율은 60%이다.

06

정답 ①

국민카드 골드멤버인 영희의 4월 카드내역에 대하여 내용별 혜택을 받은 금액은 각각 다음과 같다.

- B미디어 이용 : 200,000원×15%=30,000원
- B피자 구매 : 35,000원×10%=3,500원
- A마트 이용 : 72,000원×5%=3,600원
- B영화관(VIP석) 이용 : 일반석이 아니므로 혜택 대상이 아님
- 자몽주스 1잔(A카페) 구매 : 6,000원×15%=900원
- 커피 2잔(B카페) 구매 : 10,000원×10%=1,000원
- B마트 이용 : 53,000원÷1,000원×50원=2,650원
- 영화표 2매(A영화관) 구매 : 2,000원×2매=4,000원
- 도서(A교육) 구매 : 동영상 과정이 아니므로 혜택 대상이 아님
- 동영상 과정(A교육) 구매 : 150,000원×50%=75,000원
- A피자 구매 : 22,000원×20%=4,400원

이를 모두 합한 혜택 금액은 총 125,050원이다.

07

정답 ③

K공사의 처리 규정에 따라 환급한 금액은 다음과 같다.

(환급금액)=(과납금액)×[(1+환급이자율)]^n

(n : 납부일 다음 날부터 환급일까지의 일수)

$1,000,000\times1.012^4$

$=1,000,000\times1.04$

$=1,040,000$

따라서 K공사가 A사에 환급한 금액은 1,040,000원이다.

08

정답 ③

K공사의 처리 규정에 따라 B사가 납부한 미납액과 연체료를 합산한 금액은 다음과 같다.

(미납액과 연체료를 합산한 금액)=(미납액)×[(1+연체이자율)]^n
(n : 납부일 다음 날부터 환급일까지의 일수)

$1,200,000\times1.02^3$
$=1,200,000\times1.06$
$=1,272,000$

따라서 B사가 납부한 미납액과 연체료는 총 1,272,000원이다.

09

정답 ②

A ~ D씨의 카드 · 금융이용실적에 따른 마일리지와 거래기간에 따른 등급에 필요한 마일리지를 계산하면 다음과 같다.

구분	카드 · 금융이용실적	마일리지	거래기간	등급
A씨	• 무이자할부 연간 이용금액 5천 5백만 원 • 장기카드대출(카드론) 연 환산 평균잔액 3천 2백만 원	5,500점 +1,600점 =7,100점	23년	노블 (필요 마일리지 7,000점 이상)
B씨	• 유이자할부 연간 이용금액 7천만 원 • 장기카드대출(카드론) 연 환산 평균잔액 3천만 원	3,500점 +1,500점 =5,000점	17년	프리미엄 (필요 마일리지 4,800점 이상 8,000점 미만)
C씨	• 체크카드 연간 이용금액 3천 2백만 원 • 단기카드대출(현금서비스) 연 환산 평균잔액 7천만 원	3,200점 +2,000점 =5,200점	22년	프리미엄 (필요 마일리지 4,200점 이상 7,000점 미만)
D씨	• 유이자할부 연간 이용금액 1억 원 • 단기카드대출(현금서비스) 연 환산 평균잔액 3천 5백만 원	5,000점 +1,000점 =6,000점	34년	노블 (필요 마일리지 6,000점 이상)

따라서 B씨의 등급이 옳지 않다.

10

정답 ③

매년 말에 천만 원씩 입금할 경우 원금에 대한 단리이자를 정리하면 다음과 같다.

(단위 : 만 원)

1년 말	2년 말	3년 말	4년 말	5년 말
1,000				1,000×0.08×4 =320
	1,000			1,000×0.08×3 =240
		1,000		1,000×0.08×2 =160
			1,000	1,000×0.08×1 =80
				1,000

5년 동안의 원금은 5,000만 원이며, 마지막 5년 말에 입금한 천만 원에는 이자가 없으므로 나머지 4년 동안 납입한 4,000만 원에 대한 이자는 총 320+240+160+80=800만 원이다.
따라서 A씨가 가입 후 6년 초에 받는 금액은 5,000+800=5,800만 원이다.

11

정답 ②

만기일 일시상환은 이자만 부담하고 만기에 대출금을 모두 상환하므로 첫 달에 납입해야 하는 상환액은 $100,000,000\times0.045\times\frac{1}{12}=375,000$원이다.

12

정답 ②

박과장의 거래 정보에 따라 포인트 적립 내용을 정리하면 다음과 같다.

평가항목	평가방식	실적기준	배점	비고
총수신	3개월 평잔	100만 원당	100점×150 =15,000점	–
수익증권	잔액	30만 원 이상	100점	–
방카슈랑스	월납보험료	30만 원 이상	–	3년 전 해지
스마트뱅킹	3개월 이체거래	이체 1회 이상	100점	–
거래기간	실명등록일	10년 이상	100점	–
합계			15,300점	–

따라서 15,300포인트를 확보한 박과장은 PLATINUM 등급을 부여받게 된다.

13

정답 ②

㉠ PLATINUM 등급이므로 3천만 원을 초과하는 신용대출을 받을 수 없다.

㉣ PLATINUM 등급이므로 제증명서발급 장당 초과수수료를 면제받을 수 있다.

오답분석

㉡·㉢ 텔레뱅킹 수수료 면제와 납부자(타행) 자동이체 수수료 면제는 모두 PLATINUM 등급 혜택에 포함된다.

14

정답 ④

가입기간의 1/2 이상에 해당하는 월수에 대중교통 이용실적이 있으면 우대금리 0.4%p를 적용받을 수 있다.

오답분석

① 월 저축액의 상한이 100만 원이며, 최대 3년까지 가입 가능한 상품이므로 총저축액은 3,600만 원 이내로 제한되는 상품이다.
② 가입기간에 따른 기본금리의 차등지급이 이루어진다.
③ 보험가입은 개인정보의 제3자 제공에 동의한 가입자에 한해서 이루어진다.

15

정답 ④

제시된 상품의 최소가입기간이 12개월이므로, A씨가 KB국민카드를 이용하여 대중교통으로 출퇴근한 기간은 최소 6개월 이상이다. 따라서 가입기간에 상관없이 가입기간의 1/2 이상에 해당하는 월에 대중교통 이용실적이 발생하게 되므로 우대금리 0.4%p를 받을 수 있다.

오답분석

① KB국민은행 상품 거래실적과 연계된 우대금리 항목은 없다.
② 전용화면에 접속하는 것으로는 우대금리에 영향을 주지 않으며, 전용화면을 통해 제공되는 퀴즈를 풀어야 우대금리를 적용받는다.
③ 비대면 채널을 이용한 우대금리 적용은 이 상품 가입 시에만 적용되며, 가입 이후의 비대면 채널 이용 여부는 우대금리와 무관하다.

16

정답 ④

김대리의 가입계획에 따르면, 기본금리 연 2.1%에 '가입기간 30개월 이상' 우대금리 연 0.2%p와 'K은행 적금상품 신규 고객' 우대금리 연 0.2%p의 금리를 적용받아 총 연 2.5%의 금리를 적용받는다.

(단리이자)=(월 적금액)$\times n \times \frac{n+1}{2} \times \frac{r}{12}$

(n : 개월 수, r : 이자율)을 이용하여

김대리가 만기 시 수령하는 이자액을 계산하면 다음과 같다.

$175,000 \times \frac{32 \times 33}{2} \times \frac{0.025}{12} = 192,500$원

따라서 김대리가 만기 시 지급받을 이자액은 192,500원이다.

17

정답 ④

김대리가 수정한 계획에 따르면 기본금리 연 2.1%에 '월 납입액 180,000원 이상' 우대금리 연 0.1%p, 'K은행 주택청약종합저축 보유 고객'으로 우대금리 연 0.3%p를 적용받아 총 연 2.5%의 금리를 적용받는다.

이에 따라 김대리가 만기 시 수령하는 이자액을 계산하면 다음과 같다.

$200,000 \times \frac{24 \times 25}{2} \times \frac{0.025}{12} = 125,000$원

김대리의 적립원금은 $200,000 \times 24 = 4,800,000$원이다.

따라서 김대리가 적용받을 금리는 2.5%, 만기환급금은 $4,800,000 + 125,000 = 4,925,000$원이다.

18

정답 ④

(만기 시 수령하는 이자액)$= 200,000 \times \frac{24 \times 25}{2} \times \frac{0.02}{12}$

$= 100,000$원

따라서 A행원이 B고객에게 안내할 만기 시 원리금 수령액은 $(200,000 \times 24) + 100,000 = 4,900,000$원이다.

19

정답 ③

A대리는 가입기간에 따른 기본금리 1.50%에 '월급이체 우대' 연 0.20%p, '제휴보험사 보험상품 가입 우대' 연 0.20%p 우대금리를 적용받아 총 연 $1.50 + 0.20 + 0.20 = 1.90$%의 금리를 적용받는다.

A대리가 만기 시 수령하는 이자액을 계산하면 다음과 같다.

$1,000,000 \times \frac{36 \times 37}{2} \times \frac{0.019}{12} = 1,054,500$원

A대리가 가입기간 동안 납입할 적립 원금은 다음과 같다.

$1,000,000 \times 36 = 36,000,000$원

따라서 만기수령액은 $1,054,500 + 36,000,000 = 37,054,500$원이다.

20

정답 ②

A대리는 가입기간에 따른 기본금리 연 1.20%에 '제휴통신사 우대' 연 0.15%p, '우수거래 고객 우대' 연 0.20%p 우대금리를 적용받아 총 연 1.20+0.15+0.20=1.55%의 금리를 적용받는다. 따라서 적용받는 금리는 연 1.55%이다.

A대리가 만기 시 수령하는 이자액을 계산하면 다음과 같다.

$1{,}500{,}000\times\frac{24\times25}{2}\times\frac{0.0155}{12}=581{,}250$원

따라서 A대리의 만기수령 이자액은 581,250원이다.

21

정답 ②

단리식과 월복리식일 때 A가 만기 시 수령할 이자액은 각각 다음과 같다.

- 단리식 : $100{,}000\times\frac{12\times13}{2}\times\frac{0.02}{12}=13{,}000$원
- 월복리식 :

$$100{,}000\times\left\{\frac{\left(1+\frac{0.02}{12}\right)^{13}-\left(1+\frac{0.02}{12}\right)}{\left(1+\frac{0.02}{12}\right)-1}\right\}-12\times100{,}000$$

$$=100{,}000\times\left\{\frac{1.022-\left(1+\frac{0.02}{12}\right)}{\frac{0.02}{12}}\right\}-12\times100{,}000$$

$$=100{,}000\times\left(\frac{\frac{22}{1{,}000}-\frac{2}{1{,}200}}{\frac{2}{1{,}200}}\right)-12\times100{,}000$$

$$=100{,}000\times\left(\frac{12\times22-20}{20}\right)-12\times100{,}000$$

$$=100{,}000\times\frac{61}{5}-12\times100{,}000$$

$$=1{,}220{,}000-1{,}200{,}000$$

$$=20{,}000\text{원}$$

따라서 우대금리 없이 A가 만기 시 수령할 이자액은 단리식 13,000원, 월복리식 20,000원이다.

22

정답 ④

A는 우대금리를 0.6+0.4=1.0%p를 적용받아 총 연 3.0%의 금리를 적용받는다.

따라서 A가 만기 시 수령할 금액은

$100{,}000\times\left(\frac{12\times13}{2}\right)\times\left(\frac{0.03}{12}\right)+100{,}000\times12$

$=19{,}500+1{,}200{,}000=1{,}219{,}500$원이다.

23

정답 ④

甲의 생활부문별 월 지출 내역에서 카드별 혜택에 따라 甲이 받는 할인혜택을 정리하면 다음과 같다.

카드	내역	합계
청춘카드	• 대중교통요금 : 0.8만 원 • 통신요금 : 1.8만 원 • 도서 : 1.2만 원	총 3.8만 원
희망카드	• 통신요금 : 할인 적용 없음 • 공과금 : 2.4만 원 • 커피 : 1만 원	총 3.4만 원
열정카드	• 교통요금 : 1만 원 • 보험료 : 2.8만 원 • 커피 : 0.7만 원	총 4.5만 원

따라서 '열정카드 – 청춘카드 – 희망카드' 순으로 할인혜택이 크다.

24

정답 ②

甲의 달라진 지출에 따라 甲이 받는 할인혜택을 정리하면 다음과 같다.

카드	내역	합계
청춘카드	• 대중교통요금 : 0.8만 원 • 통신요금 : 적용 할인 없음 • 도서 : 2.4만 원	총 3.2만 원
희망카드	• 통신요금 : 1.6만 원 • 공과금 : 2.4만 원 • 커피 : 1만 원	총 5.0만 원
열정카드	• 교통요금 : 1만 원 • 보험료 : 2.8만 원 • 커피 : 0.4만 원	총 4.2만 원

따라서 할인혜택이 가장 큰 카드는 '희망카드'이며, 가장 적은 카드는 '청춘카드'이다.

25

정답 ①

상품별 만기 시 수령액은 각각 다음과 같다.

- 햇살예금 : $200\times(1.03)^2=212.18$만 원
- 별빛예금 : $120\times\left(1+\frac{0.03}{12}\right)^{24}=120\times1.06=127.2$만 원
- 새싹예금 : $220\times1.03=226.6$만 원
- 이슬예금 : $200\times\left(1+\frac{0.02}{12}\right)^{12}=200\times1.02=204$만 원

문제에서 수익이 가장 높은 상품을 선택하라고 하였으므로 이자가 가장 높은 상품을 고르면 된다.

상품별 원금을 뺀 이자는 다음과 같다.

- 햇살예금 : 212.18−200=12.18만 원
- 별빛예금 : 127.2−120=7.2만 원
- 새싹예금 : 226.6−220=6.6만 원
- 이슬예금 : 204−200=4만 원

따라서 A가 B에게 추천해 줄 상품으로 가장 적절한 것은 수익이 가장 높은 '햇살예금'이다.

26

정답 ③

제시된 정보를 이용해 표를 채운다. 이때 최종 답을 구하는 데 꼭 필요한 칸만 구하는 것이 시간 절약에 도움이 된다.

(단위 : %)

구분	A형	B형
1등급	0.625	0.625−0.347=0.278
2등급		
3등급	$\frac{0.625+1.875}{2}=1.25$	
4등급	$\frac{1.25+1.875}{2}=1.5625$	1.5625−0.412=1.1505
5등급	0.625×3=1.875	

따라서 A, B형 4등급의 이자율의 합은 1.5625+1.1505=2.713%이다.

27

정답 ①

단리적금 방식으로 원금과 이자 및 이자 소득세를 계산하면 다음과 같다.

• 원금 : 30×36=1,080만 원

• 이자 : $30\times\frac{36\times37}{2}\times\frac{0.025}{12}=41.625\fallingdotseq42$만 원

• 이자 소득세 : 42×0.15=6.3만 원

따라서 A씨의 만기환급금은 1,080+42−6.3=1,115.7만 원이다.

28

정답 ②

화장품과 등산복 가격의 합은 260,000원이다. 가맹점이기 때문에 10% 할인이 되어 234,000원이 되고, 포인트 2만 점을 사용할 수 있기 때문에 214,000원을 결재해야 한다. 5개월 할부이기 때문에 수수료율 12%를 적용받으며, 회차별 할부수수료는 다음과 같다.

(단위 : 원)

구분	이용원금	할부수수료	할부잔액
1회차	42,800	214,000×(0.12÷12) =2,140	171,200
2회차	42,800	171,200×(0.12÷12) =1,712	128,400
3회차	42,800	128,400×(0.12÷12) =1,284	85,600
4회차	42,800	85,600×(0.12÷12) =856	42,800
5회차	42,800	42,800×(0.12÷12) =428	0
합계	214,000	6,420	−

따라서 A대리가 지불할 총금액은 214,000+6,420=220,420원이다.

29

정답 ③

환율이 인하되면 수출 감소, 수입 상품 가격 하락, 외채 상환 부담 감소, 해외 투자비 감소로 이어진다.

30

정답 ③

• (중도상환원금)=(대출원금)−(월 원금상환액)×(대출경과월수)

$=12,000,000-\left(\frac{12,000,000}{60}\times12\right)=9,600,000$원

• (중도상환수수료)=$9,600,000\times0.038\times\frac{36-12}{36}=243,200$원

따라서 고객에게 안내해야 할 중도상환수수료는 243,200원이다.

31

정답 ③

오답분석

① BSC : 문자 위주 동기 전송 방식의 프로토콜로, 캐릭터 동기식 전송 방식이다.

② SDLC : BSC의 단점을 보완한 프로토콜로, Point-to-Point, Multipoint, Loop 접속 방법을 사용한다.

32

정답 ①

트로이 목마는 컴퓨터 사용자의 자료 삭제·정보 탈취 등 사이버 테러를 목적으로 사용되는 악성 프로그램이다. 사용자 몰래 개인 정보 등을 취득하기 위한 목적으로 만들어졌기 때문에 일반적인 바이러스와 달리 다른 파일을 감염시키는 행동을 하지 않는다. 트로이 목마에 걸렸을 때에는 해당 파일만 삭제하면 치료가 가능하다.

33

정답 ①

로보어드바이저(Robo-advisor)는 인간의 개입을 최소화하고, 개인투자성향에 따라 포트폴리오를 만들어 투자자에게 제공한다. 때문에 저렴한 수수료로 수익을 낼 수 있다.

34

정답 ③

T(Toggle) 플립플롭은 JK 플립플롭의 두 입력선 J, K를 묶어서 한 개의 입력선 T로 구성하고, 원 상태와 보수 상태의 두 가지 상태로만 전환이 되므로 누를 때마다 ON, OFF가 교차되는 스위치를 만들고자 할 때 사용한다.

35

정답 ④

프로그램을 일정한 크기로 나눈 단위는 페이지(Page)이다.

세그먼테이션(Segmentation)
어느 순간에 필요한 한 부분만을 주기억 공간에 존재하도록 프로그램을 세그먼트 단위로 나누는 프로그래머 정의 또는 모니터 구현 기법으로, 프로그램을 배열이나 함수 등의 논리적 크기로 나눈 단위를 말한다. 각 세그먼트는 고유한 이름과 크기를 가지며, 주소 변환을 위해 세그먼트의 위치 정보를 가지는 세그먼트 맵 테이블(Segment Map Table)이 필요하다. 세그먼트가 주기억장치에 적재될 때 다른 세그먼트에게 할당된 영역을 침범할 수 없으며, 이를 위해 기억장치 보호키(Storage Protection Key)가 필요하다.

36

정답 ①

경로가 확보되면 지속적인 데이터 전송을 할 수 있어 지연 시간이 거의 없는 실시간 응용에 적합하다.

회선 교환(Circuit Switching) 방식
전송 데이터의 에러 제어나 흐름 제어는 사용자가 수행하며, 데이터 전송률은 동일한 전송 속도로 운영된다.

37

정답 ①

4차 산업혁명 시대에는 방대한 데이터(초대용량)를 빠르게 전송하고(초고속), 실시간(초저지연)으로 모든 것을 연결하는(초연결) 5G 이동통신이 경제와 산업에 새로운 기회를 창출할 것으로 예상된다. 국제전기통신연합(ITU)의 정의에 따르면 5G의 최대 다운로드 속도는 20Gbps(4G LTE의 20배)이다. 또한 4G LTE에 비해 처리 용량은 100배, 지연시간은 10분의 1 수준 등의 특징이 있으며, 단위면적(1km^2)당 접속 가능한 기기가 100만 개(초연결)에 달한다.

38

정답 ②

에어드랍(Airdrop)이란 '공중에서 투하한다.'는 뜻으로, 가상화폐 시장에서 특정 가상화폐를 소유한 사람에게 코인을 무료로 지급하는 것을 의미하며, 주로 신규 코인을 상장시킬 때 이벤트나 마케팅의 한 요소로 사용한다.

오답분석

① 스냅샷(Snapshot) : 주어진 시간에 데이터베이스 상태를 기록하기 위한 데이터베이스의 질의
③ 이더리움(Ethereum) : 블록체인 기술을 기반으로 스마트 계약 기능을 구현하기 위한 분산 컴퓨팅 플랫폼이자 플랫폼의 자체 통화명
④ 가상화폐공개(ICO; Initial Coin Offering) : 암호화폐(코인) 사업자가 코인을 발행하고 이를 투자자에게 판매해 자금을 확보하는 방식. 이후 해당 코인이 거래소에 상장하면 투자자들은 이를 되팔아 수익을 낼 수 있다.

39

정답 ④

보험(Insurance)과 기술(Technology)의 합성어인 인슈어테크(InsurTech)는 인공지능, 사물인터넷 등의 IT 기술을 적용한 혁신적인 보험 서비스를 의미한다. 보험 상품을 검색하는 고객에게 맞춤형 상품을 추천하고, 보험 상담을 요청하는 고객에게는 로봇이 응대하는 등 다양하게 활용될 수 있다.

오답분석

① I-테크 : 보험을 뜻하는 영어 단어 인슈어런스(Insurance)의 'I'와 재테크의 테크(Tech)가 결합한 말로, 세제 혜택을 받을 수 있는 보험 상품을 재테크 수단으로 이용하는 것
② 블랙테크(BlackTech) : '아직 널리 알려지지 않은 첨단 기술'을 뜻하는 용어
③ 사이버테크(CyberTech) : 인터넷을 기반으로 한 정보기술(IT)을 새로운 경영혁신의 원동력으로 활용하는 것

40

정답 ④

가장 대표적인 정보 침해 사례 중 하나인 랜섬웨어(Ransomware)는 몸값을 뜻하는 랜섬(Ransom)과 소프트웨어(Software)가 합쳐진 말로, 시스템을 잠그거나 데이터를 암호화하여 사용할 수 없도록 만든 후, 이를 인질로 삼아 금전을 요구하는 악성 프로그램을 말한다. 이를 예방하기 위해 주기적인 백신 업데이트 및 최신 버전의 윈도우와 보안패치를 설치하는 것이 도움이 된다.

제3영역 상식

01	02	03	04	05	06	07	08	09	10
④	①	①	②	①	④	④	①	①	④
11	12	13	14	15	16	17	18	19	20
②	②	④	③	③	②	②	①	④	④

01

정답 ④

베버리지 보고서는 1942년 영국의 경제학자 윌리엄 베버리지가 사회보장에 관한 연구·조사 결과를 정리한 보고서로 국가가 '요람에서 무덤까지' 국민들의 생활을 보장해야 한다는 복지국가 이념을 담았다. 이후 영국은 복지제도가 과대해져 국가재정은 바닥나고 국민의 근로 의욕은 바닥인 '복지병'을 앓기도 했다.

02

정답 ①

양적완화는 기준금리 수준이 이미 너무 낮아서 금리 인하를 통한 효과를 기대할 수 없을 때 중앙은행이 다양한 자산을 사들여 시중에 통화 공급을 늘리는 정책이다.

오답분석

② 출구전략(Exit Strategy) : 경제회복을 위해 공급됐던 과잉 유동성이나 각종 완화 정책을 경제에 큰 부작용 없이 서서히 거두는 전략
③ 테이퍼링(Tapering) : 연방준비제도(FRS)가 양적완화 정책의 규모를 점진적으로 축소해 나가는 것
④ 오퍼레이션 트위스트(Operation Twist) : 중앙은행이 장기채권을 매입하고 단기채권을 매도하여 경제를 활성화시키려는 통화 정책

03

정답 ①

시중금리가 상승하면 채권의 현재가치가 하락하게 되고, 이에 따라 채권의 가격도 하락하게 된다.

04

정답 ②

오답분석

① 테크핀 : IT기업이 기술을 바탕으로 제공하는 금융 서비스
③ D-테스트베드 : 핀테크 스타트업이 사업 아이디어 등을 검증할 수 있도록 금융권 데이터 및 테스트 환경을 제공하는 사업
④ 프로젝트 파이낸싱 : 사회기반시설 건설이나 택지개발과 같은 대규모 사업에 필요한 자금을 조달하기 위해 동원되는 대출 등 금융 수단이나 투자 기법

05

정답 ①

전환사채(CB; Convertible Bond)는 채권을 주식으로 전환할 수 있는 것으로 일정한 기간이 지나 주식전환권이 발동하면 투자자가 원할 때 채권을 주식으로 바꿔 주가상승에 차익을 볼 수 있다.

오답분석

② EPS(Earning Per Share) : 주당순이익으로 기업이 벌어들인 순이익을 그 기업이 발행한 총 주식수로 나눈 값
③ BPS(Bookvalue Per Share) : 주당 순자산가치로 기업의 총자산에서 부채를 빼면 남는 기업의 순자산을 발행주식수로 나눈 수치
④ MOR(Market Opportunity Rate) : 어떤 금융기관이 대출금리를 정할 때 기준이 되는 금리

06

정답 ④

CMA 통장은 운용 대상에 따라 종금형, RP형, MMF형, MMW형으로 나눌 수 있다. MMDA형은 금융기관이 취급하는 수시입출식 저축성예금으로, 은행이나 수산업협동조합·농업협동조합에서 취급하는 금융상품의 하나이다.

07

정답 ④

가상세계와 현실세계가 혼재·융합된 메타버스는 '확장판 현실세계, 인터넷의 다음 버전'이라고 말할 수 있다. 가상융합 기술과 4차 산업혁명 기술이 보다 진화해 다양한 메타버스가 등장하고 이 메타버스들이 서로 연결되면 다중가상세계, 멀티버스 시대가 등장할 것으로 예상할 수 있다. 그러나 현행 법규를 위반하는 행위를 비롯해 현행법의 테두리 밖에 있는 신종 범죄의 출현 가능성, 가상세계 자체의 높은 중독성 등은 반드시 해결해야 할 문제로 지적된다.

08

정답 ①

크리슈머(Cresumer)는 창조를 의미하는 Creative와 소비자를 의미하는 Consumer의 합성어로 신제품 개발이나 디자인, 서비스 등에 관해 적극적으로 자신의 의견을 내놓는 소비자들을 가리킨다.

오답분석

② 아트슈머(Artsumer) : 예술적 가치로 구매를 결정하는 소비자
③ 트랜슈머(Transumer) : 이동을 의미하는 Transition과 소비자를 의미하는 Consumer의 합성어로 장소에 상관없이 노트북이나 휴대전화를 이용해 자유롭게 쇼핑하는 소비자
④ 모디슈머(Modisumer) : 표준 방법에 따르지 않고 자신의 취향에 따라 제품을 새로운 방식으로 활용하는 소비자

09

정답 ①

디커플링(Decoupling)은 '탈동조화 효과'라고도 불리며, 크게는 국가경제 전체, 작게는 국가경제의 일부 요소에서 서로 관련 있는 다른 경제 요소들과는 다른 독자적인 흐름을 나타내는 것을 의미한다.

오답분석

② 윔블던 효과(Wimbledon Effect) : 국내 시장에서 외국 기업보다 자국 기업의 활동이 부진한 현상 또는 시장을 개방한 이후 국내 시장의 대부분을 외국계 자금이 차지하는 현상
③ 디드로 효과(Diderot Effect) : 하나의 상품을 구입함으로써 그 상품과 연관된 제품을 연속적으로 구입하게 되는 현상
④ 파노플리 효과(Panoplie Effect) : 자신에 대한 사회적 평가를 특정 소비패턴에 의해 인위적으로 만들어낼 수 있다는 심리적 속성 또는 착각으로, 개인이 특정 상품을 사며 동일 상품 소비자로 예상되는 집단과 자신을 동일시하는 현상

10

정답 ④

- 파레토 법칙 : '80 대 20 법칙'이라고도 불린다. 이른바 '핵심적 소수'와 '사소한 다수'에 대한 이 이론은 기업의 전체 매출은 소수의 상품이 좌우한다는 결론을 도출한다.
- 롱테일 법칙 : 파레토 법칙과 반대되는 이론으로 80%의 '사소한 다수'가 20%의 '핵심적 소수'보다 뛰어난 가치를 창출한다는 내용이다.

오답분석

- 하인리히 법칙 : 대형사고는 우연히 갑작스럽게 발생하는 것이 아니며, 이 사고가 발생하기 이전에 이와 관련된 경미한 사건들이 수도 없이 발생했었을 것이라는 이론이다. 이는 1931년 허버트 윌리엄 하인리히(Herbert William Heinrich)가 자신의 저서에서 밝힌 것으로, 산업재해가 발생하여 중상자가 1명 나오면 그 전에 같은 원인으로 인해 나온 경상자가 29명 그리고 역시 같은 원인으로 부상을 당할 뻔했던 잠재적 부상자가 300명 있었다는 사실을 의미한다고 주장하였다.

11

정답 ②

지급준비율(Cash Reserve Ratio)은 은행이 고객 예금의 일정 비율을 한국은행에 예치하는 지급준비금의 적립비율이다. 본래 고객에게 지급할 돈을 준비한다는 고객 보호 차원에서 도입됐으나, 지금은 금융정책의 주요 수단으로 활용되고 있다. 지급준비율이 낮아지면 은행 대출에 여유가 생겨 기업에 좀 더 많은 자금이 공급될 수 있고, 지급준비율이 높아지면 의무적으로 쌓아둬야 하는 현금이 늘어나 대출에 쓸 수 있는 자금이 줄어들게 된다. 지급준비율을 인하하면 시중은행의 대출 가능 규모가 커져 통화량의 증가로 이어진다.

12

정답 ②

달러 대비 원화 환율이 상승하면 1달러를 구매하는 원화 비용이 늘어난다는 뜻이다. 즉, 1,000원이면 구매가 가능했던 1달러를 1,100원을 줘야 한다면 달러 대비 원화 환율이 상승했다고 할 수 있다. 이를 바꿔 말하면 원화 가치는 하락한 것이다.
따라서 ㉠은 불리, ㉡은 유리, ㉢은 하락이다.

13

정답 ④

풋옵션을 매수한 사람은 시장에서 해당 상품이 사전에 정한 가격보다 낮은 가격에서 거래될 경우, 그 권리를 행사함으로써 비싼 값에 상품을 팔 수 있다. 그러나 해당 상품의 시장 가격이 사전에 정한 가격보다 높은 경우는 권리를 행사하지 않을 수도 있다.

14

정답 ③

㉡ 환율이 상승하면 수출업자는 수출의 대가로 같은 금액의 외화를 받더라도 원화로 따지면 더 큰 금액을 받는 셈이 되므로 수출품을 이전보다 싼 가격에 팔 수 있게 된다. 그 결과 수출량은 늘어나게 되고, 국제수지 개선을 이룰 수 있다.
㉢ 환율이 상승하면 원화의 가치가 떨어지게 되므로 외국인 관광객의 입장에서는 싼 값에 한국을 여행할 수 있게 된다. 따라서 국내를 여행하는 외국인 관광객이 증가한다.

오답분석

㉠ 환율이 상승하면 우리나라에서 판매 중인 수입품의 가격은 상승한다.
㉣ 환율이 상승하면 같은 금액의 원화로 살 수 있는 외화의 금액이 적어지기 때문에 외국을 여행하는 내국인이 감소한다.

15

정답 ③

정부실패는 시장에 대한 규제자(정부)의 정보 부족, 관료주의적 폐단과 정치적 제약, 정책 효과가 나타나는 시차, 규제 수단의 불완전성, 규제의 경직성, 근시안적인 규제, 과도하게 무거운 세금, 규제자의 개인적 편견이나 권한 확보 욕구, 정부와 기업의 유착, 이익단체의 압력에 의한 공공 지출의 확대, 정책의 수립과 집행 과정의 비효율성, 공기업의 방만한 운영 등 다양한 원인 때문에 발생할 수 있다.
따라서 ㉠·㉡·㉢·㉣은 정부실패의 원인이다.

오답분석

㉤ 어떤 정책을 실시할 때 정책 실행 시차가 부재한다면 정부정책이 보다 효과적일 가능성이 높다.

16

정답 ②

㉠ '클린빌(Clean Bill)'은 담보가 없는 외국환을 뜻하며, 신용장이 없으면 은행에서 매입하지 않는다. 담보물이 어음양도의 부대조건으로 되어 있지 않으므로 수입업자의 신용이 특히 확실하지 않다면 은행이 어음을 매입하지 않는다.

㉡ '파이어족(FIRE族)'에 대한 설명이며, 파이어족(Financial Independence, Retire Early)은 젊었을 때 극단적으로 절약한 후 노후자금을 빨리 모아 이르면 30대, 늦어도 40대에는 퇴직하고자 하는 사람들을 의미한다. 한편, '눔프족(Not Out Of My Pocket, 내 주머니에서 빼가지 말라)'은 복지가 필요하다고 생각하지만 복지 재원 마련을 위한 증세에는 반대하는 사람들을 가리킨다.

㉢ '좀비(Zombie) 경제'에 대한 설명이며, 좀비 경제는 정부에서 경기 부양책을 시행해도 별다른 효과를 발휘하지 못하는 일본의 불안한 경제 상황을 빗대어 표현한 것에서 유래했다. 한편, '모노컬처(Monoculture) 경제'는 브라질의 커피, 가나의 카카오처럼 한 나라의 경제가 매우 적은 수의 1차 상품의 생산에 특화되어 단일생산에 의해 유지되는 경제를 뜻하며, 과거 식민지 침탈을 겪은 개발도상국에서 주로 나타난다.

오답분석

㉣ '자원의 저주'는 수출 대금의 유입으로 달러 대비 자국 화폐의 가치가 상승해 수출 경쟁력의 하락과 물가상승이 일어나 불황을 초래하는 현상을 뜻한다. 경제 구조가 자원 생산에 편중되어 제조업·첨단산업 등 다른 산업의 발전이 상대적으로 더디며, 소득분배가 제대로 이루어지지 않아 빈부 격차 심화로 인해 사회적 갈등이 고조될 수 있다.

㉤ '달러 쇼크'는 1971년 8월 미국 경제의 재건과 달러 가치의 회복을 위해 금과 달러의 교환 정지, 10%의 수입 과징금의 실시 등의 정책 때문에 각국이 받은 충격을 뜻한다. 흔히 닉슨쇼크라고도 부르며, 오일쇼크의 도화선이 됐다.

17

정답 ②

긴축재정정책이란 정부가 재정 지출보다 수입을 더 많이 하는 정책으로, 흑자 재정이라고도 한다. 우리나라 기업의 수출이 늘어나면 외화 공급이 증가하고, 외국에서 긴축재정정책을 실시하면 외화의 자국 유입이 증가하므로 외화 공급은 감소한다. 또한 해외여행을 떠나는 사람이 늘어나면 외화 수요는 증가한다.

따라서 ㉠은 증가, ㉡은 감소, ㉢은 증가이다.

18

정답 ①

제시문에서 밑줄 친 '이 상품'은 역모기지론(Reverse Mortgage)을 말한다.

오답분석

② 주택저당증권 : 금융기관이 주택을 담보로 만기 20 ~ 30년짜리 장기대출을 해준 주택저당채권을 대상자산으로 하여 발행한 증권

③ 보금자리론 : 한국주택금융공사가 10 ~ 30년간 대출 원리금을 나누어 갚도록 설계한 장기주택담보대출

④ 서브프라임 모기지론 : 신용도가 일정 기준 이하인 저소득층을 상대로 한 미국의 주택담보대출

19

정답 ④

단기매매목적으로 보유하는 유가증권의 취득과 판매에 따른 현금흐름은 영업활동현금흐름으로 분류한다.

20

정답 ④

유동부채가 불변인 상태에서 유동자산만 감소하면 유동비율이 감소하고, 유동자산이 증가하거나 재고자산이 감소하면 당좌비율이 증가한다.

오답분석

① 기계장치를 현금으로 매입하는 경우 유동자산이 감소하므로 유동비율이 감소하고, 당좌비율이 감소한다.

② 장기차입금을 단기차입금으로 전환하는 경우 유동부채가 증가하므로 유동비율이 감소하고, 당좌비율이 감소한다.

③ 외상거래처의 협조를 구해 매출채권을 적극적으로 현금화하는 경우 유동비율과 당좌비율은 불변한다.

- $[\text{유동비율}(\%)]=\frac{(\text{유동자산})}{(\text{유동부채})}\times 100$
- $[\text{당좌비율}(\%)]=\frac{(\text{당좌자산})}{(\text{유동부채})}\times 100$

$$=\frac{(\text{유동자산})-(\text{재고자산})}{(\text{유동부채})}\times 100$$